DE M

MW01698276

Salomon Kroonenberg

De menselijke maat

De aarde over tienduizend jaar

Uitgeverij Atlas – Amsterdam/Antwerpen

Eerste druk, februari 2006
Tweede druk, maart 2006
Derde druk, maart 2006

De foto's in deze uitgave zijn door de auteur gemaakt tenzij anders vermeld.

Uitgeverij Atlas heeft ernaar gestreefd de auteursrechten op overige illustraties volgens de wettelijke bepalingen te regelen. Degenen die desondanks menen zekere rechten te kunnen doen gelden, wordt verzocht zich alsnog tot de uitgeverij te wenden.

© 2006 Salomon Kroonenberg

Omslagontwerp: Zeno
Omslagillustratie: Eric Meola/Image Bank

ISBN 90 450 1464 5
D/2006/0108/517
NUR 320/410

www.boekenwereld.com

Perhaps, if the future existed, concretely and individually, as something that could be discerned by a better brain, the past would not be so seductive: its demands would be balanced by those of the future. Persons might then straddle the middle stretch of the seesaw when considering this or that object. It might be fun.

Vladimir Nabokov, *Transparent things*

Met veel waardering
en een wens voor geluk
en succes!
Jef

Voor Corrie, Eefje en Sal

Inhoud

1

De menselijke maat

... me dijo: el mundo avanza. Sí, le dije, avanza, pero dando vueltas alrededor del sol.
... hij zei me: de wereld gaat vooruit. Ja, zei ik, hij gaat vooruit, maar draaiend rond de zon.

Gabriel García Márquez,
Memoria de mis putas tristes, 2004

Tienduizend jaar geleden begint de lente. De glinsterende ijskap die Scandinavië bedekt, smelt weg als sneeuw voor de zon, en de Oostzee haast zich om de opengevallen plaats weer in te nemen. De zeespiegel stijgt snel, en steeds meer land dat in de ijstijd had droog gelegen komt onder water te staan. De zeehonden die honderdduizend jaar voor de kust van Portugal hadden overwinterd zolang de Noordzee droog lag, zwemmen eindelijk terug naar de Waddenzee. De poolwoestijn van Noordwest-Europa kleurt plotseling groen. Insecten brengen plantenzaden naar het noorden, en een voor een komen de bomen vanuit hun warme schuilplaats achter de Alpen terug: eerst de berk, dan de den, nog later de eik, en ten slotte de beuk. Het is een wedloop wie het snelste gaat; hoe lichter hun zaden, hoe sneller.

Onze voorouders trekken hun pelsmantels uit, eten de laatste mammoeten op, en in het steeds maar groener wordende Midden-Oosten bedenken ze manieren om niet steeds maar naar nieuwe jachtgebieden en visgronden te hoeven zoeken. Ze zetten de lekkerste graszaden bij elkaar op vierkante lapjes grond, en ontdekken al gauw dat ze zo veel beter voedsel kunnen produceren dan vroeger. Hun uitvinding verovert Europa in hoog tempo. Planten, dieren, mensen, allemaal zijn ze in de ban van het snel warmer wordende klimaat.

Nu is het hoogzomer. Wij mensen hebben ons ontwikkeld tot een succesvol maar zorgelijk type. Het klimaat is vrijwel constant, maar toch zijn we bang dat het over een eeuw een graadje warmer is. De zeespiegel stijgt nauwelijks meer, maar wij doen of het een levensbedreiging is. Door de uitvinding van de landbouw tienduizend jaar geleden kunnen we ons ongebreideld vermeerderen, maar we slikken pillen om dat weer te voorkomen. We maken ons zorgen over de verscheidenheid aan planten en dieren in onze omgeving, maar nog nooit hebben we zoveel verschillende soorten om ons heen gehad als nu. Op onze velden staan Irakees graan, Mexicaanse maïs en aardappels uit de Andes, onze tuintjes staan vol met tulpen uit Turkije en rododendrons uit Madagaskar, we hebben aquaria met tropische visjes, en de exotische huisdieren zijn niet aan te slepen. We maken ons zorgen over de rampen die ons treffen, maar veel van die rampen zijn alleen maar zo catastrofaal omdat we zelf op de vulkanen zijn gaan wonen, op de actieve breuken, aan de inzakkende kusten, aan de overstromende rivieren. We hebben zelf het bos weggehaald zodat de rivieren meer water moeten meevoeren, we hebben zelf het veen afgegraven zodat het land onder de zeespiegel kwam te liggen en de zee het land kon binnendringen. Tobbers zijn we geworden, vol schuldgevoel.

Maar dat schuldgevoel is luxe, een luxe die alleen maar voortkomt uit het feit dat we zonder het te beseffen in de zomer leven. De natuur is ons genadig in de hoogzomer, zodat we ons bezig kunnen houden met kleine klimaatpiekjes en vage rimpeltjes in de zeespiegelcurve. Want wij meten de natuur alleen met de menselijke maat. Maar over tienduizend jaar is het herfst. Dan is het afgelopen met de euforie. Dan komen de ijskappen terug, en gaat de zeespiegel weer dalen. Dan moeten de zeehonden terug naar Portugal. Dan bevriezen de rododendrons in de tuinen, en vluchten de anti-bontactivisten tot achter de Alpen. Vulkanen barsten uit met een kracht die in de korte tijd van de menselijke beschaving nog niet is voorgekomen. Dan pas zien we dat de maten van de natuur veel groter zijn dan de menselijke maat.

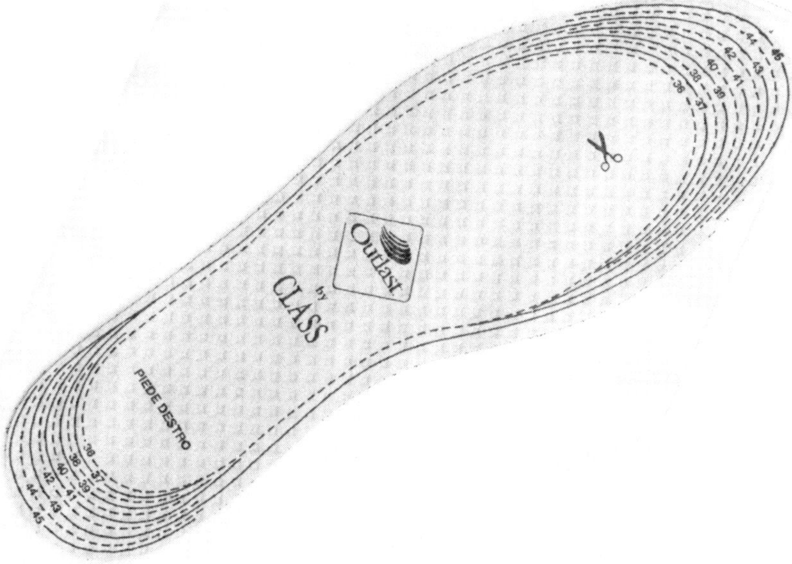

De menselijke maat.

Hoe komt het toch dat niemand daarbij stilstaat? Hoe komt het dat wij alle problemen van de toekomst blind naar volgende generaties schuiven? Nu hoor ik protest: maar dat is helemaal niet waar! Wij zijn juist heel erg met de toekomst bezig. Wij denken voortdurend aan de volgende generaties. Wij vechten voor een duurzame wereld. Duurzaamheid is volgens het Brundtland Rapport 'Meeting the needs of the present generation without compromising the ability of future generations to meet their needs'. O ja, vraag ik dan, over hoeveel generaties gaat dat dan? Hoelang duurt duurzaamheid? Onze kleinkinderen moeten ook nog van de welvaart kunnen genieten, is het antwoord. Is er nog een betere illustratie mogelijk van de kleinheid van de menselijke maat? Kleinkinderen! Iedereen die zich ons nog in levenden lijve zal kunnen herinneren moet het goed hebben, anders krijgen wij de schuld dat wij alles op hebben gemaakt. Twee generaties, vijftig jaar. Wat daarna gebeurt moeten ze zelf maar oplossen. Heb ik het mis? Laten we maar eens kijken naar het rapport van de Club van Rome uit 1971. Daar staat een aardig grafiekje in: de ruimte- en tijdschalen van de menselijke blik. Wat staat eronder?

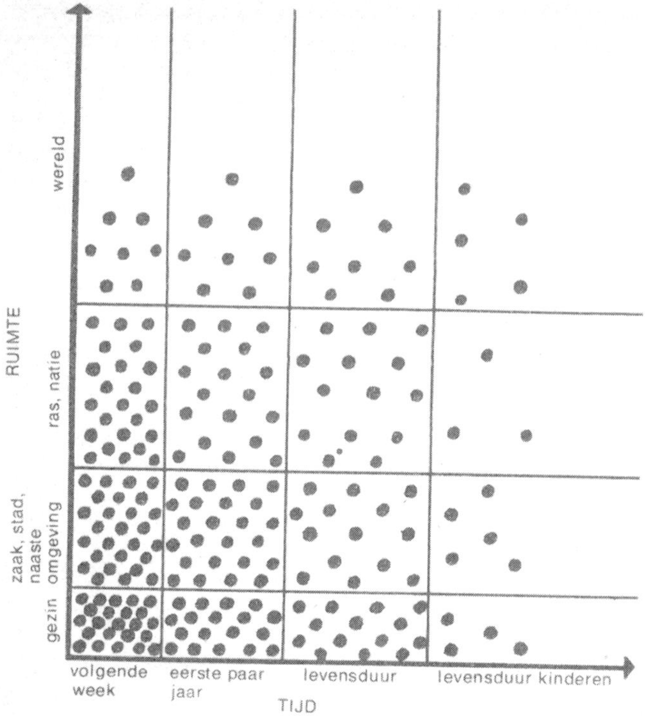

Gezichtsveld van de mens. Hoewel het gezichtsveld van vele mensen in ruimte en tijd verschilt, kan de betrokkenheid van ieder mens ergens in de ruimte-tijdgrafiek aangegeven worden. De meeste mensen hebben alleen belangstelling voor zaken die familie of vrienden raken en dan slechts over een kort tijdsverloop. Anderen kijken verder in de tijd vooruit of over een groter gebied – een stad of volk. Maar heel weinig mensen hebben een wereldwijd gezichtsveld dat zich tot ver in de toekomst uitstrekt. Meadows, 1972.

En 'ver in de toekomst' betekent: levensduur van de kinderen, staat op de horizontale as. Het jaar 2100 is hun horizon, blijkt uit het vervolg van het rapport. Zelfs de Irokezen dachten verder vooruit: hun opperhoofden moesten de effecten van hun daden altijd doordenken tot in de zevende generatie in de toekomst. Als een generatie vijfentwintig jaar duurt komen ze misschien net aan het jaar 2200. Maar een van onze grootste fabrieken van toekomstvoorspellingen, het Intergovernmental Panel for Climate Change, IPCC durft dat nog niet. Kijk maar naar hun grafieken. De onderstaande plaatjes zijn ongeveer de meest gekopieerde figuren in de klimaatdiscussie. Ze geven de prognoses aan van temperatuurveranderingen en zeespiegelveranderingen in de toekomst. Prachtige verfijnde modellen. Maar nog steeds tot het jaar 2100. Sinds de Club van Rome hebben ze nog geen stap dieper de toekomst in durven kijken. Het is zelfs een stap achteruit want we zijn sindsdien dertig jaar dichter bij die datum gekomen: kennelijk de uiterste datum van de houdbaarheid van hun voorspellingen.

Ik begrijp wel waarom ze niet verder zijn gegaan. Hun curven zwermen uiteen als een losgelaten bijenvolk. Ze lopen zozeer uiteen dat de voorspellingen naar de verdere toekomst veel te onzeker worden. Het weer kunnen we ook niet verder dan tien dagen vooruit voorspellen. Daarna wordt de onzekerheid te groot. Klopt.

Maar zelfs al kunnen we het weer over een maand niet voorspellen, we kunnen wel voorspellen dat na de zomer de herfst komt. Daarvoor hoeven we het weer over twee weken of een maand helemaal niet te weten. We hebben voldoende aan de kennis van een grootschaliger cycliciteit: de baan van de aarde om de zon. Dat is een astronomische cyclus die al meer dan vier en een half miljard jaar zo werkt. Dus of het over veertien dagen nu slecht of goed weer wordt, en of de aarde nu opwarmt door menselijk toedoen of niet, herfst en winter wordt het toch. Alleen weten we niet of het een strenge of een milde winter wordt.

Net zo goed komt na de klimatologische hoogzomer waarin we nu leven, de geleidelijke afkoeling naar de volgende ijstijd. Daarvoor hoeven we helemaal niet te weten of het in het jaar 2100 of 2200 nu warmer is of kouder dan nu. Want de afwisseling van ijstijden en warme perioden wordt door net zo'n astronomische cycliciteit gestuurd als die van zomer en winter: de Milanković-cycliciteit. Alleen op een grotere tijdschaal. Het klimaat doorloopt een volledige cyclus in honderdduizend jaar. En ook die cycliciteit is al ruim vier en een half miljard jaar aan de gang. En net zomin als de opwarming van de laatste jaren de seizoenen kan tegenhouden, kan zij de komst van de volgende ijstijd tegenhouden. Misschien wordt de volgende ijstijd door menselijk toedoen minder koud dan hij anders geweest zou zijn: een kwakkelijstijd. Maar hij komt wel. En net zoals je weet wanneer de winter invalt, kun je precies uitrekenen wanneer de volgende

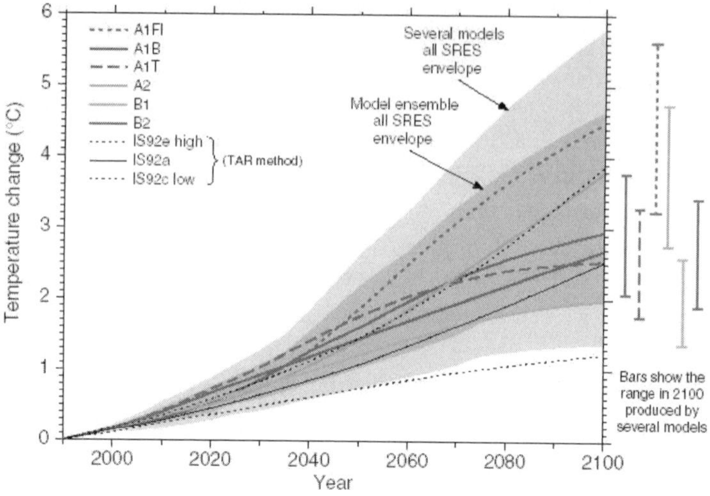

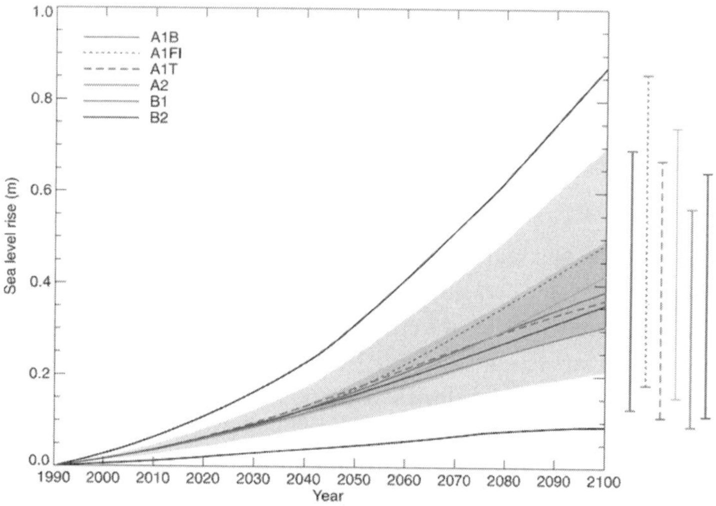

IPCC-prognoses van temperatuurveranderingen en zeespiegelveranderingen tot het jaar 2100. Watson et al., 2001.

ijstijd is: over 23 000 jaar zitten we er middenin. Duizend generaties.

Een politicus denkt aan de volgende verkiezingen, een staatsman aan de volgende generatie. Maar wie denkt er aan de volgende duizend generaties? Niemand. Dit boek is een pleidooi om nu eens wat langer vooruit te denken. We zijn zo knap als het gaat om terugkijken, terug in de geschiedenis van het mensdom, in de geschiedenis van de planeet. Waarom dan ook niet eens een stukje verder vooruit? Want gisteren was vandaag morgen. En dan hoeven wij niet eens door te gaan tot het sterven van de zon en de afkoeling van de aarde over miljarden jaren. Zelfs het jaar 802 701 van H.G. Wells' *The time machine* kunnen we nog even laten liggen. Nee, laten we gewoon proberen tienduizend jaar vooruit te kijken, met de kennis van de aardse processen die we nu hebben.

En waarom zouden we dat willen doen? In de eerste plaats omdat een aantal trends die we nu maar één kant op zien gaan, zoals de opwarming van het klimaat, dan van richting veranderd kunnen zijn: op weg naar de volgende ijstijd. We zien een groter stuk van een langjarige cyclus, die nu de menselijke maat te boven gaat. En met die kennis van de lange termijn in het hoofd nemen we misschien ook andere beslissingen voor de korte termijn. Misschien zijn de mensen over vierhonderd generaties wel blij met al het koolzuurgas dat wij nu in de atmosfeer brengen: dan is de herfst niet zo koud.

In de tweede plaats willen we lang vooruitkijken om meer vat te krijgen op catastrofale natuurverschijnselen. Want hoe heftiger een gebeurtenis, des te zeldzamer zij is. Hoe groter de aardbeving, de eruptie, de overstroming, de meteorietinslag, des te langer het duurt voor de volgende van dezelfde omvang komt. Een aardbeving van magnitude 8 op de schaal van Richter is tien keer zo heftig, maar ook tien keer zo zeldzaam als een aardbeving van magnitude 7: een logaritmische relatie. Van de grootst mogelijke van die rampen, zoals we die kennen uit de geologische geschiedenis, hebben wij er in de korte tijd dat de mensheid haar geschiedenis bijhoudt nog geen enkele meegemaakt. Ook die gaan de menselijke maat te boven. Maar de komende generaties krijgen er wel mee te maken.

En waarom tienduizend? De vorige psychologische mijlpalen in het denken over de toekomst, die van 1984 van George Orwell en die van

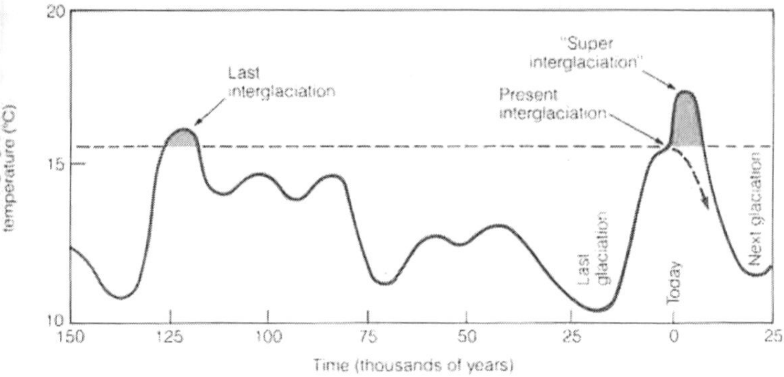

Klimaatcurve van de laatste honderdvijftigduizend jaar, doorgetrokken naar de toekomstige vijfentwintigduizend jaar. Imbrie en Imbrie, 1979, Skinner en Porter, 1987.

het jaar 2000, zijn we inmiddels gepasseerd. De periode waarin we nu leven, het Holoceen, begon tienduizend jaar geleden. Dat was de 'lente' waar we dit hoofdstuk mee begonnen zijn, en uit de geologische geschiedenis weten we dat warme perioden als de onze meestal niet veel langer dan tienduizend jaar duren. Het wordt tijd aan de herfst te gaan denken. Bovendien beschermen zeedijken Nederland tegen stormvloeden die eens in de tienduizend jaar optreden. Stuwdammen in rivieren moeten het tienduizend jaar uithouden. Vulkanen die minder dan tienduizend jaar geleden zijn uitgebarsten, worden als actief beschouwd. Radioactief afval in de Verenigde Staten moet tienduizend jaar ongestoord in de ondergrond opgeslagen blijven. Onze naaste verwant, de kleine man van Flores, is niet veel meer dan tienduizend jaar geleden uitgestorven.

Denken in generaties is denken met de menselijke maat. Maar we moeten leren denken in de logaritmische maat van de natuur: geen honderd jaar vooruit, maar tienduizend jaar. En niet één schaalstap vooruit, niet duizend jaar, maar twee stappen, tienduizend jaar. Want in die tienduizend jaar heb je tenminste enige kans dat gebeurtenissen met een herhalingstijd van eens in de duizend jaar, zich ook daadwerkelijk zullen voordoen.

Voor de meeste mensen is tienduizend een abstract getal. 'Tienduizend jaar! Dat is typisch voor jullie geologen. Jullie hebben het altijd over miljoenen jaren!' verwijten ze ons. Maar diezelfde mensen hebben er geen bezwaar tegen om een miljoen te winnen bij de loterij. Dan weten ze ineens wél het verschil tussen tienduizend euro en een miljoen euro. Al moet ik toegeven dat er speciale hulpverleners zijn die de mensen moeten leren met een prijs van een miljoen euro om te gaan. Ik voel mij eigenlijk net zo'n hulpverlener, maar dan om de mensen de omvang te leren van de grootste gift van de geologie aan de mensheid: de diepe tijd.

Het is 1968. Buiten woedt de studentenrevolte. Ik zit binnen in de practicumzaal door de microscoop te kijken naar dunne plakjes zandsteen. Allemaal hoekige zandkorrels, sediment van een grote woestijnrivier die eens stroomde op de plaats waar nu de Pyreneeën liggen. Dan trekt een detail mijn aandacht. Ik draai een sterkere lens voor, stel scherp op een heldere ronde kwartskorrel. Daar binnen in die korrel beweegt iets. 'Dat kan niet' is mijn eerste gedachte. Dit gesteente is 250 miljoen jaar oud, en zo dood als een pier. Maar nee, het is geen mier, geen bladluis op mijn slijpplaatje, het zit ín het plakje zandsteen, ín die kwartskorrel. Nog een sterkere lens. Er zit een piepkleine holte in de kwarts, gevuld met vloeistof. En in die vloeistof zit een onmogelijk klein rood balletje. Het danst op en neer, zonder doel of richting, gestuwd door onzichtbare strominkjes, al 250 miljoen jaar lang. Ik vergeet het practicum, mijn opdracht, de andere studenten om mij heen, en zink voor het eerst weg in de peilloze diepte van de tijd.

Het is niet alleen de lange tijdsduur die het voor mensen moeilijk maakt vooruit te kijken. Het zijn ook de verschillende manieren waarop de aardse processen werken in de tijd. Drie verschijningsvormen van de tijd vormen de basis voor dit boek: de tijd als stroom, de tijd als golf, en de tijd als puls.

De eerste gedaante, de tijd als stroom, lijkt het simpelste: de aardse historie is voortschrijdende geschiedenis, een onomkeerbare opeenvolging van gebeurtenissen, die elk voor zich weer voortkomen uit vorige gebeurtenissen, zoals het radioactief verval, het uitdijend heelal sinds de Big Bang, steeds in één richting, want uit het een volgt

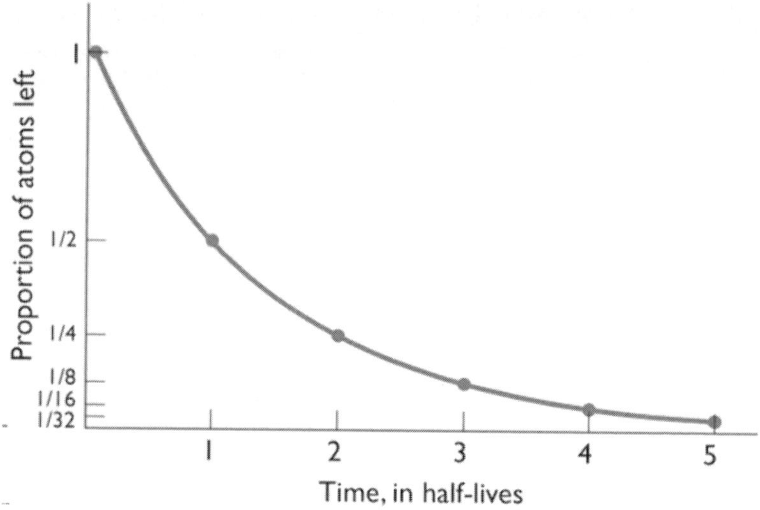

De tijd als stroom: radioactieve stoffen vervallen met constante snelheid; na één halveringstijd is nog maar de helft van het oorspronkelijke aantal atomen over, na twee halveringstijden een kwart, et cetera. De halveringstijd van uranium-238, het belangrijkste radioactieve element in de aardkorst, is vier en een half miljard jaar, evenveel als de ouderdom van de aarde. Van al het uranium dat bij het ontstaan van de aarde aanwezig was, is nu dus nog de helft over.

het ander. Zo dacht men vroeger dat de evolutie van het leven naar steeds complexere levensvormen wel onafwendbaar leiden moest tot de parel der schepping: de mens. Stephen Jay Gould noemt dat *Time's arrow*, de pijl van de tijd in zijn boek *Time's arrow, time's cycle* (1987). Het lijkt ook het meest op de manier waarop de mens de tijd beleeft. Alweer jarig, je wordt een dagje ouder. *Life is hard and then you die.* De tijd schrijdt voort, de tijd stroomt, je kunt nooit tweemaal in dezelfde rivier baden, *hora ruit tempus fluit.*

Er zijn ook fysici, onder wie de Belgische Nobelprijswinnaar Ilja Prigogine, die beweren dat de tijd als pijl niet bestaat, en dat verleden en toekomst alleen door een beschouwer van elkaar te onderscheiden zijn. Misschien had ik dit boek wel helemaal niet hoeven te schrijven.

De tweede gedaante, de tijd als golf, slaat op kringlopen: de bloedsomloop, inademen en uitademen, dag en nacht, zomer en winter, ijstijd en warme tijd, ze hebben allemaal te maken met een cyclus. De aarde draait om zijn as, de aarde draait om de zon. Water verdampt uit de oceanen, vormt wolken, er valt regen uit, het stroomt terug naar de oceaan, en de hydrologische cyclus is rond. De platen waaruit de aardkorst bestaat bewegen naar elkaar toe, botsen, en gaan weer uit elkaar: de tektonische cyclus. Lava stroomt uit bij een vulkaanuitbarsting, regen en wind verweren het gesteente totdat het in zand en klei uiteenvalt, rivieren transporteren het naar zee, daar wordt het steeds verder onder jongere lagen begraven, het wordt steeds warmer, het komt tussen twee botsende platen terecht, smelt, wordt magma, stijgt op door de aardkorst en stroomt weer als lava herboren naar buiten bij een vulkanische eruptie: de gesteentecyclus. En zo heb je de koolstofcyclus, de stikstofcyclus, en ga zo maar door. *Time's cycle*, noemt Gould het. De aarde komt steeds weer op hetzelfde uitgangspunt uit, er is geen begin en geen eind. Het Griekse woord *kuklos* betekent cirkel, maar in de tijd is er natuurlijk geen sprake van terugkomen op het uitgangspunt, want de tijd als stroom gaat ondertussen gewoon door. Zo wordt het een golfbeweging, in twee dimensies, of een spiraal in drie. Een golf aan het wateroppervlak illustreert mooi hoe een cirkelbeweging vertaald kan worden in een golf.

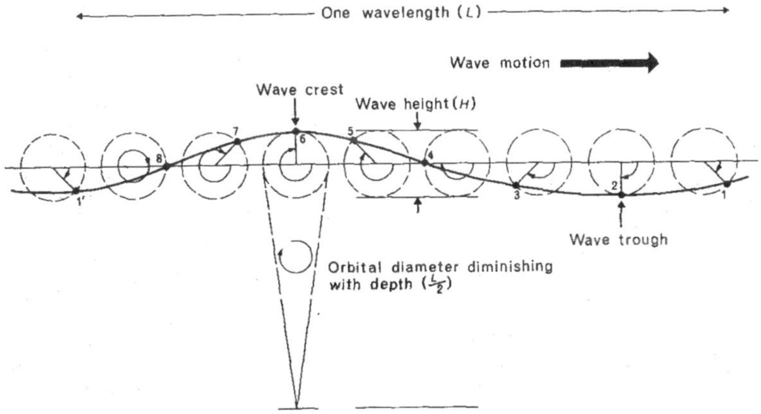

De tijd als golf: de wind brengt de waterdeeltjes in een cirkelbeweging zodat een golf ontstaat aan het wateroppervlak. http://epswww.unm.edu.

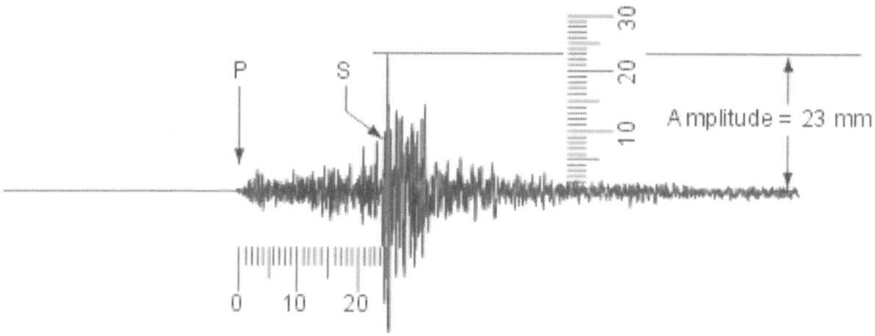

De tijd als puls: seismogram van een aardbeving; www.knmi.nl/.../mercalli_richter/Nomogram.gif

De derde gedaante is de tijd als puls: de aardgeschiedenis is een ordeloze opeenvolging van plotselinge pulsen energie: aardbevingen, meteorietinslagen, erupties, overstromingen, uitstervingen en andere catastrofes zonder richting, doel of regelmaat. Wie in het toeval gelooft, wie een ramp overkomt en zich vertwijfeld afvraagt: waarom ik? waarom mijn dierbaren? waarom juist die kwetsbaren? waarom nu? is niet geneigd te denken in een noodzakelijke ontwikkeling of in een steeds terugkerende kringloop van voorspelbare gebeurtenissen. Die ziet slechts willekeur en chaos, de aardse tijd als ramptoneel.

Ik laat in dit boek zien hoe stromen, golven en pulsen van minieme tot immense tijdschalen samen een magistraal muziekstuk spelen. De mens speelt daarvan slechts een enkele driekwartsmaat. De menselijke maat.

In het volgende hoofdstuk zien we, bij wijze van voorbeeld, hoe de mensen in de twintigste eeuw zich tot drie keer toe hebben laten verrassen doordat trends in de natuur onverwacht in hun tegendeel verkeerden, in dit geval door de zeespiegelveranderingen in de Kaspische Zee. In het daaropvolgende hoofdstuk zien we dat we ook al in vroeger eeuwen, vanaf de bijbel tot de negentiende-eeuwse aartsvaders van de geologie, grote moeite hadden met de diepte van de geologische tijd en de aard en tijdsduur van de geologische processen. In elk van de daaropvolgende hoofdstukken volgen we natuurlijke processen – stromen, golven en pulsen – als aardbevingen, vulkanisme, klimaatveranderingen, zeespiegel, rivieren, evolutie en meteorietinslagen: steeds van klein en frequent naar groot en zeldzaam, van onbetekenend tot zó bedreigend en catastrofaal, dat ze ons begrip te boven lijken te gaan.

Dat doe ik niet om te waarschuwen voor de apocalyps en het einde van de mensheid. Er zijn er al genoeg die dat doen, en naar de geschiedenis leert, gewoonlijk ten onrechte. Integendeel, ik wil juist betogen dat de mens zich heel goed kan aanpassen aan warmere of koudere klimaten, of hogere of lagere zeespiegels. Als de steentijdmens met berenvellen en stenen bijlen een hele ijstijd heeft weten te overleven, zouden wij met al onze hoogontwikkelde technologie dan niet een metertje zeespiegelstijging aankunnen? En dat terwijl de zeespiegel in de Westerschelde tweemaal dáágs vier meter stijgt? Misschien moeten we juist nadenken over wat we gaan doen als de zeespiegel straks weer daalt. Het duurt geen tienduizend jaar voor het weer zover is.

Misschien ziet de Noordzee er over tienduizend jaar net zo uit als Death Valley (VS) nu.

2

De Kaspische tijdmachine

Nascuntur et alio modo terrae ac repente in aliquo mari emergunt, velut paria secum faciente natura quaeque hauserit hiatus alio loco reddente.
Land ontstaat en duikt plotseling op uit zee, net alsof de natuur op de ene plaats wil compenseren wat ze op de andere plaats heeft verzwolgen.

Plinius, *Naturalis Historiae*, 2, 202

'Jullie zijn toch Hollanders? Jullie weten toch alles van de zeespiegel? Help ons dan!' zegt Maria Nikolajevna Mirojedova. Ze is directeur van Astrachangiprovodchoz, de Provinciale Waterstaat van het district Astrachan in Rusland, daar waar de Wolga uitmondt in de Kaspische Zee. En ze heeft een probleem.

De Kaspische Zee stijgt. Niet zomaar een beetje, maar heel snel. Als wij haar bezoeken in 1993 is de zeespiegel in zestien jaar bijna twee en een halve meter gestegen. Dat is vijftien centimeter per jaar. Vergelijk dat eens met de stijging van de zeespiegel in de oceanen: die is in de hele twintigste eeuw maar vijftien centimeter gestegen. Honderdmaal zo snel als de oceanen stijgt de Kaspische Zee. Maar die heeft dan ook geen verbinding met de wereldzeeën. Herodotus schreef al: de Kaspische Zee is een zee op zichzelf. Het is de grootste binnenzee op aarde. En het is de Wolga zelf die elk jaar grotere hoeveelheden water de Kaspische Zee invoert.

De Wolgadelta is een soort Biesbosch, zo groot als half Nederland met tientallen rivierarmen die zich steeds verder opsplitsen in kleine kreekjes naarmate je de kust nadert. De Wolga heeft wel achthonderd monden. De delta is een van de grootste *wetlands* ter wereld, vol met riet, wilgen, en waterplanten. Voor de steur is het de belangrijkste doorgang naar de paaiplaatsen verder stroomopwaarts. Er zijn meer dan tweehonderdvijftig vogelsoorten, en er woont een half miljoen zwanen. De zeearend, een soort waar Nederlandse vogelliefhebbers alleen maar van dromen, heeft er meer dan tweeëndertig nesten. Ze worden beschermd in het Astrachan Natuurreservaat, dat in 1919 werd opgericht, en nu onder de hoede van UNESCO staat.

En er zijn geen dijken. Als de zeespiegel stijgt, loopt het land onder. En omdat de delta zo vlak is en de zeespiegel zo snel stijgt, loopt ook de delta heel snel onder. De zee stuwt het rivierwater op, de grondwaterspiegel stijgt, en veel droge stukken worden nat. Watervogels zien hun nesten verdrinken. 'Polders' zegt Maria Nikolajevna, 'we willen polders, net als in Nederland' en zij houdt haar hand bij haar lippen om te laten zien hoe hoog het water is gestegen. De bodemkundige van ons team, Herman Winkels van Rijkswaterstaat, kijkt bedenkelijk. In Nederland wil men juist af van het inpolderen van land, men wil de natuur de ruimte geven. Hij zit meer op de lijn van de mensen van het natuurreservaat. Die willen geen ingrepen.

Directeur Gennadij Andrejevitsj Krivonosov van het natuurreservaat komt op onze uitnodiging naar Nederland. Wandelend door Amsterdam wijst hij ineens naar de woonboten langs de Prinsengracht en zegt: 'Dát is wat we nodig hebben: drijvende woningen, geen polders!'

Twee jaar later. De zeespiegelstijging gaat onverbiddelijk door. Er zijn nog steeds geen polders in de Wolgadelta. De mensen van het Astrachan Natuurreservaat hebben in Nederland de gevolgen van de snelle zeespiegelstijging voor planten en dieren in kaart gebracht, en scenario's voor de toekomst gemaakt. Een zware zuidoosterstorm legt op 13 maart 1995 grote stukken van de kuststrook van Kalmykië in het noordwesten van de Kaspische Zee blank. Het aangespoelde riet ligt overal in de straten van de stad Laganj. De vuilnisbelt van de stad staat blank, en het vuil drijft rond. Hier zijn wel provisorische dijken gemaakt, maar ze zakken elk jaar weer in.

In de havenstad Kaspiisk aan de westkust van de Kaspische Zee bouwen de ingenieurs van Dagestanberegozasjtsjita, de instantie die de kust van Dagestan moet beschermen, onder leiding van Vagab Omarovitsj Musajev betonnen zandvangers op het strand, die zichzelf met zand moeten vullen als de stormen het zand landinwaarts jagen. Zo hopen ze de stad te kunnen beschermen. Het is mooi bedacht. Maar het lijkt niet erg op een Nederlandse dijk, en of het werkt?

Wij vliegen met de helikopter langs de kust. Overal zijn stukken van de oever weggeslagen en staan kades, havens, spoorlijnen, hoogspanningsleidingen, ja hele dorpen en eilanden onder water. Grote olieplassen afkomstig van verdronken boorplatforms drijven op het water. De schade is enorm. Er vinden evacuaties plaats. De zeespiegelstijging is het belangrijkste milieuprobleem van de Russische federatie. Er is een dik rapport gemaakt van zestien delen, waar zesentwintig instituten vijf jaar aan gewerkt hebben. Daarin staat wat er aan de kusten zal gebeuren als de zeespiegel nog verder zal stijgen. De ramp is dan niet te overzien.

Maar zal de zee nog verder stijgen? De geleerden zijn het er niet over eens. Want niemand heeft tot nu toe goed begrepen wáárom de zeespiegel stijgt. Op het ogenblik (2004) ligt de zeespiegel op ongeveer 27 meter beneden het niveau van de oceanen. Niet zo laag als de Dode Zee (-400 meter), maar wel een stuk lager dan het laagste punt van Nederland in de Alexanderpolder (-7 meter). De Kaspische Zee ontvangt 80 procent van zijn water van de Wolga, de grootste rivier van Europa. Andere rivieren zoals de Oeral, de Emba, Terek, Sulak, Kura, de instroom van grondwater en de neerslag boven zee geven de overige 20 procent. Er stroomt geen water uit de Kaspische Zee. Het klimaat erboven en eromheen is dat van een halfwoestijn. Wat de Kaspische Zee kwijtraakt komt vooral door de verdamping boven zee. Als er meer water instroomt dan er verdampt stijgt de zee, en als de verdamping het wint van de instroom daalt hij weer. Dat is de waterbalans. Het principe is al bekend sinds de tijd van Peter de Grote.

Sceptici berekenen dat de zee niet meer dan een meter zal stijgen, onheilsprofeten zeggen dat het wel vijf meter kan worden. Ook de vijfhonderd jaar oude stad Astrachan met zijn mooie witte Kremlin zal dan gevaar lopen. Het geld voor méér onderzoek, voor urgente kustbescherming stroomt binnen. De wetenschappers zijn gelukkig, de ingenieurs ook. Werk genoeg.

Maar dan gebeurt er iets dat niemand had voorspeld. In 1996 be-

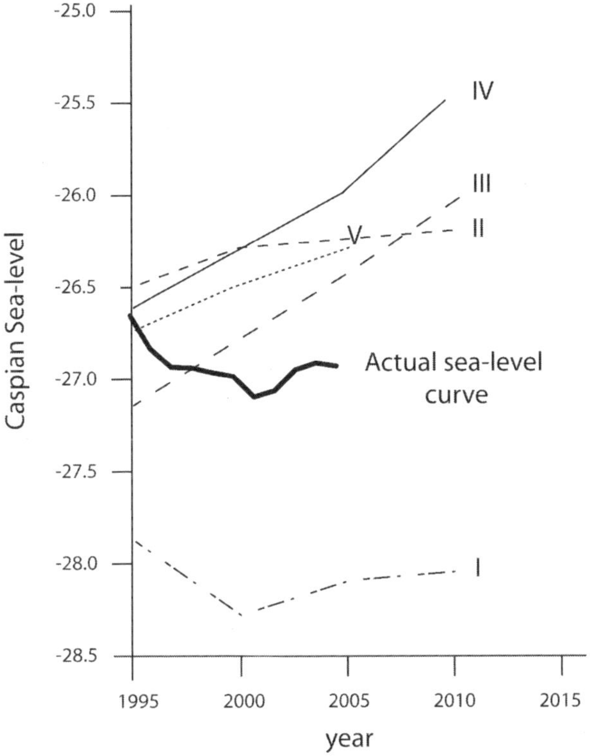

Wat men vóór de plotselinge zeespiegeldaling van 1995 dacht dat de zeespiegel zou gaan doen. Gestippelde lijnen: voorspellingen van vóór 1995 voor de zeespiegelcurve na 1995 door verschillende auteurs. Getrokken lijn: wat de zeespiegel werkelijk deed. Naar A. Mesjtsjerskaja, 2001.

gint de zee te dalen. In 1997 nog verder, wel met veertig centimeter. In 1998 stijgt hij nog een beetje, maar daarna zet de daling door, totdat hij stabiliseert op ongeveer een meter onder het niveau van 1995. Het jaar 1995 was het hoogtepunt, de *highstand* van de Kaspische Zee. De alarmfase is voorbij, Gennadij Andrejevitsj Krivonosov hoeft geen woonboten te bestellen, Maria Nikolajevna Mirojedova kan rustig met pensioen, Dagestanberegozasjtsjita wordt opgeheven, de zandvangers liggen doelloos op het strand, en Vagab Omarovitsj Musajev zit zonder werk. Het probleem lijkt uit de wereld. Ook de geldstromen voor de wetenschappers drogen op, en het lijkt of niemand zich meer interesseert voor de vraag wáárom de stijging is opgehouden. Maar de geschiedenis leert dat zorgeloosheid gevaarlijk is. Want het is niet voor het eerst dat de Kaspische Zee de kustbewoners heeft verrast.

Vanaf het begin van de negentiende eeuw wordt het niveau van de Kaspische Zee gemeten bij de peilschalen van Bakoe in Azerbeidzjan en van Machatsjkalá in Dagestan. Er is een goede registratie beschikbaar sinds 1834. De nauwkeurigheid van die meetstations is wel beperkt, want niet alleen de zeespiegel beweegt, maar ook het land gaat op en neer. Bakoe ligt op een van de uitlopers van de Kaukasus, en dat is een van de snelst stijgende gebergten ter wereld: die wordt elk jaar twee centimeter hoger. Daarom spreekt men liever van 'relatieve' zeespiegelbewegingen. Tegenwoordig kan het zeeniveau ook absoluut worden gemeten vanuit de Topex-Poseidon-satelliet. Die bepaalt het zeeniveau met een nauwkeurigheid van vier centimeter, en onafhankelijk van de bewegingen van het land.

De zeespiegelcurve vanaf 1834 laat zien dat er gedurende een groot deel van de negentiende eeuw een heel langzame daling van de zeespiegel is opgetreden, met kleine schommelingen. In het begin van de twintigste eeuw lijkt de daling wat sneller te gaan, en er is enige ongerustheid. De gerenommeerde Petersburgse geograaf en zoöloog

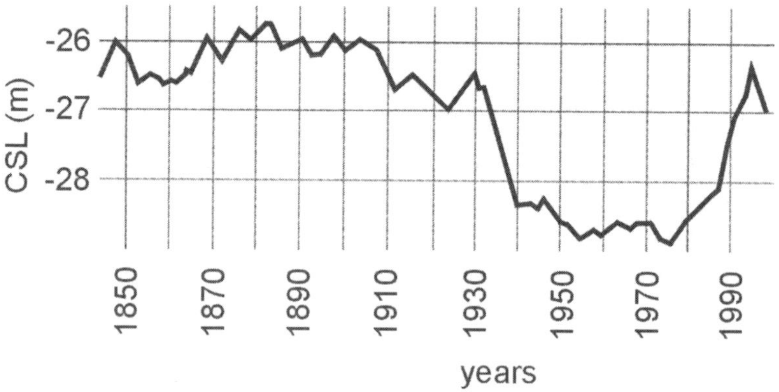

Zeespiegelveranderingen in de Kaspische Zee sinds de instelling van peilschalen.

Lev Semjonovitsj Berg (1876-1950), een encyclopedist van het zuiverste water, maakt rond 1925 een kritische analyse van alles wat er tot nu toe uit historische bronnen bekend is over de Kaspische Zee: Herodotus, Strabo, de kaart van Ptolemaeus, reisbeschrijvingen van Arabische reizigers in de tiende eeuw, oude Russische kaarten en verslagen van ontdekkingsreizigers, waaronder ook die van de Nederlanders Witsen, Ottens en Struys. De conclusie van Berg: het is niet waarschijnlijk dat het water meer dan ruim een meter onder het niveau van 1925 zal zakken.

Hij baseert dat met name op de geschiedenis van twee monumenten, de eerste in de Azerbeidzjaanse hoofdstad Bakoe. De oude stad Bakoe heeft een bewogen geschiedenis van minstens 2500 jaar, die op en neer beweegt als de Kaspische zeespiegel. Perzen, Arabieren, Mongolen, Turken en Russen streden om de heerschappij, en in het begin van de twintigste eeuw was het de oliehoofdstad van de wereld. Alfred Nobel, de gebroeders Siemens, de Rothschilds hebben er allemaal hun fortuin aan te danken. In de baai van Bakoe ligt een verdronken fort, dat in de wandeling de *karavansaray* wordt genoemd. Als Berg de stad bezoekt in 1925, ligt het fort 1,4 meter onder de waterspiegel. Het fort is gebouwd in de twaalfde of dertiende eeuw, de zeespiegel lag toen dus minstens 1,4 meter lager, concludeert Berg.

Een tweede aanwijzing voor een lagere zeespiegel in het verleden komt uit de stad Derbent in Dagestan, verder noordwaarts langs de westelijke Kaspische kust. Die heeft een nog langere geschiedenis, die wel vijfduizend jaar teruggaat. In de zesde eeuw van onze jaartelling is Derbent de noordelijkste voorpost van de Sassanidische dynastie in het Perzische rijk. Het is een strategische plaats, want daar is de kustvlakte die de Kaukasus van de zee scheidt op zijn nauwst. Om het rijk tegen invallen van nomaden uit het noorden te beschermen, bouwde vorst Chorsan I Anushirvan aan weerszijden van de stad twee muren die vanaf het hoge fort Narinkala aan de westzijde van de stad tot aan zee liepen. Ook nu nog zijn er stukken van die muren in de stad te zien. Maar er is iets merkwaardigs met die muren. Zij lopen door tot ónder de zeespiegel.

Waren de Perzen bang dat de nomaden zelfs onder water nog zouden proberen langs die muur te komen? Dat is niet waarschijnlijk. Het is waarschijnlijker dat ze zijn aangelegd toen de zeespiegel lager

De muur van de stad Derbent in Dagestan aan de Kaspische Zee loopt nog acht meter onder water door.

was, zegt Berg. Daarna is de zeespiegel natuurlijk weer gestegen. Tot driemaal toe hebben reizigers geschreven dat ze de zee over de muur heen zagen spoelen, in 915, 1638 en 1847. Ook Jan Struys zegt in zijn boek 'La mer bat contre ses murailles et par un temps de mer passe même souvent par-dessus,' (al heeft hij dat volgens Berg uit het boek van Olearius uit 1638 overgeschreven). Op grond van die gegevens meent Berg dat de zeespiegel hoogstens nog een meter zou kunnen zakken onder het niveau van 1925.

Maar Berg krijgt ongelijk. De natuur laat zich niet zo makkelijk voorspellen. Al rond 1930 begon de zee wel degelijk heel sterk te dalen, wel bijna twee meter in tien jaar. Het verdronken fort bij Bakoe, de karavansaray, komt rond 1938 boven water. Bij archeologische opgravingen door de Azerbeidzjaanse Academie van Wetenschappen komen honderden munten en meer dan tweehonderd stenen platen met door het zeewater uitgebeten Perzische inscripties te voorschijn, die aangeven dat het fort rond 1234-1235 werd gebouwd. De basis ervan ligt zelfs op -32 meter diepte, zes meter onder de huidige water-

Perzische inscripties uit het verdronken dertiende-eeuwse fort karavansaray voor de kust van Bakoe. Shirvanshah-paleis, Bakoe, Azerbeidzjan.

spiegel. Dus de zeespiegel lag in het begin van de dertiende eeuw vijf meter onder die van 1925!

Berg komt er in 1946 op terug in zijn boek *Essays over de geschiedenis van Russische geografische ontdekkingen.* Hij erkent niet met zoveel woorden dat zijn eerdere voorspelling onjuist was, maar zegt wel: 'Het lijkt ons buitengewoon belangrijk vast te stellen wat de huidige (twintigste-eeuwse) daling van de Kaspische Zee betekent: is het het begin van net zo'n proces dat in de prehistorische tijd leidde tot een zeespiegel van vijf meter onder de huidige, of zijn er in de historische tijd al eerder zulke lage zeespiegelstanden als in de twintigste eeuw geweest?' Hij overleed in 1950 en heeft het antwoord op die vraag niet mee kunnen maken.

Dan, in de jaren zestig, komt de historicus Lev Nikolajevitsj Goemiljov ten tonele, zoon van de beroemde dichter Nikolaj Goemiljov. Hij is gefascineerd door het verhaal van de verdwenen stam van de Chazaren: een Turkse volksstam uit de zesde eeuw die volgens sommigen het joodse geloof zou hebben aangenomen. Ze moeten ergens bij de Kaspische Zee hebben gewoond, die heet in het Azerbeidzjaans immers Xəzər Deniz, Chazaarse Zee. Maar hun precieze woonplaatsen zijn onbekend. Goemiljov is een overtuigd aanhanger van het ecologisch determinisme: de opkomst en ondergang van volkeren hangt ten nauwste samen met klimaatveranderingen, want die bepalen de geschiktheid van het land voor landbouw of veeteelt. Hij besluit de woonplaatsen van de Chazaren te gaan zoeken. Hij is de man van de grote armgebaren: uit een minieme aanwijzing bouwt hij een grandioze hypothese op, en als je hem een vinger geeft neemt hij niet alleen de hand maar ook de arm. Zijn boek *Otkrytie Chazarii* (De ontdekking van Chazarië), samengesteld uit zijn artikelen en essays van de laatste veertig jaar, leest als een detectiveroman. Tot degene die probeert vast te stellen of het nu geschiedenis of archeologie, geografie of ecologie, waarheid of fictie is, zegt hij: 'Je prends mon bien où je le trouve', zonder te beseffen dat het het antwoord van Molière was op een beschuldiging van plagiaat.

Volgens Goemiljov ligt het land van de Chazaren op de bodem van de noordelijke Kaspische Zee. Ze woonden daar toen de zeespiegel laag was in de zesde eeuw, in een paradijselijk laagland dat Goemiljov het 'Kaspische Nederland' noemt. Toen de zeespiegel begon te stijgen in de dertiende eeuw werden de Chazaren verdreven en raakten vermengd met andere volkeren. Maar hóé laag de zeespiegel in de zesde eeuw was, dat was niet bekend, en dat moest hij wel weten om zijn verhaal geloofwaardig te maken. Hij wil dat uitzoeken door te kijken hoe ver de Perzische muur van Derbent onder de zeespiegel doorloopt. In augustus 1961 gaat hij met drie metgezellen in een klein bootje van de reddingsbrigade, een kompas en een zelfgemaakt echolood de zee op. Met een aqualong op de rug exploreren zij het troebele water. De muur is vier meter dik, loopt driehonderd meter verder de zee in, en eindigt in een toren. De basis van de toren ligt verankerd op de rotsbodem op een diepte van -33,5 meter, bijna acht meter onder het huidige niveau van de Kaspische Zee. Ze duiken zelfs fragmenten aardewerk van een waterleidingsysteem op, waaruit definitief blijkt dat de hele structuur toen boven water lag. Acht meter lager dan nu! Goemiljov is opgetogen. Bij -34 meter ligt de hele noordelijke Kaspische Zee droog, een gebied zo groot als Nederland en

België samen. Plaats genoeg voor de Chazaren. Alleen een klein storend detail: tot op de dag van vandaag zijn de echte Chazaarse woonplaatsen daar nog steeds niet gevonden.

Voor wie bezorgd was over de zeespiegeldaling in die tijd is de ontdekking van Goemiljov slecht nieuws. De zeespiegel kan dus nog meters verder dalen. En dat doet hij ook, tot hij in 1977 -29,1 meter bereikt, drie meter onder het niveau van 1925. De kustbewoners en de regering zijn wanhopig. Havens vallen droog, schepen liggen te roesten in de modder, gewassen verdrogen op het land, de visvangst zakt tot de helft van het vroegere niveau, en het water in het noordelijkste deel van de zee is zo ondiep geworden dat de steur, de leverancier van kaviaar, niet meer weet hoe hij de rivier op moet zwemmen om te paaien. Het grootste scheepvaartkanaal dat de doorvaart van de Wolga naar de Kaspische Zee verzorgt, moet twintig kilometer verlengd worden. De zoutwinning in de baai van Kara-Bogaz in Turkmenistan aan de Kaspische oostkust, die afhankelijk is van de instroom van vers zeewater, komt in gevaar. De schade aan economie en milieu is enorm. Als de zeespiegel nog een halve meter zakt valt het Kaspisch Nederland opnieuw droog. Een rampscenario, waarbij wat wij in het Aralmeer hebben gezien in de jaren negentig in het niet valt.

Wat had Berg fout gedaan in 1925? Eigenlijk niet zoveel. Hij was een voorzichtig man, een scherp analyticus die weigerde zich het hoofd op hol te laten brengen door al die onheilsprofeten van wie hij er zoveel in de literatuur was tegengekomen. Hij haalde de argumenten onderuit van de mensen die beweerden dat de zeespiegel wel tien meter hoger, of wel vier meter lager was geweest, of verwierp ze tenminste bij gebrek aan bewijs. Maar hij wist toen nog niet dat de muren van Derbent acht meter onder water doorliepen, en dat de basis van de karavansaray bij Bakoe ook zes meter onder de zeespiegel lag. In de zesde en de dertiende eeuw moet de Noord-Kaspische Zee wel degelijk drooggevallen zijn. Maar de aqualong was nog niet uitgevonden, er waren nog geen marien archeologen, geen radiokoolstofdateringen en geen computermodellen.

Waar hij ook geen rekening mee had gehouden, is met de ongebreidelde industrialisatiedrift van Stalin. Vanaf 1932 begon die nieuwe stuwdammen in de Wolga te bouwen en grootscheepse irrigatieprojecten op te zetten. Er waren ook toen al waarschuwende geluiden dat die waterwerken zouden leiden tot een daling van de Kaspische zeespiegel, zo schrijft de klimatoloog Sergej Rodionov, in zijn boek *Global and regional climate interaction: the Caspian Sea experience* (1994), tot nu toe de meest uitgebreide analyse van het Kaspische probleem. Een cynisch bewijs daarvoor is dat de daling tussen 1941 en 1945 plotseling stopte: door de Tweede Wereldoorlog stond de constructie van nieuwe waterwerken in de Wolga stil. Is het allemaal de schuld van Stalin?

Nee, want er waren ook natuurlijke oorzaken. Toen de daling eenmaal een feit was struikelden de wetenschappers over elkaar heen in het aandragen van verklaringen. Achteráf voorspellen dat de zeespiegel in de jaren dertig zou dalen werd een populaire bezigheid. De meesten dachten dat het een klimaateffect was. Het regende gewoonweg minder in het stroomgebied van de Wolga, en dat had te maken met veranderende circulatiepatronen in de atmosfeer. Er trokken minder depressies over het immense Russische laagland. Daar kon Stalin niets aan doen. Anderen meenden dat het kwam door sterke bodemdaling in het bekken van de Kaspische Zee, en weer anderen gaven de schuld aan grondwaterstromen. Maar allemaal leidden ze tot het inzicht dat de zeespiegel in de jaren dertig wel móést dalen. Hun prognoses voor de toekomst waren minder eensluidend. Ze spraken elkaar allemaal tegen.

Maar algemeen verwachtte men dat de zeespiegel zou blijven dalen. Dat was een logische gedachte, want het gebruik van Wolgawater voor landbouw en industrie zou alleen maar toenemen in de volgende jaren. Bovendien, twijfel aan de triomfantelijke ontwikkeling van de Sovjet-Unie stond in die tijd gelijk met landverraad. Wie dat niet wil geloven moet het prachtige boek *Ingenieurs van de ziel* van Frank Westerman maar lezen. Geen wonder dat de statistici die de trends analyseerden tot de conclusie kwamen dat de zeespiegel nog verder zou dalen. Zolang ze de verschillende natuurlijke componenten van de waterbalans constant hielden was de mens de enige factor die het niveau kon bepalen.

En als de mens schuld heeft aan de zeespiegeldaling kan hij zijn fouten ook weer repareren. Niet door de stuwdammen weer af te breken en de irrigatie efficiënter te maken. Dat zijn oplossingen die bij de moderne tijd horen, maar niet bij het sovjettijdperk. Niet minder waterwerken, maar juist méér. Plannen genoeg: water uit de Zwarte Zee naar de Kaspische Zee leiden, want de Zwarte Zee was wel verbonden met de oceanen en lag bijna dertig meter hoger. Of water uit het Aralmeer, want dat lag meer dan zeventig meter hoger. Nog een plan was het noordelijke ondiepe deel van de Kaspische Zee dan maar helemaal af te dammen zodat het waterpeil daar beter gereguleerd kon worden. De baai van Kara-Bogaz, waar veel zeewater verdampte dat langs een smalle doorgang binnenstroomde, werd in 1980 daadwerkelijk afgesloten.

Maar dat was allemaal nog niet megalomaan genoeg. In de jaren zestig ontstond het plan om de rivieren de Petsjora en de Wytsjegda in het Europese deel van Rusland, die naar de Noordelijke IJszee stromen, met de Wolga te verbinden en zodoende de afvoer van de Wolga te vergroten. En daarna ook nog eens de naar het noorden stromende Siberische rivieren de Ob en de Irtysj via een kanaal van meer dan tweeduizend kilometer lang om te leiden naar de Kaspische Zee. Het had allemaal rond het jaar 2000 klaar moeten zijn. Het was het project van de eeuw. Stalin zou er trots op geweest zijn.

We varen door de Wolgadelta, in het Astrachan Natuurreservaat. Links en rechts staan hoge wilgen op de oeverwallen. Kolonies aalscholvers vliegen op bij het geluid van onze buitenboordmotor. De bomen waar zij in zitten dragen geen blad meer. Ze zijn helemaal wit van de guano. Dicht onder de oever, in het water wuiven eindeloze velden riet, lisdodden, egelskoppen, en de koningin van de Wolga, de lotus; schitterende grote roze bloemen met een felgeel vruchtbeginsel waarin kleine groene nootjes zitten die je op kunt eten: daarom heet hij *Nelumbo nucifera*, de nootdragende lotus. De grote, zachte kelkvormige bladeren zijn begroeid met heel kleine haartjes, het lijkt wel vilt, of fluweel. Op de bodem van het blad ligt een kogelronde glinsterende druppel water. Een kromme spiegel die de wereld reflecteert zoals de lotus die ziet. Een *sazan*, een grote karper, springt plotseling in een wervelende vrille verticaal uit het water. Het is zijn laatste sprong. Een zeearend duikt vlak voor onze boot naar beneden, grijpt de karper met zijn grote klauwen en neemt hem met grote vleugelslagen mee naar zijn nest, hoog in de wilgen.

We varen een dode zijarm in. Het hele wateroppervlak is dichtgegroeid met waterplanten: waterlelies, gele plomp, fonteinkruid, salvinia, waternoot. Op bijna elk blad zit een kikker. 'Hier begon de zee in de jaren twintig', zegt Gennadij Vasiljevitsj Roesakov, de geomorfoloog van het natuurreservaat. 'Nu is die vijfenveertig kilometer stroomafwaarts hiervandaan. Zoveel is de delta gegroeid in de periode dat de zeespiegel daalde in de jaren dertig. Als het snel ging, groeide ook de delta snel, soms kilometers per jaar. Gratis nieuw natuurreservaat.' Utrecht aan zee, zeventig jaar geleden. Het is bijna niet voor te stellen.

Dan, als de nood het hoogst is, gebeurt het wonderbaarlijke. In 1978 begint onverwacht de zee opeens hard te stijgen, met vijftien tot twintig centimeter per jaar, net zo hard als hij in de jaren dertig is gezakt. In 1979 stijgt hij zelfs vierendertig centimeter. Eerst denkt men nog dat het slechts uitstel van executie is: straks daalt hij weer, voorspelt men. Maar de stijging zet door. Gelukkig, het gevaar is afgewend. Het alarm is voorbij, de plannen voor het omleiden van de Siberische rivieren gaan in de ijskast, en iedereen haalt opgelucht adem. Maar aan

Een lantaarnpaal in zee. Toerali, Dagestan, Rusland.

het eind van de jaren tachtig begint men weer bezorgd te raken. Want de zeespiegelstijging gaat nu wel erg hard. Veel installaties die eerst steeds verder zeewaarts waren verplaatst om de zeespiegeldaling bij te houden, dreigen nu weer onder water te lopen. De dam van de Kara-Bogaz wordt haastig weer opengemaakt. In 1993, als wij op audiëntie zijn bij Maria Nikolajevna Mirojedova, is het alarm totaal.

Alleen, wie had dat allemaal voorspeld? Niemand van tevoren. Iedereen achteraf. Net als bij de plotselinge daling van 1930. Net als bij de plotselinge stijging in 1977. En ook weer in 1995. Drie keer in een eeuw hebben we ons laten verrassen. Ondanks alle historische gegevens, koolstofdateringen, wereldklimaatmodellen, statistische trendanalyses. Drie keer hebben we gedacht: het daalt, dus het zal wel blijven dalen. Het stijgt, dus het zal wel blijven stijgen. Alsof het de aandelenbeurs is.

En we hebben ernaar gehandeld. Toen de zeespiegel daalde in de jaren dertig was men er zo van overtuigd dat hij zou blijven dalen dat er talloze nieuwe nederzettingen en industriële complexen op het nieuw vrijgekomen land werden gebouwd. Dat paste precies in de expansiedrift van Stalin en zijn opvolgers. Maar niemand had de woorden in gedachte van die sjeik die in de veertiende eeuw al zei: 'Wat de zee je geeft moet je niet aannemen, want later pakt ze het weer terug.' Niemand dacht aan de bóódschap van dat ondergelopen fort in de baai van Bakoe, van die muren van Derbent die onder water doorliepen. En niemand herinnerde zich dat aan het einde van de achttiende eeuw de zeespiegel ook al eens met vijftien centimeter per jaar was gestegen. Eéns een trend, altijd een trend. Een totale blackout van het collectieve geheugen. Waarom had Maria Nikolajevna niet allang dijken gebouwd?

En het houdt niet op bij de laatste honderd jaar, duizend jaar. In bijgaande figuur staan de contouren van de Kaspische Zee vanaf 5 miljoen jaar geleden tot nu weergegeven. Het lijkt op een stilleven van uitgelopen aardappels en gemberwortels. De kleine aardappeltjes geven de lage zeespiegelstanden weer, de grote gemberwortels de hoge zeespiegels.

Zeespiegelveranderingen horen bij het leven van de Kaspische Zee. In verschillende tijdschalen. De kleinste schommelingen zijn dage-

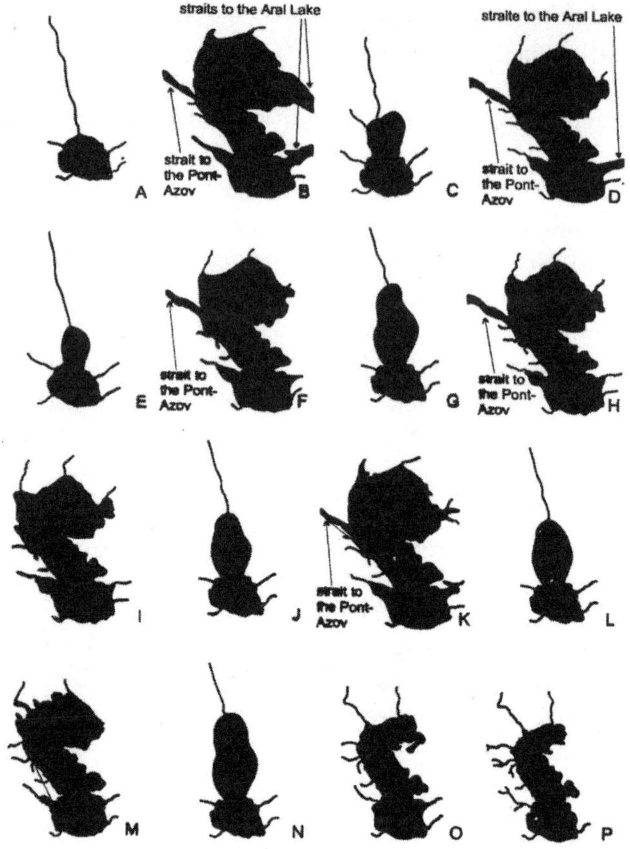

Omvang van de Kaspische Zee vanaf 5 miljoen jaar geleden (A) tot nu (P). Naar Aladin, 2004.

lijks: eb en vloed. Dat stelt niet veel voor hier: maar drie centimeter verschil, want er is geen contact met de grote watermassa's van de oceanen.

Een tweede tijdschaal is de seizoensfluctuatie. In de lente, als de sneeuw smelt op het immense Russische platform, zwelt de Wolga aan, en in mei en juni bereikt zij haar piekafvoeren. Daarna nemen de waterhoeveelheden langzaam af, om in de winter, als alles bevroren is, tot een minimum te komen. Het verschil tussen hoog en laag, de amplitude van de zeespiegelschommeling is hier veertig centimeter.

Een grotere cycliciteit is de cyclus die we nu net besproken hebben, en die van piek tot piek zo'n vijfenzestig jaar heeft geduurd, en een amplitude van drie meter had. Die is heel wat moeilijker te verklaren. Wie geneigd is te roepen: 'Ha, het broeikaseffect!' heeft het niet makkelijk. Een eenvoudig verband met de wereldwijde klimaatveranderingen is er niet. Het CO_2-gehalte in de atmosfeer stijgt sinds halverwege de negentiende eeuw, maar de zeespiegel zakt in de jaren dertig jaren ineens en stijgt daarna juist weer.

Een plausibele verklaring, door Sergej Rodionov en zijn voorgangers, heeft te maken met atmosferische circulatietypen. Wij kennen die typen hier aan de Noordzee ook heel goed. Een atmosferisch circulatietype met overheersende zuidwestenwinden geeft ons depressies met koel weer en veel regen. Als de wind uit het oosten waait hebben wij vaak warm droog weer in de zomer en vorst in de winter. Men heeft aangetoond dat het aandeel van de zuidwestelijke circulatietypen boven het Russische vasteland sinds 1977 sterk is gestegen. Met name tussen augustus en oktober zijn sinds 1977 veel meer Atlantische depressies over Rusland getrokken dan in de jaren daarvoor. Meer neerslag betekent dan ook meer waterafvoer door de Wolga, en hogere zeespiegelstanden in de Kaspische Zee, als de verdamping boven zee tenminste niet te sterk overheerst. De correlatie tussen de zeespiegelcurve van de Kaspische Zee en die van de waterafvoer door de Wolga is redelijk goed. Dat betekent dat de zeespiegelveranderingen op een tijdschaal van tientallen jaren wel degelijk te maken hebben met wereldwijde klimaatveranderingen. Het is alleen geen temperatuureffect zoals het broeikaseffect, maar een neerslageffect, gekoppeld aan veranderingen in de grootschalige stromingspatronen in de atmosfeer. Overigens laat ook de wereldwijde gemiddelde temperatuur een daling in de jaren veertig, een dieptepunt rond 1976, en sindsdien een sterke stijging zien. Maar van een daling sinds 1995 is weer geen sprake. Integendeel, de temperaturen aan het aardoppervlak bereiken nu waarden als nooit tevoren.

De depressieactiviteit boven de Atlantische Oceaan is gebonden aan de drukverschillen tussen het hogedrukgebied bij de Azoren en het lagedrukgebied bij IJsland. Als die verschillen groot zijn, is de depressieactiviteit ook groot. Zijn de drukverschillen klein, dan zijn er minder depressies. Dit verschijnsel heet de Noord-Atlantische Oscillatie, de NAO. Er zit een bepaalde cycliciteit in de NAO, die vergelijkbaar is met die van El Niño op het zuidelijk halfrond. Die cycliciteit vertoont enige overeenkomsten met de Kaspische zeespiegelcurve van de laatste eeuw: bij een positieve NAO-index, met veel depressies, is ook de Kaspische zeespiegel hoog, bij een negatieve NAO-index is de zeespiegel laag. Maar de klimatologen zeggen dat de statistische correlatie niet sterk is. En de waarnemingenreeks van zowel de NAO als de Kaspische Zee zijn te kort om verder naar het verleden te kijken, en dus ook om goede prognoses voor de toekomst te maken. Het is trouwens evenmin duidelijk wat de oorzaak is van deze 'interne' cycliciteit van ons klimaatsysteem.

Er zijn daarnaast ook externe processen die goede correlaties met de Kaspische zeespiegel geven. De meest populaire daarvan zijn de elfjarige zonnevlekkencycli. A.N. Afanasjev voorspelde in 1967 correct dat de zeespiegel in de jaren zeventig weer zou gaan stijgen – maar, helaas, op grond van een foute voorspelling van de zonnevlekkenactiviteit zelf! En de correlatie is veel minder goed als je ook de gegevens van voor 1939 erbij betrekt. M.S. Eygenson vond een bijna perfecte correlatie met het aantal zonnevlekken: lage zeespiegel bij hoge zonnevlekkenactiviteit en vice versa. Hij voorspelde dat de periode van 1970 tot 2000 een periode van hoge zeespiegel zou zijn. Ook nu nog heeft de zonnevlekkenhypothese veel aanhang, maar ongelukkigerwijs is het moeilijk te verklaren via welk mechanisme dat dan wel gaat. De verbanden zijn tot nu toe puur statistisch.

Als we naar nóg langere cycli gaan kijken, van duizenden tot tienduizenden jaren, lijkt ook de amplitude van de zeespiegelschommelingen toe te nemen. Was de cyclus van de twintigste eeuw nog een amplitude van drie meter, van -26 meter naar -29 meter en weer terug, op langere tijdschalen is dat al veel meer. De hoogste zeespiegelstanden zijn relatief het simpelst te bepalen. Lev Semjonovitsj Berg zegt al in 1934 dat de zeespiegel de laatste tienduizend jaar niet hoger is geweest dan vijf meter boven het niveau van 1925, dat wil zeggen niet hoger dan -21 meter. Dat baseerde hij op het feit dat hij overal langs de Kaspische kusten tot vijf meter hoog boven de zeespiegel fossiele kokkels (*Cardium*) vond, maar niet hoger. De kokkel is tienduizend jaar geleden voor het eerst in de Kaspische Zee binnengedrongen, dus dat is een logische gedachte. Hij zegt ook dat als de zeespiegel de laatste tienduizend jaar niet hoger is geweest dan -21 m, dat in de nabije toekomst ook wel niet het geval zal zijn. Voor 1995 heeft hij daarin gelijk gekregen, zoals we zagen.

De geomorfoloog Georgij Ivanovitsj Rytsjagov van de Moskouse Staatsuniversiteit heeft met veel gedetailleerdere gegevens Bergs conclusie onderschreven. Bij Toerali in Dagestan keek hij hoe ver de zee diep ingesneden rivierdalen bij de kust was binnengedrongen, en hij keek hoe hoog de strandwallen door de zee landwaarts waren opgeschoven. In al die afzettingen vond hij schelpfragmenten, die hij met koolstof-14 dateerde, een methode die Berg nog niet tot zijn beschikking had. Hoewel er op zijn dateringen veel valt aan te merken is het duidelijk dat er in het Holoceen, de laatste tienduizend jaar, verscheidene cycli van enkele duizenden jaren lang zijn geweest, maar geen een ervan kwam hoger dan -20 meter. Hij heeft de curve in bijgaande figuur in zijn proefschrift in 1977 gepubliceerd, en het was tot voor kort de meest betrouwbare curve die alleen op veldwaarnemingen en dateringen was gebaseerd, en niet op berekeningen van de waterbalans.

Georgij Ivanovitsj is nu tachtig jaar. Maar hij is nog steeds degene

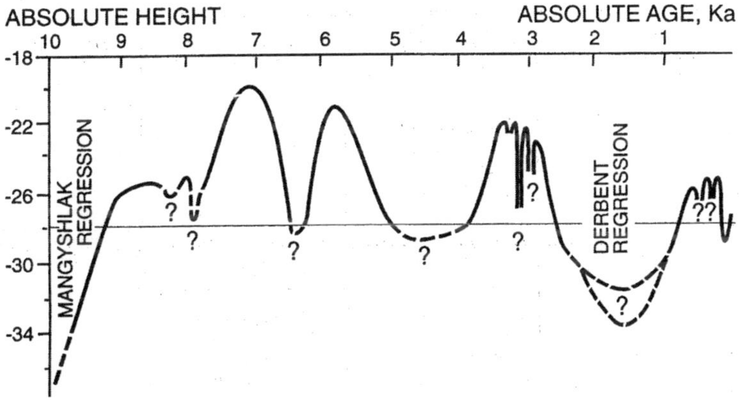

De zeespiegel van de Kaspische Zee is in de laatste tienduizend jaar heftig op en neer gegaan. Het huidige niveau is -27 meter. Rytsjagov, 1997.

die het meest weet van de zeespiegelschommelingen, en daarom waren wij blij dat hij in 2002 met ons team en Moskouse en Dagestaanse collega's mee wilde naar Toerali om nieuwe monsters te nemen op zijn oude sites, voor datering met modernere technieken. Hij liep het allemaal mee, met zijn strak achterover gekamde witte haar. Hij was ontroerd het allemaal terug te zien na zoveel jaar, zoals iedere geoloog in het veldwerkgebied van zijn jonge jaren. En het klopt allemaal feilloos. Het is prettig te zien dat werk dat je dertig jaar geleden hebt gedaan nog steeds standhoudt. Wij hebben de datering van de

De Maagdentoren van Bakoe, die 2600 jaar geleden aan het water stond.

Een reconstructie van D. A. Axundov van de vermoedelijke situatie in de negende eeuw. De toren is nu nog intact, maar de muur is op deze plaats verdwenen. De vlammen uit het dak zijn gasvlammen uit een ondergronds aardgasveld dat via buizen omhoog werd geleid.

twee laatste pieken nu kunnen preciseren: de laatste piek valt samen met de Kleine IJstijd tussen 1400 en 1800 AD, en de voorlaatste valt in de Bronstijd, zo'n 2600 jaar geleden, beide perioden die gekenmerkt waren door koele natte klimaten.

Het frappante is, dat volgens de Azerbeidzjaanse historicus Davud Axundov-precies in diezelfde tijd, in de zesde eeuw voor Christus, de fundamenten werden gelegd voor het oudste gebouw in het hele Kaspische-Zeegebied: de Maagdentoren in Bakoe. Het is een prachtige, ongenaakbare, massieve stenen toren, met alleen acht piepkleine raampjes onder elkaar, voor elke verdieping een. Het is tegelijk ook een schoorsteen. Onder de toren, en in het hele gebied rond Bakoe, liggen aardgas- en olievelden, zó ondiep dat het gas vanzelf uit de grond komt en spontaan verbrandt. Dit is het land van het eeuwige vuur. Zarathoestra, of Zoroaster, woonde in Bakoe in diezelfde tijd en stichtte de godsdienst van de Zoroastriërs, de vuuraanbidders. Zij leidden het aardgas met pijpen naar het dak van de toren.

Uit de lucht gezien heeft hij een plattegrond als een komma. De toren zelf is rond, maar het staartje van de komma is een massief stenen aanbouwsel dat als golfbreker gediend zou hebben. Maar die golfbreker staat op drie meter boven het huidige zeeniveau, dus in de zesde eeuw voor Christus moet de zeespiegel minstens drie meter hoger hebben gestaan. Klopt met onze cijfers uit Toerali.

De koele natte klimaten van de Bronstijd en de Kleine IJstijd staan volgens de Amsterdamse ecoloog Bas van Geel in verband met een veertienhonderdjarige cyclus van variaties in zonneactiviteit. Het is verleidelijk om dat te geloven, vooral als het klopt met je eigen gegevens. Het is de valkuil waar velen voor ons in gevallen zijn. Maar ook hier geldt: hoe de zonnevlekkenactiviteit van invloed is op het klimaat is nog volstrekt onduidelijk.

Maar we hebben de hierboven gestelde vraag nog niet beantwoord: hoe groot was de amplitude van de zeespiegel in die duizendjarige cycli? Rytsjagov was daar niet erg zeker van, want de sporen van de láágste zeespiegelstanden liggen onder water en zijn dus moeilijk bereikbaar voor onderzoek. Daarom heeft hij de dalen in zijn curve gestippeld. We zagen al aan de muren van Derbent dat in de zesde eeuw de zeespiegel minstens acht meter lager gestaan moet hebben. Onderzoekers uit mijn eigen groep, Bob Hoogendoorn en Jelle Boels, hebben samen met Britse en Azerbeidzjaanse collega's seismisch onderzoek en boringen voor de kust van Azerbeidzjan gedaan, en daaruit blijkt dat de zeespiegel in de vroege Middeleeuwen misschien zelfs kortstondig op -48 meter heeft gelegen. Dat komt overeen met wat de klimatologen de Warme Middeleeuwse Periode noemen. Dat betekent een amplitude van vijfentwintig meter binnen drieduizend jaar, van een piek op -23 meter en een dal op -48 meter! Bijna tien keer zo groot als de amplitude van de zeespiegelschommeling in de twintigste eeuw!

Gaan we nog verder terug, dan komen we in de tijdschalen van tienduizenden tot honderdduizenden jaren. In de laatste ijstijd, toen bij ons de zeespiegel meer dan honderd meter lager was en de Noordzee droog lag, was de Kaspische Zee juist heel hoog, op +50 meter, 75 meter boven de huidige waterspiegel. De hele Noord-Kaspische vlakte, een gebied van meer dan een half miljoen vierkante kilometer, stond toen diep onder water. Dat is de dikke kop van de gemberwortel, op bovenstaande plaatjes. Vierhonderd kilometer van de benedenloop van de Wolga was zee geworden. Volgograd lag toen aan de Kaspische Zee, zeg maar Keulen aan Zee. Maar hoger kon de zee niet komen, want bij +50 meter ontstaat er een overloop naar de Zwarte Zee over de Kuma-Manysj-drempel aan de noordkant van de Kaukasus. De Zwarte Zee stond toen juist laag, dus daar moet een mooie waterval te zien geweest zijn.

Over de oorzaken daarvan bestaat nog veel onenigheid. Sommigen zeggen dat smeltwater van de gletsjers in het arctische gebied van Siberië via het Aralmeer in de Kaspische Zee terecht is gekomen. Anderen vinden dat het aanhangen van die theorie de beste manier is om je wetenschappelijke reputatie op het spel te zetten. Hoe het ook zij, kort na die geweldige glaciale overstroming, aan het begin van het Holoceen zo'n 9000 jaar geleden, stond de Kaspische Zee juist weer extreem laag, -80 meter volgens sommigen, -113 meter volgens anderen. In totaal een amplitude van zo'n 150 meter in enkele duizenden tot tienduizenden jaren. Vergeleken daarmee is de drie meter van de twintigste-eeuwse cyclus maar een kleinigheid. Zo te zien hebben langere cycli dus ook grotere amplitudes.

Het betekent voor de Kaspische Zee dat elke waterstand een combinatie is van schommelingen van verschillende duur en amplitude. En elke cyclus heeft weer een verschillende oorzaak. De Moskouse paleontoloog Aleksandr Adamovitsj Svitotsj, een man die schelpen sorteert met de snelheid van een garnalenpelster, heeft die schematisch weergegeven in onderstaande figuur. Ik hou van dat grafiekje.

Tijdsduur zeespiegelcyclus	*Amplitude*	*Oorzaak*
Twee keer dagelijks	~0,03 m	Getij
Jaarlijks	~0,40 m	Seizoen
Decennia (1929-1995 cyclus)	~3 m	NAO?
Eeuwen – millennia (Holoceen)	~25 m	Zonneactiviteit?
Tien- tot honderdduizenden jaren	~150 m	(De)glaciatie, Milanković?

Ik heb het altijd voor ogen als ik de angst voor de wereldwijd stijgende temperaturen van de laatste jaren beluister. Dan denk ik: we kijken alleen maar naar die kleine kriebelgolfjes, maar vergeten dat we op een veel grotere golf zitten.

Maar of dat grafiekje precies zo klopt weten we nog niet. Het is een ideaalbeeld, waar de werkelijke stand van kennis nog ver vandaan is.

Het is 2003. Weer varen we in de Wolgadelta. Het is herfst. De lotus is bijna uitgebloeid; nog een enkel roze bloemblad steekt boven de onafzienbare bruingroene bladermassa uit. De gele vruchtbeginsels zijn bruin geworden, de nootjes zijn eruit gevallen; ze zien er nu uit als houtige douchekoppen; ze worden graag gebruikt in herfstige bloemstukjes die de vergankelijkheid van het leven moeten uitdrukken. De hoge zeespiegelstand van 1995 is voorbij. En net als in de jaren dertig groeit de delta nu weer snel zeewaarts. Nieuwe smalle zandwalletjes omlijnen de talloze zich vertakkende geultjes waarlangs de Wolga de zee instroomt. Maar de zee is niet teruggekomen naar de positie van de jaren twintig die Gennadij Vasiljevitsj ons in 1995 had gewezen. Het eerder drooggevallen land staat nu vol met riet en wilgen. Drie meter zeespiegeldaling was genoeg om het te laten ontstaan, maar drie meter zeespiegelstijging was niet genoeg om het te verdrinken.

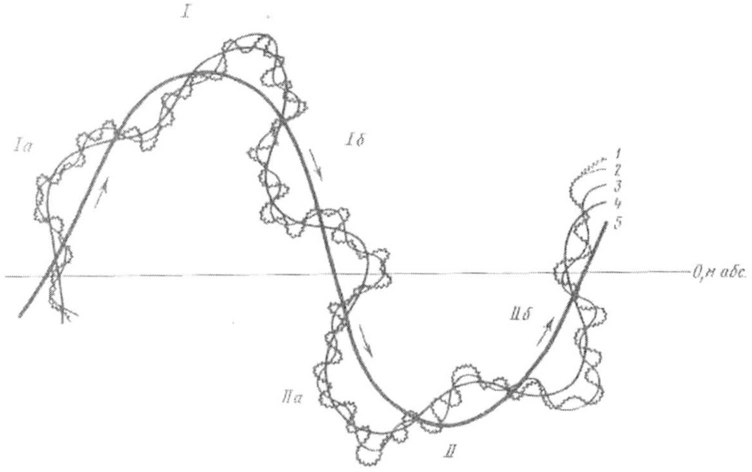

Schema van tijdschalen en amplitudes van de Kaspische zeespiegelschommelingen. Svitotsj, 1991.

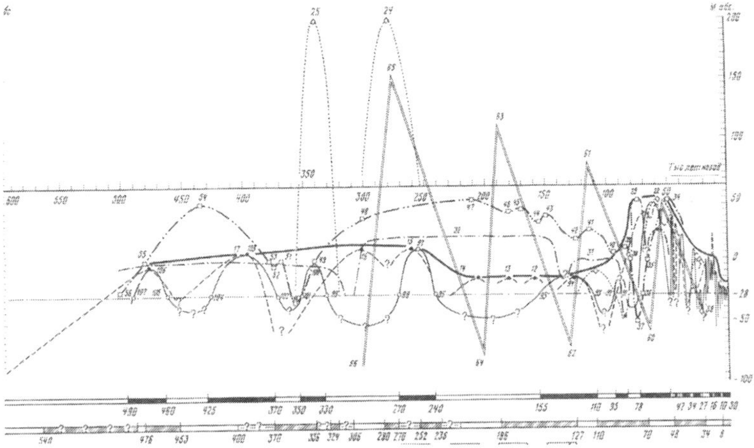

Er bestaat niet alleen verschil van inzicht over het Kaspische-Zeeniveau in de toekomst, maar ook over dat in het verleden. De zeespiegelcurven voor de laatste half miljoen jaar van verschillende auteurs spreken elkaar tegen. De pieken zijn de gemberwortels, de dalen de uitgelopen aardappels van de figuur boven. Varoesjtsjenko et al., 1987.

Als je het zo ziet, dan gaat de natuur gewoon door. De zeespiegel stijgt, hij daalt, hij stijgt, in kleine korte cycli, in grote lange cycli. Wat is er eigenlijk aan de hand? Waar maken we ons eigenlijk druk over? Waarom maken we groot misbaar over de kleine cycli, laten we ons onaangenaam verrassen door onverwachte trendbreuken, maar staan we onverschillig, of misschien wel geamuseerd te kijken naar de grote cycli, zonder dat wij ons rekenschap geven van wat zij betekenen voor toekomstige generaties?

3

Aartsvaders

You can laugh at the sands as they run through the hour glass.

G.S. Viereck, P. Eldridge.
My first two thousand years.

Het is 22 oktober 2004 als ik dit schrijf. Een datum om bij stil te staan. Want op 22 oktober 4004, maar dan vóór Christus, schiep God hemel en aarde. Dat is natuurlijk niet precies 6000 jaar geleden, maar 6008 jaar. Het zesduizendjarig bestaan van de aarde op 22 oktober 1996 was een gedenkwaardige dag. Want precies op die dag erkende paus Johannes Paulus II tegenover de Pauselijke Academie van Wetenschappen dat evolutie 'more than a hypothesis' is.*

Was dat zijn verjaarscadeautje? Of heeft hij een schot voor open doel gemist? Maar misschien ook noemde hij de verjaardag niet omdat degene die de scheppingsdatum had uitgerekend een protestant was, de Ierse anglicaanse bisschop James Ussher (1581-1656). Usshers

* De volledige Engelse tekst luidt: *Today, (...) some new findings lead us toward the recognition of evolution as more than a hypothesis.* (http://www.ewtn.com/library/PAPALDOC/JP961022.htm). In een voetnoot bij de Engelse tekst wordt gesuggereerd dat deze zinsnede een foute vertaling uit het Frans is. De oorspronkelijke tekst in het Frans luidt: *Aujourd'hui, (...), de nouvelles connaissances conduisent à reconnaître dans la théorie de l'évolution plus qu'une hypothèse.* (http://www.webkto.com/sciences.html). Wat de paus waarschijnlijk heeft willen zeggen, is dat er meerdere hypothesen zijn, maar dan had hij moeten zeggen *plus d'une hypothèse.* Gezegd blijft gezegd.

procédé was heel simpel: hij telde de duur van de generaties van alle aartsvaderen in de bijbel op, en koppelde ze aan de enige gebeurtenis in de bijbel waar hij via Griekse en Romeinse bronnen een jaartal bij kon zetten: de dood van Nebukadnezar in 562 voor Christus. Zo kwam hij aan de scheppingsdatum.

De meesten van die aartsvaderen leefden buitengewoon lang: meer dan negenhonderd jaar is geen uitzondering, en velen kregen nog kinderen toen ze al ver over de honderd waren. Laten wij Henoch (365 jaar) buiten beschouwing dan leven de oudvaders steeds korter. Adam wordt 930, Seth 912, Enos 905, Kenan 910, Mahalalel 895, Jered 847, Methusjelah 720, Lamech 653 jaren oud. Dat ze steeds eerder stierven is vermoedelijk de straf voor hun liederlijk leven, veronderstelt I. Hooykaas in zijn commentaar bij de Leidse bijbelvertaling van 1906. De laatste drie stierven tijdens de zondvloed, die begon op 17 februari in het jaar 1307 na de schepping, samen met de meeste dieren, die blijkbaar ook zondig waren (alleen de vissen niet, die hadden zeker minder heftige passies, schampert Georges Cuvier in zijn *Les révolutions du globe*).

Het lijkt mij ook wel heel moeilijk om negenhonderd jaar zonder zonden te blijven. In onze tijd zijn we weer op de weg terug naar een langer leven, maar of dat door een grotere deugdzaamheid komt, mag worden betwijfeld. Als al die aartsvaders een normaal leven hadden geleid en de generaties een normale duur van pakweg vijfentwintig jaar hadden gehad, was de aarde misschien maar vijfduizend jaar oud geweest. Maar voor Ussher was de hoge leeftijd van de aartsvaders net zomin een probleem als de jeugd van de aarde. Het stond immers in de bijbel.

Toch is de bijbel niet erg precies met de tijdmeting, ook niet in het zo precies gedateerde zondvloedverhaal. Volgens het commentaar van Hooykaas staan er twee zondvloedverhalen door elkaar, die elkaar tegenspreken. In het oudere regent het veertig dagen (Genesis 6:12, 17), in het jongere wast het water dat zowel uit de afgrond oprijst als van de hemel neerdaalt, honderdvijftig dagen lang (Genesis 7:24, 8:4), in het oudere verhaal blijft Noach slechts ruim zestig dagen in de ark (Genesis 8:6), in het jongere een vol jaar. De vloed heeft dan ook in dit jongere verhaal een veel grotere afmeting, en het water stijgt vijftien el boven de hoogste bergen (Genesis 8.14).

Ook het scheppingsverhaal zelf is volgens Hooykaas een omwerking van een ouder Babylonisch verhaal, waarin de schepping niet over zes maar over acht dagen verdeeld was, want er zijn acht scheppingsdaden die worden ingeleid door 'God sprak' en worden afgesloten door de verklaring 'God zag dat het goed was'. In dit oudere verhaal werd van de sabbat geen melding gemaakt. Volgens Hooykaas namen de Israëlieten daar aanstoot aan en deden twéé van die scheppingsdaden in de derde en de zesde scheppingsdag. De schrijver beoogde boven alles de eer van zijn God als schepper der wereld te bevorderen, en wenste daarbij de instelling van de sabbat door Gods rust op de zevende dag te bekrachtigen.

Wij hoeven ons dus niet te schamen als wij de geschiedenis van de aarde zoals zij in Genesis staat enigszins willen preciseren. Want in plaats van 6008 jaar is de aarde 4 550 000 000 jaar oud. Het is minder dan een eeuw geleden dat wij de eerste blik in de huiveringwekkende afgrond van de geologische tijd hebben geworpen. Pas sinds de ontdekking van de radioactiviteit. Maar als je de ouderdom van de aarde niet kent, kun je ook onmogelijk de werking van de aardse processen begrijpen. Niet weten dat de aarde vier en een half miljard jaar oud is, is hetzelfde als niet weten dat een mens gemiddeld zeventig jaar oud wordt. Zo bezien duurt een mensenleven in Usshers tijdschaal niet langer dan een uur.

In zijn tijd was het simpel: de aarde kan niet ouder zijn dan de mens, want waarvoor zou hij anders geschapen zijn. Wat voor belang zou God erbij hebben om zo lang te wachten tot hij de kroon op zijn werk zou zetten? Maar naarmate het inzicht in de natuurwetenschappen groeide in de achttiende en negentiende eeuw groeide ook dat getal.

Volgens de Franse geleerde Georges Buffon (1707-1788) was de aarde 74 800 jaar oud. Hij leidde dat af uit een proef, waarbij hij gloeiende gietijzeren bollen van verschillende grootte tot kamertemperatuur liet afkoelen, en dat extrapoleerde naar een bol van de grootte van de aarde. Bij hem wordt een mens tien uur oud. Charles Darwin pakte het anders aan: hij berekende hoeveel tijd er nodig was om de Downs in Engeland te eroderen en kwam op 300 miljoen jaar, een getal waar hij zelf van schrok: bij hem zou een mens meer dan vier jaar oud worden! Maar het kwam hem wel goed uit want hij had veel tijd nodig om de ene soort in de andere te laten evolueren. Hij kreeg onmiddellijk kritiek van zijn tijdgenoten, niet alleen vanwege het belachelijk grote getal, maar ook vanwege zijn losse-polsmethode, waar de fysici hun neus voor ophaalden. De gevierde Britse fysicus lord Kelvin zou het beter doen. Zwaartekracht was volgens hem de enige bron waar de zon en de aarde hun energie aan ontlenen. Aannemende dat de aarde oorspronkelijk vloeibaar was, en de temperatuur met 1° F per vijftig voet met de diepte toeneemt, berekende hij op grond van de toen bekende fysische wetten een ouderdom tussen de twintig en 400 miljoen jaar, met 98 miljoen jaar als meest waarschijnlijke getal: de mensen zouden gemiddeld sterven op de leeftijd van ruim anderhalf jaar. Naarmate hij ouder werd, werd zijn aarde jonger, en in zijn laatste artikel over dit onderwerp in 1897 was er nog maar 24 miljoen jaar over, dat is in ons rekenvoorbeeld een gemiddelde mensenleeftijd van vier maanden.

Maar het jaar daarvoor had Henri Becquerel de radioactiviteit ontdekt. Er was nog een andere energiebron in de aarde dan de zwaartekracht. De afkoeling hoefde niet meer zo snel gegaan te zijn, want radioactiviteit schept nieuwe warmte binnen in de aarde. De oude Kelvin, zoals zovele oudere wetenschappers een typische lijder aan het *senile hyperactivity syndrome*, kon het niet opbrengen de theorie uit zijn jeugdjaren te zien vervliegen, en bleef hardnekkig volhouden aan het getal waar hij roem mee had vergaard.

Hoewel men nu met het radioactief verval van uranium naar lood in gesteenten en mineralen een natuurlijke klok in handen had, werd de ouderdom van de aarde nog steeds systematisch onderschat. De Britse geoloog Arthur Holmes zei nog in 1931 in een meeting van de National Research Council in Washington dat de aarde in elk geval ouder is dan 1600 miljoen jaar maar wel veel minder dan 3000 miljoen jaar.

Holmes' mensen werden in elk geval twintig jaar, maar zeker niet ouder dan vijftig. De ouderdom van de aarde, 4,6 miljard jaar, kennen we nu, door vast te stellen hoeveel méér lood er door radioactief verval in aardse gesteenten zit dan in meteorieten waar nooit uranium in heeft gezeten. Een mens wordt gemiddeld zeventig jaar oud.

Wat opvalt in deze discussie is hoe moeilijk het is om gevoel te krijgen voor de duur van de geologische tijd. 'De ouderdom van de basis van het Cambrium werd in de jaren tussen 1885 en 1902 door verschillende auteurs bepaald op 3, 18, 28, 600, 794 en 2400 miljoen jaar!', schrijft de Britse geoloog Anthony Hallam in zijn boek *Great geological controversies.* Nu kennen we dat punt zelfs tot op een decimaal nauwkeurig, met een onzekerheid van 1 miljoen jaar (542,0 ±1 miljoen jaar, zie bijlage).

Ook het inzicht in die drie manieren waarop de aarde werkt: als stroom, als golf, als puls, is niet ineens gekomen. Daarvoor heeft de geologie haar eigen aartsvaderen gehad, met name een aantal zeventiende- tot negentiende-eeuwse geleerden, zoals Thomas Burnet, Abraham Gottlob Werner, James Hutton, Charles Lyell, Georges Cuvier, en Charles Darwin. Merkwaardig genoeg is het niet zo makkelijk om achter hun werkelijke denkbeelden te komen. Dat komt omdat velen na hen niet lazen wat zij zelf geschreven hadden, maar wat anderen over hen schreven. Vaak werden hun ideeën vervormd weergegeven, soms uit onbegrip, maar soms ook met opzet. Pas kort geleden zijn wetenschapshistorici als Stephen Jay Gould, Anthony Hallam en Martin Rudwick teruggegaan tot de oorspronkelijke teksten. Dankzij hen ontdoen onze aartsvaderen zich langzamerhand van de clichés waarmee ze decennialang zijn opgescheept door slordige lezers, luie tekstboekschrijvers en andere epigonen.

De beoefenaars van de wetenschapsgeschiedenis hebben overigens zelf ook hun kortzichtigheden. Zo is in West-Europa en de Verenigde Staten weinig aandacht geschonken aan de Russische *uomo universale* Michail Vasiljevitsj Lomonosov, fysicus, chemicus, filosoof, literator, taalkundige, ertskundige, grondlegger van de Moskouse Staatsuniversiteit, en erelid van de Academies van Wetenschappen van Zweden en Bologna – het laatste vanwege zijn uitvinding van een manier om gekleurd glas voor mozaïeken te maken. In zijn boek *O slojach zemnych* (Over aardlagen, in 1750 geschreven, gepubliceerd in 1763) geeft hij onder meer een accurate beschrijving van de klei-, veen- en zandlagen onder Amsterdam en van de turfwinning bij Utrecht, en hij noemt de Noordzee een toevluchtsoord waar de haringen zich kunnen verschuilen voor de walvissen. Lomonosov deelt de bewegingen van de aardkorst in in trillingen (aardbevingen), langzame golfbewegingen die het stijgen en dalen van de zeespiegel veroorzaken, en snelle (catastrofale) processen, waarbij bergketens ontstaan. De tijd als puls en als golf. Daarmee liep hij een halve eeuw vooruit op de discussie tussen de actualisten en de catastrofisten die we hieronder zullen volgen.

De Engelse wetenschapper Thomas Burnet (1635-1715) is lang gedoodverfd geweest als een fantast die vanachter zijn schrijftafel bedacht hoe de aarde van zondvloed tot verzenging verkeerde. Pas Stephen Jay Gould heeft in *Time's arrow, time's cycle* aangetoond dat Burnet in zijn *Telluris theoria sacra* (De heilige theorie van de aarde) probeerde de geschiedenis van de aarde te begrijpen met behulp van de fysische wetten van Newton zonder de bijbel geweld aan te doen.

Burnets geschiedenis begint met de chaos, waarin allerlei deeltjes ordeloos door elkaar heen bewogen. Bij de schepping dwarrelen die neer, de zware eerder dan de lichte, in een concentrisch gelaagde toverbal: de aarde van het paradijs, een heerlijk oord waar aartsvaders negenhonderd jaar konden worden. Maar helaas, door de zonden van diezelfde aartsvaders wordt het paradijs verzwolgen door de zondvloed. Wat dan achterblijft is een ordeloze puinhoop, de huidige aarde.

En Burnet, als newtoniaanse wetenschapper, vraagt zich af: waar komt al het water van de zondvloed vandaan? Want hij had berekend dat al het water op aarde niet voldoende was om de hele aardbol met een waterlaag van vijftien el te bedekken, zelfs niet na veertig dagen regen, en dus moest het wel uit de diepte komen. Dat was het idee: er kwam zóveel water vanuit de diepte dat de korst daarna wel moest instorten, daarom is het huidige landschap zo'n onoverzichtelijk chaos.

Hij ontleende aan de profeten dat de aarde in de toekomst ten prooi zou vallen aan een verzengende gloed, waarbij alles zal verbranden. Maar op een voor de toenmalige wetenschap begrijpelijke manier. Eerst zal al het water verdampen, dan zal het vuur worden aangestoken door de Vesuvius en de Etna, en alle koollagen zullen in brand vliegen, aangeblazen door de lucht die uit alle poriën van de aarde te voorschijn komt. Alle roetdeeltjes van die branden zouden weer op aarde neerdalen, de zware eerder dan de lichte, en zo zal opnieuw een perfect concentrische toverbal ontstaan. Het nieuwe paradijs.

Zo ver als Burnets ideeën ook af staan van wat we nú over de aarde weten, we kunnen niet anders dan erkennen dat hij geprobeerd heeft een natuurwetenschappelijk verhaal te vertellen, met een begin en een eind die weer bij elkaar komen.

Met de huidige kennis in de hand kun je zeggen dat Burnet hooguit de volgorde verkeerd had. Men neemt aan dat de aarde en de andere planeten ontstaan zijn uit botsende stofdeeltjes in een gaswolk, kort na het ontstaan van de zon. Door de zwaartekracht balden al die deeltjes samen en werd de aarde heet en vloeibaar. De zwaarste elementen werden naar de kern van de aarde getrokken, en de lichtere aardmantel, aardkorst, hydrosfeer en atmosfeer werden als schillen daaromheen gedrapeerd. Zo ontstond de concentrische bouw van onze planeet. Juist in de eindfase van de aarde, als over vijf miljard jaar de aardse radioactiviteit en de plaattektoniek zullen zijn uitgewerkt, zullen de laatste erosieprocessen de laatste bergen afvlakken, en de laatste sedimentdeeltjes naar zee transporteren; die zullen daar bezinken, de zwaarste eerst, de lichte later, zodat weer een gladde bol ontstaat.

Ik moest vroeger altijd hard lachen om onze aartsvaders, die dachten dat vulkanen ontstonden door brandende koollagen onder de grond. Wat wisten ze toen nog weinig! Wat waren ze nog dom! Totdat ikzelf in China op een gloeiende roodverbrande berg stond waarin steenkoollagen in brand stonden, tweehonderd meter onder het oppervlak. Zwavel-, teer- en salmiakdampen stegen op uit de grond, en druppels gesmolten zandsteen gleden langs de rotswand naar beneden als was het lava. Het is al miljoenen jaren aan de gang. In China worden kapitalen uitgegeven om die steenkoolbranden te blussen. Twee tot drie procent van de huidige stijging van het gehalte aan koolzuurgas in de atmosfeer is volgens sommigen het gevolg van Chinese steenkoolbranden. In Burnets tijd kwam het ook in Europa nog veel voor. Ikzelf was de dommerik.

Misschien keek Burnet zelfs nog verder, want over dertien miljard jaar is de zon een rode reus geworden, en zo gegroeid dat hij de aar-

Qitaibeishan-kolenmijn, Xin-Jiang, China. Achter in de mijn is het dak boven een brandende koollaag ingestort. Spontaan brandende steenkoollagen kwamen in Burnets tijd ook in Europa veel voor.

de verzengt. En als, zoals sommigen denken, het uitdijend heelal ooit weer krimpt, en weer een nieuwe Big Bang optreedt, is Burnets model nog meer voorspellend dan hijzelf had durven dromen. Want dan begint alles weer van voren af aan.

Over één punt waren Burnet en Newton het niet eens: over de tijdsduur van de scheppingsdagen. Newton opperde dat de aarde misschien wel langzamer om zijn as draaide in die tijd, en dat je daarom hele lange dagen had, maar Burnet kon geen natuurwetenschappelijke reden bedenken waarom de aarde dan later ineens sneller om zijn as zou gaan draaien. Burnet vond dat je niet van een 'dag' kon spreken voordat de zon was geschapen op de vierde dag, en dus moet je de lengte van de scheppingsdagen allegorisch zien. Het is vermakelijk te bedenken dat volgens moderne inzichten de aarde nú juist langzamer om zijn as draait dan in het begin van zijn geschiedenis: door de wrijving wordt de draaiing langzaam afgeremd.

Abraham Gottlob Werner (1749-1817) met zijn waarlijk aartsvaderlijke voornamen, was hoogleraar aan de Freiberg Bergbauakademie in Saksen, en een zo begenadigd docent dat er mensen uit heel Europa naar hem kwamen luisteren. Hij hield meer van praten dan van schrijven, vandaar dat wij hem beter kennen uit de collegedictaten van zijn leerlingen dan uit zijn eigen werk. Die denkbeelden waren weer meer gebaseerd op veldwaarnemingen van tijdgenoten dan van hemzelf, want hij kwam niet vaak in het veld – wegens zijn slechte gezondheid, heette het.

In de naburige gebergten de Harz, het Erzgebirge en het Thüringerwald onderscheidde hij in 1777 vijf grote eenheden, van oud naar jong het *Urgebirge*, het *Übergangsgebirge*, het *Flötzgebirge*, het *Aufgeschwemmte Gebirge* en *Vulkanische Gesteine*. Elk van die hoofdeenheden is weer onderverdeeld in kleinere gesteentepakketten. Die ouderdomsvolgorde klopt in grote lijnen nog steeds.

Hoewel Werner zelf weinig veldwerk had gedaan, of misschien wel juist omdát hij weinig veldwerk had gedaan, bestempelde hij de geschiedenis van zijn eigen rijkje meteen tot de geschiedenis van de hele aarde: een soort provincialisme waardoor veel hardnekkige misverstanden tot ver in de twintigste eeuw zijn blijven bestaan. Zo was het in de Sovjet-Unie tot de perestrojka in 1985 onmogelijk om over plaattektoniek te praten, want de grote bazen in de geologie, V.V. Belooëssov voorop, zagen in hun Moskouse wereldje de aarde alleen maar op en neer gaan.

Volgens Werner waren alle gesteenten, zelfs basalt, uit zeewater neergeslagen, als zout in de zoutbekkens van de Camargue, zouden we nu zeggen. Daardoor is hij de geschiedenis ingegaan als *neptunist*, naar Neptunus, de god van de zee. Nu geloven wij dat niet meer, en daarom is Werner door velen weggezet in het rariteitenkabinet van geologische dwaalwegen. Maar hij liet dat neerslaan wel in een logische volgorde gebeuren. Eerst werden de granieten en schisten van het *Urgebirge* uit het diepste water neergeslagen, daarna, toen het water zakte en troebeler werd, die van het *Übergangsgebirge*, met al wat fossielen erin en ook wat afzetting van zand en klei. Naarmate de tijd vorderde, en dan zijn we al in het *Flötzgebirge*, werden zand en klei steeds belangrijker en nam het fossielgehalte toe. In het *Aufgeschwemmte Gebirge*, in de laagste delen van het landschap, de rivierdalen, waren alleen nog maar zand en klei afgezet.

Weliswaar weten we nu dankzij James Hutton dat de granieten van het *Urgebirge* en de basalten (*Vulkanische Gesteine*) niet uit zeewater maar uit magma ontstaan, maar dat doet niets af aan het feit dat we hier het begin van een moderne geologische geschiedenis van een stukje aarde hebben. Anthony Hallam zegt het zo: 'There is one important respect in which Werner's system was superior to Hutton's: it had a stratigraphy.' Zijn tijd had een richting, een pijl. Zijn tijd stroomde.

Want de Schot James Hutton (1726-1797), al twee eeuwen lang dé aartsvader van de moderne geologie, had juist helemaal geen stratigrafie. Hij was een cyclicus in hart en nieren. In 1788 stond hij met zijn latere *ghost writer* John Playfair bij Siccar Point in Schotland te kijken naar een bijzondere rotspunt. Daar waren verticale lagen leisteen als door een mes horizontaal afgesneden, als een boomstam door een kettingzaag. Boven op het snijvlak lag een horizontaal pakket zandsteen. Een *discordantie*, noemen we zo'n snijvlak. Hij was de eerste die de betekenis daarvan doorzag. Leisteen is vroeger klei geweest, die in de zee is afgezet. Horizontaal, wel te verstaan. Nu staat de leisteen verticaal en is hij sterk samengedrukt. Er zijn dus krach-

Een discordantie bij Garzón, Huila, in de Colombiaanse Andes. Afzettingen van de rivier de Magdalena zijn door de gebergtevorming scheefgesteld, daarna geërodeerd, daarna is er een nieuwe horizontale laag grind van dezelfde rivier overheen afgezet. De scheefgestelde lagen zijn 14 miljoen jaar oud, de horizontale grindlaag daarboven 2 miljoen jaar. Het discordantievlak vertegenwoordigt dus een gat in de tijd van 12 miljoen jaar.

ten van binnenuit de aarde die klei kunnen samenpersen tot leisteen en op zijn kant zetten. Daarna is de leisteen omhooggekomen, de branding heeft het verticale leisteenpakket afgeërodeerd tot het messcherpe snijvlak, en er een nieuwe laag zand overheen gelegd. Maar die zandsteen is óók verhard, en steekt óók weer boven zee uit.

Er is dus een hele cyclus van gebeurtenissen te zien: afzetting van de klei, samenpersing en scheefstelling, opheffing, erosie, weer afzetting, maar nu van de zandsteen, en weer samenpersing, opheffing en erosie. 'Wij voelden ons teruggeplaatst in de tijd, alsof de leisteen de bodem van de toenmalige zee was, en de zandsteen nog maar net als zand en klei door de oceaan werd afgezet', schreef Playfair. 'The mind seemed to grow giddy by looking so far in the abyss of time', in zijn prachtige taal.

Waar kwamen de krachten voor die cycli vandaan? Dat had Hut-

Granietaders in zwarte schalie, Milliau, Bretagne, Frankrijk.

ton al bedacht voordat hij ooit een discordantie had gezien. Want in Glen Tilt, in de Grampian Highlands, had hij in 1785 gezien hoe aders van roze graniet dwars door zwarte schist heen braken. Graniet! Het *Urgebirge*, het oudste van het oudste! Hoe kan dat ooit dwars door een ander gesteente heen breken! Graniet moet juist jonger zijn, en het moet vloeibaar geweest zijn! Magma! Het moet een echte *Aha! Erlebnis* geweest zijn. De gidsen die bij hem waren dachten dat hij een ader van goud of zilver had gevonden, zo blij was hij, schrijft Playfair.*

Kaapstad, 1997. Ik ben hier op een geologisch congres. De Zuid-Afrikaanse geologen Roger Smith en Brian Turner nemen ons congresgangers mee naar Queen's Beach, een breed strand met imposante rotspartijen, onder aan een drukke boulevard met luxe hotels. We

* Hier doet Stephen Jay Gould (*Time's arrow, time's cycle*) Hutton onrecht. Volgens Gould waren deze waarnemingen onbelangrijk voor de ontwikkeling van Huttons theorie, maar uit de geciteerde opwinding blijkt dat ze wel degelijk een grote rol speelden.

glibberen over de groene algen en het glad uitgeslepen gesteente. Zwarte, wild geplooide gneizen waar prachtige geelwitte granietaders grillig doorheen schieten. Elke brandingsgolf accentueert het kleurcontrast. Schitterend. We lopen de trap op naar de boulevard. Daar is een plaquette aan de leuning geschroefd. Er staat:

> *Die rotse tussen hierdie plaat en die see vertoon 'n treffende kontaksone van donker leisteen en ligkleurige graniet. De eerste melding van hierdie interessante voorbeeld van kontak tussen 'n sedimentere en 'n stollingsgesteente is in 1818 deur Clarke Abel gemaak. Sedert die ontdekking daarvan het dit nog steeds een besielende invloed op die ontwikkelingsgeskiedenis van die geologie gehad. Noemenswaardig onder diegene wat het beskryf het is Charles Darwin wat dit in 1836 besoek het.*

Ik krijg een zinkend gevoel in mijn benen. Het rode balletje! De diepte van de tijd, nu die van de wetenschapsgeschiedenis! Charles Darwin heeft dit gezien, precies deze zelfde contactzone, en beschrijft het nauwkeurig in zijn dagboek. Waar heeft hij precies gestaan? Ik probeer het beeld voor me samen te laten vallen met dat van anderhalve eeuw geleden. Hoeveel is er sindsdien veranderd? Hoeveel rotsblokken zijn er sindsdien van hun plaats gerold door de branding? Veel kan het niet zijn.

Hij moet dezelfde schok van herkenning gehad hebben als ik nu hier. Ook hij wist waar hij moest kijken, want vóór hem had John Playfair er al over geschreven, naar aanleiding van een brief van ene kapitein Basil Hall uit 1815 (Clarke Abel was dus niet de eerste). Hij schrijft:

> *Thus the granite is shewn, I think with great probability, to be newer than one of the rocks incumbent on it, and older than the other. I know not that we have ever before had an example of a fact which so directly ascertains the place which granite really occupies, in respect of other parts of the mineral kingdom (...); it is highly favourable to the opinion, that granite does not derive its origin from aqueous deposition.*

Samen met de discordantie wordt het beeld van Huttons cyclus compleet. Sedimenten worden afgezet in zee, steeds dikker, daardoor komen ze steeds dieper in de aardkorst terecht, worden ook steeds warmer, tot ze op een gegeven moment zó warm worden dat ze gaan smelten en magma worden. Het granietmagma duwt de sedimenten omhoog, perst ze samen en vervormt ze zodat een nieuw gebergte ontstaat, wat gepaard gaat met aardbevingen en vulkanisme. Rivieren eroderen de gebergten, en brengen weer sediment naar zee, en zo is de cirkel rond. Een eindeloze golfbeweging.

In Huttons ogen was de aarde een machine, die, gestuurd door de aardwarmte, eindeloos voort kon gaan. Zólang, dat de vraag hoe die machine was ontstaan, en hoe die machine zich in de toekomst zou ontwikkelen, eigenlijk niet gesteld mocht worden. 'No vestiges of a beginning, no prospect of an end', zijn de beroemde laatste woorden van zijn *Theory of the Earth* uit 1795. Begin en einde lagen buiten het gezichtsveld van de wetenschap, vond hij, en hij putte zijn inspiratie voor dat inzicht uit Newtons visie van het zonnestelsel. Dat heeft immers ook geen begin en geen eind, voor zover men toen wist. En we moeten niet vergeten dat Hutton, oorspronkelijk opgeleid als medicus, in Leiden is gepromoveerd op de bloedsomloop! Een cyclicus pur sang. Hij was zo hardnekkig overtuigd van de eindeloosheid van de geologische tijd dat hij niet wilde inzien dat de aarde ook een onomkeerbare geschiedenis moest hebben; een opvatting die Playfair in zijn *Illustrations of the Huttonian Theory of the Earth* (1802) met de mantel der liefde aan het oog van vele latere generaties heeft onttrokken. Pas Stephen Jay Gould heeft de compromisloosheid van Huttons cycliciteit weer voor het voetlicht gehaald.

Charles Lyell (1797-1875) deed daar nog een schepje bovenop. Hij adopteerde niet alleen Huttons cycliciteit, maar meende ook dat alle processen van de cyclus nu nog steeds werkzaam zijn. Processen verlopen volgens natuurwetten, en natuurwetten zijn onveranderlijk, al is de cyclus nog zo lang geleden. Zijn centrale stelling was: *the present is the key to the past.* Ga maar naar het strand, dan zie je hoe de branding een discordantie maakt en zand over de rotsen heen legt. Ga maar naar het Centraal Massief in Frankrijk, dan zie je dat laagjes die ooit in een meer zijn afgezet nu door vulkanen honderden me-

The present is the key to the past: *500 miljoen jaar oude strandribbels, Cwm Idwal, Wales.*

ters boven de zeespiegel zijn opgetild. Ga maar naar de Etna als je niet gelooft dat magma bestaat, want vanuit je luie stoel op de Freibergse Bergbauakademie kun je dat niet zien, Abraham Gottlob. Je kunt de hele aarde verklaren uit de huidige processen, zelfs al lijken die uiterst langzaam te gaan, zolang je maar genoeg tijd tot je beschikking hebt voor al die cycli. Maar de geologische tijd is eindeloos. Zijn hele opus magnum, *Principles of Geology* (1830-1833), het eerste moderne handboek over geologie, is één pleidooi voor die zienswijze. Het principe wordt in het Engels ook wel *uniformitarianism* genoemd, een vreselijke naam die meer doet denken aan een obscuur kerkgenootschap dan aan een basisregel van de geologie. In het Nederlands gebruikt men *actualisme*, hoewel dat niet precies synoniem is, want de Engelse term verwijst ook naar de onveranderlijkheid van de natuurwetten.

Er is één punt waarop het misgaat met zowel Huttons *steady-state earth* als Lyells actualisme: de geschiedenis van het leven en het ontstaan van de mens. Want dat zijn juist de onderwerpen waarin het onontkoombaar is te erkennen dat er progressie is in de tijd, dat de tijd stroomt, en dat dus de ene cyclus de andere niet is. In de oudste lagen zitten geen fossielen, in de lagen daarboven alleen primitieve organismen, en naarmate je hoger komt in de geologische kolom verschijnen eerst de planten, dan de amfibieën en de reptielen, dan de zoogdieren, en ten slotte de primaten en de mens. Of je dat progressie wilt noemen, een schitterend ongeluk, of een toevallige samenloop van omstandigheden, doet hier niet ter zake: feit is dat met het voortschrijden van de tijd de complexiteit van de levensvormen toeneemt. Zelfs de onbekende schrijver van het scheppingsverhaal in Genesis liet eerst de planten, toen de dieren en pas daarna de mens ontstaan. Hoe hij tot de volgorde plant-dier-mens gekomen is, zullen we nooit weten, maar het is aannemelijk dat hij daarbij geïnspireerd werd door de voedselketen. Wat hadden al die bijbelse koeien, geiten en schapen moeten eten als de schepper de planten nog niet had gemaakt? De progressie in levensvormen door de tijd heen werd door John Phillips in 1841 geformaliseerd in een driedeling van de geologische tijd: het Paleozoïcum, tijd van het oude leven, het Mesozoïcum, die van het middenleven, en het Cenozoïcum, die van het nieuwe leven (in feite een onbewuste reprise van de indeling in Primario, Secondario, Terziario van Giovanni Arduino uit 1760, die daarmee overigens alleen laagpakketten en niet de geologische tijd aanduidde). Een onherroepelijke *time's arrow* die ook de vraag naar het begin en het einde onontkoombaar maakte.

Maar de cyclici wilden die vraag niet stellen. Hutton zag fossielen alleen als aanduiding van het milieu van afzetting: schelpen zijn aanwijzingen voor de werking van de zee en versteend hout voor de aanwezigheid van land, maar hij zag ze niet als een boodschap van het leven dat zijn eigen verhaal vertelt. En Lyell dacht dat alle soorten door de hele geologische geschiedenis heen overal voor konden komen. Het was alleen maar een kwestie van tijd voor men, ergens in de nog niet geëxploreerde delen van de wereld, ook zoogdieren in lagen uit het Paleozoïcum zou vinden. Dat men ze in Europa nog niet gevonden had, kwam alleen maar omdat er zoveel bladzijden uit het geologische geschiedenisboek ontbraken. Hij was zelfs zozeer overtuigd van de cycliciteit van de aardgeschiedenis dat hij dacht dat dinosauriërs als *Iguanodon*, *Ichthyosaurus* en *Pterodactylus* óók wel weer eens terug zullen komen in de toekomst als het klimaat weer milder wordt. Pas meer dan dertig jaar later, toen in grote delen van de wereld vergeefs gezocht was naar die paleozoïsche zoogdieren, erkende hij in de tiende editie van zijn boek in 1866 dat er wel degelijk een ontwikkeling had plaatsgevonden in het leven. De evolutietheorie van Charles Darwin hielp hem over de streep.

Er was nog een probleem met de geschiedenis van het leven. Georges Cuvier (1769-1832) had als eerste nauwkeurig gekeken naar de sóórten fossielen in zijn directe omgeving, het bekken van Parijs. Dat is een dankbare plaats. Het bekken van Parijs is als het ware een nest schalen, waarvan de buitenste een doorsnede van vijfhonderd kilometer heeft, terwijl de schalen naar binnen toe steeds kleiner worden. Het is een pakket kalken, mergels en zanden dat oorspronkelijk horizontaal is afgezet in ondiepe zeeën en langs kusten, en vervolgens licht is samengedrukt tot een schotelvorm. Volgens de regel van de *superpositie* die Steno al in 1669 had opgesteld ligt de oudste laag onder en de jongste laag boven. De grootste schotel aan de buitenkant van het bekken van Parijs is dus het oudst, en het kleinste schoteltje het jongst. Als je vanuit Parijs in het centrum van het bekken noordwaarts, westwaarts of oostwaarts vertrekt kom je dus onherroepelijk steeds oudere lagen tegen. Een prachtige tijdreis door meer dan 200 miljoen jaar geologische geschiedenis.

Dat is wat Cuvier heeft gedaan. En bij elke etappe van zijn route noteerde hij nauwkeurig welke fossielen hij vond. De weerslag daarvan publiceerde hij in 1812 in de *Discours sur les révolutions de la surface du globe.* En wat schreef hij daar:

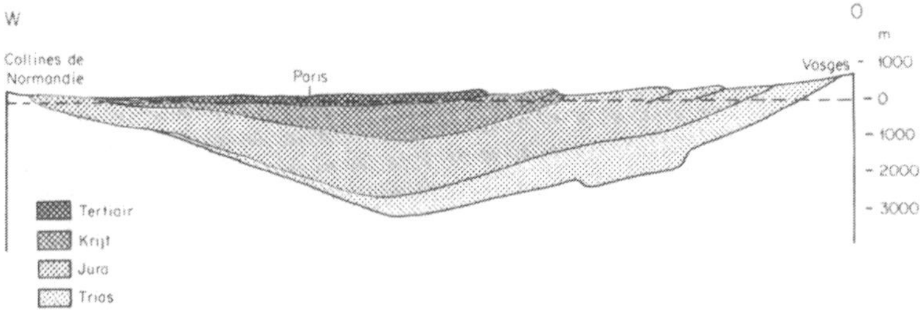

Doorsnede van het bekken van Parijs. Pannekoek en van Straaten, 1982, naar de Lapparent.

Laten we nu eens nagaan wat er tegenwoordig op de aarde gebeurt. Laten we de processen die nog steeds werkzaam zijn aan het aardoppervlak analyseren, en laten we vaststellen tot hoever hun effecten zich uitstrekten. Dat is een des te belangrijker deel van de aardgeschiedenis, omdat men lang heeft gemeend de vroegere omwentelingen te kunnen verklaren uit de huidige processen, zoals men ook in de politieke geschiedenis gebeurtenissen uit het verleden gemakkelijk kan verklaren als men de emoties en de intriges van tegenwoordig kent. Maar we zullen zien dat het helaas niet zo is in de geschiedenis van de natuur: de draad van de processen wordt onderbroken; de loop van de natuur is veranderd, en geen van de gereedschappen die zij vandaag gebruikt zou toereikend zijn om haar vroegere werkstukken te kunnen volbrengen.

Dus al vóórdat Lyell in 1833 zijn slogan *The present is the key to the past* poneerde, was Cuvier op de hoogte van dat principe. Alleen, hij geloofde er niet in. En hij had harde troeven in zijn hand. Heeft Lyell dáárom, met al de retorische talenten die hij als gewezen advocaat in huis had, geprobeerd Cuviers theorie belachelijk te maken?

Cuvier had bij zijn tijdreis door het bekken van Parijs gezien dat er sprake was van een afwisseling van zoetwaterafzettingen en afzettingen van de zee, een cycliciteit waar Hutton en Lyell zich niet voor zouden hoeven te schamen. Hij had daaruit ook geconcludeerd dat de zeespiegel dan weer hoger, dan weer lager had gestaan. *So far so good.* Maar wat niet klopte met de cycliciteit, met de *steady-state earth*, was dat er op bepaalde niveaus grote aantallen organismen plotseling verdwenen, en er andere, volstrekt nieuwe soorten verschenen. Hij was de eerste die aantoonde dat soorten ook konden úítsterven. Hij verwees daarbij ook naar de mammoeten uit de permafrost in Siberië. Die waren nog zó vers dat de honden van de expeditie er stukken vlees uit scheurden. Ze moesten door een catastrofe om het leven gekomen zijn, anders was hun vlees wel bedorven. Maar wat voor ramp?

Zijn collega Alexandre Brongniart vond in 1821 dezelfde abrupte verdwijningen en verschijningen hoog in de Alpen en andere gebergten. Daarmee konden ze ook vaststellen wanneer die gebergten waren ontstaan. Cuviers briljante leerling Élie de Beaumont concludeerde dat precies op het tijdstip dat heel veel organismen plotseling uitstierven, op de grens van de perioden die we nu Krijt en Tertiair noemen, ook de Pyreneeën waren ontstaan. Misschien hebben de gebergten het wel gedaan! Er was geen sprake van kalme voortkabbelende cycli zoals we die nu zien, nee, er waren perioden van betrekkelijke rust en perioden van rampzalige geologische activiteit, precies zoals Lomonosov al in 1750 dacht. Dat is de ware betekenis van de discordanties van Hutton. Catastrofes! De aarde een ramptoneel! De tijd als puls! De zondvloed was niet de enige ramp die de aarde had getroffen; hier kwam een nieuwe vorm van rampen te voorschijn. Élie de Beaumont had al in 1829 vier hoofdfasen van gebergtevorming geïdentificeerd; later breidde hij die uit tot twaalf, vervolgens tweeëntwintig, en uiteindelijk zelfs honderd, waarmee hij, zo schrijft Guido Chiesura in zijn prachtige boek *Charles Darwin geologo* (2002), in feite het catastrofale karakter weer wat verzachtte, want zo werd gebergtevorming bijna een constante activiteit.

Lyell geloofde niet in zulke catastrofes. Hij stak er de draak mee, zette Cuvier ten onrechte weg in het rariteitenkabinet van de verstokte zondvloedaanhangers, en hij presenteerde de ideeën van de Parijse school dusdanig verdraaid dat de catastrofisten voor meer dan een eeuw niet meer serieus zouden worden genomen, en hijzelf al die tijd, tot ver na zijn dood, de held kon uithangen. We zien die catastrofes nu immers ook niet optreden, redeneerde hij. Je doet toch de fysica geweld aan als je zou veronderstellen dat er vroeger processen werkzaam waren die er nu niet zijn? Als je maar tijd genoeg hebt, en dat heb je, kunnen langzame processen hetzelfde effect sorteren als jullie vermeende catastrofes. Over de betekenis van discordanties en gebergtevorming is hij vaag. Toen Murchison in de Alpen grote laagpakketten op hun kop vond en dat een aanwijzing voor een catastrofe noemde, zei Lyell:

> *It is not the magnitude of the effects, however gigantic their proportions, which can inform us in the slightest degree whether the operation was sudden or gradual, insensible or paroxysmal. It must be shown that a slow process could never in any series of ages give rise to the same results.*

Lyells verklaring voor het plotseling verdwijnen van organismen, zoals in het bekken van Parijs, was dat uitstervingen altijd plaatselijk waren, en als je maar goed zocht, vond je altijd wel ergens op aarde een plekje waar die beesten wél hadden voortgeleefd: daar was de zee wél diep genoeg, of het klimaat wél warm genoeg gebleven. Het was alweer een gevolg van de gebrekkigheid van de geologische registratie dat je dat niet overal kon zien.

Mocht Lyell succes hebben met zijn karaktermoord op Cuvier, met Charles Darwin kwam hij niet zo makkelijk weg. Darwin begon als een van de meest fervente aanhangers van Lyell. Bij zijn vertrek voor zijn vijf jaar durende reis om de wereld met de Beagle had hij het eerste deel van *Principles of geology* bij zich, en hij kreeg de volgende delen in de verschillende havens die hij aandeed als een feuilleton toegestuurd. Langs de kust van Chili zag hij opgeheven oude strandlijnen tot 85 meter boven zeeniveau, en toen hij daar in 1835 ook nog een aardbeving meemaakte waarbij de kust in één klap over een afstand van meer dan honderd kilometer een paar meter werd opgeheven, leek Lyells theorie volstrekt te zijn bevestigd. Een heleboel van die kleine stapjes konden een heel gebergte opheffen. Zo maakte Darwin van een puls een golf. Lyell vond het prachtig, al was een aardbeving wel wat heftiger dan wat hij eigenlijk bedoelde.

Maar de essentie van *The origin of species*, het ontstaan van nieuwe soorten door natuurlijke selectie, heeft Lyell nooit geaccepteerd. Dat soorten konden uitsterven, dat was nog te begrijpen, al viel dat moeilijk te rijmen met zijn langzame cycliciteit. Maar dat de ene soort in de andere kon overgaan, ging hem te ver. Tot aan zijn dood heeft hij er niet in geloofd.

De ironie van het lot wil, dat juist het denkbeeld waarin Darwin tot op het laatst een verstokte lyelliaan is gebleven, namelijk de geléidelijke overgang van de ene soort naar de andere, tot op de dag van vandaag niet blijkt te kloppen. Het is nog steeds een grote zeldzaamheid om een *missing link* te vinden, een overgangsvorm tussen de ene soort en de andere. De abrupte overgangen, die Cuvier al vond, bestaan nog steeds en zijn zelfs zo verfijnd geworden dat ze gebruikt worden om de geologische tijd tot in groot detail in te delen. Zelfs de etages, op het laagste hiërarchische niveau van de geologische tijdschaal, hebben niet meer dan 1 à 2 miljoen jaar geduurd en zijn allemaal gekenmerkt door het plotseling verschijnen van bepaalde soorten en het verdwijnen van andere. Ik kom daar in een later hoofdstuk nog op terug.

Dus wie had er gelijk? De directionalist, de evolutionist, de historicus voor wie de vector van de tijd allesbepalend is, voor wie de tijd vooral stroomt? Of de actualist, die cycli in de natuur voorbij ziet gaan als golven in de zee, zonder begin of einde, gestuurd door langzame processen, die we ook nu nog zien werken? Of de catastrofist, die succesvolle levensvormen door een onverklaarbare puls plotseling aan hun eind ziet komen en nieuwe vormen ziet ontstaan zonder dat er sprake is van een overgang? Of hadden ze alle drie gelijk? Een eerste antwoord op die vraag ligt besloten in de commentaren van drie van Lyells tijdgenoten op zijn werk. Alle drie hadden ze een motief om de zacht deinende cycli van Lyell wat meer drama mee te geven.

Louis Agassiz was er als eerste in 1837 van overtuigd geraakt dat de aarde ooit door grote ijskappen bedekt geweest moest zijn, zoals we in een volgend hoofdstuk zullen zien. Een catastrofale ijstijd past natuurlijk niet in Lyells wereldbeeld. Agassiz schreef in de kantlijn van zijn eigen exemplaar van Lyells boek (door Stephen Jay Gould boven water gehaald), het volgende over *the present is the key to the past*:

> *These causes are identical as the cause that produce good weather is identical with the cause that produces the tempest. But it never comes to anyone's mind to array them in the same category. There have always been several categories of causes. (...) But these changes, since they don't always have the same* intensity *[mijn cursief, SK] in our own day, could not have so worked in former times. They have therefore differed at all times from considerable changes that never result from the addition of small changes.*

Reverend W.D. Conybeare was tot dan toe een godvruchtige aanhanger van de zondvloedtheorie, en schreef in zijn eigen invloedrijke tekstboek uit 1821 opheffing en scheefstelling van lagen nog toe aan explosies. Zijn geloof daarin werd door Lyells actualisme aan het wankelen gebracht. Ook hij zegt herhaaldelijk dat de geologische processen wel hetzelfde zijn, maar dat ze kunnen variëren in intensiteit.

> *No real philosopher, I conceive, ever doubted that the physical causes which have produced the geological phenomena were the same in kind, however they have been modified as to the* degree and intensity *[mijn cursief, SK] of their action by the varying conditions under which they may have operated at different periods.*

Een derde commentaar komt van William Whewell, hoogleraar mineralogie in Cambridge en degene die de namen uniformitarianisme en catastrofisme invoerde. Hij schreef in 1837:

> *In reality when we speak of uniformity of nature, are we not obliged to use the term in a very large sense, in order to make the doctrine at all tenable? It includes catastrophes and convulsions of a very extensive and intense kind; what is the limit to the violence which we must allow to these changes? In order to enable ourselves to represent geological causes as operating with uniform energy through all time, we must measure our time by long cycles, in which repose and violence alternate; how long must we extend this cycle of change, the repetition of which we express by the word* Uniformity?
> *And why we must suppose that all our experience, geological as well as historical, includes more than* one *such cycle? Why must we insist upon it, that man has been long enough an observer to obtain the* average *of forces which are changing through immeasurable time.* (W. Whewell 1837, *History of the inductive sciences, from the earliest to the present time*; citaat uit Hallam.)

Kortom, hoewel de centrale stelling van Lyell: kijk naar de processen van nu, veel weerklank vond, gingen er al direct stemmen op die vroegen: Hoe lang duurt zo'n cyclus dan? Hoe snel gaan die processen? Moet je geen rekening houden met verschillen in intensiteit? Hoelang is je 'present', Lyell? Wie de huidige discussie volgt over de opwarming van het klimaat ziet dat die vragen nog volstrekt actueel zijn. Het zijn ook de vragen die in dit boek centraal staan. Want net zoals de ouderdom van de aarde moeilijk te bevatten is, is ook ons inzicht in snelheid en intensiteit van de aardse processen gebrekkig, of het nu om de tijd als stroom, als golf of als puls gaat. Maar het zou na Lyell nog lang duren voor iemand op het idee kwam om die intensiteit als úítgangspunt te nemen.

4

De schaal van Richter en het zand van Bak

A bad earthquake at once destroys the oldest associations: the world, the very emblem of all that is solid, has moved beneath our feet like a crust over a fluid; one second of time has conveyed to the mind a strange idea of insecurity, which hours of reflection would never have created.

Charles Darwin,
Journal of researches, Part Two

Er was er eens een sprookje. Hoe het verhaal ging weet ik niet meer, maar er kwamen drie broers in voor, Jan, Piet en Hein, en ze overwonnen legers en ze kregen een prinses. Dat kwam door hun bijzondere eigenschappen. Jan kon heel goed zien, en hij zag al heel in de verte van wie de legers waren en wat voor hoedje de prinses droeg. Piet kon heel goed ruiken, en hij rook van kilometers afstand het lagervet van de kanonnen en het zeepje waarmee de prinses zich had gewassen. Hein kon heel goed horen, en als hij zijn oor op de grond legde wist hij precies hoeveel soldaten er in het leger waren, en of het een éénbenige of een tweebenige prinses was, of dat ze gewoon hinkelde, want ze was nog heel jong.

Ik ken Hein het beste, want hij werkt tegenwoordig op het KNMI, het Nederlandse instituut dat de aardbevingen van de hele wereld registreert. Je zou hem bijna een seismograaf willen noemen, net zoals je een geograaf hebt en een topograaf. Maar dat kan niet meer, want de seismograaf is het apparaat dat doet wat Hein eigenlijk zelf zou moeten doen: met zijn oor op de grond luisteren naar de aarde.

Als Hein echt goed luistert vangt hij de fijnste trillingen van de aarde op. Want de aarde is altijd in beweging, er zit altijd spanning in die ergens op de wereld tot ontlading komt. Op een seismogram, dat is het stuk papier waar de trillingen op staan die het oor van Hein bereiken, ziet het eruit als een horizontaal kriebellijntje. Het lijkt op *white noise*, willekeurige signaaltjes van allerlei frequenties door elkaar. Maar helemaal zeker weten we dat niet, misschien betekent elk kriebeltje van die lijn wel iets. Gerenommeerde geofysici, want zo noemen we Hein Haak en zijn collega's dan maar als ze geen seismograaf mogen heten, proberen nu met een netwerk ontvangers die over heel Nederland verspreid liggen, dat signaal beter op te vangen en te analyseren, het zogenaamde LOFAR-project. Maar erg eenvoudig is dat niet. Want het signaal wordt voortdurend gestoord door menselijke activiteiten: voorbijdenderende treinen, landmijnen, tunnelboormachines, explorerende oliemaatschappijen, marcherende soldaten, hinkelende prinsessen. Er is geen land meer zonder akkers, geen nacht meer zonder licht, geen wind meer zonder mensengeur, geen water zonder metaalsmaak, en nu zijn zelfs de trillingen van de aarde niet meer maagdelijk. Jan, Piet en Hein hebben moeite om de natuurlijke signalen van de menselijke te scheiden. Maar misschien lukt het nu wel.

Soms wordt het kriebellijntje op het seismogram ineens onderbroken door een piek. Dat gebeurde bijvoorbeeld op maandag 24 mei 1999. Hieronder staat dat seismogram. Het waren toch al rumoerige dagen, vooral in Zuid-Limburg. En niet eens door echte aardbevingen, maar nog steeds door menselijke activiteit: nu geen tunnelboormachines, maar het Pinkpopfestival.

Het KNMI heeft nauwkeurig de uitslagen van de verschillende bands opgemeten op het seismogram, en daaruit de *magnitude* van elke trilling bepaald volgens de schaal van Richter, genoemd naar de bedenker, Charles F. Richter van het California Institute of Technology (Caltech). Een aardbeving die op 100 kilometer afstand van de seismograaf plaatsvindt en op de seismograaf een uitwijking van 1 millimeter opwekt krijgt de magnitude 3 volgens zijn definitie. De schaal is logaritmisch, wat betekent dat bij toename van één magnitude-eenheid de uitwijking op het seismogram tien keer zo groot is. Een aardbeving die op 100 kilometer afstand een uitwijking van 10 milli-

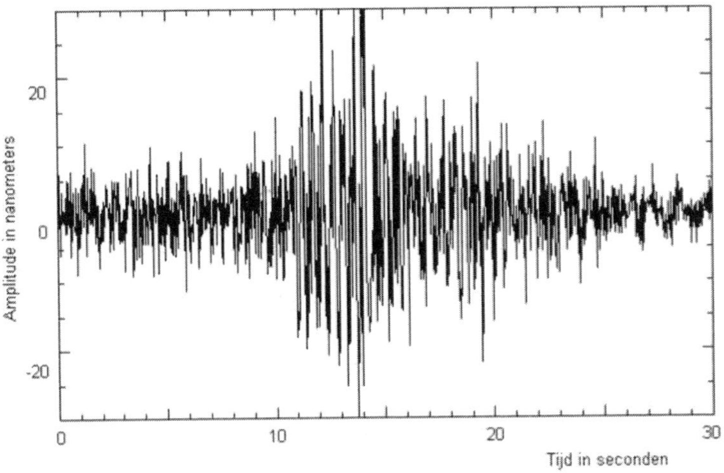

Seismogram van het Pinkpopfestival. KNMI.
http://www.knmi.nl/onderzk/seismo/home_n/education/nederland/pinkpop/1998/pinkpop.html.

meter veroorzaakt heeft dus een magnitude 4. Eigenlijk is de schaal van Richter een maat voor de energie die vrijkomt bij de aardbeving. Eén schaalstap hoger betekent ongeveer dertigmaal zoveel energie, en twee schaalstappen hoger dus bijna duizendmaal zoveel. Nu kun je zelf aan de hand van het tabelletje op bladzijde 75 uitrekenen hoeveel meer energie de winnaar van het Pinkpopfestival 1999, Urban Dance Squad, heeft geproduceerd dan de tweede op de lijst.

Leuk, zo'n klein bevinkje, dat gaan we zelf maken, dachten de wetenschapsjournalisten van het televisieprogramma *Hoe?Zo!* in 2003. Ze lieten duizend mensen tegelijk op en neer springen in het pretpark de Efteling om het record van de Urban Dance Squad te breken. Allemaal gelijk stampen. Magnitude 1,2. *Ex aequo.* Heerlijk.

Nederland is seismisch gezien een rustig land. De bevingen van Pinkpop zijn alleen met de gevoelige instrumenten van het KNMI te registreren, de mensen merken er niets van. Magnitude 2 is het minste wat je kunt voelen, maar het is niet meer dan de trilling van een vrachtauto die voorbijrijdt. Noord-Nederland was tot voor kort het rustigste deel van het land. Maar in 1986 is er ineens een aardbeving

Datum	Rangorde	Groep	Magnitude	Tijd
23 mei 1999	1	System of a down	1,15	20.09
	2	Idlewind	0,99	19.17
	3	Helaas, niet te zien	?	?
24 mei 1999	1	Urban Dance Squad	1,26	19.46
	2	Red snapper	1,04	19.31
	3	Postmen	0,85	15.32
25 mei 1999	1	Faithless	1,24	22,29
	2	Ilse de Lange	1,10	10.42
	3	Robbie Williams	0,89	15.02

bij Assen, met een magnitude van bijna 3. De bewoners voelen het, en er ontstaan scheuren in huizen. Dat is geen leuk bevinkje meer. In 1987 volgt er nog een. Vanaf 1991 worden het er steeds meer, en in sommige jaren zijn er tientallen, met een magnitude tot 3,5 op de schaal van Richter. Sindsdien zijn er wel 300 geweest. Dat is vreemd. Aardbevingen ontstaan gewoonlijk op plaatsen waar al spanningen in de aardkorst bestaan, hoe kan dan ineens een aardbeving optreden in een gebied waar het tevoren rustig was?

Zijn er soms nieuwe spanningen opgewekt in Noord-Nederland? Milieugroepen wijzen meteen met de beschuldigende vinger naar de Nederlandse Aardolie Maatschappij, een joint venture van Shell en Esso die het gigantische Groningen-aardgasveld ontgint. De gedachte is logisch. Het gas zit in de poriën van zandsteenlagen. Het gas staat onder druk, en levert zodoende een beetje extra ondersteuning aan de zandkorrels in het gesteente. Als je het gas eruit haalt valt die druk weg, en zakt het gesteente een beetje in. Daardoor daalt het landop-

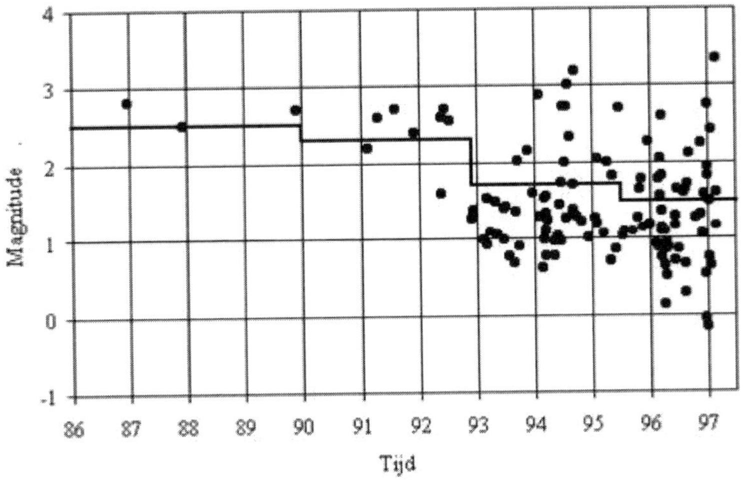

Aardbevingen in Noord-Nederland sinds 1986. KNMI.

pervlak boven het gasveld. Het land zakt in als een mislukte soufflé. Logisch dat daarbij een aardbeving kan ontstaan. Aanvankelijk ontkent de gasmaatschappij heftig, bang voor schadeclaims, maar nader onderzoek door de NAM zelf, het KNMI en het NITG-TNO, het Nederlands Instituut voor Toegepaste Geowetenschappen, toont aan dat het wel degelijk door de gaswinning komt. Het is ook wat al te toevallig dat de aardbevingen precies geconcentreerd zijn in het gebied waar het gas wordt gewonnen. De meest recente aardbeving vond plaats op 24 oktober 2004 (jammer, net te laat voor de verjaardag, al zijn er ook bronnen die menen dat James Ussher de schepping op 23 of 26 oktober liet beginnen, dus een beetje smokkelen mag). Die beving had een magnitude van 3,0, en het epicentrum lag precies op de plaats waar de bodemdaling het sterkst is: bij het huis van mijn zus in Loppersum. Toch nog wraak van de schepper op een ongelovige?

Met die driehonderd gasbevingen kun je al aardig statistisch spelen. Het meest intrigerende komt naar voren als je in een grafiek de magnitude uitzet tegen de *frequentie*, het aantal bevingen van die magnitude per jaar. Je kunt omgekeerd ook spreken van de *herhalingstijd*, het gemiddelde tijdsinterval tussen twee bevingen van eenzelfde magnitude. Als je magnitude en frequentie beide uitzet op een

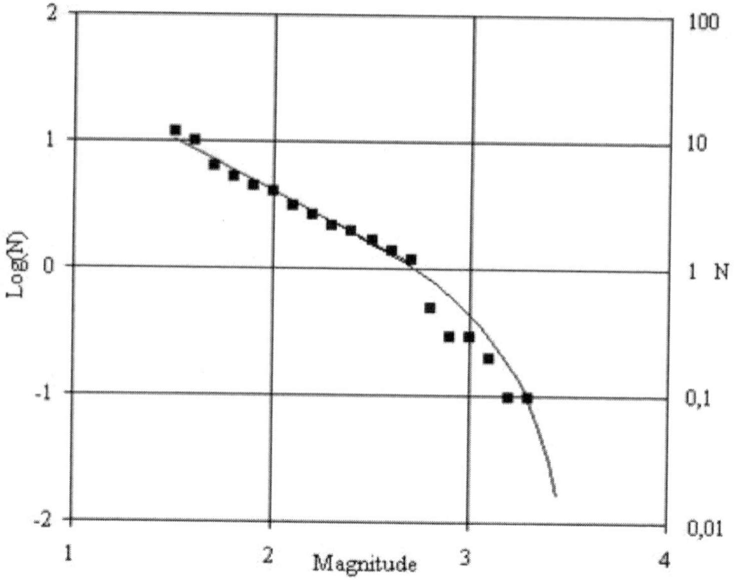

Frequentie-magnitudediagram van gasbevingen in Nederland. KNMI.

logaritmische schaal, dan zie je een frappante lineaire relatie: hoe groter de magnitude hoe zeldzamer de bevingen. Van bevingen van magnitude 1 zijn er wel meer dan tien in een jaar, maar bevingen van 3 of meer komen maar eens in de tien jaar voor.

Wat betekent dat? Komen we hier een wetmatigheid op het spoor? We stellen het antwoord nog even uit tot we wat meer aardbevingen hebben gezien.

Het is bijna vier uur 's nachts. Ik lig rustig te slapen, boven op de zolder in ons oude Wageningse huis. Tenminste dat veronderstel ik, want ik herinner me pas het moment dat ik plotseling wakker schrik. Het bed begint ineens te schudden, en de zware houten dakbalken kraken luid. C naast mij schrikt ook wakker, en vraagt staccato: 'Salle, wat is dat?' 'Een aardbeving,' zeg ik, wijs geworden uit eerdere ervaringen. 'O, een aardbeving,' zegt C, helemaal gerustgesteld, draait zich om en slaapt weer in. Als je naast een geoloog ligt kan je niets gebeuren, moet ze gedacht hebben. Maar ik vertrouw het niet, loop naar beneden om te kijken of de kinderen nog wel slapen en of de gasbuizen en de waterleiding niet zijn geknapt. Maar alles is weer rustig.

Het was de aardbeving van Roermond van 13 april 1992, met een magnitude van 5,7 op de schaal van Richter: hoger dan de seismologen hadden gedacht dat mogelijk was in Nederland. In feite konden ze het niet meten, want de seismografen waren zozeer ingesteld op het registreren van de kleinste bevinkjes dat het signaal verzadigd was: de piek van de beving werd afgetopt, zodat de precieze piekhoogte niet kon worden gemeten. De beving was te groot voor de Nederlandse maat. Maar met behulp van buitenlandse stations kon de magnitude toch worden vastgesteld. De aardbeving werd gevoeld tot in Tsjechië, Zwitserland en Noord-Frankrijk.

En dit was een echte aardbeving, niet door mensen veroorzaakt maar door opgebouwde spanningen langs een breuk in de aardkorst die al heel lang bestaat en ook al heel lang bekend is, de Peelrandbreuk. Hein Haak van het KNMI kwam het de volgende avond netjes uitleggen op de televisie. Hij toonde hoe de aardkorst in Limburg uit elkaar getrokken wordt, waardoor een stuk met schokken langs breuken naar beneden zakt.

Maar het publiek reageerde aanvankelijk met scepsis. Een aardbeving, dat komt in ons land toch niet voor. Ons collectief geheugen was de bijna even zware beving van Uden in 1932 al weer totaal vergeten. De presentator van een radioprogramma zei die nacht toen de studio begon te beven: 'Minister Dales is uit haar bed gevallen.' Da-

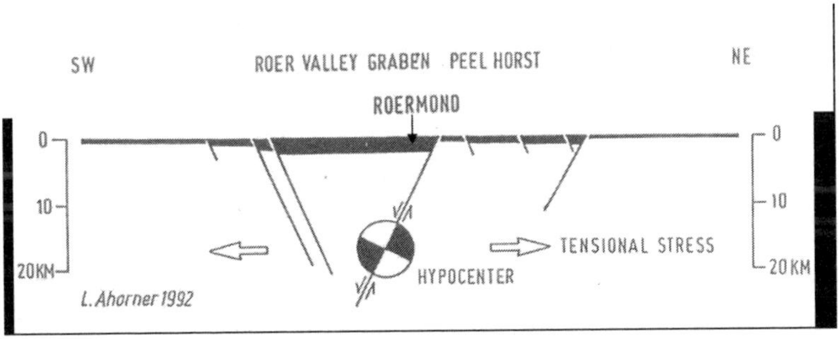

De Peelrandbreuk langs de Roerdalslenk waarlangs de aardbeving van 1992 plaatsvond. De 'strandbal' geeft de aardbevingshaard weer. De pijlen geven aan dat het om rekbreuken gaat. Ahorner, 1994.

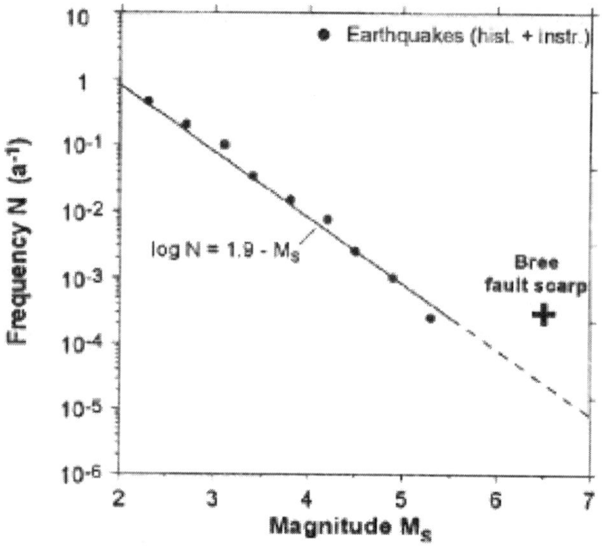

Frequentie-magnitudediagram van historische en gemeten Limburgse aardbevingen: hoe zwaarder hoe zeldzamer. Kruisje bij Bree: gereconstrueerde aardbeving uit paleoseismische gegevens. Camelbeeck en Meghraoui 1996, http://www.astro.oma.be/SEISMO/PALEO/eoscamelbeeck.html.

les was de nogal zwaarlijvige minister van Binnenlandse Zaken in die tijd. De politici zelf vonden het de volgende dag niet nodig om hun gezicht in Roermond te laten zien. Er waren toch geen dodelijke slachtoffers? Hier kan de gaswinning toch niet schuldig aan zijn? Aan een natuurlijke aardbeving valt geen eer te behalen, dat is hooguit een trucje van de wetenschappers om meer geld voor onderzoek te krijgen. Pas toen ze hoorden dat de geschatte schade 300 miljoen gulden was raakten ze geïnteresseerd: dat is een bedrag waar een politicus voor uit zijn bed komt, met of zonder beving.

Zuid-Limburg en omstreken heeft een lange geschiedenis van aardbevingen, en net als bij de gasbevingen kun je ook die in een frequentie-magnitudeplot uitzetten. Het resultaat is verbluffend gelijk. Alleen lopen de magnitudes door tot hogere waarden en lagere frequenties, maar het principe blijft hetzelfde. Straks gaan we daar verder op in.

Het is vier uur in de middag. De warmte is voelbaar. Er is geen airconditioning in deze oude Duitse hacienda, waarin nu het CATIE, het Centro Agronómico Tropical de Investigación y Enseñanza, is gevestigd. En Turrialba ligt maar op ruim 600 meter in de Centrale Cordillera van Costa Rica, niet hoog genoeg voor een verkoelende wind. Wij vergaderen in een van de kleine kamers aan de achterkant van het gebouw. Het kost moeite om de aandacht bij de Costa Ricaans-Nederlandse samenwerking te houden. Eigenlijk is het tijd voor een siësta. Dan begint plotseling alles te schudden en te schokken, een van ons krijgt een boekenkast op haar schouder, een ander springt uit het raam, ik doe precies wat je niet moet doen bij een aardbeving: ik loop de deur uit, ren door de lange roodbetegelde gangen, en voordat ik de reddende buitendeur heb bereikt, valt er pleisterwerk op mijn hoofd. Gelukkig maar een beetje, ik ben niet gewond. Buiten op de parkeerplaats deinen de auto's als voeren ze op zee, en een grote stofwolk onttrekt de andere gebouwen aan het oog. Een stuk van de hoge oever waar het instituut op ligt is in de rivier gestort. Iemand heeft bijna een schoorsteen op zijn hoofd gekregen. Er zijn wat scheuren in het gebouw, maar niets is ingestort. Iedereen komt naar buiten, niemand denkt meer aan werken. De Costa Ricaans-Nederlandse samenwerking is even vergeten. Er volgen naschokken. De hele middag door, en 's avonds als ik al in bed lig. Ik hoor ze van verre aankomen. De zinken golfplaten op de daken van de huizen in de verte beginnen te klepperen, het geluid komt steeds dichterbij, tot die van mijn hotel zelf aan de beurt zijn en ik lig te schudden in mijn bed, en dan sterft het geklepper weer uit in de verte aan de andere kant. Nooit heb ik zo goed gevoeld wat een aardbevingsgolf is.

Pas de volgende ochtend wordt de omvang van de beving duidelijk. In de havenstad Limón dicht bij het epicentrum vielen vierenvijftig dodelijke slachtoffers, meer dan honderd gewonden en er werden meer dan zevenduizend mensen dakloos. Gezien de magnitude van 7,4 op de schaal van Richter valt dat nog mee.

De Wageningse bodemkundige André Nieuwenhuijse, die onderzoek doet naar de invloed van het Costa Ricaanse vulkanisme op de bodemvruchtbaarheid, chartert die ochtend met vrienden een vliegtuigje om de schade op te nemen. Wat hij ziet is buitengewoon. De zuidoostkant van het land is bij de beving in één klap anderhalve meter omhooggekomen. Koralen zijn drooggevallen, vissen zijn door de vloedgolf op het strand geworpen, en de mangroven vragen zich verbaasd af waar het water rond hun luchtwortels zo plotseling is gebleven. De petroleumhaven van Moín is te ondiep geworden. De stroming in de riolen van Limón keert om: niet meer naar zee maar terug de huizen in. In het achterland, in de Cordillera de Talamanca, is het tropisch regenwoud door aardverschuivingen van de hellingen afgestroopt; nog maanden daarna liggen de rivieren en het strand vol met versplinterde boomstammen.

Erger is de situatie in het plaatsje Boca Matina, honderd kilometer noordelijker langs de kust: dat is door de beving juist anderhalve meter gezakt. Het water staat in de bouwvallige vissershuisjes om nooit meer weg te gaan. De snelste zeespiegelstijging ooit, anderhalve meter in een seconde.

De aardbeving was ook een streep door de rekening van de inge-

Anderhalve meter zeespiegelstijging in een seconde, Boca Matina, Costa Rica.

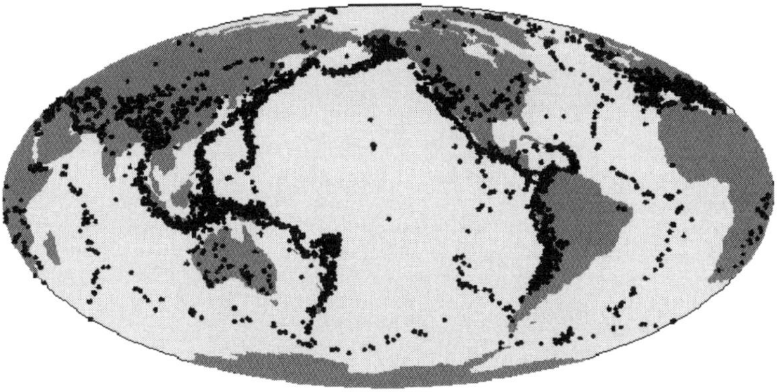

Recente aardbevingen op aarde. www.seismo.unr.edu/.../ plate/seismology.html.

nieurs van het Instituto Costarricense de Electricidad die een stuwdam wilden aanleggen in de Río Pacuare, niet ver van Limón. Zij hadden uitgebreide voorstudies gedaan, oude breuken uitgegraven om te kijken of er recente verplaatsingen waren, en hadden geconcludeerd dat alles veilig was. Maar de aardbeving gooide roet in het eten, en de plannen gingen in de ijskast, tot grote vreugde van de milieubeweging en de ecotoeristen, want de Pacuare is een van de vijf beste rafting rivieren ter wereld.

De aardbeving van Limón van 22 april 1991 werd gevoeld van Honduras tot Panamá en was wereldwijd de grootste van dat jaar. Maar niet ongewoon in zijn soort. Zelfs de opheffing van de kust was niet ongewoon: Darwin had op 20 februari 1835 immers precies hetzelfde meegemaakt bij Concepción aan de Chileense kust.

De aardbevingen van Limón en Concepción vallen in een patroon. Een horizontaal patroon op de kaart, een verticaal patroon naar de diepte, en een patroon in de tijd in de frequentie-magnitudeplot.

Het horizontale patroon, op de wereldkaart, toont dat die aardbevingen deel uitmaken van een wereldwijde gordel rondom de Pacifische Oceaan. Dat heeft te maken met de plaattektoniek.

De plaattektoniek is sinds een jaar of veertig het raamwerk voor de grootschalige processen die op aarde plaatsvinden. De buitenste honderd kilometer van de aardbol, de lithosfeer, is opgebouwd uit pla-

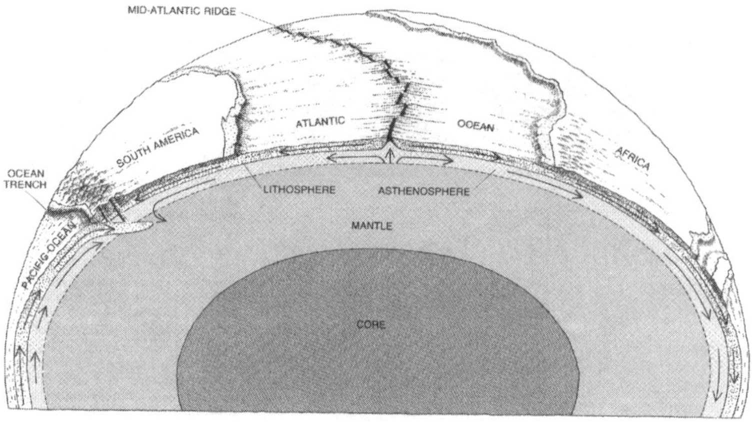

Plaattektoniek: nieuwe korst wordt geboren in de spreidingszone midden in de Atlantische Oceaan, en oude korst wordt ondergeschoven in de subductiezones aan de westkust van Zuid-Amerika. Scientific American.

ten die ten opzichte van elkaar bewegen. Waar zij uiteenwijken, langs de midoceanische ruggen, komt basaltisch magma omhoog en wordt nieuwe aardkorst gevormd, zoals op IJsland. Daar ontstaan wel aardbevingen, maar die zijn relatief ondiep en niet erg heftig. De aardbeving van Zuid-Limburg was ook van dit type.

Waar de lithosferische platen naar elkaar toe bewegen wordt de een onder de ander geduwd en ontstaan aardbevingen zoals in Limón en Concepción, en elders rondom de Pacifische Oceaan en in de Alpen-Himalayagordel. De ondergeduwde plaat kan tot wel zevenhonderd kilometer diep aardbevingen veroorzaken. Daarbeneden wordt de ondergeschoven korst zo warm dat hij plastisch wordt en niet meer kan breken. Omdat de aarde niet groter kan worden, moet evenveel aardkorst verdwijnen langs deze 'subductiezones' als er gevormd wordt in de midoceanische ruggen. Een derde groep aardbevingen ontstaat op plaatsen waar platen langs elkaar heen bewegen, zoals de San Andreas-breuk in Californië.

Dit model verschilt aanzienlijk van de ideeën van Hutton, Lyell en Darwin die we in het vorige hoofdstuk zagen. Een van de grote doorbraken die leidden tot het nieuwe model ligt in het verticale patroon dat veel aardbevingszones laten zien. K. Wadati en H. Benioff ont-

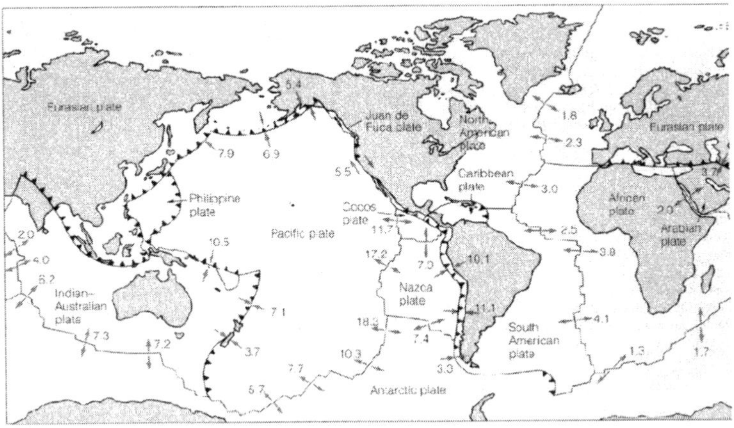

De voornaamste lithosferische platen en hun bewegingssnelheid, in centimeters per jaar. Skinner & Porter, 1987.

dekten dat naarmate je verder van de kust komt, de aardbevingshaarden steeds dieper komen te liggen. Op grond daarvan namen zij aan dat de aardbevingen worden veroorzaakt door de wrijving die optreedt als er een plaat onder een andere wordt geschoven. De relatief zware ondergeschoven plaat draagt ook door zijn eigen gewicht bij aan het proces.

In een dwarsdoorsnede van Midden-Amerika ter hoogte van Costa Rica is te zien wat er precies in zo'n subductiezone gebeurt. De oceanische korst van de Cocosplaat schuift met een snelheid van acht centimeter per jaar oostwaarts onder de Caribische plaat, die zelf met een snelheid van een centimeter per jaar westwaarts beweegt. Alles wat daar tussen zit wordt samengeknepen. De meeste aardbevingen vinden plaats langs het onderschuivingsvlak. Daarboven wordt de aardkorst door talloze breuken doorsneden, samengeperst en opgeheven. De breuken vertonen een typische bloemstructuur, met oostwaarts hellende breuken in het westen en westwaarts hellende breuken in het oosten.

Het is net of Costa Rica probeert naar boven en naar beneden te ontsnappen uit de bankschroef die het samenperst. De diepste delen van de ondergeschoven korst en een deel van de sedimenten worden zo warm dat ze opsmelten, en er ontstaat magma, dat opstijgt door

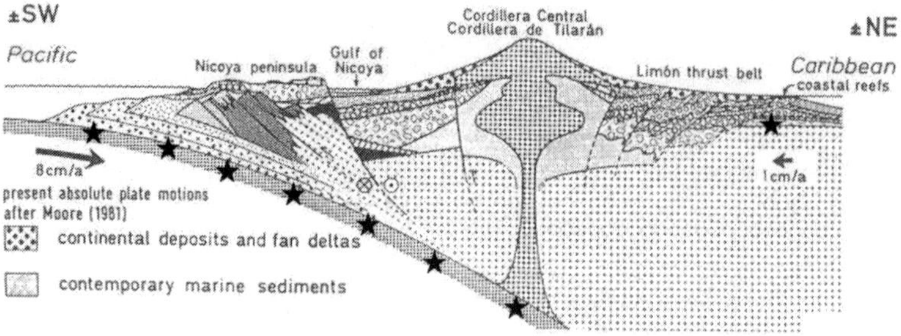

Doorsnede door de Centrale Cordillera van Costa Rica (Seyfried et al., 1987); sterren geven aardbevingshaarden langs de subductiezone aan. De Limón-aardbeving rechts in de figuur is een afgeleide aardbeving.

de korst en vulkanisme veroorzaakt, zoals de grote keten van Costa Ricaanse vulkanen: de Turrialba, Irazú, Poás en vele andere. Het magma is dus niet de oorzaak van de gebergtevorming, zoals Hutton, Lyell en Darwin dachten, maar juist het gevolg. We komen daar in het volgend hoofdstuk op terug.

Nog een datum. 26 mei 2004. Ik sta op de westpunt van Java. Ik ben de witte gietijzeren vuurtoren van Anjer omhooggeklommen en kijk uit over zee. In de verte ligt de Krakatau, donkere puntige eilanden aan de horizon. Dit is de plaats waar Simon Winchester zijn boek *Krakatau* begint, over de eruptie van 1883. Aan de voet van de vuurtoren staat een groot rond bakstenen plateau, half in het water. Grote brokken baksteen rollen heen en weer in de branding. Het zijn de restanten van de vórige vuurtoren, die tijdens de eruptie werd verwoest. Niet door de eruptie zelf, maar door de tsunami die daarbij optrad, en 34 000 mensen het leven kostte.

Achter de Krakatau moet Sumatra liggen. Ik kan het niet zien. Daar werd mijn vader geboren in 1918. Helemaal op de noordpunt van het eiland, in Kota Radja. Ik ben er nooit geweest. Tegenwoordig heet het Banda Atjeh.

Nu bestaat Banda Atjeh niet meer. De tsunami van 26 december 2004 heeft het met de grond gelijk gemaakt en van de kaart geveegd. Nog nooit moesten die uitdrukkingen zo letterlijk worden genomen. Als een leger een stad van de kaart veegt blijven er ruïnes over. Maar

Wat overbleef van de vuurtoren van Anjer na de Krakatau-tsunami van 1883.

de aardbeving van tweede kerstdag heeft eerst alle huizen doen instorten, daarna heeft de vloedgolf al het puin netjes de zee in gespoeld. Grondig werk. Van de stad rest alleen de modderige plattegrond. De videobeelden, de satellietopnames, de foto's in de krant, ze staan nog zo op mijn netvlies gebrand dat ik er niet over kan schrijven. Het dode lichaam van een dikke toerist, samen met honderden anderen op het strand geworpen, evenwijdig aan de vloedlijn. Hij ligt op zijn buik, half begraven in het schone gele zand. Je ziet zijn geslacht tussen de halfgeopende benen. De branding loopt eroverheen. Menselijk wrakhout. Ook die uitdrukking is nog nooit zo letterlijk van toepassing geweest. Maar ik kan niet verder. De beelden moeten eerst afkoelen.

Waar precies werd mijn vader geboren? En mijn tante, een jaar eerder? Wat deed mijn opa als legerarts in Atjeh? Ik heb het me nooit eerder afgevraagd. Dáár, in die natte vlakte waar ooit de stad gelegen heeft, hoef ik in elk geval niet meer te zoeken.

De aardbeving van Sumatra op tweede kerstdag 2004, met een magnitude van 9,0 op de schaal van Richter en meer dan 200 000 slachtoffers, was een van de grootste rampen uit de historie. Behalve natuurlijk voor de seismologen, want die leven van aardbevingen, en zijn dankbaar voor elk punt dat ze weer mogen bijplotten in de frequentie-magnitudegrafiek. Want ook voor deze grote aardbevingen gaat de relatie op: hoe groter de magnitude, hoe zeldzamer de aardbeving. Een aardbeving met de kracht van die van Sumatra komt zo eens in de 230 jaar voor. Zelfs als je alle aardbevingen van de hele wereld tegelijk bij elkaar plot klopt het nog. Die relatie is in 1954 voor het eerst gevonden door Beno Gutenberg en dezelfde Charles F. Richter die ook de schaal van Richter op zijn naam heeft staan. Men spreekt ook wel van de Gutenberg-Richterrelatie. Alleen de hellingshoek van de lijn kan variëren, al naar gelang de geologische structuur van het gebied. Over wat voor getallen we het dan hebben is uit de bijgaande tabel te zien.

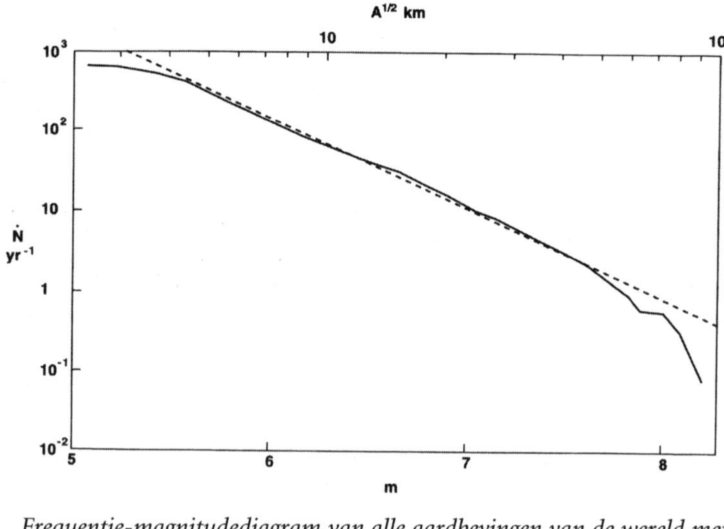

Frequentie-magnitudediagram van alle aardbevingen van de wereld met M>5 in de periode 1977-1989. De gestippelde lijn geeft de berekende distributie aan met fractale dimensie 2,22. Turcotte, 1997.

Magnitude	Gemiddeld aantal per jaar
8 en hoger	1
7 – 7,9	18
6 – 6,9	120
5 – 5,9	800
4 – 4,9	6200 (geschat)
3 – 3,9	49 000 (geschat)
Lager dan 3	M=2 – 3: 1000 per dag M=1 – 2: 8000 per dag

Hier ligt dus een deel van het antwoord op de discussie tussen de actualisten en de catastrofisten die we in het vorige hoofdstuk hebben gevolgd. Degenen die zeiden dat je ook naar de intensiteit van de actuele processen moet kijken, hadden gelijk. Kleinschalige pulsen van geringe magnitude zijn van alledag, en worden dus veroorzaakt door actualistische processen, in de zin van Lyell. Gebeurtenissen van grote magnitude zijn zeldzaam, en lijken dus catastrofes. Misschien kun je ze in een mensenleven zelfs niet éénmaal meemaken. Er ís dus eigenlijk geen tegenstelling tussen beide opvattingen, alleen wist men toen nog niet dat aardbevingen en andere natuurprocessen in zoveel verschillende ordes van grootte kunnen optreden. Bovendien wordt het perspectief van de mensen over wat een catastrofe is vertekend door hun ervaringen. Voor mensen in Groningen is een aardbeving van magnitude 3 een verontrustende belevenis, voor mensen in Costa Rica is het een bijna dagelijks terugkerend verzetje waar men mee vertrouwd is. Liever elke dag een kleine dan eens per jaar een hele grote, zegt men daar. En als je vertrouwd raakt met de diepte van de geologische tijd worden ook grote catastrofes een normaal onderdeel van het functioneren van de aarde.

De Gutenberg-Richtergrafiek en de tabel roepen meteen een aantal vragen op: Wat zijn de grootste aardbevingen die we kennen? Zijn er in de toekomst nog grotere te verwachten? Hoe loopt de grafiek door naar beneden? En vooral, wat betekent die frequentie-magnituderelatie? Kunnen we daarmee aardbevingen voorspellen?

Land	**Datum**	**Magnitude** M_W	**Breedte**	**Lengte**
Chili	22-05-1960	**9,5**	38.2 Z	72.6 W
Alaska	28-03-1964	**9,2**	61.1 N	147.5 W
Alaska	09-03-1957	**9,1**	51.56 N	175.39 W
Kamtsjatka	04-11-1952	**9,0**	52.7 N	159.5 O
W. Sumatra	26-12-2004	**9,0**	3.30 N	95.78 O
Ecuador	31-01-1906	**8,8**	1.0 N	81.5 W
Alaska	09-03-1957	**8,8**	51.3 N	175.8 W
Kurilen	06-11-1958	**8,7**	44.4 N	148.6 O
Alaska	04-02-1965	**8,7**	51.3 N	178.6 O
India	15-08-1950	**8,6**	28.5 N	96.5 O
Argentinië	11-11-1922	**8,5**	28.5 Z	70.0 W
Indonesië	01-02-1938	**8,5**	5.2 Z	130.5 O

De grootste aardbevingen die we kennen staan in bovenstaande tabel. Elk heeft haar eigen geschiedenis, van duizenden tot honderdduizenden doden, niet zozeer door de beving zelf, als wel door bijkomende effecten: aardverschuivingen, vloedgolven en instortende gebouwen. De magnitude van de grootste aardbeving, die van Chili in 1960, is 9,5. (In oudere publicaties staat nog 8,3, maar die waarde is later herberekend; de nieuwe berekeningswijze heeft de aanduiding M_w). Bovendien treedt bij hele grote aardbevingen hetzelfde op wat we ook in Roermond zagen: het signaal raakt verzadigd en de precieze magnitude blijft onbekend. Die aardbevingen gaan de menselijke maat te boven.

Dat is meteen ook een antwoord op de tweede vraag: de Gutenberg-Richtercurve kan in theorie eindeloos doorgaan, naar nóg grotere aardbevingen die nóg zeldzamer optreden. Het is dus geen schaal van 1-10, zoals de hardheidsschaal van mineralen. De inslag van de meteoriet die 65 miljoen jaar geleden het uitsterven van de dinosauriërs veroorzaakte kan volgens berekeningen een klap van een magnitude 11 of 12 op de schaal van Richter gegeven hebben. De enige begrenzing voor een natuurlijke aardbeving is de maximale energie die in een lithosferische plaat zit opgesloten, en de maximale spanning die een gesteente kan verdragen voordat het breekt, maar dat zijn beperkingen van de aarde en niet van de curve.

Om te berekenen hoe groot de kans op zo'n zeldzame mega-aardbeving is, heb je gegevens nodig over eerdere bevingen van die magnitude. Maar die zijn er niet. Het meten van de magnitude van aardbevingen is nog geen eeuw geleden begonnen. Van oudere bevingen zijn wel ooggetuigenverslagen, maar geen magnitudes bekend. Nog oudere aardbevingen kunnen worden gereconstrueerd door oude breuklijnen uit te graven, de magnitude te berekenen uit de verplaatsing langs de breuk, en de ouderdom van de beweging te dateren met koolstof-14 of andere methoden. Dat heeft zich ontwikkeld tot een hele nieuwe tak van wetenschap, de *paleoseismologie.* Zo heeft men in Zuid-Limburg en omgeving berekend dat daar een aardbeving met een magnitude van 6,5 gemiddeld eens in de 5000-15 000 jaar kan voorkomen (zie punt Bree in de figuur op pagina 78). Koralen voor de westkust van Sumatra laten zien dat ze gemiddeld om de 230 jaar verstoord worden door aardbevingen als die van Bandah Atjeh.

Maar sommige aardbevingen, zoals die van Limón van 1991 laten helemaal geen herkenbare breuklijnen aan het oppervlak achter. Ook

Paleoseismologie; opsporen van oude breuklijnen van de Roerdalslenk in een trens bij Jülich, Duitsland. Vanneste en Verbeeck, 2001.

treden soms aardbevingen op in gebieden die helemaal niet bekendstaan als seismisch actief. Daar kan de paleoseismologie natuurlijk niet veel uitrichten.

Of mega-aardbevingen van magnitude 10 en hoger op de Richterschaal, met een herhalingstijd van eens in de duizend of tienduizend jaar echt bestaan, weten we niet. Misschien zijn ze wel zo zeldzaam dat ze nog niet in de korte geschiedenis van de mensheid zijn voorgekomen. Er zijn wel vulkanische erupties geweest die veel groter waren dan de menselijke maat. Maar die laten dan ook explosiekraters en vulkanische aslagen na die je kunt dateren, zoals we in het volgende hoofdstuk zullen zien. Maar de maat van aardbevingen in het geologisch verleden is veel moeilijker vast te stellen. We kunnen dus ook met de huidige kennis niet zeggen of we voor het jaar 10 000 nog zo'n mega-aardbeving kunnen verwachten. Áls die zich voordoet, zal het waarschijnlijk in een subductiezone zijn, want daar treden de grootste spanningen op. Ook nu al zijn verreweg de meeste grote aardbevingen gebonden aan subductiezones.

Een interessante vraag is: wat betekent die Gutenberg-Richterverdeling eigenlijk? Waarom die logaritmische verdeling? Donald L. Turcotte van Cornell University zegt het simpel in zijn boek: *Fractals and chaos in geology and geophysics.* Er zijn twee uitersten mogelijk. Het ene uiterste is dat elke breuk zijn eigen magnitude aardbeving heeft: kleine breukjes geven vele kleine aardbevingen, en grote breuken geven grote aardbevingen. De grote hebben veel tijd nodig om de vereiste spanning op te bouwen en zijn dus zeldzaam. Het tweede uiterste is dat elke breuk ongeacht zijn grootte alle magnitudes van aardbevingen kan veroorzaken. Hij draagt ook argumenten aan waarom het eerste het waarschijnlijkste is. Rond de grote San Andreasbreuk in Californië vertonen gebieden met breuken van allerlei grootte een veel grotere spreiding van magnitudes dan gebieden met alleen maar grote breuken.

Nog veel interessanter is, dat de Gutenberg-Richterrelatie niet alleen opgaat voor aardbevingen, maar ook voor allerlei andere natuurverschijnselen. Het allereerste begin van dat inzicht is afkomstig van de Pools-Amerikaanse wiskundige Benoit Mandelbrot, die het begrip *fractal* invoerde. Fractal is afgeleid van *fractional dimension.* Een punt heeft nul dimensies, een lijn één, een vlak twee en een kubus drie. Nul, één, twee en drie zijn de *euclidische* dimensies, die altijd in hele getallen worden uitgedrukt. Fractionele dimensies hebben een dimensiegetal dat daar ergens tussenin ligt. Het beroemdste voorbeeld van Mandelbrot is neergelegd in zijn artikel 'How long is the coast of Britain?' uit 1967. Als je een wereldkaart neemt en een lineaal en daarmee de omtrek van Groot-Brittannië opmeet, krijg je daar een bepaalde waarde uit. Maar als je een kaart neemt waar alleen Engeland op staat, dan is die kustlijn daar veel gedetailleerder op weergegeven, en ga je er dan langs met de lineaal, dan vind je een veel hoger getal. Als je in plaats van de kaart van het hele land detailkaarten gebruikt, krijg je nog hogere waarden. Je kunt ook een luchtfoto nemen, want daar heb je geen last van de generalisaties die de cartografen hebben ingevoerd om de kaart op een blad te krijgen. Als je het allemaal niet precies genoeg vindt, kun je zelf met een meetlat rond het eiland lopen, gegarandeerd dat je het getal nog omhoog krijgt. En laat je het ten slotte door een slak doen, dan zal die elk grindje, elk halfnat zandkorreltje moeten nameten, en je krijgt een getal waarvan

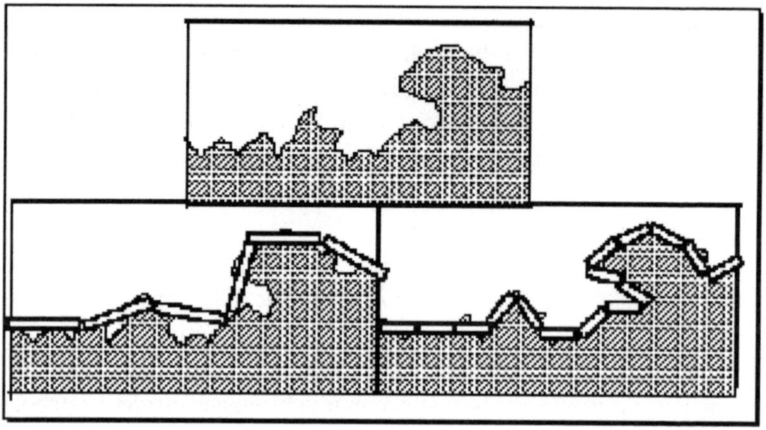

De lengte van de kustlijn is afhankelijk van de schaal waarmee je meet.
www.vanderbilt.edu.

je niet had durven dromen toen je op de wereldkaart begon. Kortom, achter elk detail zit weer een fijner detail.

De kustlijn heeft fractale dimensies, zeggen we. Als je nu al die kustlengtes logaritmisch in een grafiek uitzet tegen het aantal kaartbladen, luchtfoto's of veldkwadranten die je voor elke waarneming hebt gebruikt, dan zul je zien dat al die punten op een rechte lijn komen te liggen. De hellingshoek van die lijn is de fractale dimensie, meestal geen geheel getal maar een *fraction*, een breuk, tussen 1 en 2. En omdat op elk schaalniveau het patroon weer hetzelfde lijkt, spreekt men van *self-similarity*: het is schaalonafhankelijke variabiliteit.

Je kunt het je ook voorstellen als je midden op de zijden van een gelijkzijdige driehoek drie keer zo kleine driehoeken plaatst, en dit proces herhaalt tot in het oneindige. Dit heet Kochs driehoek, en leidt tot een soortgelijke figuur als Svitotsjs visie op de Kaspische-Zeeschommelingen.

Mandelbrot hield zich vooral bezig met de geometrische aspecten van fractals, maar de Gutenberg-Richterrelatie laat zien dat het principe net zo goed opgaat voor de tijd. Op de ene as van de grafiek staat een tijdsbegrip, meestal de frequentie, het aantal gebeurtenissen per tijdseenheid: per jaar of per seconde, op de andere de magnitude van de

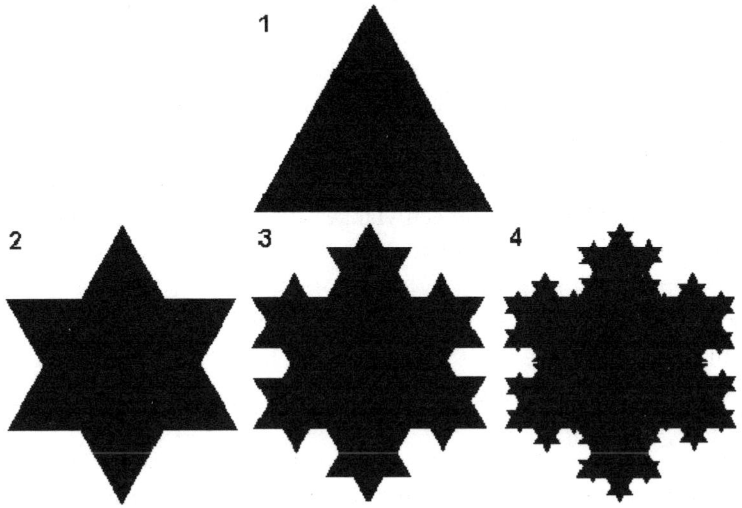

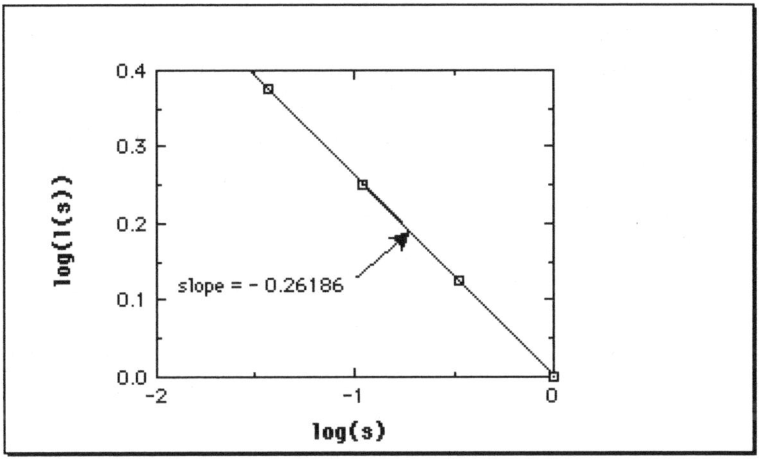

Kochs driehoek en zijn fractale dimensie
http://pmassio.altervista.org/koch.gif; www.vanderbilt.edu.

gebeurtenis. De hellingshoek van de lijn in bovenstaande figuur is weer de fractale dimensie. En dat gaat niet alleen op voor aardbevingen, maar ook voor aardverschuivingen, zonnevlammen en sedimentatiesnelheden. Zelfs de beurskoersen, de grootteverdeling van steden en de woordfrequentie in de Engelse taal vertonen fractaal gedrag.

De Deens-Amerikaanse fysicus Per Bak is de eerste die probeerde een verklaring te vinden waaróm dat zo is. In zijn boek met de pompeuze titel *How nature works* (1996) legt hij dat uit aan de hand van het zandhoopmodel. Als je op een vlakke tafel steeds maar zandkorreltjes op dezelfde plaats blijft toevoegen, zoals op de bodem van een zandloper, krijg je op een gegeven moment een kegelvormige zandhoop, die uiteindelijk de maximale rusthoek van losgestapeld zand van 34° bereikt. Op een bepaald moment liggen de korreltjes in die zandhoop zó gestapeld, dat, als je er nog één korreltje bij doet, de helling instabiel wordt. De zandhoop is dan *kritisch* geworden, in Baks terminologie, een term die ten onrechte doet denken aan een kritisch geworden kernreactor. Het nieuwe zandkorreltje dat te veel is, brengt een van de korrels die al op de zandhoop liggen in beweging, die brengt weer een volgende in beweging, en zo ontstaat er een lawine van zandkorrels totdat de hoop weer in rust is. In Baks computermodel van de zandhoop hebben de zandlawines ook een fractale verdeling, vele kleintjes en een enkele grote. Bak noemt dit *self-organised criticality* (SOC), want het is de zandhoop zelf die bepaalt op wat voor manier hij op het kritiek-worden zal reageren. Geen enkel mechanisme van buitenaf heeft de zandhoop gestuurd om die fractale verdeling van zandlawines aan te maken. Het is een eigenschap van de zandhoop zelf, en van complexe systemen in het algemeen, volgens Bak. Hij keert de argumentatie nu ook om: hij beschouwt elke fractale verdeling in natuurlijke processen – en daarbuiten – als een bewijs van self-organised criticality in het systeem: ook van beurskoersen, zonnevlammen en aardbevingen. Hij is de eerste die de intensiteit van processen als uitgangspunt neemt bij het verklaren van de werking van de natuur. En hij veegt in zijn boek virtuoos de vloer aan met iedereen die hem niet gelooft.

En er zijn er veel die hem niet geloven. Om te beginnen de seismologen zelf. Want een continent is geen zandhoop en een aardbeving is geen zandlawine. De meeste aardbevingen vinden plaats langs breuken die allang bestaan, en die een lange complexe geschiedenis achter de rug hebben, zowel de kleine als de grote. De plaats waar de

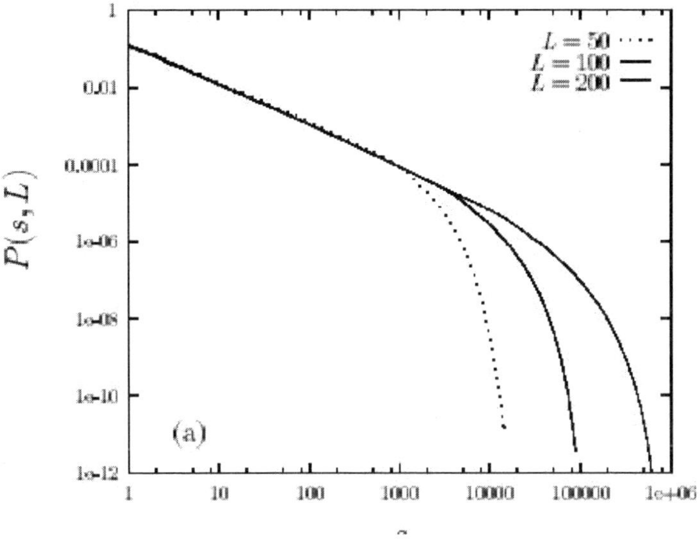

Het frequentie-magnitudediagram geeft de waarschijnlijkheid van zandlawines aan op zandhopen van verschillende grootte (L=50, 100, 200); hoe groter de lawine (horizontale as), hoe kleiner de waarschijnlijkheid (verticale as). www.ffn.ub.es.

aardbeving plaatsvindt wordt dus niet pas op het moment van het bereiken van criticality bepaald, als er al sprake is van criticality, maar staat al lang van tevoren vast.

Het feit dat de Gutenberg-Richterverdeling opgaat voor aardbevingen betekent in Baks visie ook dat de aardkorst als geheel zich in een kritische staat bevindt. De gasbevingen die we boven zagen, zijn daar een bewijs voor. Als er maar een kleine verstoring, zoals de onttrekking van gas, voor nodig is om een aardbeving te veroorzaken, betekent dat dat de aardkorst in zijn geheel op maximale spanning, dat wil zeggen kritisch is. Maar ook dat gaat veel geofysici veel te ver, blijkens een vinnige discussie over de voorspelbaarheid van aardbevingen in *Nature* in 1999. Nog maar even doorluisteren met je oor aan de grond, Hein!

De zeespiegelfluctuaties van de Kaspische Zee lijken ook een fractaal karakter te hebben, zoals we zagen in hoofdstuk 2, maar daarbij is de oorzaak van de fluctuaties verschillend voor elk schaalniveau. Dat valt moeilijk te rijmen met een kritisch geworden Kaspische Zee, of een kritisch geworden hydrologische kringloop. Ook de oorzaken van het grillige verloop van de Britse kust zijn op elk schaalniveau verschillend.

De zandhoop van Baks computermodel is eigenlijk ook geen echte zandhoop maar een stapel vierkante blokjes. Tussen vierkante blokjes zit geen lucht, in een hoop onregelmatig gevormde zandkorrels wel. Bak heeft het experimenteren met echte zandhopen aan anderen overgelaten, zich verschuilend in de ivoren toren van de theoretisch fysicus. Maar degenen die wél met echte zandhopen werkten vonden geen mooie fractale verdeling van zandlawines. Bak wijt dat aan de traagheid van de zandkorreltjes, maar ik denk niet dat dat juist is. Iedereen die zelf ooit in een echte zandhoop heeft gespeeld, weet ook dat een zandlawine niet ontstaat doordat losse korreltjes de beweging aan elkaar doorgeven, maar doordat er hele zandmassa's in de hoop tegelijk gaan schuiven langs zwaktezones die op het kritieke moment door het laatste zandkorreltje ineens aan het licht worden gebracht. Het zandhoopmodel is dus verre van ideaal. En uiteindelijk verklaart het zandhoopmodel ook niet wáárom er een fractale distributie van zandlawines ontstaat. Of van aardbevingen.

5

Het collectief geheugen

El volcán. Siempre ahí. Y no nos fijábamos en él.
De vulkaan. Hij was er altijd. En we keken er niet naar.

Germán Santamaría,
No morirás. Bogotá, 1991.

Het is 22 oktober 2002. Op de voorpagina van de krant van vandaag staat een satellietbeeld van de Middellandse Zee, waarop de Etna een grijsbruine eruptiekolom als een waarschuwende vinger naar de hemel uitsteekt. Dat trekt. We maken plannen voor de viering van oud en nieuw. Ik wil nu weleens echt vuurwerk zien bij de jaarwisseling in plaats van uit een potje. Op naar de Etna. En gevaarlijk? We zullen zien.

Vanaf Taormina rijd ik langs de oostkant van de vulkaan naar Linguaglossa. Vandaar gaat een weg vol met haarspeldbochten in zuidwestelijke richting tot vrijwel bij de top van de vulkaan, volgens mijn kaart van 2001. Overal zijn sporen van recente activiteit. De weg ligt vol met zwarte vulkanische as: *Sabbia vulcanica sulla strada*, staat er op de bordjes, vulkanisch zand op de weg. Na tien haarspeldbochten stuit ik op een file. Tot voorbij de volgende bocht staan de auto's stil, verder kan ik niet kijken. Er zit geen schot in. Ik parkeer de auto naast de weg en ga lopen. Na twee bochten zie ik wat er aan de hand is. Een dreigende wal dampende zwarte lava van tien meter hoog ligt dwars over de weg. Veertien dagen geleden uitgestroomd. Staat nog niet op de kaart. De lava is nog warm, maar je kunt er wel op lopen. Je moet alleen niet te lang op een plaats blijven staan anders smelten je zolen. Vanaf de wal zie je pas hoe groot de stroom is, honderden meters breed. Het lijkt een ruige zwarte snelweg naar de besneeuwde top. De bossen aan weerszijden zijn versplinterd en verkoold. Er moeten nog honderden stammen ónder de lavastroom liggen. Hier en daar komen hete zwaveldampen uit de spleten tussen de grote brokken poreuze steen. Het is een toeristische attractie, de inzittenden van al die auto's spelen tussen de keien. Iedereen is voorzichtig, maar niemand is bang. Het is opwindend, ik heb het gevoel het ontstaan van de aarde mee te maken. Maar het is ook teleurstellend. Ik kan niet naar de top.

Dan maar langs de zuidkant, naar het Refugio Sapienza, de *Hütte*, het Toevluchtsoord van de Wijsheid. Daar moet volgens de kaart een kabelbaan lopen die je tot vrijwel aan de top brengt, naar de Torre del Filosofo, de Toren van de Filosoof. Van de wijsheid naar de filosoof in een stoeltjeslift. Daar bij die toren zou de Griekse filosoof Empedocles de Etna hebben bestudeerd. Het verhaal gaat dat hij zich ten slotte in de krater van de Etna wierp om aan te tonen dat hij een onsterfelijke god was, en ten hemel was gevaren. Maar die bewering boette aanzienlijk aan geloofwaardigheid in toen men op de berg een achtergelaten sandaal van hem vond. Niets menselijks was hem vreemd.

In Trecastagni zijn een paar huizen ingestort door een kleine aardbeving van magnitude 4,4 die voorafging aan de eruptie van 22 oktober. Vanaf Nicolosi begint de weg te klimmen. In een haarspeldbocht steekt het dak van een huis amper boven een oude lavastroom uit. Maar voordat ik bij de Wijsheid ben, is de weg alweer versperd. Je kunt er alleen te voet komen, en de kabelbaan is verzwolgen door een andere nieuwe lavastroom. Al voor de vijfde keer in de laatste tien jaar. De vulkaan wil niet dat ik de filosoof ontmoet. Ik loop naar het Refugio. De lavastroom heeft een souvenirkiosk half begraven. Veel toevlucht biedt het Refugio niet meer. Van een toeristenterrasje resten alleen nog de half gesmolten plastic kuipstoeltjes, die in een ordeloze stapel schroot bij elkaar zijn gebulldozerd door de lavastroom. Dat is alles wat er van het Refugio over is. Verder lopen mag niet, om de paar minuten stoot de vulkaan grommend een waarschuwende bruine rookpluim uit. Ik strijk de as uit mijn haren.

Maar gevaarlijk? *Etna causes damage, not death*, zeggen de vulkanologen Alwyn Scarth en Jean-Claude Tanguy. Er komt vooral lava uit, en voor lavastromen kun je vluchten. En als de richting van de lavastroom je niet bevalt, kun je hem omleiden, of een gaatje in zijn zij prikken zodat hij daaruit verder stroomt. Dat gaat tegenwoordig steeds beter.

De hoeveelheid lava die uit de Etna komt is ontzagwekkend, zo groot dat in duizend jaar de hele top van de vulkaan van een nieuw lavadek wordt voorzien, als door een ronddraaiende tuinsproeier. De lavastromen kunnen wijngaarden, huizen en soms hele dorpen verzwelgen, en in 1669 baande een lavastroom zich een weg door de grote stad Catania aan de voet van de vulkaan. Het vervelende is dat je nooit precies van tevoren weet waar die lavastromen vandaan kunnen komen. Ze komen lang niet altijd uit de krater in de top. Er zijn wel tweehonderd verschillende eruptiecentra. Dat komt omdat de Etna vol met scheuren zit. De vulkaan ligt boven op een glibberige kleilaag, en glijdt langzaam de Middellandse Zee in, als een walrus van het antarctische ijs. Daarbij ontstaan steeds nieuwe rekspleten waaruit het magma op kan rijzen.

De Etna heeft wel regelmatig enkele kleine aserupties zoals die van 2002, zo'n zeventig in de laatste 350 jaar, maar grotere uitbarstingen zijn kort en zeldzaam. In de gehele bekende eruptiegeschiedenis van de laatste drieduizend jaar zijn er nog geen honderd mensen bij omgekomen. De laatsten waren negen toeristen die op 12 september 1979 op de kraterrand stonden toen de vulkaan plotseling uitbarstte. Maar als je een beetje oppast is het toch niet gek voor een nieuwjaarsnacht.

Vijfentwintig jaar terug. Ik woon in Bogotá, Colombia, in een steil hellende straat die overgaat in een stenig bergpad. Ik klim omhoog totdat ik boven de stad uit kan kijken. Heel in de verte, honderdvijftig kilometer naar het westen, glinsteren drie puntjes aan de horizon: de Nevado del Tolima, de Nevado del Ruiz en de Santa Isabel. Drie vergletsjerde vulkanen, meer dan vijfduizend meter hoog. Ze roepen me. Ze verlokken me. Onmogelijk te weerstaan voor een geoloog. Ik wil naar ze toe.

Het is een hele tocht. Bogotá ligt op 2600 meter boven zeeniveau, en je moet helemaal naar beneden, het Magdalenadal oversteken, en aan de overkant weer terug omhoog naar de Centrale Cordillera. Maar in een weekend kan het. De afdaling is steil, door de diepe kloof van de Boquerón. In het Magdalenadal is het tropisch warm, in het drukke provinciestadje Armero is het meer dan dertig graden, het ligt maar driehonderd meter boven zeeniveau. Vanuit de katoenvelden klimt de weg langs het steile dal van de Lagunillasrivier omhoog door alle klimaatzones van de wereld. Door de weelderige koffieplantages in de schaduw van de roodbloeiende koffiemama's, dan door de sombere Andesbossen, druipend van de mist, met hun boomvarens, hun woekering van wild mos, hun vlammende bromelia's in de oksels van de takken, hun boomvarens en hun reusachtige rabarberbladen.

En dan ineens, boven de drieduizend meter, opent zich het landschap. Golvende grasvlakten van een onvergelijkelijke schoonheid. *Páramos* heten ze lokaal, hooggebergtetoendra's. Boven de lage, roodbloeiende azalea-achtige struikjes staan metershoge *frailejones* met hun wonderlijke geringde stammetjes en hun grote grijsgroenige vilten bladeren, als het haar van Miguelito in de strip *Mafalda*. Hier en daar liggen aardappelveldjes van de indiaanse boeren. En daarbovenuit torent de glinsterende ijskap van de Nevado del Ruiz, 5300 meter hoog. Het is geen mooie vulkaankegel zoals de Nevado del Tolima, meer een platte pudding. In de ijstijd is er veel afgeërodeerd, toen de gletsjers nog veel groter waren.

Het verlangen wordt sterker. Ik wil nog hoger. Heel langzaam klimt mijn oude Peugeot 504 tot boven de vierduizend meter. Hier is zelfs geen páramo meer, hier ligt alleen maar losse vulkanische as tussen de oude, door de vorst gebarsten lavastromen. De mist omhult ons. De haarspeldbochten lijken eindeloos.

Dan, ineens, trekt de mist op. Ik sta aan de sneeuwgrens op 4800 meter. De weg houdt op. Er staat een lage stenen schuur. El Refugio. Alweer. Je kunt er zuurstofflessen krijgen, het is hier hoger dan de Mont Blanc. Ik kijk verlangend naar de besneeuwde top, die zo nu en dan uit de mist tevoorschijn komt. Maar ik weet dat het niet kan. Nog vijfhonderd meter klimmen in de sneeuw, op deze hoogte, met mijn linnen Pallabrousse aan, zonder uitrusting? Toch maar niet. Stel je voor dat ze later een van mijn Pallabrousses terugvinden, wat zullen ze dan van me zeggen? 'Niet de maat van Empedocles.'

Ik loop rond de kleine gletsjertongen. Ze hebben de oude lavastromen diep gekrast. De hoefijzervormige eindmorenes uit de Klei-

Miguelito als Empedocles: 'Zie je wel, zonder mij zijn ze niemand!'
© Joaquín S. Lavado (Quino)/Caminito S.a.s.

ne IJstijd liggen werkeloos lager in het dal. In de steek gelaten, tot de volgende ijstijd.

De vulkaan is rustig. Jammer. Ik wil weleens een echte eruptie zien. Ik beloof mijzelf niet weg te gaan uit Colombia voor ik een eruptie heb meegemaakt. Maar de Colombiaanse vulkanen zijn niet zo gemakkelijk te voorspellen als de Etna. Van een naderende eruptie was toen nog geen sprake. In 1982 vertrok ik uit het land. Ik was te ongeduldig. Geen *sapienza.*

In oktober 1985 ben ik weer in Colombia, voor het Zesde Latijns-Amerikaanse Geologische Congres in Bogotá. Ik hoor in de wandelgangen dat er een eruptie aankomt. Maar ik ben niet gebleven. Wijsheid? Angst?

Páramo *met* frailejón (Espeletia spp), *Colombia.*

Nú geniet de Nevado del Ruiz een macabere bekendheid. Bij de eruptie van 13 november 1985 werden 25 000 mensen in het snikhete Armero bedolven door een modderstroom. Een van de meest catastrofale erupties van de twintigste eeuw. Van de stad rest nu niets meer dan een kale moddervlakte, en witte kruisen markeren de plaats waaronder de slachtoffers in hun met modder bedekte huizen liggen. Aan de kruisen kun je het vroegere stratenplan nog zien. Een nieuw Herculaneum. Eerst twee lange ooggetuigenverslagen.

> Rond een uur of acht kwamen uit de vulkaan zulke geweldige diepe schorre knallen, tot vier keer toe, dat ze tot veertig mijl rondom te horen waren, en met de wind mee nog veel verder. Toen begon het as te regenen, en puimsteen fijn als zand, en

het werd steeds meer, als hagel, en het maakte hetzelfde geluid op de daken. Na twee uur klaarde het wat op, maar daarna werd het zó donker dat je niet eens een brief kon lezen, en dat terwijl het midden op de dag was (...) De hele nacht door regende het as, zodat de volgende ochtend de grond bedekt was met puimsteen en as (...).
De knallen waren het gevolg van explosies onder het sneeuwdek van de berg, in de bovenloop van de rivieren Gualí en Lagunillas. De rivieren raakten kortstondig geblokkeerd door de grond die bij die explosie vrijkwam, en toen ze daar doorheen braken stortten ze zich met verbazingwekkende vaart naar beneden. Steenblokken zo groot als een kwart huis werden meegesleurd. Het water was dik als pap, en stonk onverdraaglijk naar zwavel en as, zodat de vissen radeloos van de ene kant naar de andere vluchtten, en vele sprongen ten einde raad op de oever. Beneden in het dal van de Magdalena werd de stroom meer dan een halve mijl breed en verzwolg al het vee tot hij de rivier bereikte. (...)

Om zeven uur 's morgens hoorde men een groot onderaards geraas aan de oever van de Magdalena, gevolgd door een korte aardbeving. Toen kwam door de Río Lagunillas een immense modderstroom van de Nevado del Ruiz naar beneden, die snel het hele rivierdal vulde, bomen en huizen bedekte of meesleurde, en de ongelukkige bewoners die niet konden vluchten en dieren bedolf. De hele bevolking van de hoger gelegen en smallere delen van het dal van de Lagunillas kwam om. Verder stroomafwaarts konden sommigen vluchten naar de hogere delen; andere, minder fortuinlijke lieden werden geïsoleerd op heuveltopjes waar het onmogelijk was om ze op tijd te redden. Sommigen raakten bedolven, een enkeling kon zich vastgrijpen aan een boom die de kracht van de stroom weerstond. Wie zich kon redden voedde zich met suikerriet en bananen die met de stroom kwamen meegedreven, anderen kwamen om van honger en dorst, want niemand kon hen te hulp komen. Ongeveer duizend bewoners van de bovenloop van de Lagunillas kwamen om, en vier tot zes vierkante mijlen werden bedekt met stenen, grind, zand en modderige grond, met grote massa's sneeuw ertussen. De modderlaag was minstens vijf voet dik. Toen de modderstroom de vlakte inkwam splitste hij zich in tweeën. De ene tak volgde de loop van de oude bedding van de Lagunillas naar de Magdalena, en de andere drong het dal van de Santo Domingo binnen, en sleepte de bossen mee alsof het stro was. Hij stortte zich in de Río Sabandija, en de bomen, modder en stenen vormden een natuurlijk stuwmeer dat het gehele dal dreigde te overstromen. Gelukkig viel er 's nachts een zware regenbui die de zijrivieren van de Sabandija deed stijgen, en het water brak door de dam die de rivier afgesloten hield. De meesten dachten dat een groot deel van de Nevado del Ruiz was ingestort, waardoor de rivieren geblokkeerd raakten. Toen het water steeg door het smelten van de sneeuw brak de dam door, alles op zijn weg meeslepend. Anderen geloofden dat de Ruiz een moddereruptie had gehad, want zelfs het water van de Magdalena stonk naar zwavel, en het water was niet te drinken.

De eruptie van de Nevado del Ruiz van 13 november 1985 is een van de grootste vulkanische rampen die de mensheid heeft getroffen. Wat er is gebeurd lijkt sterk op wat hierboven beschreven staat. De eruptie zelf was eigenlijk niet eens bijster groot. Maar het effect was dramatisch. Ongeveer 10 procent van de ijskap die de vulkaan bedekte smolt door de hitte van de eruptie. Tegelijkertijd ontstonden aardverschuivingen in de bovenloop van de Lagunillas ten gevolge van de aardbevingen waarmee de eruptie gepaard ging. Hoge wallen van steen en puin blokkeerden plotseling de rivier. Maar de hoeveelheid smeltwater van de ijskap was zo groot, dat die natuurlijke stuwdam doorbrak. Zo ontstond de dodelijke modderstroom die met een snelheid van dertig kilometer per uur door de steile dalen naar beneden raasde. Langs de sneeuwgrens, door de páramo, langs de boomvarens en de koffiemama's, vijfduizend meter naar beneden door het diepe dal van de Lagunillas tot waar die in het brede Magdalenadal uitmondt. Daar lag Armero – een gemakkelijk doelwit.

Alleen, de twee bovenstaande ooggetuigenverslagen slaan niet op die rampzalige eruptie van 1985! De eerste is samengesteld uit de verslagen van Fray Pedro Simón *Noticias historiales de las conquistas de tierra firme en las Indias Occidentales* uit 1637 en beschrijft de eruptie van 12 maart 1595. Het tweede verhaal is samengesteld uit de verslagen van de Colombiaanse geleerde Joaquin Acosta in de *Comptes rendues hebdomadaires des Séances de l'Académie des Sciences* van 1845 en 1846, en van de militair José M. Restrepo in het *Diario Político y Militar* van 1835-1848. Zij beschreven de eruptie van de Nevado del Ruiz op 19 februari 1845. Beide erupties waren volstrekt identiek aan die van 1985, alleen vonden zij driehonderdnegentig en honderdveertig jaar eerder plaats. Met minder slachtoffers, want het gebied was toen veel minder bewoond. Maar wel gebeurde er exact hetzelfde. Beneden in het Magdalenadal liggen, naast de modderstroom die eens Armero was, de geelgroene waaiervormige grasvlaktes van het Herculaneum van 1845. En daaronder dat van de eruptie van 1595. En als je goed kijkt zie je nog oudere moddervlaktes, diep versneden door de Lagunillas, die steeds weer nieuwe wegen naar de Magdalena zoekt. Sommige van die modderstromen zijn meer dan 2 miljoen jaar oud. Stapels Herculanea. Modderstromen zijn een normaal verschijnsel bij deze vulkaan. Zo eens in de honderdvijftig tot tweehonderdvijftig jaar is het raak. Precies de zeven generaties die de opperhoofden van de Irokezen vooruit moesten denken.

Op dat Zesde Latijns-Amerikaanse Geologische Congres in oktober 1985 vertelt de rossig-bebaarde Franse vulkanoloog Jean-Claude Thouret over de vroegere eruptiegeschiedenis van de Nevado del Ruiz. Hij had het ongelooflijke geluk gehad – geologen noemen dat geluk – de vulkaan uitgebreid te hebben onderzocht vlak voor hij uitbarstte.

De grond op de vulkaan is zwart en poreus, zoals in de meeste vulkanische gebieden. Maar als je naar een doorsnee van de grond kijkt in een wegtalud ziet het er ineens heel anders uit: een afwisseling van witte lagen vulkanische as en zwarte lagen humus, net een Engelse drop van een paar meter dik. Die droplagen vertellen een interessant verhaal.

Als een aslaag van een eruptie pas gevallen is, is hij grijswit. Maar als er planten op gaan groeien ontstaat er een zwarte humuslaag, die met de tijd steeds dikker wordt. Bij de volgende eruptie wordt de humuslaag met verse as bedekt, en er ontstaat een nieuwe humuslaag

Engelse drop: afwisselende witte aslagen en zwarte humusrijke bodems op de Nevado del Ruiz vormen de streepjescode waar de eruptiefrequentie aan kan worden afgelezen.

op de nieuwe aslaag. Je kunt met koolstof-14 de humus uit de verschillende lagen dateren, en zo kun je ruwweg reconstrueren hoeveel tijd er zit tussen opeenvolgende erupties. Zo vonden Jean-Claude Thouret en zijn Colombiaanse collega Rubén Rojas van de Universiteit van Caldas zeven aslagen uit de laatste 2200 jaar, dus gemiddeld één eruptie per vierhonderd jaar. Dat is iets minder vaak dan de erupties van 1595, 1845 en 1985 aangeven. Maar niet elke eruptie laat evenveel as achter, en als ze te kort op elkaar volgen is er geen tijd om humus te vormen, dus die gegevens zijn niet met elkaar in tegenspraak. Wat zij zeggen is: eens in de paar eeuwen krijgt de Ruiz het weer te kwaad, en komt er een modderstroom naar beneden, elke keer precies op dezelfde plek. Armero. Wijselijk niet Refugio Sapienza genoemd. Dat was allemaal bekend vóór de eruptie van 1985 plaatsvond.

Onafhankelijk daarvan had een zekere Helio Fabio González op grond van een soortgelijk rekensommetje berekend dat na 1595, een kleinere eruptie in 1735 en die van 1845, een nieuwe eruptie midden

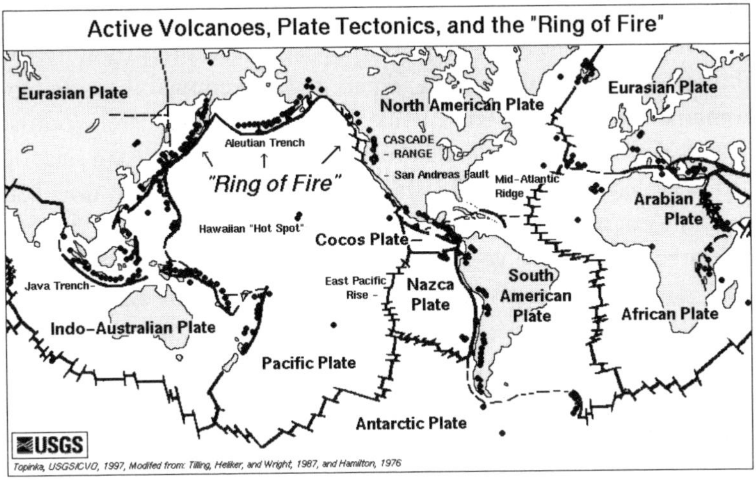

Distributie van vulkanen op aarde: grootste concentraties rond de Pacific (Ring van Vuur), overige spreidingszones (midden van oceanen, IJsland, Afrika) en hotspots (Hawaii). US Geological Survey, www.usgs.gov.

november 1985 plaats zou vinden. Hij stuurde zijn bevindingen een paar dagen voor de eruptie naar de krant *El Tiempo*. Maar ze lachten hem allemaal uit.

De Nevado del Ruiz is een zogenaamde stratovulkaan, een van de honderden vulkanen die als een ring om de Stille Oceaan heen liggen: de Ring van Vuur. Die loopt vanaf Nieuw-Zeeland via Nieuw-Guinea, Indonesië, de Filippijnen, Japan, Kamtsjatka, Alaska, de Rocky Mountains, Midden-Amerika, de Andes door tot in West-Antarctica. Allemaal hebben ze dezelfde oorzaak: er schuift een lithosferische plaat onder een andere. Diep in de aardmantel smelt de ondergeschoven plaat op, het hete magma stijgt op en erupteert aan het oppervlak. Het zijn dezelfde subductiezones waarlangs ook de meeste aardbevingen voorkomen.

Al die vulkanen lijken op elkaar. Ze hebben een mooie kegelvorm. Zo tekenen wij vulkanen op de lagere school, misschien gevoed door de beelden uit ons koloniale verleden in Indonesië. Zij zijn gemiddeld twee tot drie kilometer hoog vanaf de basis, en tien tot twintig kilometer in doorsnede, en hebben meestal een centrale krater die eens in de paar eeuwen as en lava uitbraakt. Een eruptie begint meestal met een flinke asuitbarsting, en als de keel eenmaal is geschraapt komen de lavastromen eruit. Vaak duurt het tientallen jaren voordat de vulkaan weer tot rust is gekomen. De term stratovulkaan slaat op de afwisselende lagen (strata) van as en lava. Sommige stratovulkanen zijn wat actiever, doen het in decaden, andere hebben duizenden jaren nodig, maar gemiddeld is het eens in de paar honderd jaar. Veel van die vulkanen worden ook nauwkeurig in de gaten gehouden. Hun droplagen worden geanalyseerd, aslagen die in meren terechtkomen worden geteld en gedateerd. Hun eruptiegeschiedenis van de laatste tienduizend jaar wordt uitgebreid gedocumenteerd en bijgehouden, eerst in het boek *Volcanoes of the world* van het Smithsonian Institute, nu op internet (http://volcano.si.edu/index.cfm).

Maar als je dat weet, waarom konden er dan toch zoveel slachtoffers vallen? Waarom hebben Joaquín Acosta en José Restrepo niet aan hun kinderen en kleinkinderen verteld dat ze geen huizen moeten bouwen vlak voor de loop van het kanon? Waarom waren de mensen niet voorzichtig en bang? In 1985 zijn er twintig keer zoveel mensen gestorven als in 1845. Dat hadden ze toch kunnen weten?

Het is goed om wat dieper op deze geschiedenis in te gaan. Dan zien we hoe het collectief geheugen heeft gewerkt, en wie er wel en niet naar geluisterd hebben. De Colombiaanse journalist Javier Darío Restrepo tekende het verhaal van de mislukte evacuatie van Armero in detail op in zijn boek *Avalancha sobre Armero* (Bogotá, 1986). Het is een huiveringwekkend voorbeeld van waar het wederzijds onbegrip tussen wetenschap en politiek toe kan leiden. Hilarisch als het niet zo tragisch was geweest.

De inwoners van Armero weten heel goed dat er een eruptie kan komen. Niet zozeer omdat ze het van hun voorouders hoorden, maar omdat de Ruiz al een jaar lang waarschuwende signalen afgeeft. Bergbeklimmers zien rookpluimen opstijgen, er zijn kleine karakteristieke aardbevinkjes die wijzen op een naderende eruptie, en kleine aswolkjes dalen al op 22 december 1984 neer in de directe omgeving van de krater.

Niet dat men zich veel zorgen maakt. Er vinden zelfs missverkiezingen plaats op de vulkaan, en de plaatselijke schonen laten zich graag fotograferen tegen een achtergrond van met as vervuilde sneeuw. Het plaatsvervangend hoofd van de Geologische Dienst Ingeominas, Rafael Durán Rodríguez zegt: 'Dit is normaal voor een actieve vulkaan, en er is geen gevaar voor de plaatselijke bevolking.'

Niettemin zijn niet alle autoriteiten er zo gerust op. De gouverneur van het departement Caldas waar de vulkaan in ligt schrijft in maart 1985 op eigen houtje naar de Zwitserse ambassade om hulp. Tot zijn verrassing staan er tien dagen later drie specialisten op de stoep: de Amerikaanse seismoloog John Tomblin van de UN Disaster Relief Coordination, de Zwitserse seismoloog Dieter Mayer en de Franse geoloog Jean Jacques Wagner. Zij concluderen: er bestaat een hoog risico voor een uitbarsting (...) en de voortekenen wijzen erop dat het een grote zal zijn. Zij geven opdracht om een onderzoek in te stellen, en bevelen aan om draagbare seismografen op de vulkaan te installeren, een risicokaart te maken op grond van de historische erupties, en een evacuatieplan te maken. Via de afdeling Aardwetenschappen van de UNESCO gaat het nieuwtje snel de internationale vulkanologische wereld rond, en vulkanologen uit Japan, IJsland, Costa Rica en de Verenigde Staten staan meteen in de startblokken om de apparatuur te installeren. Alleen moet er een officiële uitnodiging van de Colombiaanse regering aan UNESCO komen.

Maar die brief komt niet. De brief die de Colombiaanse ambassadeur bij de UNESCO, Aurelio Caicedo Ayerbe, daartoe naar zijn eigen minister van Buitenlandse Zaken schrijft blijft steken in bureaucratisch drijfzand en komt nooit meer boven water. Professor Luis A. Briceño van de Universidad Nacional heeft al veel eerder seismografen besteld, hij heeft daarvoor zelfs vijftigduizend dollar gekregen van de Internationale Ontwikkelingsbank, maar hij krijgt het geld niet los uit de Colombiaanse bureaucratie. Als de Italiaanse geoloog Bruno Martinelli de vulkaan later bezoekt en ziet dat er nog steeds geen seismometers zijn, ontploft hij bijna van woede, en wil meteen naar huis terug. 'Het is nu te laat voor onderzoek,' zegt hij.

De lokale bevolking blijft vrijwel onkundig van al die activiteiten, want de autoriteiten zijn banger voor paniek dan voor een eruptie. Een journalist stelt voor om de bevolking te waarschuwen door op de televisie beelden van de eruptie van 1980 van de Mount Saint Helens in de Verenigde Staten te laten zien. Generaal Guillermo de la Cruz Amaya, chef van Defensa Civil, de organisatie die verantwoordelijk is voor alle noodsituaties, schrikt daarvan: 'Stel je voor wat voor paniek dat zou geven in het land! Geen sprake van!,' zegt hij. Jammer, want bij de Saint Helens werden dertigduizend mensen op tijd geëvacueerd, en stierven er slechts zeventig. De ironie wil, dat later bij de eruptie van de Pinatubo op de Filippijnen in 1991 beelden van de eruptie van de Nevado del Ruiz worden getoond om de mensen aan te zetten tot evacuatie. En óf dat hielp!

Niettemin installeert Ingeominas op 20 juli op eigen kracht een viertal seismografen op de vulkaan, en de eerste metingen geven meteen aan dat de seismische activiteit gevaarlijk hoog is. Bij een eerste voorlopereruptie op 11 september ontstaat een waarschuwende rookpluim van meer dan twee kilometer hoog. Vijftienhonderd koeien op de berghellingen worden ziek door het inslikken van scherpe vulkanische glasdeeltjes, en er ontstaan kleine modderstromen, maar die bereiken het dal niet. De voornaamste kranten van het land, *El Espectador* en *El Tiempo* schrijven op 15 september over de gevaren van modderstromen. Ook blijkt uit metingen, die overigens pas na de eruptie beschikbaar komen, dat de vulkaan aan het opzwellen is.

Het parlementslid Jaime Ramírez Rojas, vertegenwoordiger van het district Caldas waarschuwt de regering in de zitting van 24 september voor de '... meest ontzagwekkende modderstroom in de geschiedenis van de mensheid in dit deel van het continent. Zeg morgen niet dat jullie niet waren gewaarschuwd; zeg morgen niet dat de staat niet op de hoogte is gesteld van wat er nu staat te gebeuren, en van de dreiging die 3 miljoen Colombianen boven het hoofd hangt; God wenst niet dat het ergste gebeurt, maar God wil dat dit ons tot les zal dienen, opdat dergelijke en andere tragedies van grotere of kleinere omvang ons niet bij verrassing treffen.'

De minister van Mijnbouw vindt het optreden van Jaime Ramírez Rojas maar dramatisch en apocalyptisch. 'De regering heeft binnen de grenzen van het mogelijke alles voorzien. Er is reeds voorzien in voorzorgsmaatregelen voor mogelijke evacuaties vanwege een plotselinge overstroming van de rivieren die van de vulkaan af komen, en die betreffen een gebied met een straal van veertig kilometer,' zegt hij.

Intussen staan de wetenschappers niet stil, al weten weinigen dat. Op 7 oktober heeft Ingeominas de risicokaart klaar. In de prachtige museumzaal van het instituut aan de Avenida 30 wordt de kaart aan de minister van Mijnbouw en de gouverneurs van de betrokken districten gepresenteerd. Vanaf dat moment weten allen, een maand voor de eruptie, dat de kans op een lavastroom 8 procent was, op gloeiende asstromen 21 procent, en de kans op destructieve modderstromen, 12 tot 50 meter boven het normale niveau van de rivieren, 100 procent. Honderd procent! En op de kaart staat Armero midden in de baan van een van de modderstromen! En die voorspelling is precies zo uitgekomen. Wat is er dan zo verschrikkelijk misgegaan?

Niet dat men in Armero niets weet. Vanaf eind september is iedereen ervan op de hoogte dat er wat kan gebeuren. Wie het niet vertrouwt verkoopt zijn huis en verhuist naar elders; men haalt zijn geld van de bank, boeren twijfelen of ze nog zullen zaaien, en de economische activiteit zakt langzaam ineen. De burgemeester maakt een rampenplan en benoemt een noodcomité, er zijn bijeenkomsten in het theater, in de scholen, in de kerk, en overal krijgt men hetzelfde te horen: als er iets gebeurt zal de brandweer de sirene laten loeien en iedereen moet naar de Cerro de la Cruz lopen, het hoogste punt van de stad. De kaart van Ingeominas wordt overal verspreid, en in Armero wordt een muur gebouwd die de modderstromen van de stad af moet leiden.

Op de middag van 13 november vallen zware asregens op de stad. De bevolking van Armero vraagt bezorgd om raad bij de twee voornaamste leden van het noodcomité, de pastoor Augusto Osorio en de antropoloog Efrén Torres van het lokale Charles Darwin Centrum. Torres belt naar Bogotá om raad te vragen, en krijgt het advies de mensen gerust te stellen. Via de lokale radio zegt Torres dat de mensen zich niet druk hoeven te maken, want er is geen onmiddellijk gevaar. Niemand wil zijn huis ook alleen laten, want de plunderaars liggen op de loer en de koffieoogst is in volle gang.

Om 21.08, als de rust in de stad al is weergekeerd, explodeert de vulkaan. Om 21.45 waarschuwt een post op de berg dat Armero geëvacueerd moet worden, want er komt een modderstroom aan. Maar weinigen horen het alarm via de radio. Pastoor Osorio is er niet, hij is naar een vergadering met de aartsbisschop in Ibagué. De burgemeester, een verwoed zendamateur, hoort het wel. Hij is die avond in de lucht en stuurt een sos de wereld in, tot hij om 23.20 seint: 'het water komt bij ons binnen.' Dat is zijn laatste bericht. Vierhonderdvijftig miljoen kubieke meter modder, vermengd met zwavel, ijs, losgerukte bomen, grote keien, auto's, gaspijpen en menselijke lichamen verzwelgen de stad in een oogwenk. Vijfentwintigduizend mensen vinden de dood.

Volgens het rampenplan was twee uur genoeg geweest om de stad te evacueren. De modderstroom legde zestig kilometer af met een snelheid van dertig kilometer per uur. Het hád gekund. Maar het gebeurde niet. De columnist Alberto Aguirre schrijft dan in de krant *El Mundo*: 'De regering, verantwoordelijk voor het leven, de eer en de goederen van de Colombianen heeft niets feitelijks gedaan om de tragedie te voorkomen. Alleen geklets en comités. De minister van Mijnbouw verklaarde kort tevoren in het parlement dat "de regering, binnen de grenzen van het mogelijke, alles heeft voorzien". De eruptie begon op 13 november tegen drie uur 's middags; als alles was voorzien had de regering voldoende tijd gehad om Armero te evacueren: acht uur, aangezien de modderstroom om elf uur 's avonds kwam. Als de regering verstandig was geweest had zij ons veel tranen bespaard, tot en met haar eigen.'

De lethargie van de politiek en de verstikkende bureaucratie zijn de voornaamste rem op de inzet van lokale en internationale specialisten, niet alleen in de aanloop naar de ramp maar ook daarna. Veertien Franse reddingsspecialisten met getrainde speurhonden en speciaal gereedschap krijgen geen toegang tot het rampgebied en vliegen terug. Colombiaanse artsen in de noodhospitalen moeten vier dagen wachten tot ze de vereiste stempels krijgen voor het verkrijgen van medicijnen die klaarliggen in het magazijn. Zieke overlevenden worden per vliegtuig door het hele land verspreid terwijl in het dichtstbijzijnde ziekenhuis van Ibagué 140 bedden leeg blijven. Een Israëlische zakenman die een half miljoen dollar van zijn privévermogen wil investeren om een baksteenfabriek en een broodbakkerij op te zetten en werk te creëren voor 67 overlevenden van de ramp krijgt niet de benodigde stempels en keert onverrichter zake terug naar huis. Het is moeilijk om ambtenaren een gevoel van urgentie bij te brengen.

Waarom hadden de mensen het gevaar onderschat? Ná de grote eruptie van 1985 heeft del Ruiz er nog tientallen kleinere gehad, en meermalen zijn de mensen daarbij wél efficiënt geëvacueerd. Voor een herhaling van wat zich een paar *jaar* eerder had afgespeeld waren de mensen bang. Maar niet voor een herhaling van iets dat *anderhalve eeuw*, zes generaties geleden is gebeurd. Dat is te lang voor het collectief geheugen van de mens, en in elk geval dat van de politici en de bureaucraten. Hun denkraam gaat niet verder dan de volgende verkiezingen. De wetenschappers wisten het wel. Maar niemand luisterde naar ze.

Pas in 1987, anderhalf jaar na de eruptie, keer ik terug naar de Nevado del Ruiz. De ijskap, die in 1980 nog in de verte lag te blinken, is pikzwart geworden door de as die erop gevallen was. Van El Refugio is niets meer over. De smeltwaterstromen hebben diepe geulen uitgeërodeerd in de losse aslagen, en waar de páramo direct op oude lavastromen lag is de vegetatie er afgestroopt als was de berg levend gevild. De frailejones zijn platgeslagen door het smeltwater, en overal ligt as op de bladeren en puimsteenbrokjes tussen de graspollen. Het begin van een nieuwe droplaag.

Beneden in het Magdalenadal, vijfduizend meter lager, waar Armero had moeten liggen, ligt de immense kale grijze vlakte. Alsof iemand het schitterende glooiende groene landschap had willen bedekken met een laag beton. De Lagunillas had er al weer een kleine kloof in uitgesneden. In de oever zijn een paar mannen fanatiek aan het graven in de keihard geworden modderstroom. 'Daar stond het gebouw van de bank,' vertelt men mij. De opgravingen van het nieuwe Herculaneum zijn al begonnen.

Ook in Frankrijk laat het collectief geheugen te wensen over. De Puy-de-Dôme in Auvergne is een grote witte puist van 1465 meter hoog, die vijfhonderd meter oprijst boven het granietische Plateau des Dômes. Vandaar af heb je naar het oosten een schitterend uitzicht over de stad Clermont-Ferrand met zijn sombere basaltkathedraal, de veertig kilometer brede Limagneslenk, en het dal van de rivier de Allier, duizend meter lager dan de top van de berg. Als je naar het noorden en het zuiden kijkt, zie je dat de Puy-de-Dôme midden in

Graven naar de bank in de moddervlakte van Armero.

een lange rij van wel honderd vulkaankegeltjes ligt, gerangschikt langs een belangrijke breukzone. Eén ervan is van mij, die heet Puy Salomon. Elk jaar, als ik met mijn studenten op de top van de Puy-de-Dôme sta, knipoog ik even naar mijn naamgenoot. Gelukkig knipoogt hij niet terug.

De Puy-de-Dôme is een van de grote toeristische trekpleisters van Frankrijk. Rond 1900 was er zelfs een spoorlijntje naar de top; dat is er nu niet meer, maar wel is er een smalle asfaltweg die zich als een kurkentrekker twee keer rond de berg windt tot je bij de afzichtelijke parkeerplaats komt waar honderden auto's en bussen staan. Die weg was lang een favoriet onderdeel van de Tour de France: een vijf kilometer lange klim van 12 procent (nee, je mag er niet met de fiets op als je niet in de Tour zit). Bovenop, in de souvenirwinkel kun je didactische ansichtkaarten kopen met verschillende vulkaantypes erop, wandelstokken met koperen plaatjes met een vulkaan erop, zwavelbrokjes van hele andere vulkanen, fotoboeken, diaseries, vulkaanbier, vulkaanwijn, vulkaanwater en ga zo maar door. Het laatste is dat men zelfs een lift wil maken dwars door de berg die je in een oogwenk van de basis naar de top brengt. Het project heet: Vulcania. Frankrijk maakt zijn vulkanen te gelde.

En toch: tot rond 1750 wist de bevolking van Auvergne niet dat ze in een vulkanisch gebied woonde. Vulkanen als de Etna, de Vesuvius waren bekend, Nederlandse Oost-Indiëvaarders vertelden van de vulkanen in Nederlands-Indië, maar dat er in Frankrijk ook vulkanen waren wist niemand. Toen de arts, botanicus en mineraloog Jean-Étienne Guettard op 10 mei 1752 bij de Académie des Sciences aankondigde dat hij vulkanen had ontdekt in Auvergne, was de verbazing dan ook groot.

Het was eigenlijk een formidabele prestatie. Guettard had nog nooit van zijn leven een werkende vulkaan gezien. Maar hij was conservator van het museum van natuurlijke historie van de hertog van Orléans, en hij had gesteenten van de Vesuvius en van het eiland Réunion in zijn collectie. In de zomer van 1751 zag hij een fontein in de stad Moulins die gemaakt was van gesteente dat leek op de lava van de Vesuvius. Op zoek naar de herkomst ervan kwam hij terecht in de steengroeven van Volvic, en herkende er een lavastroom in. Volvic ligt precies op de breukrand die het grote vulkanische plateau van het Centraal Massief scheidt van de brede Limagneslenk, en is ook nu nog bekend om zijn basalt en zijn mineraalwater. De steengroeven werken nog steeds. Daarna klom hij op de Puy-de-Dôme, vergezeld van de apotheker Jean-François Ozy. Guettard was de eerste die met een vulkanisch oog naar al die prachtige kegeltjes en kratertjes keek die nu jaarlijks door honderdduizenden toeristen worden bezocht. Auvergne was vulkanisch geworden.

Achteraf vonden velen zijn ontdekking zo vanzelfsprekend dat men hem de eer niet gunde. Om te beginnen dezelfde apotheker Jean-François Ozy, die 27 jaar later (!) beweerde dat hij de vulkanen al een jaar vóór Guettard aan twee Britse geleerden had laten zien – terwijl uit de aantekeningen van Guettard blijkt dat toen zij samen op de Puy-de-Dôme stonden, Ozy zei dat hij die *matières* nooit eerder als vulkanisch had herkend. Ook de ambitieuze Barthélémy Faujas de Saint Fond trok de eer voor de ontdekking naar zich toe – terwijl hij toch zelf in 1775 door Guettard op het spoor werd gezet van de vulkanen in de Vivarais die hij in 1778 zou beschrijven. Nog later, in 1794 schamperde de grote geoloog Nicolas Desmarest dat het niet veel zaaks was, die ontdekking van Guettard, hij had de vulkanen niet eens nauwkeurig onderzocht zoals hijzelf had gedaan – maar wel pas tien jaar daarna.

Nu is het bijna niet meer voor te stellen dat men dat niet wist. Maar voordat Guettard hun de ogen openden was het niemand opgevallen. Hoe kwam dat? Dat de Etna een vulkaan is, is al meer dan drieduizend jaar geleden beschreven. Dat de Nevado del Ruiz een vulkaan was wist ook Fray Pedro Simón in 1595 al, en alle mensen die er woonden, alleen waren zij vergeten dat het een geváárlijke vulkaan is.

Maar dat de Fransen zelfs niet wísten dat ze in een vulkanisch gebied woonden is moeilijker voor te stellen. Het lijkt uit hun collectief geheugen gewist. Misschien moeten we ter verontschuldiging aanvoeren dat de laatste eruptie in Auvergne wel wat langer geleden heeft plaatsgevonden dan die van de Nevado del Ruiz: ruim 5600 jaar. Maar het moet wel een grote explosie geweest zijn waarmee in die tijd het kratermeer Lac Pavin ontstond, want het gat is nu nog 95 meter diep en de fijne asdeeltjes zijn vijftig kilometer noordwaarts en zuidwaarts teruggevonden. Was er toen niemand? Bestonden de Fransen nog niet? Jawel, want in archeologische vindplaatsen uit de Midden-Steentijd liggen de aslagen van het Lac Pavin pal boven op de stenen bijlen. In de steentijd hebben de mensen deze vulkanen dus wel degelijk in actie gezien. En in de paar duizend jaar daaraan voorafgaand was het een orgie van vulkanisch geweld. Bijna alle kegeltjes die je ziet, zijn ontstaan toen daar al mensen woonden. Zelfs die grote Puy-de-Dôme is niet ouder dan tienduizend jaar. Waarom zijn ze het dan vergeten?

En er zijn redenen om het te onthouden. Want het vulkanisch risico is nog niet geweken. Een vulkanisch gebied dat minder dan tienduizend jaar geleden erupties heeft vertoond wordt beschouwd als actief. En het vulkanisme is hier al 22 miljoen jaar aan de gang, zou het dan 5600 jaar geleden ineens opgehouden zijn? Dat is buitengewoon onwaarschijnlijk. Men houdt dan ook rekening met toekomstige erupties. Zo heeft men afgezien van het bouwen van een kerncentrale bij Limons in verband met het vulkanische risico. Nog onlangs zijn er studies gedaan om te kijken of het Lac Pavin niet net zo'n risico van dodelijke CO_2-uitstoot vormt als bij de ramp van het Nyosmeer in Kameroen op 21 augustus 1986 waarbij 1700 doden vielen. Maar tot Guettards ontdekking wisten ze van geen risico. En of het veilig is om een lift te bouwen in de kraterpijp van de Puy-de-Dôme?

Trouwens, wij in Nederland zijn geen haar beter dan de Fransen. In 1963 vond de Wageningse mineraloog Rob Crommelin puimsteenbrokjes in riviersediment in een boring bij de steenfabriek Malburgen in de Betuwe. Hij bekeek ze door de microscoop, en kon aan de hand van de typische mineralen aantonen dat het puimsteen afkomstig was van de grote eruptie van de Laacher See in Duitsland elfduizend jaar geleden. Het was de grootste eruptie in Noordwest-Europa in het recente verleden. De eruptie liet niet alleen een grote krater van meer dan twee kilometer doorsnee achter in de Eifel, maar stuurde ook een eruptiekolom de lucht in van veertig kilometer hoog. Stratosferische winden verwaaiden de aswolk tot in Zweden en Noord-Italië. Ook de Nederlandse hemel werd verduisterd door vulkanische aswolken. Grote brokken puimsteen vielen in de Rijn, dreven de ri-

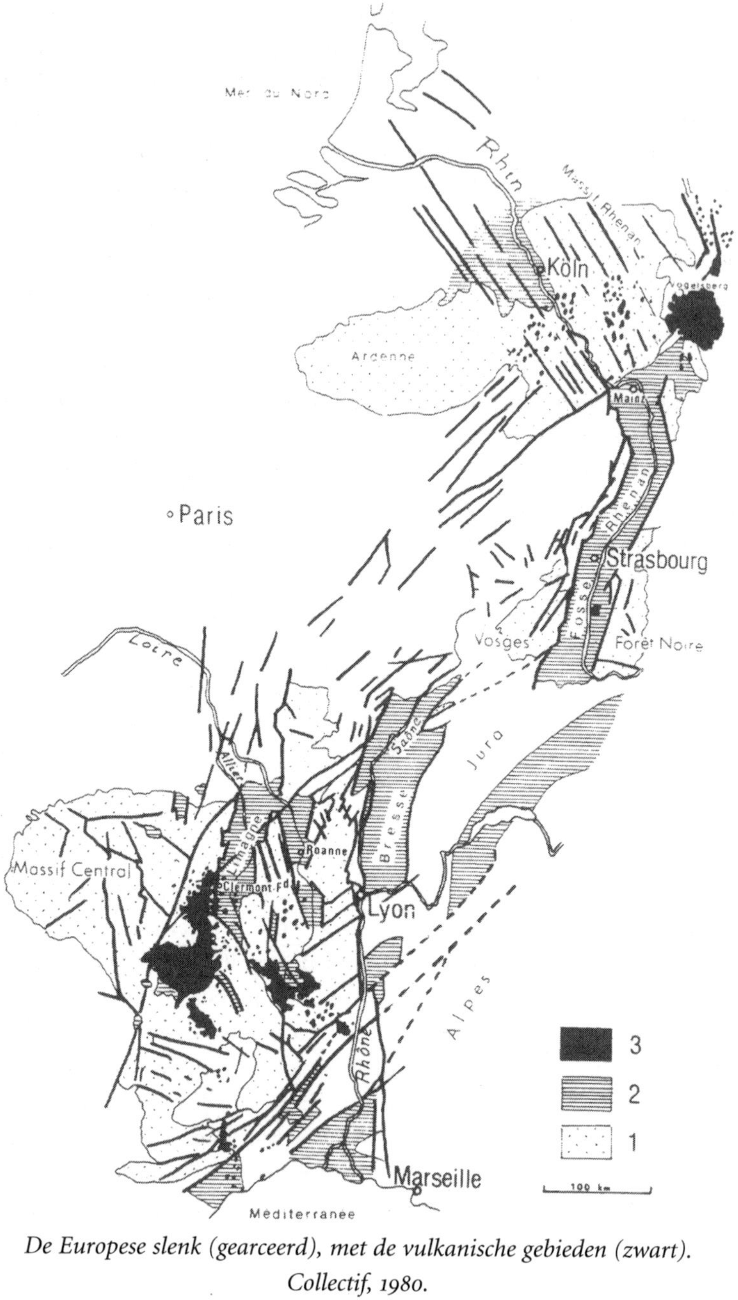

De Europese slenk (gearceerd), met de vulkanische gebieden (zwart). Collectif, 1980.

vier af, en werden afgezet in de Betuwe waar Crommelin ze vond. En in de Limburgse löss zitten heel dunne zwarte laagjes vulkanische as van een oudere uitbarsting in de Eifel 28 000 jaar geleden, de Eltviller tuf. Wij hebben dat alles van de geologen moeten horen, hoewel er al 250 000 jaar mensen in ons land wonen. Niets hebben ze ons verteld, die voorouders. Het is dat het de laatste achtduizend jaar stil is in de Eifel, anders hadden ze misschien wel beter opgelet. Want ook daar geldt: het vulkanisme is er al 40 miljoen jaar bezig, dus het is niet waarschijnlijk dat het nu uitgedoofd is. De krachten die leidden tot het vulkanisme zijn nog steeds aanwezig.

De vulkanen in het Centraal Massief en in de Eifel zijn van een ander type dan die van de Nevado del Ruiz. Zij maken deel uit van de Europese Slenk, een stelsel diepe breuken die dwars door Europa lopen, vanaf Cap d'Agde aan de Franse Middellandse-Zeekust, via de Rhôneslenk, de Bresse, de Bovenrijnse Laagvlakte en de Eifel tot aan de Drachenfels bij Bonn. In tegenstelling tot de Ring van Vuur zijn het rekbreuken, die steeds verder open gaan staan, zodat magma uit de aardmantel op kan stijgen. Ook de Peelrandbreuk die in 1992 de aardbeving veroorzaakte waarover wij in het vorig hoofdstuk spraken hoort daarbij.

Die rekbreuken zijn het gevolg van de botsing van Europa en Afrika. De Apulische plaat, die een groot deel van de Italiaanse laars omvat, is eigenlijk een vooruitgeschoven deel van Afrika, en duwt als een priemende vinger in de zachte onderbuik van het oude Europa. Op de kaart van Europa zie je dat goed. Italië splijt Europa zoals de boeg van een ijsbreker een dichtgevroren zee splijt.

De vulkanen langs deze breuken zijn geen grote imponerende stratovulkanen zoals die van de Ring van Vuur. Nee, het zijn maar kleine vulkaantjes, een paar honderd meter hoog, en elk kegeltje, elk kratermeer, elk vulkanisch bultje is maar één keer in zijn leven uitgebarsten. Zo'n uitbarsting kan een paar jaar duren, maar daarna blijft het stil. Als de aandrang in de ondergrond te groot wordt, zoekt het magma weer een nieuwe weg, en komt er ergens anders een nieuw vulkaantje. Je weet alleen niet waar. Hier is niet alleen het wanneer onzeker, maar ook het waar.

Het bekendste voorbeeld van zo'n vulkaan komt uit Mexico. Op een dag, om precies te zijn op 20 februari 1943, is boer Dionisio Pulido met zijn vrouw Paula stoppels aan het branden op hun maïsveld, dicht bij het dorp Parícutin. Ineens scheurt de akker meer dan twee meter open. Er stijgt een rookpluimpje uit de spleet, en binnen een paar uur ontstaat een klein vulkaantje. Na een etmaal is het al een forse askegel van vijftig meter hoog, die in de loop van de week nog aangroeit tot honderd meter. Elke dag komen er nieuwe lavafonteinen uit de krater, die als dikke klodders stollen in de lucht en als koeienvlaaien op de flank van de krater neervallen. Een lavastroom komt vanuit de basis van de kegel en stroomt het dorp San Juan Parangaricutiromicuaro binnen, tot alleen nog maar de kerk erboven uitsteekt. Na negen jaar is alles afgelopen. De kegel is 424 meter hoog geworden. Er is niemand bij omgekomen, alleen sterven drie mensen door blikseminslagen die door de eruptie zijn opgewekt. Een Stromboliaanse vulkaan is het, genoemd naar het Italiaanse eiland Stromboli ten noorden van Sicilië. Die pruttelt ook al tweeduizend jaar door zonder dat er zware klappen vallen. Niet erg gevaarlijk, er vallen zelden doden door.

Zo is het ook gegaan met al die mooie kegeltjes die je vanaf de Puy-de-Dôme kunt zien. De stad Clermont-Ferrand is het Armero van Auvergne: het ligt bij de uitgang van het steile dal van de Tiretaine, die ontspringt in de vulkaanketen van de Puy-de-Dôme. Achtentwintigduizend jaar geleden zijn er net zulke lavastromen door naar beneden gekomen als die van de Parícutin. Maar voor modderstromen hoeft de stad niet te vrezen. Het is een kalm soort vulkanisme, net als dat van de Etna. Slechts een enkele keer gaat het er wat heftiger toe, zoals het Lac Pavin en de Laacher See. Nu is het al zesduizend jaar stil in West-Europa. Niemand heeft aan de volgende generaties doorgegeven dat het er flink kan spoken. Als Guettard niets had gezegd, hadden we het misschien nooit geweten.

Er zijn mensen die een beter collectief geheugen hebben dan de Fransen, de Duitsers en de Nederlanders. Dat zijn de indianen rond Crater Lake, in het zuidelijk deel van de staat Oregon in de Verenigde Staten. Crater Lake is een groot kratermeer, een zogenaamde *caldera*, twaalf kilometer in doorsnede, dat ontstond bij een van de vier grootste erupties van de laatste tienduizend jaar. Die eruptie was zo heftig, dat het hele vulkaanlichaam van de Mount Mazama, in grootte vergelijkbaar met dat van de Nevado del Ruiz, in zijn totaliteit is weggezakt in de onderliggende uitgeblazen magmakamer. Er werd meer dan 50 miljoen kubieke kilometers as uitgeworpen, in de vorm van gloedwolken en door de lucht gevallen as. Die assen zijn een belangrijke gidshorizon in de diepzeeafzettingen van de Stille Oceaan. Aan de noord- en oostkant van Crater Lake zijn pal ónder de Mazama-aslagen werktuigen van obsidiaan en speren gevonden. Met koolstof-14 dateringen is vastgesteld dat die artefacten ongeveer zevenduizend jaar oud zijn. Ouder dan die in Frankrijk onder de aslagen van de Pavin zijn gevonden. Mensen hebben de eruptie dus gezien. Onder de as lagen zevenduizend jaar oude mocassins...

In 1865 ontmoet een jonge soldaat het oude opperhoofd van de Klamath-indianen Lalek, in de buurt van Crater Lake. Die vertelt hem het volgende verhaal. Lang geleden, toen de mensen nog in grotten woonden, zag Llao, het opperhoofd van de Onderwereld, vanaf de top van de berg Mazama een wonderschone vrouw, Loha. Hij vroeg haar met hem mee te komen naar de onderwereld, maar ze weigerde. Zelfs de belofte dat ze onsterfelijk zou worden, kon haar niet vermurwen. Haar volk wilde haar ook niet overhalen om Llao's aanbod aan te nemen. Llao werd boos en probeerde haar donderend te vernietigen met vuur. Skell, het opperhoofd van de Bovenwereld, daalde af uit de hemel op de berg Shasta om haar te hulp te komen. In de strijd die volgde gloeide de hemel, de opperhoofden gooiden gloeiende stenen naar elkaar, daarna werd het donker, de aarde trilde en vuur kwam uit de berg van Llao en stak het bos in brand. De stam van Loha moest vluchten naar het water van het Klamath-meer. Twee dappere medicijnmannen probeerden het gevaar te bezweren en wierpen zich in de gloeiende muil van Mazama, de berg van Llao. Skell deed de aarde toen zo hevig schudden, dat de berg op Llao stortte. Toen uiteindelijk de donkere aswolken neer waren gedaald en het licht was teruggekeerd, was de berg verdwenen, en in plaats daarvan was een enorm gat ontstaan. De vervloeking van het vuur was opgeheven, het gat vulde zich met regenwater, en zo ontstond Crater Lake.

Zevenduizend jaar! Het kan dus wel! De Klamath-indianen hebben dit verhaal van vader op zoon doorverteld, hún collectieve geheugen werkt kennelijk beter dan dat van de Fransen en de Nederlanders. Misschien hebben ze niet zoveel volksverhuizingen gehad zoals wij in Europa. En hun klap was natuurlijk wel wat groter dan die van Lac Pavin. Maar er zijn ook kwade tongen die beweren dat het verhaal minder oud is dan de eruptie: het lijkt ook wel erg op dat van Inanna in het Soemerische Gilgamesh-epos en op de Griekse legende van Persephone. Nog een menselijke maat.

6

De overtreffende trap

Non veggo che la grandezza e la piccolezza faccia i cerchi, i triangoli, i cilindri, i coni o qualunque altre figure solide, soggette ad altre passioni ed altre quelle.
Ik zie niet in waarom de eigenschappen van cirkels, driehoeken, cilinders, kegels en andere vaste vormen afhankelijk zouden zijn van hun grootte.

Galileo Galilei,
Le due nuove scienze

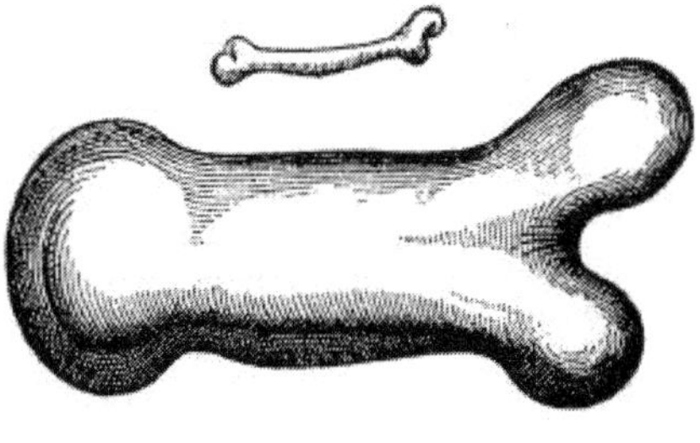

Wat zit er achter die escalatie van vulkanisch geweld? Hoe kan het dat sommige vulkanen elk jaar netjes een lavastroom produceren zoals de Etna, zonder dat er slachtoffers vallen, andere eens in de paar eeuwen een grote klap maken met catastrofale gevolgen zoals de Ruiz, en sommige zelfs maar eens in de paar duizend jaar een eruptie van ongekende omvang ontketenen, zoals Mount Mazama? Wat zijn de achterliggende mechanismen? Bestaat er ook een schaal van heftigheid van vulkanische erupties, zoals we die bij de aardbevingen hebben? Is ook hier sprake van een fractale verdeling?

Tetraëdrisch melkpak; in Iran bestaan ze nog.

Magma is gesmolten gesteentemateriaal waarin gassen opgelost zitten. Het zijn de gassen die voor de explosies zorgen, en de heftigheid van de eruptie hangt daarom ten nauwste samen met het gedrag en het volume van die gassen. Het is net als met een flesje bier. Als de kroonkurk er nog op zit, en je kijkt door het flesje heen zie je helemaal geen gas zitten. Het gas zit er wel, maar het zit opgelost in het bier. In het flesje heerst een zekere overdruk van enkele bars, die voorkomt dat het gas voortijdig uit de vloeistof ontsnapt. Als je het flesje voorzichtig openmaakt valt de overdruk weg en zie je belletjes koolzuurgas ontstaan: een heel kleine eruptie. Maar als je het flesje flink schudt voordat je het openmaakt, komt er ineens veel meer gas vrij en krijg je een heftige eruptie. Iets dergelijks gebeurt in magma dat opstijgt door de aardkorst: ook daarin zit het gas opgelost, en pas bij het naderen van het oppervlak ontmengt het gas en veroorzaakt een eruptie.

Structuur van kwarts.

Maar er bestaan verschillende soorten magma's. Sommige magma's zijn heel dun vloeibaar, zoals de gloeiende rivieren die je in rampenfilms als *Volcano* en *Dante's Peak* kunt zien. Gas dat in zulke dunne magma's opgelost zit, komt gemakkelijk naar buiten, en daarom zijn de erupties daarin niet erg heftig. Ook is er niet veel druk voor nodig om tot een eruptie te komen, en dus zijn de erupties frequent. De Etna en Stromboli zijn daar voorbeelden van, en ook de meeste vulkanen van de Chaîne des Puys en van de Eifel. Maar er zijn ook hele stroperige magma's, met een hoge viscositeit. Het gas dat daarin opgelost zit, moet vaak grote druk overwinnen voor het wordt vrijgelaten. Er is veel tijd voor nodig om die druk op te bouwen, en daardoor duurt het lang voor het tot een eruptie komt. Maar juist daardoor wordt het ook vaak een heel heftige eruptie.

Hoe komt het dat die magma's zich zo verschillend gedragen? Gesmolten gesteente bestaat voor het overgrote deel uit *silicaten*, chemische verbindingen van kiezelzuur. Silicaten zijn opgebouwd uit *te-*

traëders van silicium en zuurstof. Een tetraëder is een driezijdige piramide van vier gelijkzijdige driehoeken. Vroeger had je melkpakken van die vorm.

Je kunt je het magma voorstellen als een soort ballenbak waarin de ballen vervangen zijn door tetraëders. Ze tollen door elkaar heen zonder verband. De silicaat-tetraëders vormen ruwweg de helft van de ionen in het magma. Daarnaast bevat het magma kalium, natrium, calcium, magnesium, aluminium en ijzer, en kleine hoeveelheden van andere elementen. Als het magma afkoelt gaat het uitkristalliseren. De silicaat-tetraëders kunnen dan twee dingen doen: ze kunnen zich direct verbinden met een van de andere elementen, zoals magnesium: dan krijg je mooie olijfgroene kristallen van het mineraal olivijn, een magnesiumsilicaat. Als je het bij de juwelier koopt heet het peridot. Maar ze kunnen zich ook met de hoekpunten aan elkaar koppelen, in ringen, strengen of platen, en zelfs driedimensionale structuren, zoals in het mineraal kwarts.

Die koppeling begint al in het vloeibare magma voordat kristallen gevormd worden. Hoe meer silica het magma bevat, hoe sterker de tetraëders in het magma geneigd zijn aan elkaar te koppelen en lange strengen silicaat te maken. Dat is de voornaamste reden van de verschillen in viscositeit. *Basische* magma's met een laag kiezelzuurgehalte zijn niet zo stroperig: daar ontsnapt het gas makkelijk uit. Maar in *zure* magma's, met een hoog kiezelzuurgehalte, trekken de tetraëders elkaar zo sterk aan dat het gas een grote druk moet opbouwen voordat het naar buiten kan: dat geeft dus heftige erupties. *Intermediaire* magma's zitten daar tussenin.

Daarnaast spelen nog twee andere factoren mee. Basische magma's zijn veel heter dan zure magma's. Dat komt omdat het smeltpunt, of beter het kristallisatiepunt van de mineralen in basische magma's veel hoger ligt dan die in zure magma's. Basische magma's stollen al bij 1000° C, zure pas bij 700° C. Hoe hoger de temperatuur, hoe makkelijker vloeibaar eenzelfde substantie wordt, denk maar aan boter, kaarsvet, teer en glas. Het verband tussen het silicagehalte, de viscositeit en de temperatuur staat afgebeeld in bijgaande figuur. Je ziet dat een *lineaire* toename in silicagehalte van het magma een *logaritmische* toename van de viscositeit met zich meebrengt. Daar is hij weer! Eén procent meer silica, en het magma wordt tien keer zo stro-

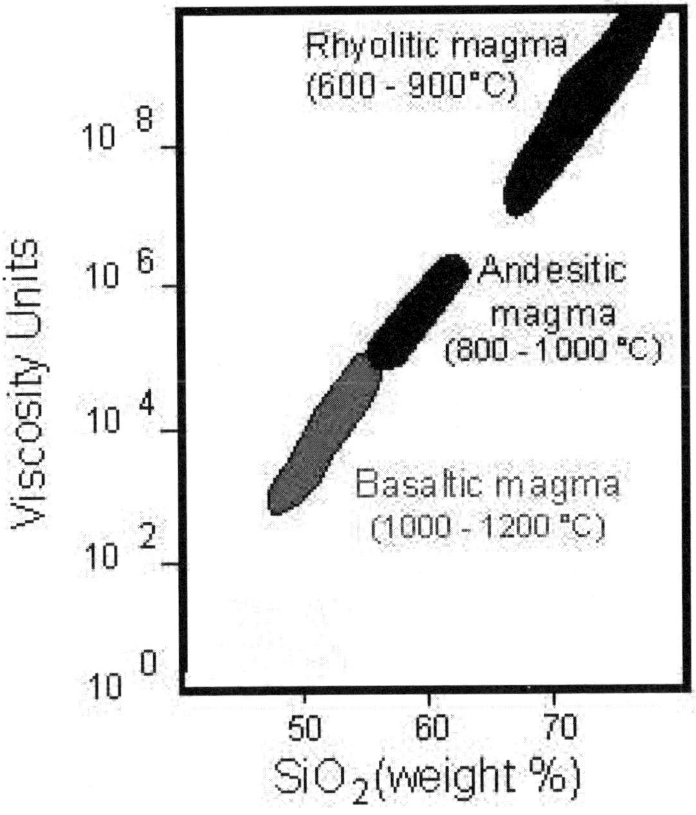

Viscositeit van magma (logaritmische schaal!) als functie van het silicagehalte. Naar Skinner en Porter, 1987.

perig! En dus ook een tienmaal zo sterke eruptie! Net zo'n schaal als die van Richter!

Zure magma's bevatten ook vaak veel meer gas dan basische magma's. Zo helpen viscositeit, temperatuur en gasgehalte allemaal mee om de kracht van een eruptie te bepalen.

Het soort magma in een vulkaan hangt nauw samen met de plaattektoniek. Basische magma's worden vooral gevormd in de spreidingszones, de plaatsen waar de platen uit elkaar schuiven en de aardkorst aan rek onderhevig is, zoals op IJsland en de Azoren. Daarbij horen ook de plaatsen op het *land* waar de aardkorst uiteenwijkt, zoals Auvergne, de Eifel, en de Oost-Afrikaanse slenk. Hier vinden we vooral *basalten.* Vulkanen in rekgebieden hebben dus in het algemeen frequente maar weinig heftige erupties, zoals de Etna. Soms treedt schifting op in een basische magmahaard diep in de aardkorst. Dan zinken de basische bestanddelen van het magma naar de bodem, en drijft er zuurder en visceuzer magma bovenin. Als het dan tot een eruptie komt, is die veel heftiger dan wanneer er geen schifting was opgetreden. Dat was het geval bij het Lac Pavin en de Laacher See.

Basische magma's ontstaan ook bij de zogenaamde *hotspots.* Hier stijgen diep uit de aardmantel honderden kilometers lange hete magmapluimen op, die zich niets aantrekken van de bovenliggende plaattektoniek en als met een brandglas een gat door een plaat branden waar het ze goeddunkt. Hawaii is daar het klassieke voorbeeld van. Hawaii is vanaf de zeebodem 9000 meter hoog, heeft een diameter van 250 kilometer, bedekt een oppervlak zo groot als Nederland en is daarmee de grootste vulkaan ter wereld. Hawaii produceert voor het overgrote deel snelstromende basaltrivieren, en bijna alle vulkanische rivieren in rampenfilms zijn hier opgenomen. Maar ook hier kan schifting optreden en zijn er meer explosieve erupties.

Intermediaire en zure magma's ontstaan vooral in subductiezones zoals de Ring van Vuur rond de Stille Oceaan. Daar wordt een lithosferische plaat zo diep de aarde in geduwd dat hij uiteindelijk gaat smelten. Het nieuw gevormde magma is lichter dan de omliggende aardmantel en korstgesteenten, en stijgt daardoor op naar het oppervlak, als een ballon in de zomerlucht.

Als de ondergeschoven korst onder een oceanische korst terechtkomt, zoals bij de Bovenwindse Eilanden van de Nederlandse Antillen, de Aleoeten, de Koerilen en dergelijke eilandbogen, is het magma meestal intermediair, en de bijbehorende gesteenten zijn *andesieten*, genoemd naar de Andes. Vulkanen hier hebben dan ook heftiger erupties dan de basaltvulkanen uit de rekzones. Een eruptiecyclus begint vaak met een grote aseruptie. Vulkanische as ontstaat met name omdat de gasdruk in het magma zo groot is dat het bij de eruptie in allemaal kleine deeltjes uiteenspat. Ook kan as ontstaan als het magma ondergronds in contact komt met grondwater. Pas later, als het eruptiekanaal is schoongeschraapt, wellen er lava's op: de stratovulkaan. De erupties van de Nevado del Ruiz zijn van dit type.

Als de ondergeschoven korst onder een continent terechtkomt, smelt er ook continentale korst mee. Dan krijg je het meest silicarijke magma dat men kent: *rhyolitisch* magma. Dat magma is zo viskeus, dat het duizenden tot tienduizenden jaren kan duren voor voldoende gasdruk is opgebouwd om tot een eruptie te komen. Maar die eruptie is dan ook zo verbijsterend dat die elke voorstelling tart.

Dat was het geval bij de eruptie van de Mount Mazama zevenduizend jaar geleden. De Mazama was eerst een gewone andesitische stratovulkaan, maar op een gegeven moment werd het magma zo viskeus dat het hele vulkaanlichaam werd opgeblazen. Er konden geen lavastromen meer ontstaan, want het hele magmareservoir spatte uiteen in kleine stukjes, en enorme volumes as werden uitgespuwd in de vorm van aswolken en asstromen. Iets dergelijks gebeurde bij andere grote erupties zoals die van de Krakatau in 1883, de Katmai in 1912 en de grootste eruptie in historische tijd, die van de Tambora in 1815.

Vandaar ook dat er groot alarm was toen de Franse vulkanoloog Pierre Schiano en anderen rapporteerden dat het magma van de Etna de laatste jaren zuurder was geworden, meer lijkend op dat van subductiezones: dat zou betekenen dat er in de toekomst grotere, gewelddadiger erupties zouden kunnen komen. Velen zijn het overigens niet eens met de conclusies van Schiano.

Kunnen we nu ook een rangorde van heftigheid opstellen zoals we dat bij aardbevingen hebben gedaan? Helaas is dat minder eenvoudig: er bestaat nu eenmaal niet zoiets als een vulkanische seismograaf die direct de energie van een eruptie zou kunnen meten. In plaats daarvan gebruikt men de Volcanic Explosivity Index (VEI) met een schaal die oploopt van 0 tot 8. Die is vooral gebaseerd op het volume uitgeworpen materiaal en de hoogte van de eruptiekolom.

Het volume uitgeworpen materiaal vertoont een min of meer logaritmische toename van minder dan tienduizend kubieke meter

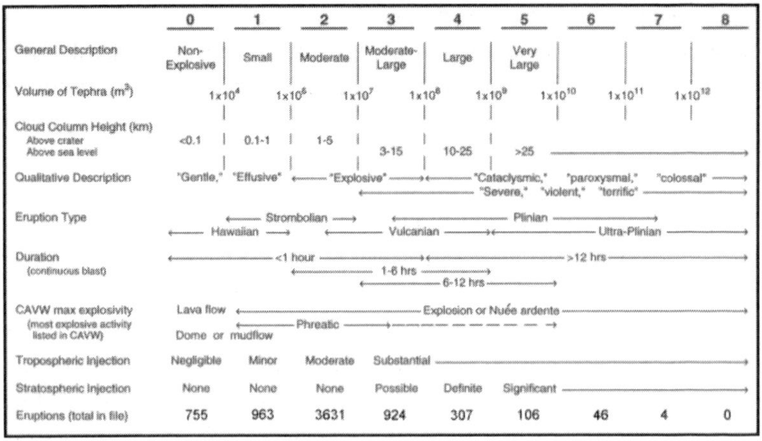

Karakteristieken van erupties van verschillende Volcanic Explosivity Index, en aantal gedocumenteerde erupties per VEI in de laatste tienduizend jaar (totaal 6736). Simkin et al, 1981.

(VEI=0) tot meer dan een biljoen kubieke meter (VEI=8). Op zichzelf zijn dit al huiveringwekkende getallen. De grotere erupties kunnen tientallen tot honderden kubieke *kilometers* materiaal uitwerpen. Honderd kubieke kilometer! Probeer je dat eens voor te stellen! Dat is evenveel als de hoeveelheid water die de Rijn gedurende vijf jaar bij Lobith ons land binnenvoert.

Er zijn een paar restricties aan het gebruik van de hoeveelheid uitgestoten materiaal als indicator van de VEI. In de eerste plaats kunnen basaltische vulkanen grote hoeveelheden lava uitstoten zonder dat er sprake is van explosief gedrag. In 1743 vloeide er 12,3 kubieke kilometer basaltische lava uit de Laki-spleet op IJsland, en op grond van de criteria zou die eruptie een VEI van 5 moeten hebben. Dat is niet de bedoeling van de classificatie. Daarom beperkt men de classificatie tot het volume uitgeworpen *tefra*, een verzamelnaam voor alle losse vulkanische producten zoals vulkanische as en vulkanische bommen, die vooral ontstaan bij explosies. De Laki-spleet krijgt een VEI van 0. Maar het volume tefra is weer bijzonder lastig te bepalen, omdat heel dunne laagjes as over heel grote oppervlakken verspreid kunnen zijn, en de dikte van de aslagen van plaats tot plaats enorm kan verschillen. Sommige aslagen kunnen door de wind heel sterk naar één kant zijn verspreid, andere aswolken worden niet de lucht in gestoten maar vullen als gloedwolken de dalen rond de vulkaan op. Ook dat geeft heel onregelmatige dikten. Er is dus veel geduldig karteerwerk voor nodig om het geërupteerd volume te bepalen. Bovendien is veel as van grote erupties zoals de Krakatau, de Tambora, en de Santorini in zee terechtgekomen, en daarom nog moeilijker te traceren. Brokken puimsteen van de Krakatau zijn drijvend over de oceanen over de hele wereld verspreid geraakt. Reken dan maar eens uit hoeveel dat was.

De hoogte van de eruptiekolom is nog moeilijker te bepalen. Erupties vinden niet altijd netjes plaats op een mooie lentemorgen met camera's op alle omliggende toppen, zoals het geval was bij de Mount Saint Helens in de Verenigde Staten op 18 mei 1980. Een enkele keer wordt de hoogte van een eruptiekolom onvrijwillig gemeten, zoals Manuel Cervera, de piloot van een vliegtuig van Aerolineas del Caribe overkwam. Tijdens een nachtelijke vrachtvlucht van Miami naar Bogotá over de Colombiaanse Andes in 1985 begon het vliegtuig op 26 000 voet hoogte plotseling onstuimig te stijgen, en het stonk verschrikkelijk naar zwavel in de cabine. Hij was dwars door de eruptiekolom van de Nevado del Ruiz heen gevlogen. Toen hij er doorheen was, waren de ruitjes van de cockpit zó geëtst door de scherpe vulkanische glasdeeltjes dat ze totaal ondoorzichtig waren geworden. Hij week uit naar het vliegveld van Cali en kon alleen maar landen door zijn hoofd uit het raam te steken – 'iets wat ik geen enkele piloot kan aanraden,' zei hij in een interview.

Met behulp van satellietwaarnemingen komen er langzamerhand meer gegevens beschikbaar, maar voor de meeste erupties kan men alleen maar proberen de eruptiekolom te reconstrueren op grond van de verspreiding van asdeeltjes rond de vulkaan en met behulp van stromingsmodellen van aswolken in vulkaanpijpen en in de atmosfeer.

Toch is de hoogte van de eruptiekolom een heel belangrijk gegeven. Zolang de eruptiekolom klein is, blijft het effect van de asdeeltjes beperkt tot de troposfeer, de onderste tien kilometer van de atmosfeer. Dat is het geval met de meeste erupties met een VEI van 0 tot 3. Maar komt de eruptiekolom in de daarboven liggende laag, de stratosfeer, dan wordt de aswolk door de sterke luchtstromingen over de hele wereld verspreid, en kan het klimaat worden beïnvloed.

Dat gebeurt bij veel erupties met een VEI van 4 of meer. De grens tussen de troposfeer en stratosfeer op tien tot twaalf kilometer hoogte is iedereen welbekend: dat is de hoogte waarop de meeste straalvliegtuigen vliegen. Blijft de aswolk onder je vliegtuig, dan is er niets aan de hand, maar komt hij er bovenuit, haal dan je trui maar uit de kast.

Ook de relatie tussen de eruptiekolom en de VEI is niet rechtstreeks: sommige grote erupties vertonen vooral zijwaartse explosies, en produceren gloedwolken die de hellingen afrazen in plaats van een hoge eruptiekolom. Dat is bijvoorbeeld gebeurd bij de grote eruptie van de Montagne Pelée op het Franse Antilleneiland Martinique in 1902, waarbij dertigduizend mensen omkwamen, de meest dodelijke eruptie van de twintigste eeuw. Waarschijnlijk was een prop in de krater daarvan de oorzaak. Hieronder volgen een aantal karakteristieke erupties van de laatste tienduizend jaar met hun VEI-index, het geërupteerde volume en het percentage van alle erupties van die VEI dat fatale slachtoffers heeft geëist.

VEI	Eruptie	Land	Tefra-volume	% fataal
0	Masaya 1570	Nicaragua	Alleen lava	
1	Poás 1991	Costa Rica	>0,0001 km^3	1%
2	Ruapehu 1971	Nieuw-Zeeland	>0,001 km^3	2%
3	Nevado del Ruíz 1985	Colombia	>0,01 km^3	12%
4	Mt. Pelée 1902	Martinique	>0,1 km^3	31%
5	Mt St Helens 1980	VS	>1 km^3	38%
6	Krakatau 1883	Indonesië	>10 km^3	60%
7	Tambora 1815	Indonesië	>100 km^3	

www.volcano.si.edu.

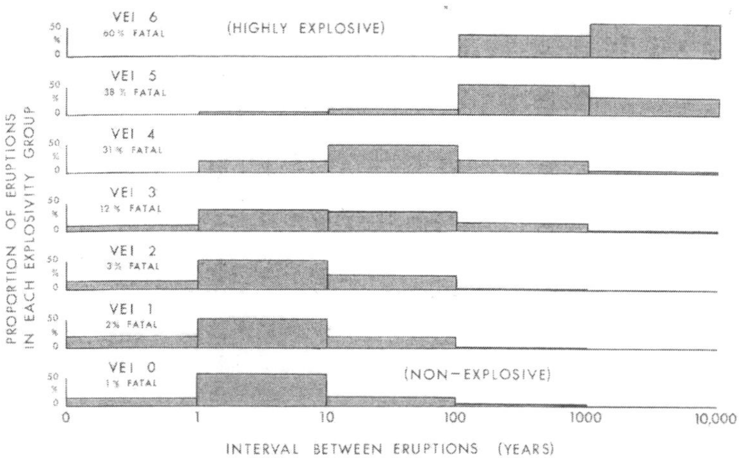

Tijdsintervallen tussen erupties en Volcanic Explosivity Index. Simkin et al., 1981.

We hebben al gezien dat naarmate het magma meer silica bevat en dus viskeuzer is, er een steeds grotere gasdruk voor nodig is om tot een eruptie te komen. Het opbouwen van die gasdruk kost tijd. Hoe zuurder het magma, des te heftiger de erupties maar ook des te zeldzamer. Hoe hoger de VEI, hoe langer het duurt tot de volgende eruptie. Ook het tijdsinterval tussen twee erupties vertoont ruwweg een logaritmisch verband met de VEI. Dat blijkt in de eerste plaats uit de aantallen erupties die zijn gesignaleerd in het gegevensbestand van het Smithsonian Institute. Van de 6736 erupties in de laatste tienduizend jaar die daar geregistreerd zijn, zijn er 5349 van VEI 0 tot 2, 924 van VEI 3, 307 van VEI 4, 106 van VEI 5, 46 van VEI 6 en 4 van VEI 7. Deze cijfers zijn natuurlijk erg onzeker want van veel erupties uit het verleden is weinig bekend, en hun volumes en eruptiekolommen zijn gereconstrueerd op basis van gebrekkige gegevens. Erupties waar men helemaal niets over kon zeggen, hebben allemaal een VEI 2 gekregen, en het beeld kan dus sterk vertekend zijn.

Het Smithsonian Institute heeft ook berekend hoe groot het tijdsinterval is tussen opeenvolgende erupties van elke VEI. Daaruit volgt dat erupties tot en met een VEI van 3 gemiddeld eens in de 1-10 jaar voorkomen, erupties met een VEI van 4 eens in de 10-100 jaar, erup-

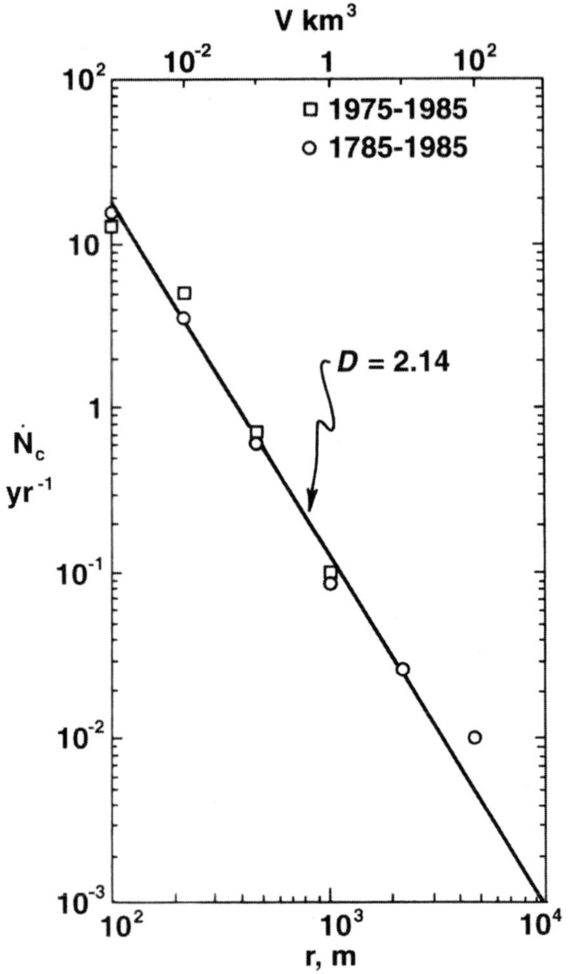

Frequentie-magnitudediagram (Verticale as: eruptiefrequentie; Horizontale as: geërupteerd volume tefra) voor erupties van 1785-1985 en voor de periode 1975-1985. Ook hier: hoe groter de hoeveelheid uitgeworpen materiaal, des te zeldzamer zijn de erupties. Turcotte, 1997, naar McClelland et al., 1989.

ties met een VEI van 5 eens in de 100-1000 jaar, en die met een VEI van 6 eens in de 1000-10 000 jaar. Dat zijn net zulke frequentie-magnituderelaties als we al in het vorige hoofdstuk hebben leren kennen, en je kunt ze ook op eenzelfde manier als bij aardbevingen in een grafiek uitzetten.

We kennen ongeveer zo'n 1300 tot 1500 actieve vulkanen, dat wil zeggen vulkanen die in het Holoceen, in de laatste tienduizend jaar een eruptie hebben gehad. Op dit moment zijn zo'n twintig vulkanen actief; zestig vulkanen hebben elk jaar een uitbarsting gehad in de jaren negentig, er waren in totaal 154 erupties tussen 1990 en 1999, en er zijn er 550 die een eruptie hebben gehad in historische tijd. Dit betreft alleen vulkanen op het land. Op de zeebodem, en met name in de spreidingszones op de midoceanische ruggen zijn misschien wel een miljoen vulkanen, volgens de gegevens van het Smithsonian Institute. Het merendeel daarvan is echter basaltisch en vertoont weinig of geen explosieve activiteit.

Welke vulkanische rampen staan ons in de komende tienduizend jaar nog te wachten? Wie graag in apocalyptische verhalen gelooft zal zwelgen in genot als hij de curve ziet die Simkin en collega's in 1981 beschreven.

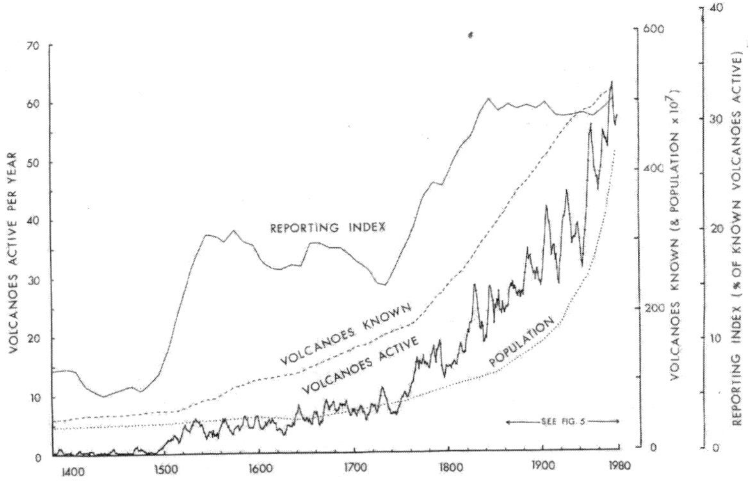

Reporting index van vulkanische erupties. Simkin et al., 1981.

Hij lijkt precies op de dramatische hockeystickcurve van de opwarming van het klimaat, die we later zullen leren kennen. Uit de curve van Simkin blijkt dat het aantal bekende actieve vulkanen in de laatste zeshonderd jaar dramatisch is toegenomen. Maar de crux zit hem natuurlijk in het woordje 'bekend'. De curve wil niet zeggen dat er sindsdien veel meer vulkanische erupties zijn opgetreden, hij geeft alleen aan dat er steeds meer vulkanen in de literatuur werden beschréven. Dat heeft te maken met de groei van de bevolking, de toegenomen reislust en ontdekkingsdrift van onze voorvaderen, de steeds verbeterende mogelijkheden tot communicatie, betere scholing, en ook de steeds groeiende interesse van de mensen voor natuurverschijnselen. Rond het begin van de jaartelling waren de namen van maar negen actieve vulkanen in het Middellandse-Zeegebied beschreven en verder alleen Mount Cameroon in West-Afrika. In de tien volgende eeuwen kwamen daar maar zeventien namen bij, waarvan veertien in Japan. De eerste historische erupties in Indonesië vonden plaats in 1000 en 1006. Kort daarop raakte IJsland bewoond en kwamen er nog negen bij. Rond 1380 stonden er achtenveertig vulkanen op de lijst. Vanaf dat moment begint de hockeystickcurve van Simkin flink omhoog te gaan. Ook het aantal bekende erupties is nog sterk gestegen, zowel recente als nieuw ontdekte in de geologische geschiedenis. In de eerste editie uit 1981 van het boek van Simkin zijn 4815 erupties opgenomen, in de tweede editie waren het er 5337, en in de internetversie in 2004 zijn het er al 6736.

Hoe voorzichtig je moet zijn met die curves blijkt wel uit het feit dat er in de groeicurves twee dalen zitten. Die vallen precies samen met de twee wereldoorlogen; de mensen hadden toen wel iets anders aan hun hoofd dan het beschrijven van erupties. En toch worden in sommige klimaatstudies deze dalen nog geïnterpreteerd als een natuurverschijnsel. Ook is te zien dat er na een grote eruptie ook méér erupties worden gerapporteerd, omdat de mensen dan extra alert zijn geworden op vulkanen. Als je de gegevens voor de laatste veertig jaar, sinds het Global Volcanism Programme van het Smithsonian Institute van start ging, op een rijtje zet, dan zie je dat er gemiddeld vijftig tot zeventig erupties per jaar zijn, zonder grote fluctuaties.

Er zijn ook andere manieren om dat aan te tonen. Sinds een kleine twintig jaar kunnen grote stratosferische erupties ook worden aan-

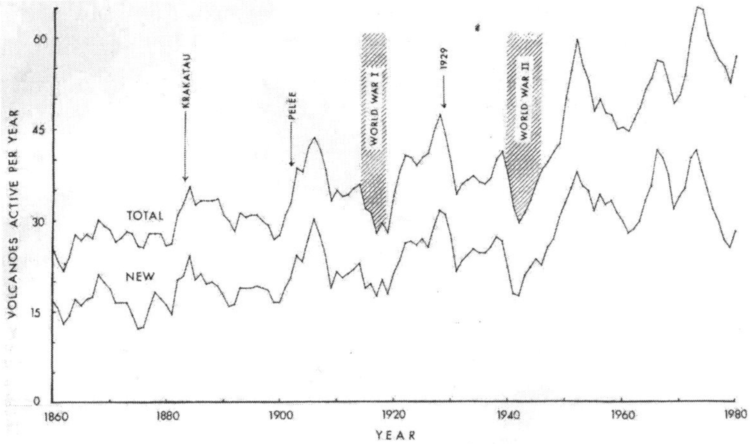

Schijnbare toename van het aantal erupties sinds 1860 en schijnbare daling in de twee wereldoorlogen. Bovenste curve: driejarig voortschrijdend gemiddelde, onder: zonder de vulkanen die het voorafgaande jaar al in eruptie waren. Simkin et al., 1981.

getoond in boringen in ijskappen van Groenland en Antarctica. Het zijn niet zozeer de asdeeltjes die neerdwarrelen op het ijs. Een eruptiekolom die de stratosfeer wordt ingestuurd, bevat doorgaans grote hoeveelheden zwaveldioxide. Dat verbindt zich met het atmosferische water tot kleine druppeltjes zwavelzuur. Die komen met de neerslag terecht op de ijskappen, en kunnen worden gedetecteerd doordat het ijs daar een veel hoger geleidingsvermogen heeft. Ook de concentratie sulfaationen kan worden gemeten. Een concentratie van meer dan 24 ppb (delen per miljard) sulfaat in het ijs wijst doorgaans op een vulkanische eruptie.

Zo hebben de Amerikaanse vulkanoloog Gary Zielinski en zijn collega's in de Groenlandse ijskernen van de laatste duizend jaar de sporen van drieënveertig erupties met een gereconstrueerde VEI van 3-7 teruggevonden, waarvan zeven in de klasse 6-7. De registratie kan twee jaar achterlopen als de vulkaan ver van Groenland af lag, vooral bij erupties in equatoriale gebieden. En erupties in de zomer komen trager aan op de ijskap dan in de winter, want in de zomer is er minder menging tussen equatoriale en polaire luchtmassa's. De sporen van de grote erupties met een VEI van 6-7 van de Tambora (1815), de Krakatau (1883) en de Katmai (1912) zijn alle drie teruggevonden. Ook zijn er grote erupties zoals die van 580 AD, waarvan we nog niet weten welke vulkaan erbij hoort. In een diepere ijsboring op Groenland, de GRIP-kern, die de laatste 110 000 jaar beslaat, vonden Zielinski en zijn team ruim duizend erupties geregistreerd, met een gemiddelde van negen erupties van VEI 6 of hoger per duizend jaar. Het gemiddelde van tien per millennium dat Simkin uit de historische registratie vond blijft dus redelijk constant, al zijn er grote fluctuaties rond dat gemiddelde.

Ook hebben de gegevens uit de ijskappen de theorie ontzenuwd dat de eruptie van Santorini de oorzaak is van het verdwijnen van de Minoïsche beschaving: die eruptie, met een VEI van 6, vond minstens honderdvijftig jaar eerder plaats, rond 1650 BC. Een aardbeving is een waarschijnlijker oorzaak. Van alle erupties die in de laatste tweeduizend jaar in ijskappen staan geregistreerd kan 83 procent gekoppeld worden aan historisch bekende erupties. Dat bewijst dat het gegevensbestand van het Smithsonian Institute aardig compleet aan het raken is. Het is het collectieve vulkanische geheugen van de mensheid geworden.

Dus: *business as usual*, voor het jaar 10 000? Gewoon zoals nu? Enkele tienduizenden slachtoffers per eeuw? Evenveel als er in Europa verkeersslachtoffers in een jaar vallen? Zo eenvoudig is het niet. Er zijn drie factoren die roet in het eten gooien. In de eerste plaats de bevolkingsgroei. We zagen al bij de Nevado del Ruiz dat het aantal slachtoffers van de eruptie van 1985 twintigmaal zo groot was als bij een gelijksoortige eruptie in 1845. Dat komt omdat de mensen kennelijk het vulkanische risico voor lief nemen in deze gebieden. Dat is ook duidelijk te zien aan de bevolkingsdichtheidskaarten van Zuid-Amerika, Afrika en Zuidoost-Azië. De grootste bevolkingsconcentraties zijn steeds daar te vinden waar vulkanische as de bodem vruchtbaar maakt: de noordelijke Andes in Zuid-Amerika is dichtbevolkt, maar niet het Amazonegebied waar het klimaat even vochtig is, Java en Sumatra in Zuidoost-Azië maar niet Borneo, het Grote Merengebied in Oost-Afrika maar niet het Kongolese regenwoud. Het is niet alleen een kwestie van gebrek aan collectief geheugen, maar een moedwillige (en in vele gevallen ook noodgedwongen) keuze voor het kortetermijngewin dat de vulkanen bieden, namelijk een hoge voedselopbrengst, waarbij men het langetermijnrisico van dezelfde vulkanen maar op de koop toe neemt. Het aantal slachtoffers van toekomstige erupties zal waarschijnlijk toenemen, zolang de bevolking in vulkanische gebieden blijft groeien.

In dat opzicht is de Vesuvius misschien wel de gevaarlijkste vulkaan in de wereld, volgens de Italiaanse vulkanoloog Franco Barberi. Wist ik veel, toen ik als negentienjarige student enthousiast stenen verzamelde op de hellingen van die berg? Ik heb ze nog steeds: grote roodbruine brokken gesteente vol met blaasjes op de plaats waar de expanderende gasbelletjes hebben gezeten, en met zwarte pyroxeenkristallen erin. Maar zelfs al had ik het wel geweten, ik zou het er niet om gelaten hebben. Denk ik.

Vier miljoen mensen wonen er rondom de Vesuvius. De normale staat van de vulkaan is die met een open kraterpijp en een rookpluim; dan heeft hij regelmatig kleine erupties met een VEI van 3. Maar sinds 1944 is de rookpluim verdwenen, de kraterpijp zit dicht, en daaronder bouwt de druk zich op tot veel grotere waarden dan daarvoor. Er kan nu een eruptie komen met een VEI van 4, zoals in 472 AD en 1631, maar zelfs wel een met een VEI van 5, als die van 79 AD, die beroemd geworden is door de beschrijving van Plinius en de vernietiging van Pompeji en Herculaneum. En de Campi Flegrei bij Napels en het Lago di Bolsena ten noorden van Rome zijn kilometers grote kraters van gigantische erupties in een verder verleden, net als de Mazama. Dat kan ook bij de Vesuvius gebeuren.

Voor het eerst in de geschiedenis wordt daarom geprobeerd alvast de bevolking uit het gebied van de Vesuvius te evacueren. Nieuwe huizen mogen niet meer gebouwd worden, mensen krijgen subsidie om hun huis te verkopen, of om te zetten in een *bed-and-breakfast* voor de toeristen. Er zijn rampenplannen voor de meest bedreigde zones: elk dorp in de omgeving van de Vesuvius heeft een tweelingstad ergens in Italië waar de bewoners naar toe moeten gaan bij een uitbarsting. In zeven dagen moet de hele bevolking van de meest bedreigde rode zone, een half miljoen mensen, kunnen worden geëvacueerd.

De tweede reden waarom het aantal slachtoffers in de toekomst moeilijk te voorspellen is, is dat er geen lineair verband bestaat tussen de Volcanic Explosivity Index en het aantal slachtoffers. De meest dodelijke erupties van de twintigste eeuw, die van de Montagne Pelée in 1902 (VEI 4, 30 000 slachtoffers) en die van de Nevado del Ruiz (VEI 3, 25 000) waren betrekkelijk klein. Het waren de bijkomende effecten, zoals de gloedwolk in het eerste geval en de modderstroom in het tweede, die maakten dat de mensheid zich deze rampen zal blijven herinneren. Bij de Krakatau was het de bijkomende vloedgolf (tsunami) die 34 000 mensen het leven kostte, en bij de Tambora in 1815 de hongersnood door het klimaateffect in de gematigde streken. We proberen alert te zijn op naderende rampen door nieuwe waarnemingssystemen. Warmtedetectoren langs de rivierdalen moeten vroegtijdig waarschuwen voor modderstromen, satellieten meten met radarinterferometrie het opzwellen van vulkanen voor ze tot uitbarsting komen, en met andere sensoren de chemische samenstelling van de rookpluim die een naderende eruptie aankondigt. Maar over de preventie van rampen gaat dit boek niet.

De derde factor die voorspellingen over vulkanische risico's de komende tienduizend jaar onzeker maakt, is ongrijpbaarder. Wie goed naar de VEI-tabel heeft gekeken heeft gezien dat de maximale VEI 8 bedraagt. In het gegevensbestand van het Smithsonian Institute is er geen enkele eruptie van deze magnitude opgenomen. Zulke erupties zijn zó zeldzaam, dat ze in historische tijd, en zelfs in de laatste tienduizend jaar niet zijn voorgekomen. Maar dat wil niet zeggen dat ze niet bestaan!

Midden in Noord-Sumatra ligt het enorme Tobameer, honderd bij dertig kilometer, en tot vierhonderd meter diep. Er ligt een groot schelpvormig eiland in, Samosir, als een gigantische omgeslagen boot, zegt Rudy Kousbroek in zijn Indische jeugdherinneringen *Terug naar Negri Pan Erkoms.* Het is geen echt kratermeer, daarvoor is het te groot en te onregelmatig van vorm. Maar dat het de bron is van een vulkanische eruptie is al heel lang bekend. De Nederlandse vulkanoloog Van Bemmelen noemde het in 1939 een vulkanotektonische depressie. Als je het op de kaart ziet zou je het ook het open rugje van Sumatra kunnen noemen. Over de ouderdom van die erup-

Het Tobameer, open rugje van Noord-Sumatra
www.sprut.de

tie is men het tegenwoordig wel eens: zo'n 71 000 tot 75 000 jaar geleden. Een derde punt van overeenstemming is de hoeveelheid uitgeworpen tefra: rond 2800 kubieke kilometer materiaal (uitgedrukt als vast gesteente zonder bellen erin). Dikke gloedwolken bedekten een oppervlak van 20 000 tot 30 000 vierkante kilometer in Noord-Sumatra, zo groot als het hele vasteland van Nederland, met een gemiddeld vijftig meter dikke laag as! 2800 kubieke kilometer! En de grootste eruptie in historische tijd was die van de Tambora, met minder dan honderd kubieke kilometer! De vorm van het meer en de aard van de as suggereren dat zich een enorme magmakamer in een tijdsbestek van negen tot veertien dagen in één klap heeft geleegd, en een eruptiekolom van meer dan dertig kilometer hoog heeft veroorzaakt. Het eiland Samosir is alles wat er rest van het ingestorte dak. Alsof alle natuurkrachten zich bij voorkeur op Noord-Sumatra concentreren.

Ook wetenschappers hebben moeite objectief te blijven bij zulke onvoorstelbare rampen. Aan de ene kant staat de groep van de Amerikaanse vulkanologen Mike Rampino, Steven Self en de antropoloog Stanley Ambrose, die de omvang van de catastrofe zo ver mogelijk willen opblazen. Aan de andere kant staan de wat nuchterder lieden zoals hun collega Clive Oppenheimer, die zegt: 'kom, het valt allemaal wel mee'. De controverse heeft veel weg van die over *global warming*.

Rampino en Self zeggen dat de eruptie zóveel aërosolen, druppeltjes zwavelzuur, in de atmosfeer bracht dat er gedurende zes jaar een vulkanische winter intrad, die gevolgd werd door een duizend jaar lange koude periode, met gemiddelde jaartemperaturen van drie tot vijf graden lager op het noordelijk halfrond, en in het hoge noorden van Canada zelfs zomertemperaturen van twaalf graden lager. En dat net in een tijd dat het aardse klimaat toch al op weg was naar een nieuwe ijstijd, gestuurd door de al even onverbiddelijke Milanković-cycliciteit. De eruptie zou de intree van de ijstijd in een stroomversnelling hebben gebracht.

De Amerikaanse antropoloog Stanley H. Ambrose van de Universiteit van Illinois haakte daarop in: hij beweerde in 1993 dat die vulkanische winter zo catastrofaal was dat de meeste voorlopers van de moderne mens eraan ten onder gingen. Neanderthalers woonden in Eurazië en de Levant, de *Homo heidelbergensis* in China, *Homo erectus* in Zuidoost-Azië en *Homo sapiens*, de moderne mens, in Afrika. Alleen die laatsten hadden in de regenwouden voldoende mogelijkheden om de vulkanische winter te overleven. Genetici hadden al opgemerkt dat rond die tijd de menselijke genenpool door een soort bottleneck was gegaan. De genetische diversiteit van de moderne mens zou pas ongeveer 70 000 jaar oud zijn, daarvoor lijken ze bijna allemaal van dezelfde voorouders af te stammen.

De BBC vond het een sappig verhaal en liet Ambrose uitgebreid aan het woord in haar serie over menselijke evolutie. 'Het duurde lang, het was onverbiddelijk koud. En het was niet alleen de kou, maar een temperatuurverandering van deze omvang zou vrijwel zeker ook een verschrikkelijke droogte met zich meebrengen. Meren droogden op, de aarde werd zand. Elk jaar was droger dan het vorige. Dat leidde ook tot veranderingen in de sociale structuur van de overlevers in

Afrika: ze waren meer op elkaar aangewezen door het ruige klimaat en moesten meer samenwerken,' zei Ambrose voor het miljoenenpubliek. Heerlijke speculaties, niemand kan het bewijzen. 'Ja, kijk maar', zegt hij, 'hun stenen werktuigen begonnen toen ook te veranderen, ze moesten het allemaal efficiënter doen.' Nog niet direct een bewijs, zou ik zeggen.

Ondertussen is die vulkanische winter allesbehalve zeker, meent Clive Oppenheimer. Sinds Rampino, Self en Ambrose hun theorieën lanceerden zijn er veel meer gegevens beschikbaar gekomen. De vulkanoloog Gary Zielinski heeft ook de sporen van de Toba-eruptie teruggevonden in de Groenlandse ijskap. Het ijs bevat daar vijf keer zoveel sulfaat als dat van de grootste historische eruptie van de Tambora in 1815, rond 2000 ppb (delen per miljard), terwijl de hoeveelheid asdeeltjes van de Toba wel vijfendertig keer zo groot is als die van de Tambora. Dat zou een temperatuurverlaging van hooguit één graad geven, zegt Oppenheimer. De koudeperiode na de eruptie was ook niet speciaal kouder dan andere eerdere en latere koudestadialen. De regionale gevolgen van zo'n eruptie zijn volgens hem veel groter dan de mondiale klimaateffecten.

En dat van die bottlenecks is ook maar betrekkelijk: ook de genenpool van zeeolifanten, fruitvliegjes, ansjovis, speldwormen, koala's en sommige mensapen zijn door een bottleneck gegaan, maar allemaal op verschillende tijden. Als er sprake was van een *volcanic winter* zouden ze allemaal tegelijkertijd een klap gekregen moeten hebben. Alleen een chimpanseesoort doet mee met de mens. De onder genetici meest geaccepteerde ouderdom van die bottleneck is bovendien een stuk hoger: rond 200 000 jaar geleden, en dan nog met een grote onzekerheidsmarge.

Zoals dat gaat geven Rampino en Ambrose niet op, zó gauw laat je je een spectaculair verhaal niet afnemen. De discussie zal nog wel even voortduren.

De eruptie van het Tobameer is zó onwaarschijnlijk veel groter dan alles wat we in historische tijd hebben meegemaakt, dat we ons er eigenlijk geen voorstelling van kunnen maken. Het betekent dat alles wat we tot nu toe hebben gezien in het niet valt met wat ons te wachten zou kúnnen staan in de toekomst. Alleen, ook deze eruptie houdt zich aan de regels van de frequentie-magnituderelaties die we al eer-

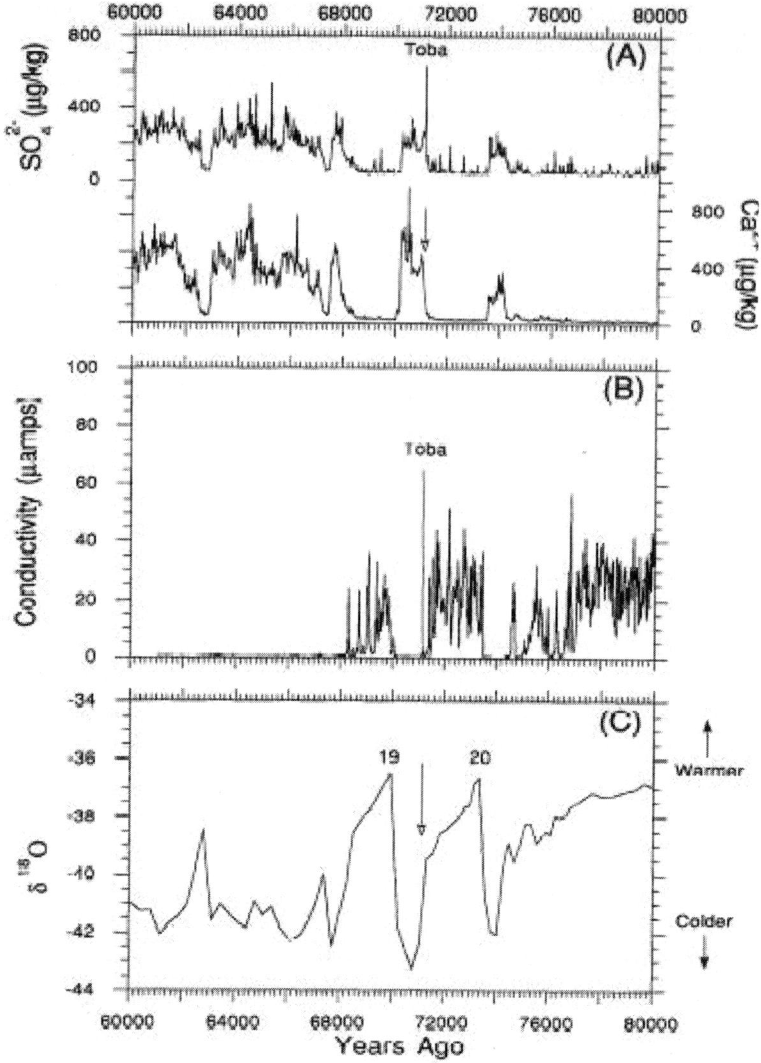

Zwavelzuurdruppeltjes (boven), elektrische geleidbaarheid (midden) en zuurstofisotopen (onder) in de Groenlandse ijskap laten zien dat de grootste kou optrad kort na de Toba-eruptie (oud rechts, jong links!).
Zielinski et al., 1996.

der hebben beschreven: hoe groter hoe zeldzamer. Als je nog dieper in de geschiedenis terugkijkt, zie je dat ook het Tobameer eerdere erupties heeft gehad: gemiddeld elke 400 000 jaar. Als het zich aan zijn cyclus houdt hebben we nog ruim 300 000 jaar voor het weer uitbarst.

Dus, toch maar niet druk over maken? Zo simpel is het niet, want het Tobameer is niet de enige in zijn soort. Ook Yellowstone Park in de Verenigde Staten stoot elk half miljoen jaar meer dan duizend kubieke kilometers as uit. En er zijn er meer. *Homo sapiens* is zo'n tweehonderdduizend jaar op de aarde, samen met zijn voorgangers misschien 5 miljoen jaar. In die tijd moeten er minstens twintig erupties met een VEI van 8 zijn geweest. Eigenlijk is de moderne mens nog niet écht op de proef gesteld. We leven in van de natuur geleende tijd. We meten de natuur nog steeds met een menselijke maat, niet met de maat van de natuur zelf.

Charles Lyells paradigma *the present is the key to the past* gaat hier niet meer op. Wat je in een mensenleven, of zelfs in de gehele gedocumenteerde geschiedenis van de mens ziet of meemaakt, is niet voldoende om de natuurlijke processen te begrijpen. We moeten Lyells uitspraak omdraaien: *the past is the key to the present.*

In 1964 zat ik als zeventienjarige scholier op de Capo Miseno, niet ver van Napels. Ik keek voor het eerst uit over het blauwe water van de Tyrrheense Zee. Ik dacht terug aan het bezoek dat we net hadden gebracht aan de solfataren van de Campi Flegrei bij Pozzuoli. Het was onderdeel van een reis door Italië van de school waar ik op zat, het Stedelijk Gymnasium in Middelburg. Een gids verbrandde een krant bij de ploppende gasbellen. Dat verhoogde de druk, zei hij, en inderdaad, het ploppen werd sterker. Het maakte een diepe indruk. Ik keek weer naar de ronde baai, en zag de eilanden Nisida, Procida en Ischia ver in zee. Het ruwe poreuze gesteente prikte aan mijn benen. Ik zat op de rand van een gigantische krater die veertigduizend jaar geleden was uitgebarsten. Het was mijn eerste vulkaan. Maar ik wist het niet.

7

Hittegolven, koudegolven

Levius accidunt familiaria; ex insolito formido maior est. Quare autem quicquam nobis insolitum est? Quia naturam oculis non ratione comprendimus nec cogitamus quid illa facere possit sed tantum quid fecerit.
Wat vaak voorkomt maakt ons niet zo bang, wij schrikken meer van iets ongewoons. Maar waarom vinden we iets ongewoon? Omdat we de natuur met onze ogen beschouwen, en niet met ons verstand, en omdat we niet denken aan wat zij kan doen maar alleen aan wat zij heeft gedaan.

Seneca, *Naturalium Quaestionum* VI, 3
(over de aardbeving van Pompeji, 63 n.Chr.)

Een herfstochtend. Ik sta op. Het is nog vroeg, maar de mannen op het dak aan de overkant van onze straat in Bologna zijn al aan het werk. Ze leggen de bolle en holle dakpannetjes, de paters en de nonnen, in perfecte patronen op elkaar, als speelden ze patience. Ze hebben dikke jassen aan. Ik zie hun witte ademppluimen. Het belooft fris te worden. Waarschijnlijk te koud voor alleen een overhemd. Ik trek een trui aan en stap in een warme ribbelbroek. Ontbijten, dan een sjaal om en het korte leren jasje aan. Net als de mannen op het dak. Opvouwparaplu in de binnenzak, want vanmiddag zou het gaan regenen. Zo pas ik me aan aan het weer van vandaag. 'The reasonable person fits himself to the world, while the unreasonable person tries to bend the world to fit himself,' zei G.B. Shaw. Maar hij voegde eraan toe: 'Thus, all human progress has been achieved by unreasonable people.' Toch zijn we wat het weer betreft geen onredelijke mensen. We steken liever energie in het voorspellen van het weer dan in het veranderen van het weer.

Vroeger dachten we nog dat we het weer konden beïnvloeden. Regenmakers in het droge westen van de Verenigde Staten wekten met succes buien op door wolken te besprenkelen met kristallen van zilverjodide of met droog ijs. Maar de regen die op de ene plaats werd gemaakt was dezelfde die elders wegbleef en droogte veroorzaakte, zodat boze boeren de vliegtuigjes van de regenmakers uit de lucht schoten. Of het regen maken leidde tot oncontroleerbare wolkbreuken, zoals in Rapid City in South Dakota in 1972, waarbij 238 mensen omkwamen in de overstromingen. Het leidde tot rechtszaken waarin vastgesteld moest worden van wie het weer was. *So far for human progress.* Toch maar beter aanpassen. Paraplu mee. Het weer kan zo omslaan.

Het klimaat verandert ook. Maar daaraan wil niet iedereen zich aanpassen. 'Red het klimaat', zeggen sommigen. Maak ons klimaat niet kapot. Het klinkt vreemd. Het klinkt net als: maak ons weer niet kapot. Maar dat roept niemand, want iedereen heeft wel een trui en een T-shirt in de kast, en ook nog wel een paraplu. En niemand wil nog regen maken. Waarom mag het weer wel veranderen en het klimaat niet?

Het klimaat is niets anders dan de gemiddelde toestand van het weer van een bepaald gebied, berekend over een periode van dertig jaar. Zo stond het in mijn leerboek, de Aula Pocket *Meteorologie* van F.H. Schmidt, zo noemde mijn docent Van Zuylen het toen ik nog in Amsterdam studeerde, en zo definieert het KNMI het nog steeds. Het laatste officiële dertigjarige standaardtijdvak van de World Meteorological Organisation was dat van 1961-1990, en het volgende officiële tijdvak geldt over de jaren 1991-2020. Wat is 'ons' klimaat dan? Welk klimaat moet er gered worden? Dat van nu, 2004? Dat kan niet want een jaar heeft geen klimaat. Of dat van de officiële periode 1961-1990? Of dat van de jaren vijftig toen ik heerlijk in de glazen broeikas in onze zomertuin in Oegstgeest met schelpjes speelde? Of dat van de Kleine IJstijd, toen je goed kon schaatsen, of is dat een beetje te koud? Het klimaat mag niet warmer worden, maar moet het dan altijd constant blijven, zodat het voor ons, rijke mensen in de gematigde streken, aangenaam leven is? En hoe lang is altijd? Hoeveel generaties? Tot aan de volgende ijstijd toe? Maar daarop krijgen we geen antwoord van de *Save our climate*-mensen; verder

Twee T-shirts. U mag zelf raden welk van de twee grappig is bedoeld en welk niet. Ik vind ze alle twee grappig. www.greenpeace.org en www.localgeographic.com.

dan 2100 gaan de prognoses niet, dus verder denken is ook niet nodig.

De Amerikaanse meteoroloog Edward Lorenz, grondlegger van de chaostheorie, die in 2004 de prestigieuze Buys Ballot-medaille van het KNMI ontving, stelde in 1964 de vraag: 'Does a climate exist?' Bestaat er zoiets als een klimaat? Als het klimaat in een vorige periode van dertig jaar anders was dan in de huidige, is dan het klimaat plotsklaps veranderd? Wat gebeurt er als je een periode van zestig jaar neemt? Dan is die verandering van de ene dertig naar de andere ineens geen verandering meer. En als je vijftien jaar neemt in plaats van dertig, dan zie je misschien wel meer sprongen in het klimaat. En zelfs dan nog blijven veranderingen zoals de vijfjarige El Niño-cyclus buiten beeld. Moet je dan een vijfjarig gemiddelde nemen? Statistisch gezien heb je dan te weinig gegevens voor een betrouwbaar gemiddelde. Of juist tienduizend jaar? Bestaat er wel een gemiddelde dat je het 'klimaat' zou kunnen noemen? Die vraag lijkt op die van Benoit Mandelbrot: hoe lang is de kustlijn van Engeland? Als je de meetlat verandert, verandert ook je antwoord. Er is niet één antwoord op de vraag. Die dertig jaar is eigenlijk een vrij willekeurig getal, een overblijfsel uit de tijd dat men dacht dat het klimaat constant was en je alleen maar de variaties van de dagelijkse en jaarlijkse gang van temperatuur en neerslag hoefde uit te middelen. Dertig jaar, een menselijke generatie, de menselijke maat.

Het is niet de eerste keer dat er zorgen bestaan over het veranderende klimaat. De Amerikaanse journalist Lowell Ponte schreef in 1976 een geruchtmakend boek: *The cooling: Has the next ice age begun? Can we survive it?* Dat is nu dertig jaar geleden, één generatie. Maar het lijkt eeuwen geleden. Niet alleen in de tijd, maar ook om wat er leefde onder de wetenschappers. Want Lowell Pontes hartenkreet was geen losse flodder. Er bestond wereldwijd grote ongerustheid over het feit dat het de dertig jaar daarvoor, vanaf de jaren veertig, voortdurend kouder was geworden. Kouder, ja! Wereldwijd daalde de temperatuur in die dertig jaar ongeveer 0,5° C, en op IJsland zelfs 2° C. De koffieoogsten in Brazilië gingen keer op keer verloren door nachtvorst. In de door strenge vorst en droogte geplaagde Sovjet-Unie spraken Russische wetenschappers van 'het slechtste weer van de eeuw'. In 1975 raakten schepen die materialen voor de aanleg van pijpleidingen in Alaska vervoerden vastgevroren in het ergste zee-ijs in 77 jaar. Gletsjers in Alaska, IJsland, Canada, China en de Sovjet-Unie begonnen vanaf 1950 weer te groeien. Warmteminnende planten en dieren die tussen 1880 en 1940 vanuit het zuiden Noord-Amerika waren binnengedrongen, zoals het gordeldier en de opossum, migreerden weer zuidwaarts, en in Europa stierf een warmte-minnende slak uit. Ook in Nederland daalde de gemiddelde jaartemperatuur in die jaren. De koudste winter van de twintigste eeuw in Nederland was die van 1963, even koud als die van 1830 aan het einde van de Kleine IJstijd, volgens gegevens van het KNMI. Het was -21° C toen de Elfstedentocht werd gereden, slechts 1 procent van de deelnemers haalde de finish. Het Walcherse strand lag vol met hoge wallen van ijsschotsen die door de harde wind de kust op waren geblazen. Ik was zestien, fietste er met mijn schoolkameraden naar toe, en ik vond het prachtig. De op één na koudste winter van de eeuw was die van 1947. De 12de maart van dat jaar was een ijsdag, het vroor de hele dag. Nog nooit was dat zo laat in het jaar voorgekomen. Toen de dag daarop de ijsbrekers het ijs in het Rijn-Schiekanaal braken, braken bij mijn moeder de vliezen en werd ik geboren. Maar daarop volgde de warmste

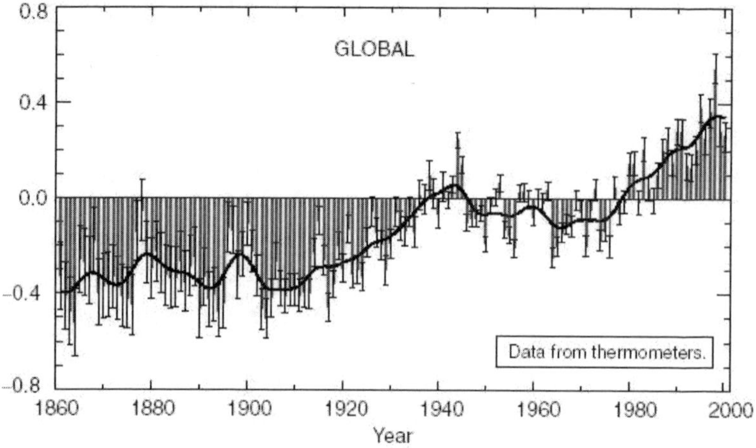

Wereldwijd temperatuurverloop van de laatste 140 jaar (IPCC); let op de temperatuurdaling in de jaren 1940-1977.

zomer van de eeuw. Een onvrijwillig wisselbad in de sauna van het Nederlandse weer dat misschien wel meer sporen heeft nagelaten dan ik hier nu wil erkennen.

In 1975, nog steeds volgens Ponte, gaf de Amerikaanse National Academy of Scientists een rapport uit dat, als de temperatuurdaling door zou gaan, er een kans bestond dat er binnen honderd jaar een nieuwe ijstijd zou kunnen beginnen. Over hoe groot die kans was kon men het niet eens worden, en daarom hield men het zo voorzichtig mogelijk: één op de tienduizend. Andere wetenschappers, geïnterviewd door de Britse wetenschapsjournalist Nigel Calder, zeiden dat de kans één op tien was. Stephen Schneider van het National Centre of Atmospheric Research van de VS, nu een van de luidruchtigste *global warming*-alarmisten, vond zo'n kans Russische roulette. Er waren ook anderen die dachten dat de trend zou omslaan naar warmere klimaten, maar *global cooling* was de overheersende mening. Amerikaanse en Russische onderzoekers maakten plannen om de Beringstraat af te dammen, zodat er geen arctisch water meer vanuit de poolzeeën de Stille Oceaan in zou stromen.

We hebben al vaker gesproken over het collectief geheugen. Wij wéten nog wel dat het tussen 1940 en 1975 kouder was, het staat in alle statistieken, alle handboeken, en nog steeds wordt gedebatteerd over wat nu precies de oorzaak van die afkoeling was. Maar wat wij vergeten zijn, zijn de emoties die dat opriep, de felle discussies tussen de wetenschappers, de bezorgdheid bij politici, de gevolgen voor het evenwicht tussen de staten midden in de Koude Oorlog, voor de fragiele economieën in de ontwikkelingslanden. 'The global cooling presents humankind with the most important social, political and adaptive challenge we have had to deal with for ten thousand years,' zo vat Ponte zijn boek samen. Zijn vrees bleek ongegrond, want in 1977 begon de temperatuur te stijgen. Op een trendbreuk had hij niet gerekend. Maar dertig jaar later zijn we weer net zo bang, en we gebruiken precies dezelfde woorden. Alleen gaat het nu over opwarming. En over nog eens dertig jaar?

De Italiaanse dichter Giacomo Leopardi (1798-1837), een vroegrijpe *uomo universale* die al op zijn vijftiende een boek publiceert over de geschiedenis van de astronomie, schrijft rond 1823 in zijn *Pensieri* (Gedachten, postuum in 1845 verschenen): 'Oude mensen zeggen dat de jaren steeds kouder worden, en de winters steeds langer. In hun tijd konden ze al rond Pasen hun winterkleren opbergen en de zomerkleren tevoorschijn halen, maar nu pas in mei en soms zelfs in juni.' Maar dat kan niet kloppen, zegt de jonge Leopardi. Hij verwijst naar een verhaal van de schrijver Lorenzo Magalotti die twee eeuwen eerder leefde. Magalotti beweerde in 1683 ook al dat zijn vader nog Pasen vierde in zomerkleren, terwijl hij zelf met Pasen zijn winterkleren aan moest houden. 'Als Italië al zoveel eeuwen kouder wordt dan zou het nu zo koud moeten zijn als op Groenland,' zegt Leopardi. 'Die oudjes hebben alleen maar heimwee naar het verleden en kunnen minder goed tegen de kou dan vroeger.'

Maar Leopardi's en Magalotti's oudjes konden best weleens gelijk hebben gehad, want zij leefden in de Kleine IJstijd, die rond 1430 begon en rond 1610 en later nog eens rond 1830 piekte. Het is jammer dat Leopardi het zelf nooit tot oud mannetje heeft gebracht, anders had hij zijn eigen argument kunnen ontkrachten; want juist in de jaren na zijn vroege dood begon de opwarming van het klimaat die tot op heden doorgaat. Dan had hij net als de oudjes van nu kunnen zeggen dat het weer nu juist veel zachter is dan vroeger. Hij stierf net te vroeg om de trendbreuk mee te maken. Het *individuele* klimaatgeheugen van onze oudjes werkt kennelijk prima, maar jong luistert kennelijk niet goed genoeg naar oud om het *collectieve* geheugen door de generaties heen betrouwbaar te maken.

Overigens besluit Leopardi zijn gedachtespinsel met de opmerking, dat zijn verhaal niets te maken heeft met de intrinsieke afkoeling van de aardbol: daar merk je zelfs in tientallen eeuwen niets van, laat staan in een paar jaar, zegt hij. Enig gevoel voor de geologische tijd kun je hem niet ontzeggen. Niet slecht, voor een tijdgenoot van Lyell.

De Kleine IJstijd markeert een periode van aanzienlijke klimaatverslechtering ten opzichte van de voorafgaande Warme Middeleeuwse Periode. Er kwam een eind aan de wijnbouw in Zuid-Engeland, en de vikingen moesten hun nederzettingen op Groenland verlaten. Er waren zoveel misoogsten in Schotland dat honderdduizend protestantse Schotten naar het katholieke Noord-Ierland trokken, een volksverhuizing die tot op heden haar sporen nalaat. Graanprijzen in Europa schoten de lucht in.

Vissers op IJsland zagen de hoeveelheid zeeijs langs de kust jaar op jaar groeien. Ook de gletsjers in de Alpen en elders in de wereld be-

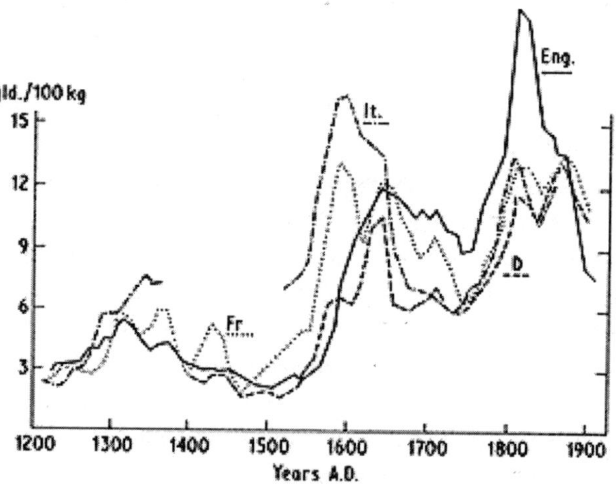

Graanprijzen in Europa sinds de Middeleeuwen. Lamb, 1995.

gonnen sterk te groeien. De Gietroz-gletsjer in Zwitserland groeide zo snel dat het dal van de Drance door het ijs werd afgedamd. Toen de ijsdam doorbrak in 1818 overstroomde het dorp Bagnes en vonden zeventig mensen de dood. Tussen 1600 en 1610 werden bij Chamonix in de Franse Alpen op die manier drie dorpen vernietigd. Eén van die dorpen, Le Châtelard, was juist gebouwd rond 1200, in de Warme Middeleeuwse Periode toen de gletsjers zich flink hadden teruggetrokken. Een houten aquaduct uit 1200 werd versplinterd door de oprukkende Grosser Aletsch-gletsjer. Het is dezelfde les als die van de Kaspische Zee: Gebruik het land niet dat je krijgt van de terugtrekkende gletsjer, want hij komt terug!

De gletsjer Schelda in de Kaukasus in 1991. De scherpe grens boven de gletsjer geeft de stand van het ijs in de Kleine IJstijd aan. Door de opwarming van het klimaat smelten nu de lijken van Duitse soldaten uit het gletsjerijs die in de Tweede Wereldoorlog probeerden over de Kaukasus de rijke olievelden van Bakoe in Azerbeidzjan te bereiken.

Ik zit in het vliegtuig van Bologna naar Amsterdam. Ik kijk uit het raampje. De lucht is kristalhelder. Onder mij schuiven de Alpen voorbij. Het is laat in de herfst. Op de toppen ligt een eerste toefje sneeuw. Kijk, daar ligt het Comomeer, gevorkt als een gesmolten sneeuwpop. Schitterend. Ik kan mijn ogen er niet van losmaken.

En dan ineens zie ik het. De Alpen zijn leeg! De Alpen lijken op een ijstaart waar iemand met een reusachtige ronde ijslepel diepe holle sporen in heeft gemaakt. Zoveel dikke krullen roomijs heeft hij eruit gehaald dat er alleen nog maar kleine driehoekige puntjes tussen de sporen over zijn. Dat zijn de bergen. De rest is leeg. Diepe lege dalen, die eens vol moeten zijn geweest. Een skelet zonder vlees, een eierrek zonder eieren. Het is onnatuurlijk. De Alpen horen vol te zijn. Een grote glinsterende berg ijs hoort het te zijn, met hier en daar een puntje steen erbovenuit. Hetzelfde wat je ziet als je nu over Zuid-Groenland vliegt. Waarom zijn de Alpen leeg?

Louis Agassiz is de eerste die het begrijpt. Op het moment dat de Kleine IJstijd op zijn maximum is, propageert deze Zwitserse paleontoloog (1807-1873) de Grote IJstijd. Hij is een leerling van Georges

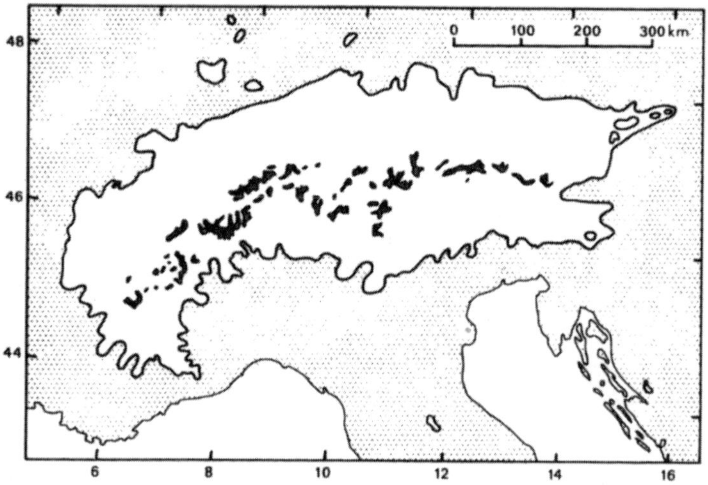

De Alpen zoals ze horen te zijn: vol met ijs (wit). De zwarte vlekjes zijn alles wat er nu nog over is van de ijstijdgletsjers. Pannekoek en Van Straaten, 1982, naar Kettner, 1960.

Cuvier en gespecialiseerd in fossiele vissen, maar hij heeft een scherp oog en oor voor nieuwe zaken. In 1834 hoort hij in Luzern een lezing van Jean de Charpentier, natuurliefhebber en directeur van een zoutmijn in Bex. De Charpentier zegt dat de gletsjers in de Alpen vroeger veel groter waren dan nu. Hij had beneden in het Rhônedal krassen op een rots gezien die alleen maar door gletsjers gemaakt konden zijn. Hij had ook op ongewone plaatsen granietblokken gevonden die daar alleen maar door het ijs naar toe gebracht konden zijn. Agassiz gelooft het eerst niet, maar laat zich in 1836 toch door De Charpentier rondleiden bij de gletsjers Argentière en Mer de Glace bij Chamonix, precies op het moment, zo weten we nu, dat die op hun maximale uitbreiding zijn.

Agassiz raakt overtuigd van het gelijk van De Charpentier en doorziet het grote belang van de ontdekking: het begrip 'ijstijd' was geboren. Hij belijdt de ijstijdtheorie met zoveel messianistische ijver dat De Charpentier en diens voorlopers, de ingenieur Ignace Venetz en de botanicus Karl Schimper, de eigenlijke bedenker van het woord 'Eiszeit', uit beeld verdwijnen. Ze zullen het Agassiz nooit vergeven.

Sommige wetenschapshistorici vellen een hard oordeel over Agassiz: hij heeft nooit iets zelf bedacht, maar wist wel altijd handig gebruik te maken van wat hij op zijn weg vond, zeggen zij. Een soort negentiende-eeuwse Bill Gates.

In 1838 neemt Agassiz de Schotse geoloog William Buckland uit Edinburgh mee de Jura in en laat hem de gletsjerkrassen zien waaraan je ziet dat de hele Alpen vergletsjerd zijn geweest. Buckland is gefascineerd. Schotland ligt vol met grote keien die over grote afstanden verplaatst moesten zijn. Tot dan toe had niemand daar een probleem mee gehad: ze waren onweerlegbare bewijzen van de zondvloed. Men noemde het 'diluvium', ook in Nederland. Maar na de reis met Agassiz was Buckland om: het viel ook moeilijk vol te houden dat de Ark van Noach op zoveel plaatsen tegelijk de rotsbodem had bekrast.

En zo hoort ook Lyell van de ijstijdtheorie. Buckland laat hem een morene zien, op twee kilometer van het huis van Lyells vader, en aanvankelijk lijkt Lyell overtuigd. Later krabbelt hij weer terug. Een ijstijd is een catastrofe die absoluut niet past in zijn actualistisch wereldbeeld. We begrijpen nu ook beter waarom Agassiz in 1838 in de

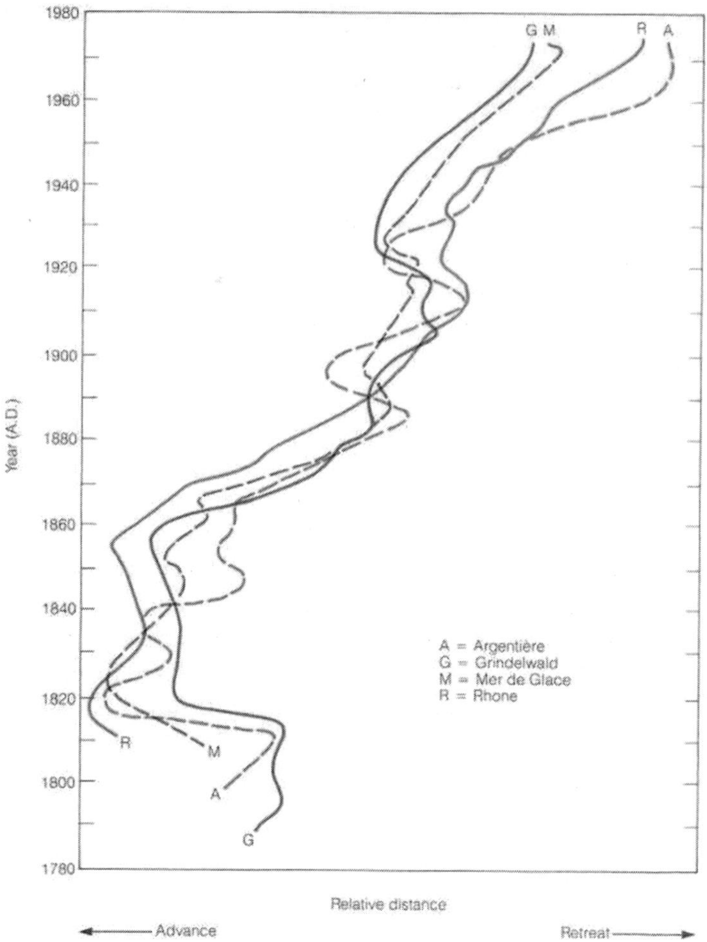

Maximale uitbreiding van de Argentière- en Mer de Glace-gletsjers bij Chamonix (gestreept) en de Grindelwald- en Rhône-gletsjer (getrokken). Skinner en Porter, 1987.

kantlijn van zijn eigen exemplaar van *Principles of Geology* krabbelde (zie hoofdstuk 3):

> *But these changes, since they don't always have the same intensity in our own day, could not have so worked in former times.*

Maar dat de aartsvaders van de geologie zelf in een ijstijd leefden, al was het dan maar de Kleine IJstijd, daarvan zijn zij zich nooit bewust geweest.

Het is indrukwekkend hoe Agassiz uit een paar gletsjerkrassen, je zou bijna zeggen 'from scratch', concludeerde dat de hele Alpen door ijs bedekt waren geweest. Al had hij de ijstijd niet zelf bedacht, hij doorzag wel wat een kapitaal idee het was. Zoals zo vaak ging het niet om het vinden, maar om het wéten wat je gevonden hebt. Later, toen hij naar Amerika was geëmigreerd, kon hij zijn concept nog uitbreiden naar het Amerikaanse continent. Wie zijn ogen de kost geeft, kan de gletsjerkrassen op de rotspartijen in Central Park zien zitten. Fantasten en crackpots kunnen daaruit moed putten: soms loont het om groots en meeslepend te denken. Maar zoals dat gaat, Agassiz werd dronken van succes, en hij overspeelde zijn hand toen hij ook nog beweerde dat het hele Amazonegebied vergletsjerd was geweest.

Jammer, want ondanks zijn megalomane visie kon hij op dat moment niet bevroeden hoe dramatisch de aarde in het *Icehouse* was veranderd. Daarbij valt de Kleine IJstijd, met een wereldwijde temperatuurverlaging van niet meer dan één graad, in het niet. Want niet alleen bedekten de gletsjers een kwart van het aardoppervlak tegen 10 procent nu, maar het pakijs bedekte ook de noordelijke oceanen, de zeespiegel daalde meer dan honderd meter, en overal vielen ondiepe zeeën droog. Het land verloor een kwart van zijn biomassa. Er lagen wel geen gletsjers in het Amazonegebied, maar een deel van het regenwoud was wel verdwenen en had plaatsgemaakt voor savanne. De bossen vluchtten naar beschutte refugia achter de bergen en naar de natte oksels van de aarde: de inspringende westkusten van de continenten nabij de evenaar, zoals Gabon, Panamá en Bangla Desh. De wensdroom van de Amerikanen om de Beringstraat af te sluiten was in de ijstijd door de zeespiegeldaling al werkelijkheid geworden. En ook de wensdroom van de Russen om Amerika te veroveren was tienduizend jaar geleden al uitgekomen: de Siberische volken staken de landbrug over en bevolkten het lege continent.

De Neanderthalers die 250 000 jaar geleden, vlak voor de op één na laatste ijstijd, de stad Maastricht stichtten op de linkeroever van de

Maas, moesten hun woonplaatsen verlaten, want hun schamele nederzettingen werden ondergestoven door de ontzagwekkende stofstormen die vanuit de drooggevallen Noordzee het land teisterden. Het is jammer dat zij er niet meer zijn, anders hadden zij ons kunnen vertellen hoe het is om door een ijstijd te worden overvallen. Nu hebben we het moeten horen van de Leidse archeoloog Wil Roebroeks, die hun kampvuur en hun stenen werktuigen terugvond onder vier meter Limburgse löss in de groeve Belvédère.

Was de ijstijd een ramp, een catastrofe, een rampzalige puls in de tijd? Aanvankelijk, in Agassiz' en Lyells tijd, leek dat wel zo. In plaats van de zondvloed was er nu de *Eiszeit*. Maar wat was daarvan de oorzaak? De bijbel spreekt niet over een ijstijd. Was dat ook een straf voor menselijke zonden? Vuur in de hel en ijs op het land? Vaak sneuvelen theorieën omdat hun bedenkers geen mechanisme kunnen bedenken waarom het bedachte verschijnsel optreedt. Alfred Wegener kon geen plausibel mechanisme bedenken voor de plaattektoniek, en dat was de voornaamste reden waarom men hem aanvankelijk niet geloofde. Maar wij zijn inmiddels gewend aan symptomen te geloven zonder de oorzaak te kennen. Hoofdpijn, rugpijn en kanker hebben ook vaak geen aanwijsbare oorzaak, en toch zal niemand ontkennen dat ze bestaan. De hele farmaceutische industrie is gebaseerd op het vervaardigen van geneesmiddelen waarvan we niet weten waarom ze helpen. En zo zullen we het Agassiz vergeven dat hij daar geen antwoord op had.

Theorieën waren er overigens genoeg in de daaropvolgende jaren: vulkanische erupties, veranderende zeestromingen, opheffing van gebergten. Tegelijkertijd werd gaandeweg duidelijk dat er niet maar één ijstijd was geweest, maar meerdere. Penck en Brückner toonden in hun boek *Die Alpen im Eiszeitalter* (1909) wel vier ijstijden aan, elk met zijn eigen morenen en gletsjerkrassen, en misschien zelfs wel zes; ze gaven ze namen naar de riviertjes in Zuid-Duitsland waar ze de uitlopers van de Alpenmorenen hadden gevonden, van oud naar jong Günz, Mindel, Riss, Würm, alfabetisch gerangschikt om het makkelijker te kunnen onthouden. De twee twijfelachtige nóg oudere ijstijden heetten Biber en Donau. In plaats van één catastrofe waren de ijstijden regelmatige cycli geworden. Nu kennen we inmiddels meer dan twintig ijstijden. Hutton en Lyell zouden zich in hun handen geknepen hebben van genoegen. Hutton wilde zo graag met zijn *Theory of the Earth* de aardse pendant van Newtons kosmische cycli aantonen – *no vestiges of a beginning, no prospect of an end.* Hij zocht alleen in de verkeerde hoek: de eindeloze cycli zitten niet in de tektoniek, maar in het klimaat. Maar de cycliciteit maakte ook dat het moeilijk bleef te geloven in vulkanische of tektonische oorzaken van de ijstijden. Geen pulsen maar golven.

8

IJs over ijs

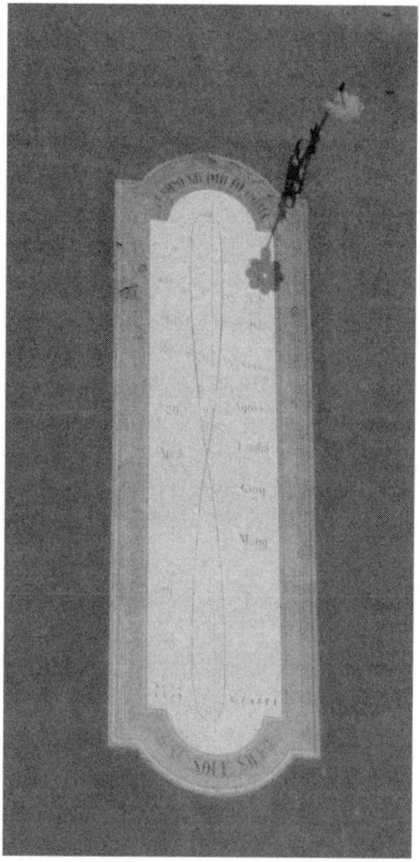

Sine sole silet
(Zonder zon zwijgt hij)

Opschrift op zonnewijzer
Piazza del Municipio,
Ferrara

Dag en nacht wisselen elkaar af, omdat de aarde om zijn as draait en zo de zon steeds de andere wang toekeert. De aarde is niet het middelpunt van het heelal, maar draait in een baan om de zon. Omdat de aardas scheef op de omloopbaan staat, krijgt het noordelijk halfrond de ene helft van het jaar extra zonne-energie, en het zuidelijk halfrond in de andere helft van het jaar. Daarom zijn er seizoenen.

Met deze revolutionaire gedachten speelde Nicolaus Copernicus meer dan dertig jaar voordat hij ze in 1543 durfde te publiceren, met dezelfde schroom als later Charles Darwin zijn *Origin of species.* De kiem voor Copernicus' baanbrekende wereldbeeld, je ontkomt hier niet aan astronomische adjectieven, werd gelegd op 19 oktober 1496 toen hij de Universiteit van Bologna binnenstapte. Het zou eeuwen duren voor zijn ideeën gemeengoed waren geworden.

En als korte cycli zoals de dag-en-nachtcyclus en de seizoenen gestuurd worden door astronomische processen, waarom dan de lange ijstijdcycli niet? Dat was de gedachte die opkwam bij de Franse wiskundige Joseph Adhémar (1797-1862). Newton had inmiddels aangetoond dat al die hemelse cycli gestuurd werden door de zwaartekracht, en Kepler dat de baan van de aarde om de zon niet cirkelvormig maar elliptisch was. Ook was al bekend dat de aardas een tolbeweging maakt met een omloopperiode van 23 000 jaar. Nu wijst hij naar de Poolster, maar door de tolbeweging wees hij 11 500 jaar geleden naar het sterrenbeeld Vega. Door de combinatie van de elliptische baan met de tolbeweging verschuiven de dagen waarop dag en nacht even lang zijn, de equinoxen (21 maart en 21 september), en de tussenliggende solstitiën, de kortste dag 21 december en de langste dag 21 juni, over de aardbaan. Dit heet de *precessie van de equinoxen.*

Het uiteindelijke effect is dat nu de zomer op het noordelijk halfrond zeven dagen langer duurt dan de winter, maar 11 500 jaar geleden was dat precies andersom. Dat kon wel eens de oorzaak zijn van de ijstijden, zo schreef Adhémar in zijn boek *Révolutions de la mer, déluges périodiques* (1842). Een tweede periodiciteit werd ontdekt door de Schotse autodidact James Croll in 1867: de elliptische baan van de aarde om de zon is niet altijd even elliptisch, maar varieert met een periodiciteit van 100 000 jaar. De *excentriciteit* van de aardbaan varieert van 1 procent tot 6 procent. Bij een geringe excentriciteit is het effect van de precessie ook gering, maar als zij groter is, is ook de precessie sterker. De derde variabele is de stand van de aardas, de *tilt*: nu staat die op 23,5°: daarom staan de globes die je in de winkel koopt

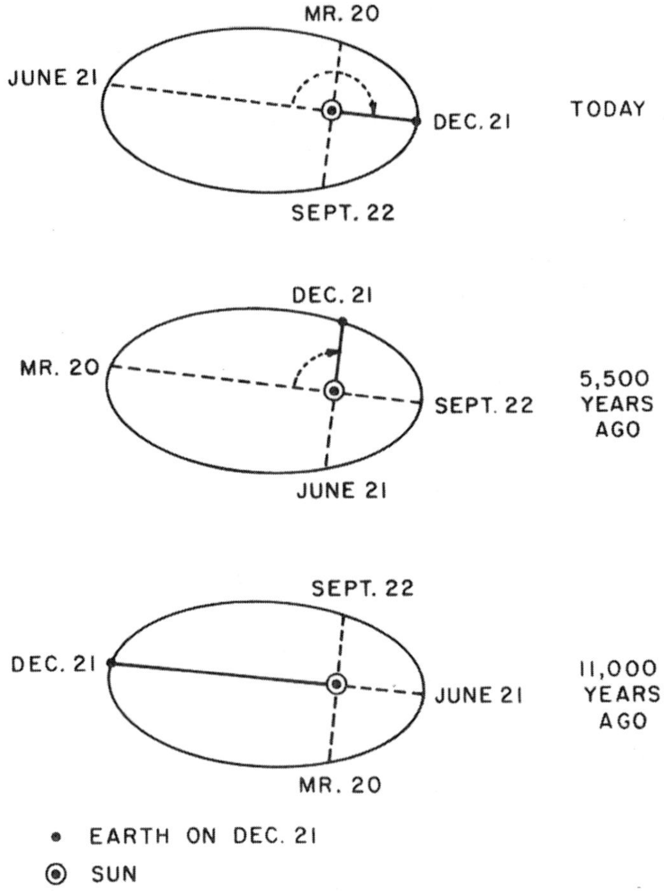

Precessie van de equinox bij elliptische aardbaan: nu is de winter zeven dagen korter dan de zomer, 11 000 jaar geleden was de zomer zeven dagen korter dan de winter. Als de aardbaan om de zon niet elliptisch is (excentriciteit=0) dan is er geen verschil tussen de lengte van winter en zomer. Imbrie en Imbrie, 1979.

allemaal scheef. Maar de hoek varieert van 21,5° tot 24,5° in 41 000 jaar, zodat de contrasten tussen de seizoenen beurtelings zwakker en sterker worden. Dat werd rond 1840 ontdekt door de Franse astronoom Urbain Leverrier. De variaties worden veroorzaakt door de aantrekkingskracht van de andere planeten in het zonnestelsel.

Deze ideeën werden verder uitgewerkt door de Servische astronoom Milutin Milanković. Milanković was eigenlijk betonconstructeur, maar in 1909 besloot hij zijn leven aan de wetenschap te wijden. Dwars door oorlogen en bezettingen heen zat hij stoïcijns te rekenen, eerst in Belgrado en later in een hoekje van de bibliotheek van de Hongaarse Academie van Wetenschappen in Boedapest. Hij berekende precies hoeveel zonne-energie elk punt op aarde gedurende elk moment van het jaar ontving, en hoe dat veranderde in de laatste 1 miljoen jaar als gevolg van tilt, precessie en excentriciteit. Allemaal alleen maar met potlood en papier. De aarde zou zodoende elke honderdduizend jaar een ijstijd ondergaan, tien ijstijden in een miljoen jaar. In 1920 publiceerde hij zijn *Théorie mathématique des phénomènes thermiques produits par la radiation solaire*, gevolgd door *Canon of insolation of the earth and its application to the problem of the ice ages* in 1941, aanvankelijk in het Servisch geschreven en later in het Engels vertaald.

Er was nu wel een theoretisch sluitende verklaring voor de ijstijden, maar of dat klopte kon niemand in die tijd nagaan. De periodiciteiten van 100 000, 41 000 en 23 000 jaar waren toen voor de meeste geologen volstrekt abstracte getallen, en er bestond nog geen manier om te bewijzen dat een ijstijd inderdaad 100 000 jaar duurde. Maar Milanković vond dat geen probleem. Hij sprak de gevleugelde woorden 'History will prove I'm right'.

Aanvankelijk leek dat grootspraak, want nadat Walter Libby in 1949 de koolstof-14 dateringsmethode had ontdekt, leken de eerste resultaten in tegenspraak met de astronomisch berekende cycliciteit. Alleen, tien ijstijden vind je niet door morenen te karteren en veenlaagjes daartussen te dateren. Op het land worden de meeste getuigen van een ijstijd weer uitgewist door de volgende. Elke nieuwe ijskap schraapt de sporen van de vorige van de rotsbodem af, elke gletsjertong bulldozert alle morenen van vorige uitbreidingsfasen voor zich uit. Als je wilt weten hoe het klimaat veranderd is zonder te hoeven vertrouwen op het geheugen van oude Italianen, de verhaaltraditie van indianenstammen of weggeërodeerde morenen, moet je op plaatsen zoeken waar het klimaat *continu* geregistreerd staat, zowel de koude glacialen als de warme interglacialen daartussenin. Op plekken die honderdduizenden jaren ongestoord zijn gebleven: de bodem van de zee, diepe meren en ijskappen.

De sleutel lag uiteindelijk in de diepzee. Daar bezinken alleen de fijnste sedimentdeeltjes die met de zeestromingen van het land afkomen, daar bezinkt het stof uit de atmosfeer, daar bezinken de fijne asdeeltjes van verre vulkanische erupties, en vooral: daar bezinken de skeletjes van de miljarden eencellige organismen die als plankton in de oceanen zweven. Of er nu een ijstijd is op het land of juist een warme tijd maakt niet uit, de bezinking gaat door. Als je een boring maakt in de zeebodem kom je al die laagjes weer tegen, en omdat de bezinking zo langzaam gaat, meestal maar een paar millimeter per duizend jaar, krijg je met een niet al te diepe boring heel wat tijdsdiepte naar boven. Veel van de organismen in het plankton hebben een kalkskeletje. Kalk is calciumcarbonaat: $CaCO_3$. Het plankton haalt de componenten daarvoor uit het zeewater, en er zitten twee belangrijke elementen in die ook in de atmosfeer voorkomen, koolstof (C) en zuurstof (O). Zuurstof zit natuurlijk ook in het watermolecuul: H_2O. We laten de koolstof nog even buiten de discussie en zullen ons concentreren op de zuurstof.

Zuurstof heeft twee *isotopen*: ^{16}O en ^{18}O (zuurstof-16 en zuurstof-18). De laatste vorm van het zuurstofatoom heeft twee extra neutronen in de kern, en is daarom net ietsje zwaarder. Als het zeewater verdampt, gaat de lichte vorm zuurstof-16 nét iets gemakkelijker mee de lucht in dan het zwaardere zuurstof-18. Er blijft dus relatief meer zuurstof-18 in het zeewater achter: het zeewater wordt *aangerijkt* aan zuurstof-18. Als de waterdamp dan in de vorm van sneeuw op een ijskap wordt afgezet en daar blijft liggen, wordt de lichte zuurstof dus permanent aan het zeewater onttrokken, en wordt het zeewater permanent aangerijkt aan zuurstof-18. Pas als de ijskap weer afsmelt vloeit de lichtere vorm weer met het smeltwater terug in zee.

Die planktonische organismen met een kalkskeletje, in hoofdzaak *foraminiferen*, gebruiken voor hun kalkskelet de zuurstof in precies dezelfde isotopenverhouding als die in het water. In de ijstijden, als er veel ijskappen zijn en het zeewater relatief rijk is aan zuurstof-18, zijn de skeletjes dus ook rijker aan zuurstof-18. In de tussenliggende warme tijden met weinig ijskappen zijn ze juist rijker aan zuurstof-16. Hiermee hebben we dus een maat te pakken voor het ijsvolume op aarde.

In de diepzeeboringen werd de zuurstofisotopenverhouding van

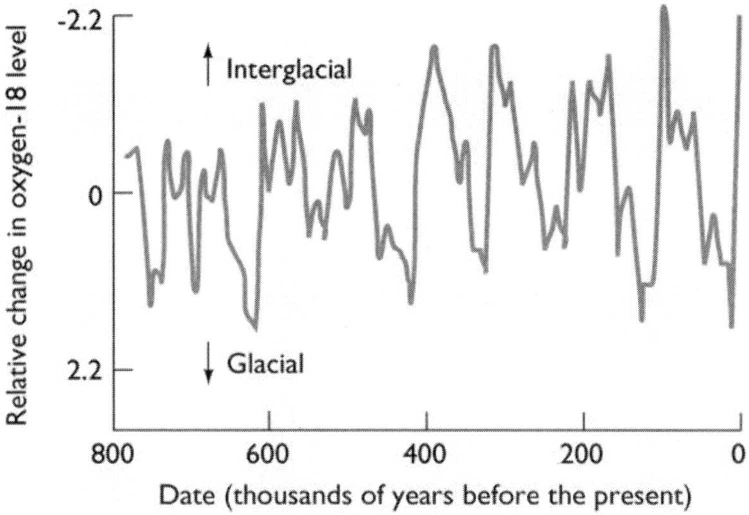

Zuurstofisotopenverhouding in foraminiferen in diepzeekern. Skinner en Porter, 1987.

de kalkskeletjes in het sediment bepaald, en die gaven een ingewikkelde curve van grote en kleine pieken en dalen.

Zo op het oog kun je niet zoveel met zo'n curve beginnen. Maar met behulp van een wiskundige techniek, *spectraalanalyse*, kan je die ingewikkelde curve uiteenrafelen tot een samenstel van drie verschillende regelmatige cycli: een 100 000 jaar-cyclus, een 43 000 jaar-cyclus en een dubbele cyclus van 24 000 en 19 000 jaar.

Als je die frequenties in een tijdas uitzet tegen de amplitude, krijg je weer een soort frequentie-magnitudediagram: het amplitudespectrum.*

Je zou kunnen zeggen, wat het Gutenberg-Richterdiagram is voor de aardbevingen en de erupties, voor de tijd als puls, is het amplitudespectrum voor de cyclische processen, voor de tijd als golf. In feite geeft het hetzelfde weer als wat Aleksandr Adamovitsj Svitotsj met

* In het Engels spreekt men van *power spectrum*, omdat op de verticale as vaak het kwadraat van de amplitude wordt weergegeven. Ik zal in dit boek de term *frequentie-magnitudediagram* ook voor het amplitudespectrum gebruiken om de analogie met de aardbevingen te benadrukken.

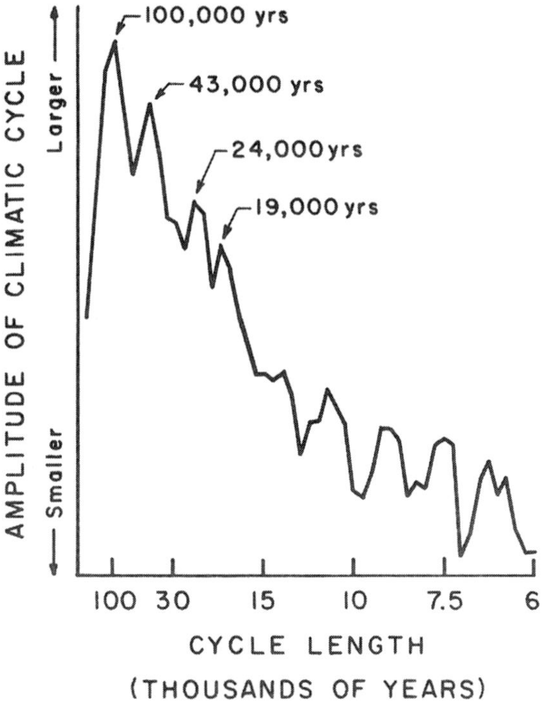

Spectraalanalyse van de zuurstofisotopencurve in diepzeeboring. Het frequentie-magnitudediagram geeft de amplitude (relatieve aandeel) van elk van de drie cycliciteiten in de diepzeecurve aan. Imbrie en Imbrie, 1979.

zijn diagram van de Kaspische-Zeefluctuaties heeft willen zeggen: het niveau van de Kaspische Zee wordt bepaald door een groot aantal fluctuaties van verschillende amplitude en golflengte.

In het frequentie-magnitudediagram van de diepzeeboring kun je zien dat de 100 000-cyclus de grootste amplitude heeft. Het zijn precies de cycliciteiten die Adhémar, Leverrier, Croll en Milanković hadden voorspeld. 'Variations in the earth's orbit: pacemaker of the ice ages,' noemden Hays, Imbrie en Shackleton hun artikel in *Science* in 1976. Het was een mijlpaal, al is daarmee nog niet opgehelderd hoe het werkt. Milanković heeft het niet meer meegemaakt, maar zijn zelfverzekerdheid was terecht: de geschiedenis heeft hem inderdaad gelijk gegeven.

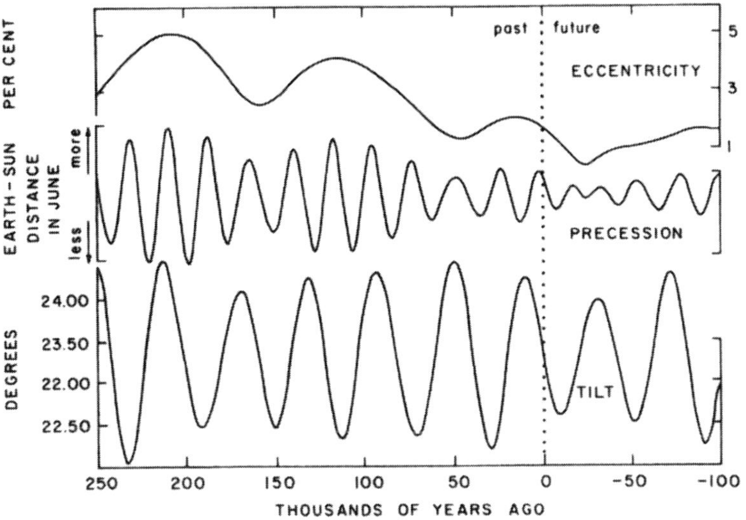

De afzonderlijke curven waaruit de diepzeecurve is samengesteld. Imbrie en Imbrie 1979.

De curve van de zuurstofisotopen in de diepzeekern heeft een spiegelbeeld in de ijskappen van Groenland en Antarctica. Dat is logisch, want de neerslag die op de ijskappen valt is aangerijkt aan zuurstof-16 ten opzichte van het zeewater. Bovendien is de verhouding zuurstof-18 tot zuurstof-16 afhankelijk van de temperatuur van de sneeuw die op de ijskap valt. De Deense paleoklimatoloog Willi Dansgaard is in de jaren zeventig begonnen met boringen in de ijskap van Groenland om die variaties te meten. Dat is geen simpele zaak. In de eerste plaats natuurlijk logistiek: je moet grote hoeveelheden apparatuur verslepen naar een van de meest onherbergzame plekken op aarde, je zit maanden opgesloten in een kunststof koepel met mensen die je niet zelf hebt uitgekozen, je moet boren in ijs zonder dat het ijs smelt door de wrijving en je moet uiterst geringe hoeveelheden materiaal analyseren op een groot aantal verschillende stoffen. In de tweede plaats is het ook wetenschappelijk een uitdaging, want gletsjers en ijskappen bewegen. Ze worden gevoed door sneeuw boven op de ijskap, maar door het grote gewicht van het ijs gaat het stromen, en aan de zijkanten van de ijskap verdwijnt het ijs door af-

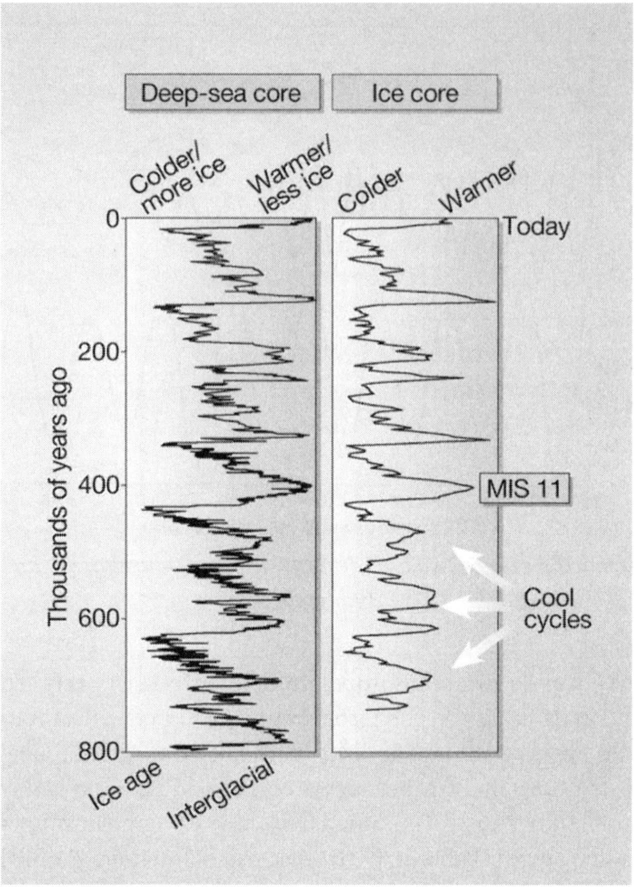

Vergelijking van de diepzeeregistratie met die van de EPICA*-ijskern van Antarctica.* MIS *11 is Marine Isotope Stage 11, een warme periode. McManus, 2004.*

smelting, zoals op Groenland, of door afkalving van ijsbergen, zoals op Antarctica. Het zijn als het ware inzakkende platte puddingen. Als je op de verkeerde plaats boort is je registratie verstoord door de stroming, of ontbreken er lagen door periodes van afsmelting.

De beloning zit in het verkrijgen van een continue registratie van de samenstelling van de sneeuw en de luchtbelletjes die daartussen gevangen zijn in de laatste honderdduizenden jaren. Hoeveel jaren,

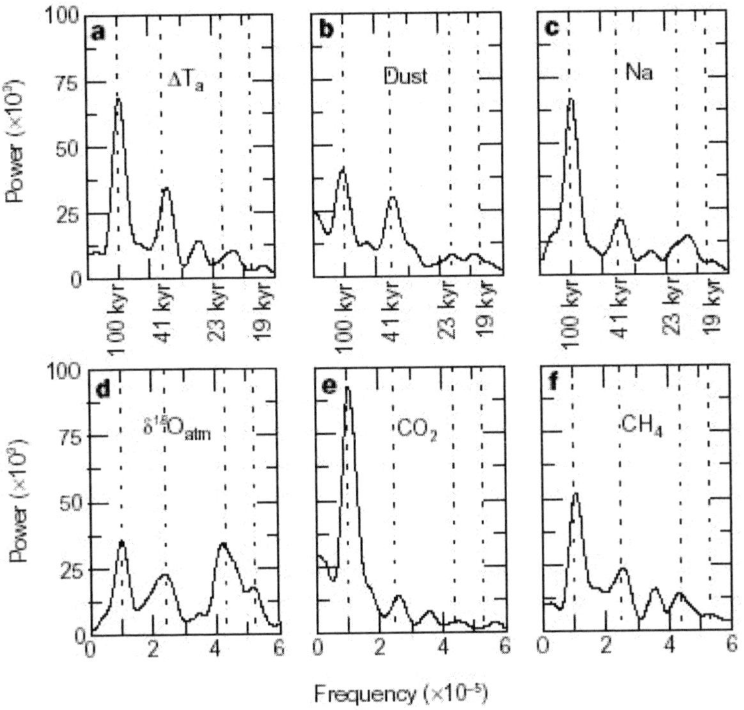

Frequentie-magnitudediagram voor de fluctuaties in temperatuur, stofgehalte, natriumgehalte, zuurstofisotopenverhouding, koolzuurgas en methaan in de Vostok-kern op Antarctica, waarin vier ijstijden (400 000 jaar) zijn vertegenwoordigd. Petit et al., 1999.

dat hangt af van de hoeveelheid sneeuw die elk jaar op de ijskap valt. Op Groenland valt gemiddeld een halve meter per jaar, en de tijdsdiepte van de totale ijskap van drie kilometer dik is ongeveer honderdduizend jaar. De Antarctische ijskap is even dik als de Groenlandse, maar omdat er daar per jaar maar vijf centimeter sneeuw op valt, staat er bijna tien keer zoveel tijd in geregistreerd, alleen met een veel minder grote precisie. Bij de meest recente EPICA-boring van een Europees-Russisch team in 2004 zijn de sporen van zeven ijstijden teruggevonden, in een periode van 740 000 jaar, precies evenveel als van de eerste diepzeeboring in de figuur hierboven. Laten we die twee eens naast elkaar leggen. De overeenkomst is frappant. Er is geen twijfel mogelijk: beide curven weerspiegelen variaties in de instraling van zonne-energie gedurende de laatste zeven ijstijden en tussenliggende warme perioden, zoals Milanković had berekend.

En als je het nog steeds niet gelooft, kun je ook van de ijsgegevens een frequentie-magnitudediagram maken. In de figuur hierboven is dat voor zes verschillende soorten analyses gedaan: temperatuur (afgeleid van waterstofisotopen), stofdeeltjes (hoe meer stof hoe minder neerslag op aarde), Na (natrium, een maat voor de hoeveelheid zeezoutkristalletjes die met de sneeuw zijn meegekomen; hoe meer zeezout, hoe hardere winden), de zuurstofisotopen die we al zagen, en de gehalten aan koolzuurdioxide en methaan in de luchtbelletjes in het ijs. En allemaal vertonen ze dezelfde pieken: excentriciteit, tilt en precessie. Precies zoals Milanković had voorspeld. Er is dus geen twijfel meer mogelijk dat die subtiele veranderingen in de baan van de aarde om de zon de oorzaken zijn van de ijstijden.

Het is een mooie illustratie van hoe de wetenschap werkt. Agassiz veronderstelt het bestaan van de ijstijd, Milanković geeft een oorzaak aan maar kan niet bewijzen dat zijn hypothese juist is. Dan vinden Hays en anderen de overeenkomst tussen de curven in de diepzee en Milanković' curve, en het EPICA-team en voorgangers hetzelfde in het ijs. Milanković' hypothese klopt. Overigens weten we daarmee nog steeds niet precies wáárom de veranderingen van de aardbaan zulke dramatische klimatologische gevolgen hebben. Veel van het samenspel van astronomische oorzaken en aardse terugkoppelingseffecten staat prachtig beschreven in het monumentale boek *Earth's climate, past and future* van William Ruddiman (2001).

Vertonen de klimaatcycli ook een fractale verdeling? Hebben langgolvige fluctuaties zoals de excentriciteit ook een grotere amplitude? Op het eerste gezicht, als je de frequentiespectra uit de diepzee en de ijskappen bekijkt, zou je zeggen, ja dat klopt. Maar dat is maar schijn. De excentriciteit speelt alleen maar de laatste 900 000 jaar de hoofdrol. Daarvóór was juist de kortere tiltcyclus van 41 000 jaar de belangrijkste. En ook op de kortste tijdschalen klopt het natuurlijk niet. Op de polen zijn de jaarlijkse fluctuaties groter dan de dagelijkse, want er is vrijwel geen verschil tussen dag en nacht in de lange duistere halfjaarlijkse winters en de eindeloos lichte zomers. Maar op de evenaar is er juist geen verschil tussen zomer en winter, en is de dagelijkse gang van de temperatuur groter dan de jaarlijkse. Frequentie en amplitude variëren onafhankelijk van elkaar. Het fractale concept werkt niet in de klimaatcycli. Waarom niet? Omdat de klimaatfluctuaties, in tegenstelling tot de aardbevingen, in elke tijdschaal verschíllende oorzaken hebben.

Laten we nog eens goed naar het frequentie-magnitudediagram van de diepzeecurve hierboven kijken. Aan de rechterzijde zijn ook nog een aantal kleinere piekjes te zien in de orde van grootte van duizenden jaren, een schaalstap lager dan de cycli van de precessie. In de ijslagen uit de laatste ijstijd in de Groenlandse ijskap zijn ze ook prominent aanwezig. Ze worden naar de ontdekkers *Dansgaard-Oeschgercycli* genoemd. Het frequentie-magnitudediagram hieronder vertelt dat de klimaatpiekjes een periodiciteit van 1480 jaar hebben.

Wat betekenen die millenniumfluctuaties? Milanković had ze niet gevonden bij zijn astronomische berekeningen, en er is geen enkele cycliciteit van de aardbaan bekend die een periodiciteit van enkele duizenden jaren heeft. Maar de fluctuaties komen terug in allerlei verschillende aardse archieven: de ijskappen, de oceanen, koralen, sedimenten die uitgesmolten zijn uit ijsbergen en op de bodem van de Noord-Atlantische Oceaan zijn terechtgekomen. Dat kan geen toeval zijn. Vulkanische erupties kunnen er nauwelijks voor verantwoordelijk zijn, want daarvoor zijn de variaties te regelmatig. Wat is de oorzaak dan wel?

Tienduizend jaar geleden begon de lente. De glinsterende ijskap die Scandinavië bedekte, smolt weg als sneeuw voor de zon, en de Oostzee haastte zich om de opengevallen plaats weer in te nemen. Ook de Alpen verloren hun majestueuze ijskap, en de dalen werden leeg en hol. Alleen op de allerhoogste Alpentopjes bleef nog een beetje ijs achter, al was het alleen maar om Louis Agassiz op het idee te kunnen brengen dat de gletsjers vroeger groter waren. Dat die minuscule gletsjertongetjes nog een beetje heen en weer schoven, terug omhoog in de Warme Middeleeuwse Periode, vooruit de dalen in in de Kleine IJstijd, en de laatste anderhalve eeuw weer terug omhoog, valt in het niet

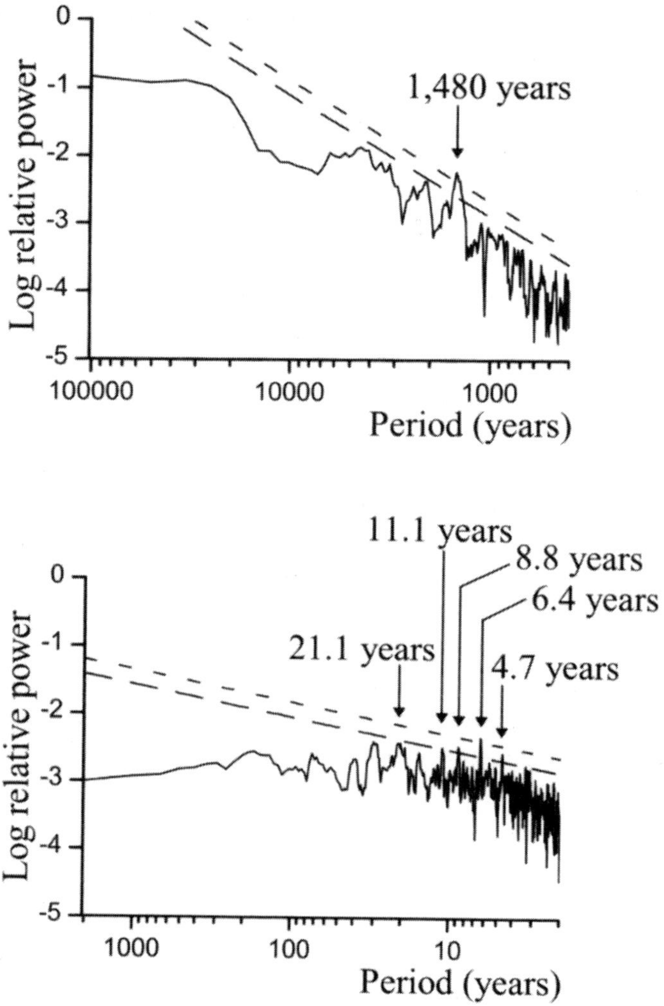

Frequentie-magnitudediagrammen van fluctuaties in de zuurstofisotopenverhouding in de GISP2-ijskern uit Groenland. Als je over de hele kern van 80 000 jaar ijsmonsters neemt om de tweehonderd jaar, (boven) zie je een duidelijke piek bij een frequentie van 1480 jaar. Als je alleen in het bovenste stuk van de kern, dat de jaren 818-1987 AD omvat, monsters om het jaar neemt, zie je vijf pieken tussen 21,1 en 4,7 jaar (onder). Alleen pieken die boven de stippellijnen uitsteken zijn statistisch significante cycli. Weedon, 2003, naar Stuiver et al., 1997.

bij het enorme ijsverlies na de laatste ijstijd. Niet meer dan een hikje in een mensenleven.

Zelfs de Groenlandse ijskap mag van geluk spreken dat hij er nog is. In feite bestaat hij alleen nog maar omdat de top van het ijs boven de sneeuwgrens ligt: boven de grens waar de sneeuw ook 's zomers blijft liggen. Als hij tot beneden de 1500 meter boven zeeniveau zou afsmelten, zou er ook boven op de ijskap 's zomers meer afsmelten dan er 's winters bij komt, en was de hele ijskap snel verdwenen. Maar gelukkig is hij er nog, want het is ons kostbaarste archief voor de klimaatveranderingen in de laatste honderdduizend jaar.

Je kunt er ook in de laatste tienduizend jaar periodiciteiten van allerlei ordes van grootte in ontdekken, maar wel zwakker dan in de ijstijden. Net als in de Antarctische ijskap staan ook in die van Groenland variaties geregistreerd in het gehalte aan stof en zeezout. Dat zijn interessante veranderingen, want stof en zout zijn aanwijzingen voor de windsterkte. Hoe harder de wind, hoe hoger de golven op zee, hoe meer zoutdruppeltjes door de wind worden meegenomen, hoe meer zoutkristalletjes er op de ijskap neerslaan.

In het bovenste deel van de Groenlandse ijskap zijn een aantal opvallende stof- en zoutpieken te zien. Elke 2600 jaar is het raak. Ook millenniumfluctuaties, net als de Dansgaard-Oeschgercycli! De laatste periode van hoger zout- en stofgehalte, en dus hardere winden, valt in de laatste vier eeuwen. De Kleine IJstijd! Hij bestaat dus echt! Ook de zuurstofisotopen geven zwakke signalen van de Kleine IJstijd en de Warme Middeleeuwse Periode af. En er zijn kennelijk nog meer kleine ijstijden geweest! De vorige piek die daaraan voorafgaat, zo'n 2600 jaar geleden, in de Bronstijd, is zo mogelijk nog interessanter.

De Amsterdamse paleoklimatoloog Bas van Geel is gespecialiseerd in het reconstrueren van het klimaat uit fossiele stuifmeelkorrels. Het was hem opgevallen dat veel hoogveen in Nederland rond 2600 jaar geleden na een periode van relatieve droogte plotseling begon te groeien (de overgang van het Oude Veenmosveen naar het Jonge Veenmosveen). Door de vernatting werden boeren uit het veen van West-Friesland verdreven. Sindsdien is datzelfde verschijnsel in veen in Ierland, Polen en vele andere lokaties in West-Europa teruggevonden. Kennelijk werd het klimaat rond 2600 jaar geleden, midden in

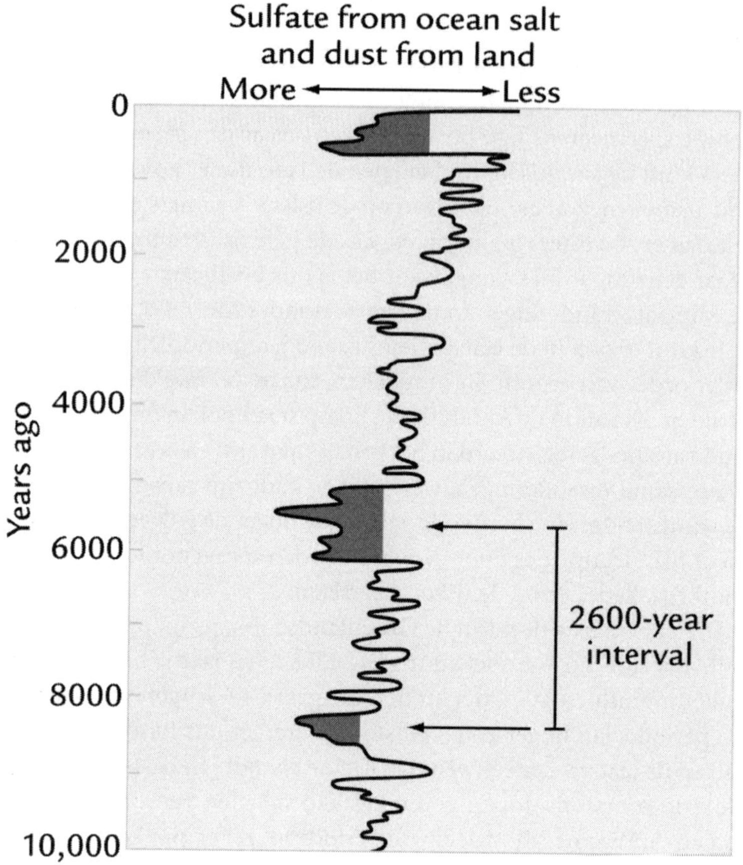

Zeezout- en stofpieken in de boorkern GISP2 in de Groenlandse ijskap in de laatste tienduizend jaar. Ruddiman, 2001 naar O'Brien et al., 1995.

de Bronstijd, ineens een stuk natter. Het verschijnsel blijft niet beperkt tot Noordwest-Europa. In Zuid-Frankrijk stonden de meren op een hoog niveau. In Chili ontstonden kleine nieuwe gletsjers. In het stroomgebied van de Wolga in Noord-Rusland raken oude bewoningsplaatsen uit de droge periode rond 2600 jaar geleden ineens bedekt met een laag rivierklei: kennelijk was de Wolga in die tijd zo vaak buiten haar oevers getreden dat de bewoners moesten verhuizen. Ons eigen onderzoek heeft uitgewezen dat in die tijd ook de Kaspische Zee hoog was (zie hoofdstuk 2). In Siberië leidde het nattere klimaat tot een sterke uitbreiding van de steppevegetatie. De Scythen, een nomadenvolk dat daar toen leefde, bouwden enorme grafheuvels voor hun koningen, met gouden sieraden van grote artistieke waarde. Het was de voorlaatste Kleine IJstijd. Kleine ijstijden zijn dus ook millenniumcycli, net zoals de Dansgaard-Oeschgercycli, al hebben ze niet dezelfde periodiciteit. Maar daarmee zijn we nog niet dichter bij een antwoord gekomen op de vraag waar die millenniumcycli door worden veroorzaakt.

Bas van Geel suggereert een mogelijke verklaring. Het was hem ook opgevallen dat juist veenmonsters uit die Kleine IJstijd van 2600 jaar geleden problemen opleverden met de koolstof-14 datering. Koolstof-14 wordt in de atmosfeer uit stikstof-14-atomen geproduceerd onder invloed van kosmische straling. Die radioactieve koolstof-14 wordt door planten als koolzuurgas opgenomen, en zolang de plant leeft blijft de hoeveelheid radioactieve koolstof constant. Maar als de plant doodgaat vervalt de koolstof-14 en neemt de radioactiviteit af. Dan begint de klok te lopen waarmee je kunt dateren wanneer de plant is doodgegaan. De halfwaardetijd (zie hoofdstuk 1) is 5563 jaar.

Je kunt controleren of koolstof-14-dateringen kloppen of niet. Als je een oude boom hebt kun je de jaarringen tellen en je kunt kijken of de koolstof-14-leeftijd van die jaarringen overeenkomt met de getelde leeftijd. Daar blijkt uit dat er systematische afwijkingen optreden. De hoeveelheid koolstof-14 die in de atmosfeer geproduceerd wordt blijkt niet constant. De kosmische straling die voor de vorming van koolstof-14 zorgt, wordt namelijk deels afgeschermd door de zogenoemde zonnewind, geladen deeltjes die van het zonoppervlak afkomstig zijn. Hoe sterker de zonnewind, hoe minder kosmische straling, en dus ook hoe minder koolstof-14 wordt aangemaakt, en omgekeerd.

Nu blijkt juist in die millenniumcycli de zonnewind zwak te zijn en de aanmaak van koolstof-14 hoog. In de laatste Kleine IJstijd, de tijd van Hutton, Lyell, Darwin en Agassiz, en de maximale gletsjeruitbreiding in de Alpen aan het begin van de negentiende eeuw, waren er vrijwel geen zonnevlekken (zie hieronder), en dus ook weinig zonnewind. Minder zonnevlekken betekent ook minder zonne-

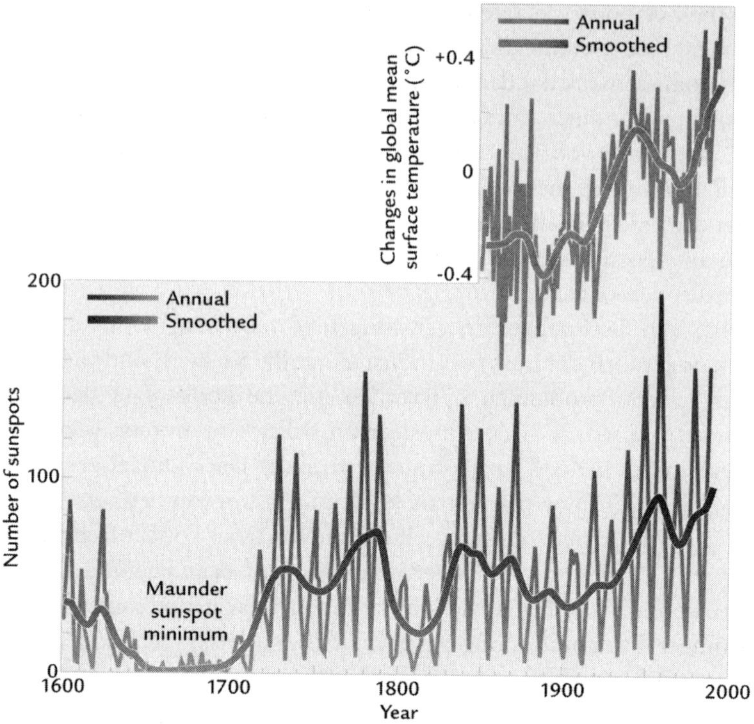

Aantal zonnevlekken (gemiddelden van de bekende elfjarige cyclus) en gemiddelde wereldtemperatuur van de Kleine IJstijd tot nu. Het Maunder-minimum valt samen met een van de koudste perioden uit de Kleine IJstijd. Ook de afkoeling tussen 1945 en 1975 is eruit af te lezen. Ruddiman, 2001.

energie die naar de aarde wordt gezonden. Daar ligt dus een verklaring voor de lagere temperaturen gedurende de Kleine IJstijd, al is daar nog veel discussie over.

Het moet gezegd worden dat er ook mensen zijn die helemaal niet geloven in de Kleine IJstijd, of althans dat de millenniumcycli wereldwijd in de pas hebben gelopen.

De Amerikaanse klimatoloog Michael Mann en anderen hebben op basis van allerlei soorten gegevens een reconstructie gemaakt van de wereldwijde gemiddelde temperatuur van de jaren 1000 tot 2000.

Uit die curve zou moeten blijken dat de hoge temperaturen in de twintigste eeuw volstrekt uitzonderlijk zijn, en geen precedent hebben in de hele recente geologische geschiedenis. De curve is bekend geworden als de 'hockeystick'. Maar het is duidelijk uit de curve dat evidente, historisch zeer goed gedocumenteerde klimaatschommelingen als de Kleine IJstijd en de Warme Middeleeuwse Periode door het gekozen procédé geheel uit beeld zijn verdwenen. Waren dat alleen maar regionale schommelingen die door warmte elders weer werden gecompenseerd zodat ze niet in de curve tot uitdrukking komen? Zelf geloof ik dat niet zo: ik heb de Kleine IJstijd-morenen gezien in de Alpen in Oostenrijk, in de Andes in Colombia, Peru en Bolivia, in de Altaj in Siberië, in de Kaukasus in Kabardino-Balkarië; ten minste in berggebieden lijkt die gebeurtenis universeel te zijn. Misschien ligt het aan de *multi-proxy*-benadering van Mann, dat wil zeggen het integreren van pseudo-temperatuurgegevens, proxies, verkregen uit boomringen, koralen, ijskappen en historische gegevens. Misschien hebben de gegevens uit de tropen, waar klimaatschommelingen altijd minder effect hebben dan in de gematigde streken, een overmatige invloed op de uiteindelijke curve.

Inmiddels hebben de Canadese outsiders Stephen McIntyre en Ross McKitrick Mann's gegevens kritisch doorgerekend. Zij komen tot een heel andere curve, waaruit de Warme Middeleeuwse Periode juist warmer blijkt dan de twintigste eeuw. Zij tonen aan dat Mann bewust gegevens die het hockeystickmodel tegenspraken uit zijn dataset heeft weggelaten, en ontoelaatbare statistische procedures heeft gehanteerd om het gewenste resultaat te krijgen. De reactie van Mann daarop is onheilspellend: in plaats van in te gaan op hun argumenten beschuldigt hij de auteurs ervan dat zij hun onderzoek in opdracht van de oliemaatschappijen hebben uitgevoerd. Het lijkt erop dat Mann nog diep zal vallen, en daarmee ook het IPCC-rapport, dat Manns curve als uitgangspunt heeft genomen.

Die discussie is van grote betekenis, want de vraag is: is de opwarming in de twintigste eeuw een manifestatie van de tijd als stroom (de stijging gaat eeuwig door), de tijd als golf (het is onderdeel van een cyclus, de curve gaat vanzelf weer naar beneden), of van de tijd als puls (het is slechts een kortstondige éénmalige piek)? De reactie

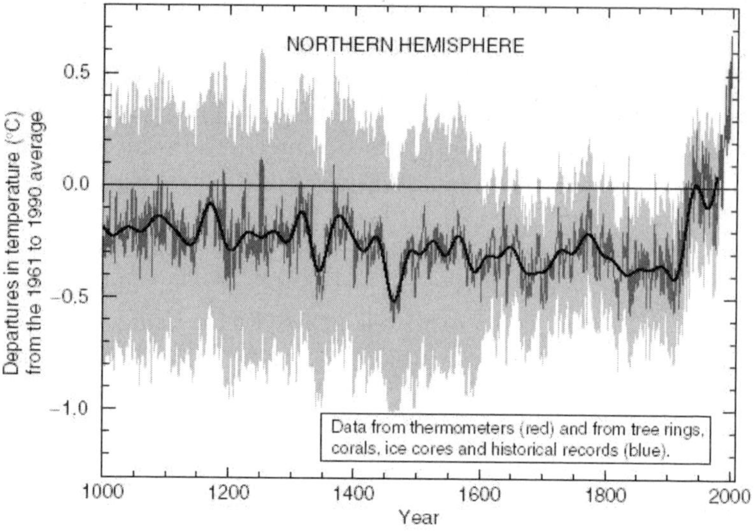

De hockeystickcurve: gemiddelde wereldtemperatuur in het laatste millennium volgens Mann et al., 1999.

van de mensen op de opwarming is onder meer afhankelijk van het antwoord op die vraag.

De politiek lijkt alleen te denken aan de eerste variant. Niemand schijnt ervan uit te gaan dat die curve ook weer naar beneden kan gaan. Manns curve lijkt het begin van het einde in te luiden. Dat komt ervan als je niet verder dan het jaar 2100 vooruit wilt kijken. Maar als blijkt dat de Warme Middeleeuwse Periode en de Kleine IJstijd wel degelijk wereldwijd optraden, zoals McIntyre en McKitrick veronderstellen, en de steel van de hockeystick dus veel te recht is, ligt de tweede variant meer voor de hand. Dan is het onderdeel van een natuurlijke variatie zoals de Warme Middeleeuwse Periode, met hooguit een toefje mensenwerk erop, en is het een kwestie van tijd voor de trend weer ombuigt. Is het de derde variant, dan is er helemaal geen reden om je zorgen te maken. Eigenlijk lijden we nog steeds aan het euvel waar ook Agassiz aan leed: wel zicht op het verleden maar niet op de eigen werkelijkheid: bij hem die van de Kleine IJstijd, bij ons die van de Warme Twintigste-Eeuwse Periode.

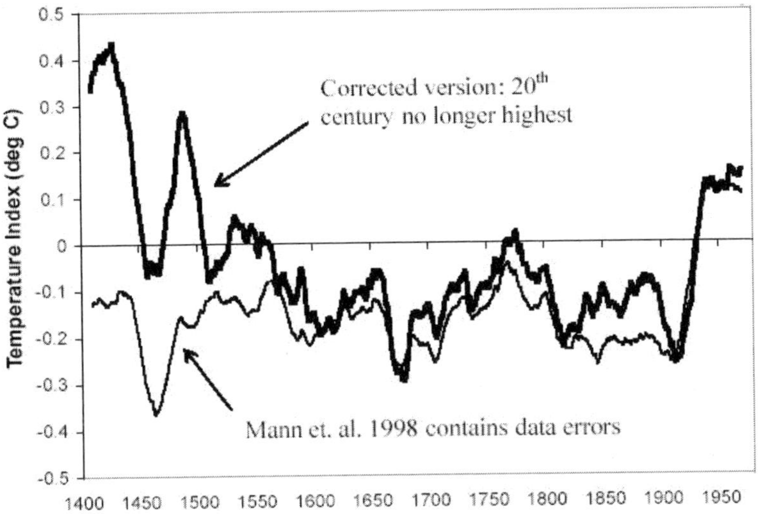

De periode 1400-1950 volgens McIntyre en McKitrick, 2003.

Het mooie van zo'n ijskern is dat als je steeds fijner gaat kijken je ook steeds meer detail ziet. Als je in het bovenste deel van de ijskap, dat het laatste millennium beslaat, van elk jaar een ijsmonster neemt, zie je nog kleinere cycliciteiten (zie figuur op pagina 172). Dat kan eigenlijk alleen in de Groenlandse ijskap, omdat daar per jaar tien keer zoveel sneeuw valt als op Antarctica. Het frequentie-magnitudediagram toont in het interval 818 AD tot 1987 AD pieken op eenentwintig en elf jaar. Bekende getallen! De zonnevlekkencyclus!

Zonnevlekken werden al tweeduizend jaar geleden voor het eerst in China beschreven, maar de eerste wetenschappelijke studies zijn van Galileo Galilei, Thomas Harriot, Johan Fabricius en Christoph Scheiner, alle rond 1610 tot 1612. De apotheker Heinrich Schwabe ontdekte in 1843 dat zonnevlekken een elfjarige cyclus vertonen: die wordt nu dan ook de Schwabe-cyclus genoemd. Daarnaast is er een tweeëntwintigjarige Hale-cyclus en een tachtig- tot negentigjarige Gleisberg-cyclus. De laatste heeft betrekking op de systematische variaties in de lengte van de zonnevlekkenperiodes, die alleen maar gemíddeld elf jaar zijn. Zonnevlekken zijn erupties aan het oppervlak van de zon die extra sterke zonnewind veroorzaken. Periodes met weinig zonnevlekken zijn dan ook periodes met weinig zonneactiviteit, en de periode tussen 1600 en 1700 (zie figuur boven), waarbij zonnevlekken vrijwel afwezig waren, wordt naar de ontdekker het Maunder-minimum genoemd, een van de koudste fasen van de Kleine IJstijd. De klimaatmodellen van de Amerikaanse klimatoloog Shindell suggereren inderdaad een verband tussen de Kleine IJstijd en het Maunder-minimum.

De Deense meteorologen Eigil Friis Christensen en Knud Lassen toonden in 1991 aan dat de gemiddelde jaartemperatuur op het noordelijk halfrond sinds 1740 goed in de pas loopt met de Gleisberg-cyclus van 80 tot 90 jaar. Die cyclus voorspelt ook precies de afkoeling van 1945 tot 1975 waarvoor de Amerikanen en de Russen de Beringstraat wilden afsluiten. Sindsdien zijn de elf-, tweeëntwintig- en tachtigjaars cycli ook teruggevonden in koralen op de Galápagoseilanden en in jaarafzettingen in gletsjermeren (warven). De laatste zeventig jaar lijkt de zonnevlekkenactiviteit de hoogste van de laatste achtduizend jaar: is dat de verklaring voor de hockeystickcurve?

Nog kleiner zijn de cycli van 8,8, 6,4 en 4,7 jaar in de jaarlagen van dezelfde Groenlandse boring en andere registraties. Die periodiciteiten correleren goed met die van meerjaarlijkse variaties in het atmosfeer-oceaansysteem zelf: de bekende El Niño of Zuidelijke Oscillatie, en de Noord-Atlantische Oscillatie, die mogelijk ook hoge en lage zeespiegelstanden in de Kaspische Zee veroorzaakt, zoals we zagen.

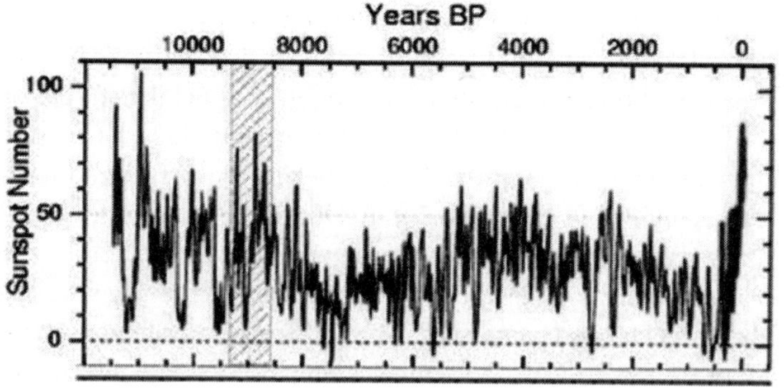

Ongewoon sterke zonnevlekkenactiviteit in de laatste zeventig jaar, net zo sterk als 8400 jaar geleden. Solanki et al., 2004.

De oorzaken van deze cycli zijn nog niet bekend, al zijn er ook hier onderzoekers die een verband leggen met de zonnecycli.

Fantastisch, al die cycli, al die regelmaat in de natuur! Grote ijstijden volgen de Milanković-cycli, kleine ijstijden en nog kleinere klimaatfluctuaties hangen samen met de zon. Wat is het probleem? Valt er hier nog wat klimaat te redden? Alles ligt toch immers vast?

9

Onder de deken

Een mens lijdt dikwijls het meest
door het lijden dat hij vreest,
doch dat nooit op zal dagen.
Zo heeft men meer te dragen
dan God te dragen geeft.

(auteur onbekend)

Is u in de loop van dit verhaal niet iets opgevallen? Heeft u niet gemerkt dat wij inmiddels de hele klimaatgeschiedenis van de aarde in het laatste miljoen jaar bijna van dag tot dag voorbij hebben zien komen zonder dat er ook maar éénmaal het woord 'broeikaseffect' is gevallen? Is dat niet vreemd? Al die cycliciteiten die we gezien hebben, de excentriciteit, de tilt, de precessie, maar ook de zonnevlekken, de seizoenen en de dag- en nachtritmen zijn afkomstig van buiten de aarde zelf. Het zijn externe sturende krachten in het zonnestelsel. Als de aarde geen water en geen atmosfeer had gehad, als de aarde alleen een kale stenen bal was geweest zoals de maan, hadden precies diezelfde externe factoren precies dezelfde verschilletjes in zonne-energie op precies dezelfde plaatsen opgeleverd. Ook dan gaat Milanković op. Het is eigenlijk verbazingwekkend dat ondanks de aanwezigheid van de atmosfeer en de hydrosfeer de astronomische signalen zo helder doorklinken.

Heeft de atmosfeer dan geen enkele invloed? Natuurlijk wel. Op een aarde als kale bol wordt de invallende zonnestraling door het landoppervlak deels direct terug naar de kosmos gereflecteerd, deels geabsorbeerd. De aarde zendt die geabsorbeerde energie als langgolvige, grotendeels infrarode straling terug naar de kosmos. Op de evenaar valt meer energie in dan er wordt uitgestraald, bij de polen is het andersom. Maar omdat er op de kale bol geen mechanisme is om de overtollige warmte van de evenaar naar de polen te transporteren, zijn de temperatuurcontrasten enorm, net als op de maan.

Door de atmosfeer en de oceanen wordt alles anders. De in de atmosfeer aanwezige broeikasgassen waterdamp, koolzuurgas en methaan houden 90 procent van de langgolvige straling die door de aarde wordt uitgezonden vast. Het aardoppervlak is daardoor gemiddeld 31° C warmer dan wanneer er geen broeikasgassen zouden zijn. Dat is het broeikaseffect.

Verder vindt warmtetransport plaats van de evenaar naar de polen door verdamping en neerslag, luchtstromingen en oceaanstromen. Daardoor worden ook de temperatuurcontrasten tussen de verschillende plaatsen op de kale aarde verzacht. Het is een milde, zachte deken van lucht en water die de gemiddelde temperatuur op aarde rond +15° C houdt. De signalen van de buitenwereld dringen vervormd door de deken heen, zoals ik de mannen op het dak aan de overkant hoor praten als ik nog onder de dekens lig.

Niet alle elementen van dat atmosfeer-hydrosfeersysteem zijn even snel bij de les. De responstijd van de atmosfeer op externe invloeden zoals dagelijkse en seizoensvariaties in temperatuur is enkele uren tot enkele weken, en die van het landoppervlak uren tot maanden. Het oceaanoppervlak is al wat trager: dagen tot maanden. Gletsjers in de bergen zijn niet zo gevoelig, zij hebben meer tijd nodig en zij reageren in termen van tientallen tot honderden jaren. Kleine fluctuaties zoals jaarlijkse variaties in neerslag en afsmelting worden als het ware uitgemiddeld. Daarom zijn gletsjerbewegingen geschikt om meerjarige gemiddelden van klimaatveranderingen te bepalen. Bij ijskappen is dat nog sterker, die hebben een responstijd van honderden tot tienduizenden jaren. Verstoringen van buitenaf kunnen ook niet-lineaire, chaotische responsen geven, zoals turbulentie in lucht en water. Maar de cyclische signalen uit ijskappen, diepzee, jaarringen en warven zijn zo helder en duidelijk dat de chaotische responsen alleen maar lichte ruis op heel korte tijdschalen gegeven kunnen hebben. Meer invloed op het weer dan op het klimaat.

Soms worden de cyclische signalen verzacht, maar soms juist ook

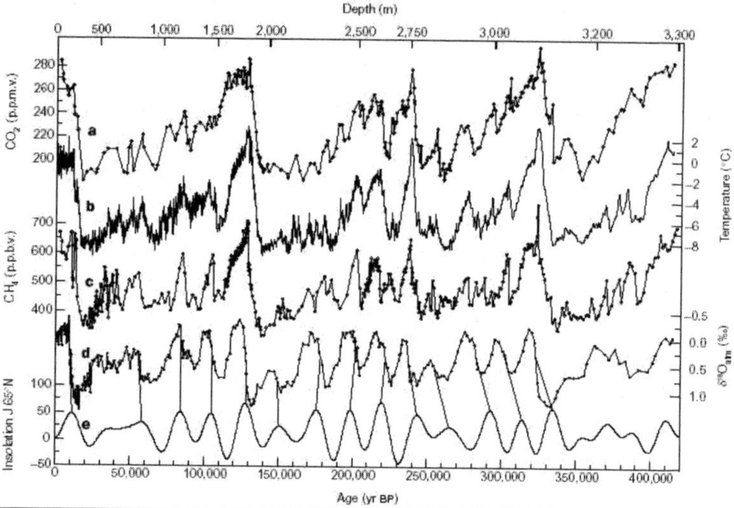

Koolzuurgas en methaan dansen mee met de temperatuurcurven in de laatste vier ijstijden. De sinusoïdale precessiesignalen (onderste curve) worden door de terugkoppelingsmechanismen vervormd tot een zaagtandsignaal (bovenste curves). Vostok-ijskern, Antarctica. Petit et al., 1999.

versterkt. De geringe verschilletjes in zonne-energie die het gevolg zijn van de Milanković-variaties en van de zonnevlekken zijn van zichzelf veel te klein om daarmee de ijstijden en de kleinere klimaatfluctuaties te kunnen verklaren. De atmosfeer en de hydrosfeer zijn als het ware de luidspreker waardoor je die variaties beter kunt horen. Dat komt door allerlei positieve en negatieve terugkoppelingsmechanismen.

Laten we eens kijken hoe het werkt bij de grote ijstijden. Het begint allemaal als de gemiddelde zomertemperatuur op het noordelijk halfrond door de precessie zó sterk is gedaald, dat sneeuw op het land in Noord-Noorwegen en Noord-Canada ook in de zomer blijft liggen. De sneeuw reflecteert de zonnestraling sterker dan het groen, daardoor daalt de temperatuur verder, er ontstaat een ijskap, die groeit omhoog, de koudere luchtlagen in, waardoor het nog weer kouder wordt. De ijskap groeit ook zuidwaarts, het wordt te koud voor veel bomen, de toendra reflecteert meer dan het bos, en zo ontstaat een hele keten van positieve terugkoppelingseffecten. Zo krijgen kleine verschillen grote gevolgen.

Als dan de gemiddelde zomertemperatuur door de voortgaande precessie weer zodanig stijgt dat de hele ijskap onder de sneeuwgrens komt te liggen, smelt die razendsnel weer af. De opbouw van de ijskap kost veel meer tijd dan het afsmelten ervan, daarom wordt de mooie sinusvorm van de Milanković-cycliciteit vervormd tot een scheve zaagtand (zie figuur op p. 184). Maar dat doet niets af aan het feit dat de astronomische factoren het ritme van die cycli bepalen, en de atmosfeer en de hydrosfeer alleen maar gehoorzame volgers zijn.

Wat voor rol spelen de broeikasgassen in die cyclus? De analyses van de luchtbelletjes die ingesloten zitten in de Antarctische ijskap laten zien dat het gehalte aan koolzuurgas en methaan perfect parallel loopt met die van de temperatuur. In het frequentie-magnitudediagram hierboven was dat al te zien, maar in bovenstaande figuur is dat nog duidelijker. In de ijstijden is het CO_2-gehalte in de atmosfeer nog maar 180 ppm, in de warme tijden, niet alleen de huidige, maar ook de vorige interglacialen rond 280 ppm. Precisieanalyses laten bovendien zien dat het koolzuurgassignaal het ijstijdsignaal vólgt, maar niet stúúrt. Het is dus niet een vermindering van het broeikaseffect waardoor de ijstijden ontstaan, nee, de ijstijden brengen een verlaging van het koolzuurgas- en methaangehalte in de atmosfeer met zich mee. Als de ijstijd is afgelopen, stijgen de gehalten aan die gassen net zo snel als ze nu stijgen. Maar ook dan geldt: het wordt niet warmer door de stijging van het gehalte broeikasgassen, nee, het is andersom, het is warmer en daarom komen er meer broeikasgassen in de atmosfeer. Ook voor de broeikasgassen geldt: Milanković is de leidende danspartner, en de doortastende betonconstructeur laat het koolzuurgas luchtig meezwieren met elke pirouette.

Het is overigens niet zo makkelijk te verklaren waar het koolzuurgas blijft in de ijstijd. Vermoedelijk gaat het zo. Er is minder bos, dus minder biomassa op het land. De bovenste laag van de oceaan is altijd in evenwicht met de atmosfeer, en heeft dus ook minder koolzuurgas. De enige plek waar het koolzuurgas gebleven kan zijn is in de diepe oceaan, en dat heeft men dan ook inderdaad met koolstofisotopen kunnen aantonen. Door de hardere winden komen meer

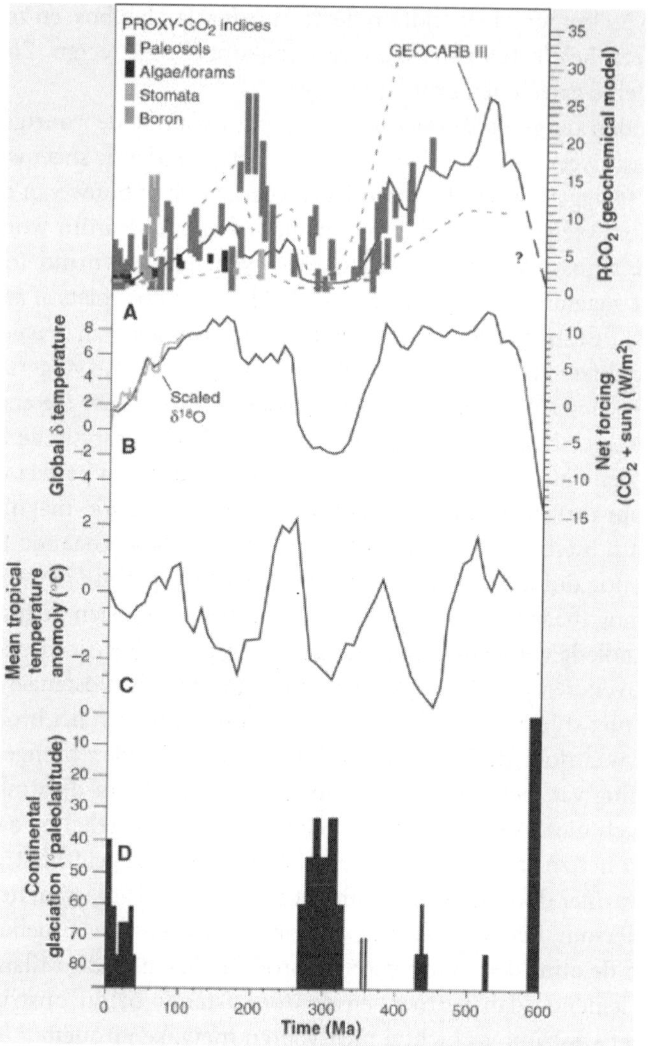

A. CO_2-gehalte in de atmosfeer gedurende de laatste 600 miljoen jaar, volgens verschillende methoden bepaald. RCO_2 is het aantal malen de huidige concentratie van CO_2 in de atmosfeer. In het Krijt, 100 miljoen jaar geleden, was het CO_2-gehalte in de atmosfeer dus tien tot twintig keer hoger dan nu. B. Gemiddelde mondiale temperatuur. C. Afwijking van de gemiddelde temperatuur in de tropen. D. Aan- of afwezigheid van ijskappen op aarde. Vroeger is rechts, nu is links in de grafiek. Crowley en Berner, 2001.

voedingsstoffen uit de diepe oceaan omhoog aan de westkusten van de continenten, er treedt een enorme opbloei op van plankton, dat als het doodgaat bezinkt op de bodem van de oceanen: dat is de biologische koolstofpomp.

Het koolzuurgas heeft wel een leidende rol, maar op hele andere tijdschalen. Dat zien we als we in bovenstaande figuur de klimaatgeschiedenis van de laatste 600 miljoen jaar bekijken. Ook dan zien we een cycliciteit, maar van 200 miljoen jaar! Op dit moment is het gehalte laag, maar in het Krijt, zo'n 100 miljoen jaar geleden, naar schatting wel twintig keer zo hoog als nu. Dat was pas een echte broeikasaarde! In de *greenhouse earth* van het Krijt was het klimaat tropisch tot subtropisch van de evenaar tot de polen. Nergens waren ijskappen. Op Groenland groeiden broodvruchtbomen, in Alaska wandelden eendenbekdinosauriërs rond en in Siberië krioelde het van de krokodillen. In de ondiepe zeeën wemelde het van het leven, eencellige organismen vermenigvuldigden zich met zo'n duizelingwekkende snelheid dat hun skeletjes kalklagen van honderden meters dik over de gehele aarde vormden. Op het land vonden de planten een nieuwe manier om zich beter te verspreiden over de aarde: de bloem.

Maar nog eens 100 miljoen jaar terug, in het Perm en Trias, leek het gehalte koolzuurgas in de atmosfeer weer op het huidige, en was er wel een ijskap. En 100 miljoen jaar dáárvoor, in het vroeg-Paleozoïcum, was er weer wél een broeikasaarde en geen ijskap. Wat betekent dat? Waarom krijgt de aarde ook wisselbaden in de sauna?

De oplossing zit in de plaattektoniek. Een ijskap zoals die van Antarctica en Groenland kan zich alleen vormen als er land ligt op de polen, en dat wordt bepaald door de plaats waar de continenten op dat moment toevallig liggen. De 200 miljoen jaar-cyclus is dus geen strakke wetmatigheid, maar wordt gestuurd door toevallige plaatbewegingen, al zijn er ook lieden die dáár een astronomische oorzaak voor hebben gezocht. Zo meent de Russische geoloog N.A. Jasamanov dat die cyclus te maken heeft met het feit dat ons zonnestelsel in ongeveer 215 miljoen jaar om de kern van ons melkwegstelsel draait: het galactische jaar. Maar bewijzen zijn er niet.

In het Krijt dreef bovendien het beroemde supercontinent *Pangea* vijfmaal zo snel uiteen als nu. Het basaltische vulkanisme op de mid-

Ritmische kalk-klei-diepzeeafzettingen uit het Krijt (Hauterivien), Bouvières, Franse Alpen. Door de gebergtevorming zijn de lagen boven water gekomen en scheefgesteld. Als je de streepjescode van de lichte en donkere laagjes afleest, krijg je een Milanković-frequentie-magnitudespectrum.

oceanische ruggen produceerde daarbij zulke enorme hoeveelheden koolzuurgas, dat het broeikaseffect twintigmaal zo sterk was als nu.

Maar ook in die broeikasaarde werkte de Milanković-cycliciteit door. Als je een spectraalanalyse maakt van de laagdiktes en het kalk- en kleigehalte in diepzeeafzettingen uit die tijd krijg je precies zulke spectra met pieken voor excentriciteit, tilt en precessie als we hierboven hebben gezien in diepzeeafzettingen en ijskappen. Je zou dus kunnen zeggen dat het gemiddelde gehalte aan koolzuurgas over miljoenen jaren als het ware de achtergrond vormt van de klimaatveranderingen op de kleinere tijdschalen van Milanković- en zonnevlekkencycli.

Maar aan de broeikasaarde van het Krijt kwam een eind, want de lithosferische platen begonnen langzamer uiteen te wijken, er werd minder CO_2 geproduceerd door het onderzeese vulkanisme, en Antarctica raakte stevig verankerd op de zuidpool. Het duurde niet lang of de platen gingen zelfs weer naar elkaar toe bewegen, nieuwe subductiezones ontstonden, en nieuwe gebergten zoals de Alpen en de Himalaya rezen tot zulke grote hoogten dat ze de warmte-uitwisseling tussen de evenaar en de polen ernstig verstoorden. Zuid-Amerika en Zuid-Afrika dreven weg van Antarctica, zodat koude zeestromen rond het continent vrij spel kregen. Zo werd langzamerhand de weg vrijgemaakt voor de Antarctische ijskap, en daarmee voor de grote ijstijden van de laatste paar miljoen jaar. Zo is het uiteindelijk de plaattektoniek die het koolzuurgas in de atmosfeer reguleert en de voorwaarden schept voor het ontstaan van de ijstijden.

Overigens is de broeikasaarde van het Krijt nog maar een verre echo van de extreem CO_2-rijke atmosfeer die de aarde meekreeg bij zijn geboorte. Verreweg het meeste van die koolstof zit nu opgeslagen in de vaste aarde als kalksteen, organische stof, steenkool, olie en gas. Maar bij het ontstaan van de aarde bestonden die gesteenten nog niet. Die zijn allemaal gemaakt door het leven: door de fotosynthese van de planten, door het maken van kalkskeletten door dieren. Tezamen is het ongeveer 200 000 maal zoveel koolstof als er nu in de hele atmosfeer, hydrosfeer en biosfeer bij elkaar zit. Dat moet vroeger allemaal in de atmosfeer gezeten hebben. Die atmosfeer moet meer op die van Venus nu hebben geleken dan op die van de huidige aarde. Nog een veel warmer dekentje.

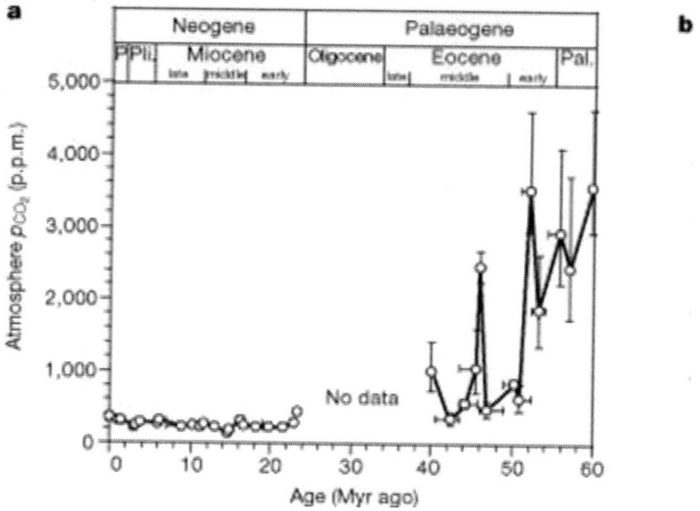

Daling van het koolzuurgasgehalte in de atmosfeer sinds de broeikasaarde. Oud rechts, jong links! Pearson en Palmer, 2000.

Wordt er dan nooit eens zand in de machine gestrooid? Geen spaken in het eeuwig ronddraaiende wiel van de kosmische cycli en van de plaattektoniek? Zijn wij de eersten met onze zelfgemaakte piek van koolzuurgas? Nee, zo uniek zijn wij niet. Maar het effect van de *pulsen* van de tijd, de *events* die de golfbeweging verstoren, is meestal maar kortstondig. Grote vulkanische erupties verstoren de interactie tussen zonne-energie en atmosfeer gemiddeld eens per eeuw. Maar het afkoelende effect daarvan duurt hooguit een paar jaar, en of er werkelijk een vulkanische winter is geweest 75 000 jaar geleden, zoals we eerder bespraken, is nog maar zeer de vraag.

Een tweede vorm van verstoring zien we optreden aan het einde van de laatste ijstijd. Bij het afsmelten van de grote Laurentische ijskap van Noord-Amerika ontstonden grote smeltwatermeren achter de ijswallen. De grootste wordt Lake Agassiz genoemd, ter ere van Louis Agassiz, de grondlegger van de ijstijdtheorie, en in zijn latere leven in Amerika oprichter van het Harvard Palaeontological Museum en een invloedrijk man in de Amerikaanse aardwetenschappen.

Toen de ijswal die Lake Agassiz afgedamd hield twaalfduizend jaar geleden doorbrak, kwam een enorme golf koud smeltwater de Noord-Atlantische Oceaan in, zodat het klimaat wereldwijd gedurende twaalfhonderd jaar ontregeld was. Deze Jonge Dryas-tijd was de laatste stuiptrekking van de ijstijd voor definitief de lente aanbrak. Maar niet gepland door Milanković.

Een van de meest interessante pulsen was het Paleocene-Eocene Thermal Maximum 55 miljoen jaar geleden: het is de grootste CO_2-piek op de figuur hierboven. In die tijd steeg de temperatuur plotseling vijf tot acht graden op hoge breedte, een tot vier graden in de subtropen en een tot twee graden in de tropen. Volgens sommigen was dat het gevolg van het plotseling vrijkomen van grote hoeveelheden methaan van de zeebodem, anderen geloven dat een CO_2-puls door grootscheeps vulkanisme op de bodem van de Noord-Atlantische Oceaan de schuldige is. De warmtepiek is teruggevonden in alle oceanen, maar was in minder dan honderdduizend jaar weer geheel verdwenen! Vermoedelijk hebben eencellige organismen in de oceanen dankbaar gebruik gemaakt van de extra stoot koolzuurgas en de piek snel geabsorbeerd.

Zelfs de grote meteorietinslag aan het einde van het Krijt, 65 miljoen jaar geleden, heeft geen langdurige verstoring van het klimaat opgeleverd. In de groeve Geulhemmerberg in het Limburgse krijt kun je dat zien. Daar zit een kleilaagje van zestig centimeter dat een van de grootste rampen vertegenwoordigt die de aarde heeft getroffen, en die leidde tot massaal uitsterven van talloze organismen, waaronder de dinosauriërs. Maar daarboven gaat de afzetting van de krijtkalk (ten onrechte vaak 'mergel' genoemd) gewoon weer door alsof er niets is gebeurd.

Kennelijk is de van buitenaf opgelegde cycliciteit van het klimaat 'robuust', een woord waar wetenschappers van houden. Plotselinge pulsen kunnen wel een tijdelijke verstoring opleveren, maar binnen korte tijd is het effect van de puls weer geabsorbeerd, en gaat de ijzeren cycliciteit weer gewoon haar gang. Een van de aardigste illustraties van de robuustheid van de astronomische cycliciteiten is ook dat de recente stijging van het koolzuurgasgehalte in de atmosfeer geen rechte lijn is, maar een zaagtandvorm laat zien: de seizoensfluctuatie. In de zomer neemt de vegetatie op het noordelijk halfrond zó-

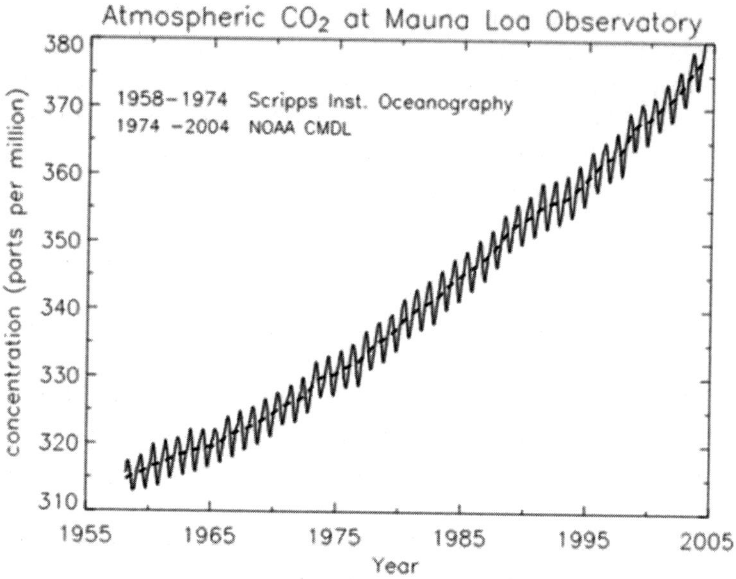

Toename koolzuurgas in de atmosfeer met seizoensschommelingen. NOAA.

veel koolzuurgas op uit de lucht, dat de concentratie daardoor wereldwijd daalt. In de winter stijgt zij juist weer. *Global warming* of niet, de seizoenen gaan gewoon door.

Is die opgaande lijn van de door de mens veroorzaakte verhoging van de hoeveelheid koolzuurgas in de atmosfeer ook zo'n voorbijgaande puls? Dat is natuurlijk niet te zeggen als je zoals het IPCC niet verder de toekomst in wil kijken dan het jaar 2100 (zie hoofdstuk 1).

Er zijn gelukkig dapperder lieden, zoals Klaus Hasselmann van het Max Planck Institute for Meteorology in Hamburg. Hij durfde het aan scenario's door te rekenen tot aan het jaar 3000. Het eerste dat daarbij opvalt is dat de hoeveelheid fossiele brandstoffen eindig is. Alle grote energiedeskundigen voorspellen dat de hoeveelheid olie en gas over een halve eeuw op zal zijn. Als je ervan uitgaat dat we daarna voldoende gevorderd zijn met alternatieve energiebronnen om het zonder fossiele brandstoffen te kunnen stellen, houdt de emissie van koolzuurgas natuurlijk op. De concentratie van CO_2 piekt dan rond het jaar 2200 op 1000 ppm (nu 370 ppm) en loopt dan langzaam terug. De temperatuur stijgt maximaal vier graden en loopt dan weer terug. Als we niet op tijd aan de alternatieve energiebronnen toe zijn en ook de teerzanden en steenkool op moeten maken, valt de emissiepiek rond het jaar 2400, en de temperatuur blijft ten minste tot het jaar 3000 minstens negen graden hoger. Dit allemaal ervan uitgaan-

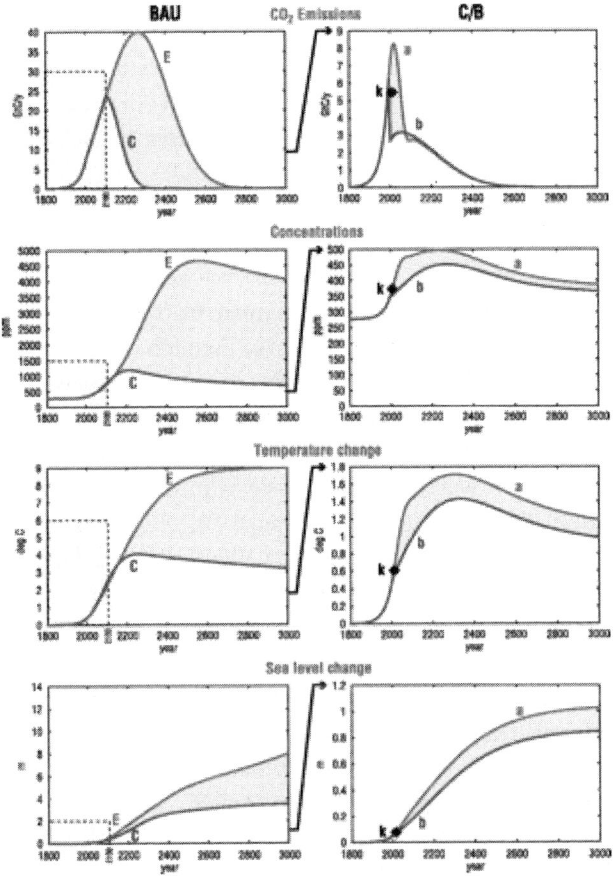

Scenario's tot het jaar 3000 voor koolzuurgasemissies (boven), concentraties, temperatuureffecten, en zeespiegel (onder) voor business as usual (BAU, zonder ingrijpen, links) en Cost/Benefit-beleid (C/B, met ingrijpen, rechts). Hasselmann et al., 2003.

de dat we er niets tegen doen (linker diagrammen in bovenstaande figuur). Als we ingrijpen op enigerlei moment in de loop van het millennium kan het effect sterk verminderd worden – ervan uitgaande dat verhoging van het koolzuurgas ook inderdaad tot temperatuurverhoging leidt, wat nog een punt van discussie is. Als je het zo bekijkt is het inderdaad niet meer dan een puls – een lange puls, voor de menselijke maat, maar in elk geval een eenmalige verstoring waarvan het zeer twijfelachtig is of je er na tienduizend jaar nog iets van merkt.

Jammer, want de volgende ijstijd is een groter probleem dan de opwarming van nu. Canada, Finland, Zweden, Noorwegen en IJsland houden op te bestaan. Alles wat er in die landen staat aan bossen, huizen, bruggen, fabrieken, musea, kerncentrales, dierentuinen, kerken, viaducten, schoorstenen, wordt door de ijskap naar het zuiden gebulldozerd, en de onherkenbaar verwrongen resten ervan worden bij elkaar geveegd tot een stinkende stuwwal van vuil puin van Amsterdam tot Moskou. We zullen niet meer trots zijn op de Kei van Amersfoort als een herinnering aan twee ijstijden terug, nee, we zullen het moeten stellen met het samengeperste restant van de Zeemeermin van Kopenhagen, die tussen de versplinterde bomen in een ingegraven spoortalud wordt gevonden bij de aanleg van de derde Betuwelijn. Alleen wat stevig verankerd is in die landen blijft honderdduizend jaar onder de ijskap bewaard om generaties van het volgende interglaciaal te laten zien hoe het allemaal zo mis kon gaan: asfaltwegen met gletsjerkrassen erop. Agassiz, waar ben je?

Maar misschien hoeft het niet zover te komen. De volgende ijstijd voorkomen kunnen we niet, want de cycliciteit is robuust, dat hebben we nu gezien. Net zo zeker als na de zomer de winter komt, komt na het interglaciaal de volgende ijstijd. De enige manier om het effect te verzachten is ervoor te zorgen dat er zo veel mogelijk koolzuurgas in de atmosfeer terechtkomt. Stoken, Greenpeace! Red het klimaat van de Finnen!

10

Wakers, slapers, dromers

'En, Mafalda, wat vind je van de zee?'
'Besluiteloos, tot nu toe'

© Joaquín S. Lavado (Quino)/Caminito S.a.s.

Precies vijfhonderd jaar geleden. Een oude man loopt op het strand van Piombino. Een golf loopt op. Eén golf. Nog nooit heeft een man zó intens naar een golf gekeken. Hij is een geoefend waarnemer, en een die alles wat hij ziet meteen kan tekenen. Met rood potlood en inkt tekent hij hoe de golf bij het naderen van het strand steeds hoger wordt, asymmetrisch wordt, omslaat, en ten slotte uitloopt op het strand, en weer terug. Het is een fascinerende tekening. In moderne leerboeken vind je geen betere.

Wat zou ik graag met Leonardo da Vinci over dat strand lopen. Ik zou hem de oren van het hoofd vragen. Problemen waarmee ik wor-

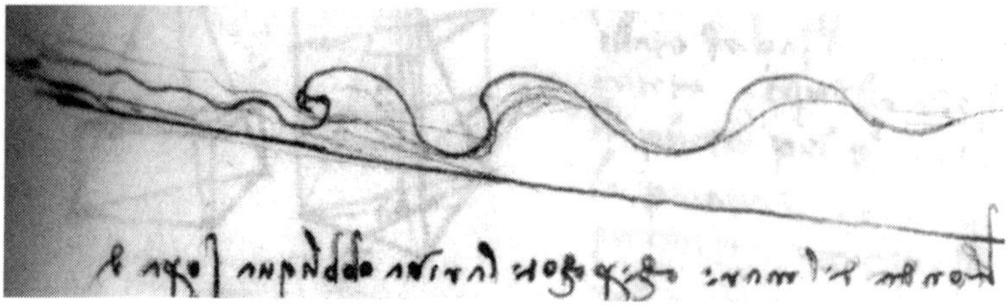

L'onda, de golfoploop van Leonardo da Vinci (1504). Hij schrijft eronder, in zijn wonderlijke linkshandige spiegelschrift: 'L'onda del mare che percote la riva obbliqua, sopra di quella si rompe con impeto.' (De golf van de zee die op de hellende kust slaat en dan onstuimig breekt.) Codex van Madrid II f 64r, Madrid, Biblioteca Nacional. Starnazzi, 2002.

stel en waarop niemand mij tot nu toe een bevredigend antwoord heeft kunnen geven. 'Leonardo, waarom zijn er golven op zee?' Ik weet zeker dat ik van hem niet het standaard antwoord zou krijgen: 'die worden door de wind opgewekt'. Dat is natuurlijk wel zo, en hoe het precies gaat kan je in de figuur in hoofdstuk 1 zien. Maar dat bedoel ik niet. Ik moet mijn vraag anders formuleren. 'Leonardo, waarom blijft het water niet gewoon vlak als de wind erover waait? Er hóéven toch geen golven te ontstaan?' En dan hoop ik dat hij ook weer niet met het standaardantwoord dáárop aan komt zetten: 'als er eenmaal een infinitesimale kleine verstoring is aan het wateroppervlak wordt dat uitvergroot tot een stabiele situatie ontstaat met golven van de grootte die horen bij die windsterkte'. Dat heb ik ook al gehoord. 'Leonardo, stel nu dat er géén infinitesimale verstoring is, blijft het wateroppervlak dan glad?' Geen antwoord. Ik ben vijfhonderd jaar te laat.

De vraag laat me niet los. Als student voer ik met een groep studenten en docenten mee naar de Hoofdplaat, een zandplaat midden in de Westerschelde. Wij gingen ribbels kijken, geen golven in de zee, maar golven in het zand. Het was fascinerend. Er waren twee soorten zandribbels. Metersgrote asymmetrische megaribbels, met de steile kant naar Antwerpen gericht, en kleine ribbeltjes, met de steile kant naar zee gericht, als parasieten op de brede rug van de megaribbels. De docenten groeven met hun troffeltjes een sleufje door de grote ribbels. Je zag allemaal kleine schuine laagjes, die parallel aan de steile kant naar Antwerpen helden. Die grote ontstaan bij de vloed,

Grote vloedribbel komend van links bedekt kleine ebribbels. Zandplaat Razende Bol tussen Den Helder en Texel.

legden ze uit, en die kleintjes zijn van de eb. Hier is de vloedstroom sterker dan de ebstroom, aan de andere kant van de zandplaat is het precies andersom. De schuine laagjes ontstaan als het water de zandkorreltjes over de top van de ribbel heen sleept; daar aan de lijzijde is het rustiger en daar vallen ze op de schuine helling van de ribbel, onder een hoek van 34°, de maximale rusthoek van los gestapeld zand. Per Bak weet er alles van.

'U vertelt wel hoe ribbels zich stroomaf verplaatsen door zand van de loefzijde naar de lijzijde te brengen, maar waarom ontstaan er überhaupt ribbels? Waarom stroomt het water niet gewoon vlak over het zand?', vraag ik de docenten. 'De boot in jongens, de vloed komt op,' was het antwoord.

Als je datzelfde aan een fysicus vraagt dan mompelt hij: Helmholtzeffect. Maar daar schiet ik niets mee op. De fysici laten ons zitten met onze problemen. Waarom ontstaan golven op het water, waarom ontstaan geribbelde schapenwolkjes in de lucht, waarom ontstaan zandribbels in stromend water, waarom ontstaan ribbels in het asfalt voor het stoplicht waar de auto's remmen, waarom ontstaan op de schelpenzandwegen in Suriname niet alleen maar wasbordpatronen maar zandgolven zo groot dat je hele auto erin verdwijnt? Waarom ontstaan fronten op het grensvlak van koude en warme luchtmassa's? Het gebeurt overal waar media van verschillende dichtheid langs elkaar bewegen, en we begrijpen ook hoe de beweging van de ene golf naar de volgende wordt doorgegeven, maar waaróm gaat het grensvlak golven? Zijn het de kleine oases van structuur in de chaos van de turbulente stroming? Als we de kleinste fluctuaties van het wateroppervlak al niet kunnen verklaren, hoe willen we dan in hemelsnaam de zeespiegelschommelingen van honderden meters op en neer begrijpen? Leonardo, waar ben je? Vaar je op de golven van de Arno, die je zo mooi tekende? Vlieg je naar de geribbelde schapenwolkjes? Dat wou je toch in 1496, opstijgen in de lucht, met je eerste zelfontworpen vliegmachine, als ware het om de 5500ste verjaardag van de schepping te vieren? Geen antwoord. Weer een niet afgemaakt project.

Dan maar een schaalstap hoger. Het getij. Daar is hij weer. Hij hield van het water.

> *Se l'omo ha in sé il laco del sangue, dove cresce e decresce il polmone nello alitare, il corpo della terra ha il suo Oceano mare, il quale ancora lui cresce e discresce ogni sei ore per lo alitare del mondo.*
> Zoals de mens het meer van bloed in zich heeft, waar de longen in groeien en krimpen bij het ademen, zo ook heeft de aarde de oceaanzee, die elke zes uur groeit en krimpt door het ademen van de wereld.
> Leonardo da Vinci, Codex A (1492)

Ik groeide op in Zeeland. Ik fietste langs de Schenge, eens een brede geul die het eiland Wolphaartsdijk scheidde van het eiland Zuid-Beveland, nu een met riet omrande plas waarop ik 's winters vergeefs probeerde de schaatskunst machtig te worden. Ik speelde in de pokdalige weilanden in de Poel waar eens de boeren het veen tussen de klei weghaalden om er zout uit te winnen. Bij de dijkval langs de Kattendijkse dijk aan de Oosterschelde vree ik mijn eerste vrijpartij.

Overal was water geweest. De kaart van Zeeland die ik op de lagere school moest tekenen leek totaal niet op de oude kaarten die de enige antiquair van Goes in zijn winkel had hangen. Nu was Zeeland een soort saucijsje, dikke proppen worst door dunne velletjes aan elkaar verbonden. Toen, drie eeuwen terug, was het soep waar balletjes in dreven, en het kostte grote moeite uit te vinden op welk soepballetje ik nu eigenlijk woonde. Het kwam allemaal door de zee.

Mijn vader was oogarts, en bediende Zuid- en Noord-Beveland en Schouwen-Duiveland. De patiënten van Noord-Beveland kwamen met het Katse Veer naar Goes, en stonden na de behandeling bij ons in de gang hun gesteven witte klederdrachtkappen weer in orde te maken, de gouden stikken naar voren bij de katholieken, naar opzij bij de protestanten. Maar voor die van Schouwen was Goes te ver. Elke donderdag voer mijn vader met de pont over de Oosterschelde naar Zierikzee. Soms mocht ik mee. Als het vloed was reed mijn vader met zijn 2CV de steiger op naar de boot. Als het eb was reed hij de steiger af. De steiger bewoog op en neer met het getij. Vier meter op en neer, elke dag twee keer. Het was de gewoonste zaak van de wereld. Toen in 1963 de laatste caissons in het Veerse Gat werden afgezonken, en Noord-Beveland aan Zuid-Beveland werd geklonken nam mijn vader mij mee. Het getij was ineens weg. Jammer. Nu, in 2004, hebben ze weer een gat gemaakt in de Zandkreekdam, want het water in het Veerse Meer circuleert niet goed. Het bezorgt me leedvermaak.

Eb en vloed, ik ben ermee opgegroeid. De maan en de zon trekken aan de watermassa's van de aarde. Een tweemaal daagse astronomische cyclus die zo precies bekend is, dat je overal in de havens getijtafels kunt krijgen waar in staat hoe laat het hoogwater en laagwater is, en hoe hoog het water zal komen, voor jaren, of zo je wilt eeuwen vooruit. Handig als je de zandplaat op wilt. Kijk maar op www.getij.nl. Vannacht, 12 december 2004 om 02 uur 29 was het nieuwe maan en om 02 uur 56 was het hoogwater bij Bath in de Westerschelde 326 centimeter boven Normaal Amsterdams Peil. Gisteravond om 21 uur 12 was het laagwater -241 centimeter beneden Normaal Amsterdams Peil. Een getijamplitude van 567 centimeter. Ruim 5,5 meter! Precies over twee jaar, op 12 december 2006 is het laagwater om 01 uur 55 op -157 centimeter onder NAP en hoogwater om 08 uur 6 op 221 centimeter boven NAP, een amplitude van maar 378 centimeter. Maar het is dan ook geen nieuwe maan.

De Westerschelde is nog niet eens bijzonder. Bij Mont Saint-Michel aan de Franse Kanaalkust is de getijamplitude meer dan dertien meter, en het record is zestien meter in de Fundy-baai in Canada, een trechtervormige baai waarin de vloedgolf recht instroomt. Twee keer per dag zestien meter zeespiegelrijzing, jaren vooruit tot op de minuut voorspeld! Dat is nog eens voorspellen! En een astronomische cyclus net zoals die van dag en nacht, de seizoenen en de ijstijden.

Daar is dus niemand bang voor. Daar houden we rekening mee. Onder de hoogwaterlijn wordt niet gebouwd. Hooguit gewandeld. Op het strand, of op de zoute groene schorren van het Verdronken land van Saeftinge in Zeeuwsch-Vlaanderen, dat alleen bij springvloed overstroomt. Een wirwar van met slib beklede geulen die kronkelend hun weg zoeken naar zee. Wel goed plannen met het getij, anders verdrink je in de zeespiegelstijging.

Maar op een avond, ik ben nog klein, blijft de eb weg. Het is vloed en het blijft vloed. Het is 31 januari 1953, half elf 's avonds. Ik lig al in bed, hoor alleen dat de schutting omwaait. Volgens de getijtafel moet het eb zijn. Maar de voorafgaande vloed, die al veel hoger dan normaal was, gaat niet weg. De Noordzee is ook een trechter, en als de storm uit de verkeerde hoek komt wordt al het water de trechter in gestuwd, eb of geen eb. Nu is het geen storm maar een orkaan, tot windkracht 12. 'Het is eb, maar het water staat hoger dan een hoge vloed', zegt beurtschipper A. Waling, tevens wethouder van Ooltgensplaat tegen zijn burgemeester, volgens het monumentale boek *De ramp* van de Zeeuwse journalist Kees Slager, waarin 250 ooggetuigen aan het woord komen. Een equivalent in het kwadraat van het boek van Jorge Dario Restrepo over de ramp van Armero, met precies dezelfde elementen erin. 'Hoe kan dat nou, het moet laagwater zijn,' zegt de achttienjarige Kees Hoogerhuis als hij van een viering in Sirjansland naar huis loopt. Niet iedereen is zo bezorgd als de beurtschipper en de jonge feestneus. Een oude volkswijsheid zegt: 'Niet ebben? Niet vloeien!' Dat wil zeggen als de eb niet komt door de storm, is tegen de tijd dat het vloed is, de storm wel uitgewoed of van richting veranderd, en is de volgende vloed niet abnormaal.

Wachtmeester Jan van de Velde van Sint Philipsland weet van zijn vader: 'Als het water niet weggaat komt het ook niet.' Maar het water komt wel.

De Zeeuwse eilanden zijn als aan elkaar gesmede badkuipen die op het water drijven. Het land ligt lager dan de zee. Vanaf Kruiningen zie je de zeeschepen op de Westerschelde als het ware boven je hoofd varen. De grote dijken beschermen het achterliggende land. Dat zijn de wakers. Kleinere dijkjes beschermen de verder naar binnen gelegen polders, dat zijn de slapers en de dromers. Als de waker doorbreekt, moet de slaper in actie komen, en als die het begeeft de dromer. Als je het goed met elkaar afspreekt, werkt het systeem.

Net als bij de rijstvelden in Suriname, alleen in omgekeerde richting. Rijstvelden zijn ook door dijkjes omgeven, maar daar willen de boeren juist water op hun land hebben, omdat als je rijst plant onder water er geen onkruid tussen komt. De rijstboer dicht aan de rivier laat als eerste het water op zijn land, en laat daarna volgens afspraak ook het water door dat zijn buurman nodig heeft die niet aan de rivier woont, maar verder naar binnen. De regels van afspraken is de waterkalender.

Maar in Zeeland werkte de omgekeerde waterkalender niet. Elke dijkgraaf zorgde alleen maar voor zijn eigen dijken. Er was geen coördinatie. Bovendien waren de dijken niet helemaal waterdicht. Er waren doorlaten, coupures in gemaakt voor wegen en spoorlijnen. Als er gevaar dreigde moesten er vloedplanken in de coupures worden gezet om de achterliggende polders voor overstroming te behoeden. Bovendien waren sommige dijken slecht onderhouden, of simpelweg te laag.

Tussen 31 januari halfelf 's avonds en 1 februari drie uur 's morgens blijkt dat de bevolking ook uit wakers, slapers en dromers bestaat. Hoe hoger in rang, hoe dieper de slaap. De meteorologen op het KNMI die het aan zien komen, zenden machteloos hun berichten de wereld in. Maar de radio stopt zijn uitzendingen om middernacht. Alleen abonnees krijgen de waarschuwing voor de stormvloed. De weinige hoogwaardigheidsbekleders die het wel horen, zijn bang paniek te zaaien of uitgelachen te worden voor hun angsten. Rampenplannen bestaan nog niet. Het is 1953. Slechts twee burgemeesters, Hordijk van Ooltgensplaat en Van der Hooft van Willemstad, begrijpen het gevaar. Zij alarmeren de mensen in hun dorp en bewegen hen tot evacuatie, soms onder dwang. Die twee hebben tijdens de Tweede Wereldoorlog allebei in het verzet gezeten. Vele anderen blijven kijken tot het te laat is, of zijn helemaal niet wakker te krijgen, zelfs niet met een steen door het raam. Het zijn vooral verontruste bewoners die de klokken luiden, de sirenes laten loeien, de slapende boeren in de binnenpolders waarschuwen en de vloedplanken in de coupures zetten als die tenminste niet zijn vermolmd of opgestookt in de Tweede Wereldoorlog. Maar de ramp is niet meer tegen te houden. De dijken breken, 1836 mensen en tienduizenden dieren vinden de dood, en honderdduizend mensen moeten evacuëren. Wij in Goes hebben er vijf in huis: de familie Van der Male. Vader, moeder en de zoons Wim, Kees en Izak. Grote jongens, waar ik tegenop kijk. Zij hadden hun huis in Kruiningen moeten verlaten. Goes ligt veilig, op een kreekrug, zeg maar de rand van de badkuip. Wat hebben zij meegemaakt? Ik moet het ze nog vragen.

Over de schuldvraag wordt gezwegen. Niemand vraagt wie er verantwoordelijk is voor de zwakke dijken, voor het gebrek aan coördinatie, voor het gebrek aan gevoel voor urgentie. Niet in het parlement, niet bij Rijkswaterstaat, niet bij de waterschappen, niet bij de pers. Alleen verhalen over de heldenmoed van fiere jongens, stoere knapen bij de hulpverlening. Zo wordt dus ook niets geleerd voor de volgende ramp. Op een lezingendag van het Koninklijk Instituut voor Ingenieurs over de ramp op 20 mei 1953, zegt de Delftse hoogleraar prof. ir. R.J.W. Thierry: 'Vandaag wordt precies verteld wat ook al in 1918 werd gezegd na de stormramp van 1916. Het is net alsof van de lessen van vroegere rampen niet voldoende geleerd is. Men onthoudt wel zaken van tien of ten hoogste twintig jaar geleden, maar wat daarvóór gebeurd is, wordt spoedig vergeten.'

Want de stormvloed van 1953 was weliswaar de zwaarste van de laatste eeuw, maar lang niet de enige in onze geschiedenis. In het laatste millennium zijn er talloze rampzalige stormvloeden geweest: in 1014, 1134, de Sint Elisabethsvloed in 1421 met 2000 slachtoffers, de Sint Felixvloed in 1530, de Allerheiligenvloed van 1570 met meer dan 20 000 doden, de Kerstvloed in 1717 met meer dan 14 000 doden, de Zuiderzeevloed van 1825 met honderden doden. Honderden dorpen zijn ver-

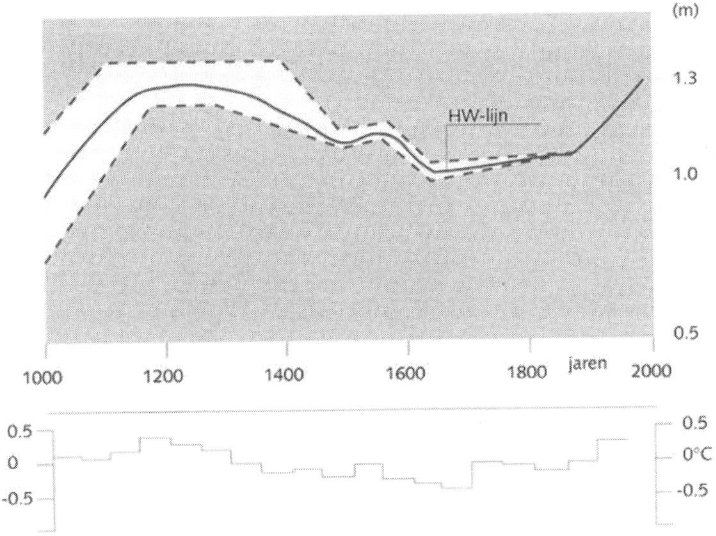

Hogere zeespiegel in de Warme Middeleeuwse Periode, lagere in de Kleine IJstijd. Louters en Gerritsen, 1994.

zwolgen, tienduizenden mensen zijn verdronken, sommige stukken zijn nooit meer teruggewonnen op de zee: het Verdronken land van Reimerswaal, het Verdronken land van Saeftinge.

En je kunt niet eens alleen de zee de schuld geven. Want vanaf het moment dat wij in de tiende, elfde eeuw dijken zijn gaan bouwen, hebben wij het land ontwaterd voor de landbouw, turf gestoken voor de energie, en veen afgegraven voor de zoutwinning. Terwijl het oorspronkelijke moeras in West-Nederland drie meter boven zeeniveau was uitgegroeid, daalde het landoppervlak door al die ingrepen tot onder zeeniveau, en werd daardoor een makkelijke prooi voor de zee. Dat ondertussen ook de zeespiegel licht fluctueerde, dertig centimeter hoger in de Warme Middeleeuwse Periode, dertig centimeter lager in de Kleine IJstijd, had niemand in de gaten. Dat hebben we pas nu kunnen reconstrueren uit zorgvuldige analyse van oude gegevens, onder andere uit de Waddenzee.

Wel worden er maatregelen genomen om Nederland tegen toekomstige stormvloeden te beschermen: het Deltaplan. Maar hoe hoog

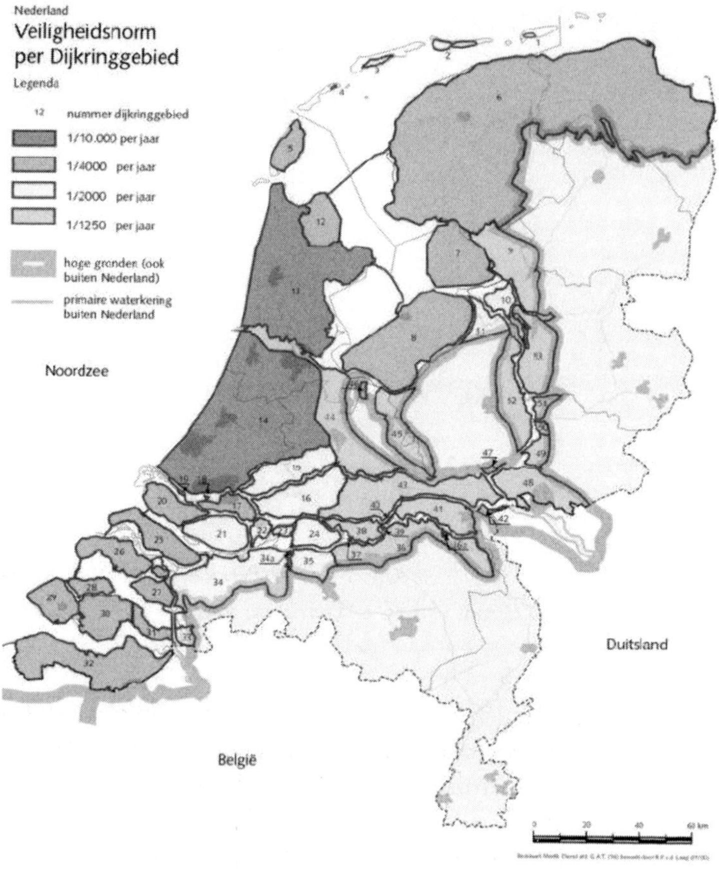

Veiligheidsnormen van kustgebieden in Nederland. De hoogste normen gelden voor de Noord- en Zuid-Hollandse kust, de laagste voor de meest landinwaarts gelegen dijken. Het witte, niet-gearceerde gebied in Oost-Nederland is onbedijkt. Vellinga, 2003, TAW, 2000.

en hoe sterk moeten de dijken dan zijn? De econoom Van Dantzig rekent in 1956 uit wat Nederland achter de dijken waard is en wat dijkversterking mag kosten. Daar komt uit: voor de meest waardevolle en kwetsbare delen moet de dijk stormvloeden tegenhouden die eens in de tienduizend jaar voorkomen. Op het kaartje staan de veiligheidseisen voor de verschillende delen van Nederland. Die waar-

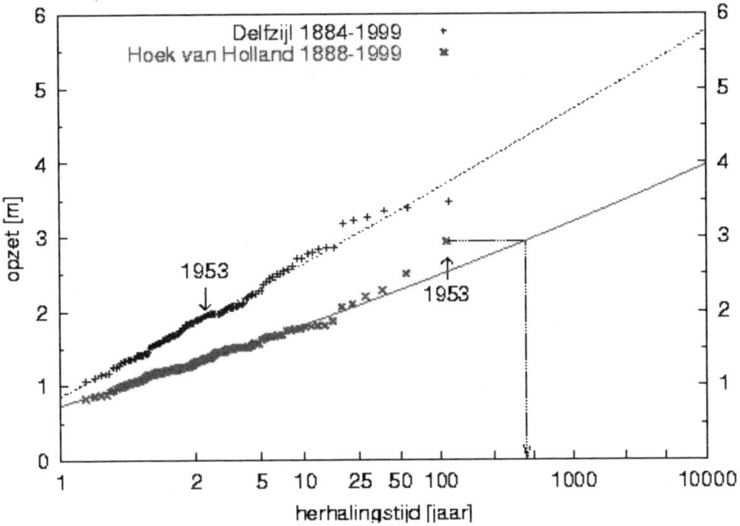

Frequentie-magnitudeplot (Gumbel-plot) geeft de hoogste stormvloedhoogte (opzet) van elk jaar weer tegen de herhalingstijd (eens in de hoeveel jaren deze hoogte wordt overschreden) op grond van gegevens van Hoek van Holland (onderste lijn) en Delfzijl (bovenste lijn). Extrapolatie geeft een maximale stormvloedhoogte bij Hoek van Holland van vier meter boven NAP eens in de tienduizend jaar. De stormvloed van 1953 heeft een herhalingstijd van honderd jaar. Van den Brink et al., 2004.

den gelden nog steeds, hoewel Nederland sinds 1956 natuurlijk wel veel meer waard is geworden.

Wat voor een dijkniveau hoort daarbij? Om dat te bepalen wordt de Gumbel-statistiek voor extremen gebruikt: in feite de frequentie-magnituderelatie die we al in vele vormen hebben leren kennen: als Gutenberg-Richterrelatie bij de aardbevingen, in de zandhopen van Bak, bij eruptiefrequenties, en in een iets andere vorm bij frequenties en magnitudes van de Milanković-cycli.

Uit de extrapolatie van de stormvloedhoogten van de laatste eeuw in Nederland en Europa is vastgesteld dat bij Hoek van Holland eens in de tienduizend jaar een stormvloed van vier meter hoogte te verwachten is. Het is een simpele kansberekening. Maar wat betekent dat getal? 'Het spreekt vanzelf dat die extrapolatie van 112 jaar naar tienduizend jaar vragen oproept,' zegt Pier Vellinga in zijn Erasmuslezing van 2003, als argument waarom de onderzoekers een computermodel hebben gebruikt voor de langere termijn. En hij waarschuwt dat de golfcondities op de Noordzee extremer zijn dan in het Deltaplan was voorzien, en dat veranderingen in het stormpatroon op de Noordzee door klimaatveranderingen grote risico's met zich meebrengen. Een directeur van het Instituut voor Milieuvraagstukken van de Vrije Universiteit moet natuurlijk waarschuwen, anders heeft zijn instituut niets meer te doen. Maar in de tijd van Lowell Ponte werd juist gevreesd dat een wereldwijde temperatuurdáling zou leiden tot meer stormen, en zelfs de tientallen wetenschappers die het IPCC-rapport hebben opgesteld, hebben geen verband kunnen aantonen tussen klimaatverandering en stormvloedfrequentie.

Maar er is nog een reden waarom je je af moet vragen wat die curve betekent. Die werd geëxtrapoleerd uit stormvloeden in een periode waarin het zeeniveau vrijwel niet is veranderd. Hoe zou die curve eruitzien in een periode met sterk stijgende zeespiegel zoals aan het einde van een ijstijd? Of bij een dalende zeespiegel, zoals aan het begin van elke ijstijd, zoals de komende tienduizend jaar? 'Eens in de tienduizend jaar! Maar het kan ook morgen gebeuren!' is een vaak gehoord argument. Dat is juist. Maar het kan níét pas over tienduizend jaar gebeuren, want dan is de zeespiegel al weer aan het dalen. Als trendbreuken vaker optreden dan de berekende herhalingstijd van grote stormvloeden heeft de curve weinig realiteitsgehalte. Een puur statistische benadering is hier onvoldoende.

Sommige door de zee verzwolgen dorpen zul je zelfs op de oudste kaarten vergeefs zoeken. Ooit gehoord van Bruine Bank? Vast niet. Doggersbank? Ja, maar dat is toch een zandbank midden in de Noordzee? Klopt! Maar onze vissers schrapen tegenwoordig zo rigoureus de Noordzeebodem af op zoek naar tong en schol dat er weleens wat anders meekomt. Archeologische resten. Sporen van menselijke bewoning. Bijlen gemaakt van oerosbot. Midden in de Noordzee? Midden in de Noordzee. De Bruine Bank ligt veertig meter onder de huidige zeespiegel, de Doggersbank dertig meter. Hoe kunnen daar dan mensen hebben gewoond? Hier kunnen we weer de mooie regel van Nikolaus Steno toepassen: de wet van de superpositie. Wat boven ligt is jonger dan wat onder ligt. Het water was er nog niet toen de dorpen daar lagen. De hele Noordzee lag droog toen die mensen daar woonden. Tienduizend jaar geleden. Toen was de zeespiegel meer dan honderd meter lager. Het was de winter voor de lente begon. De laatste ijstijd. De zeespiegel was zo laag omdat al dat water zat opgeslagen in de grote continentale ijskappen van Noord-Amerika en Scandinavië. Maar er wonen al meer dan 250 000 jaar mensen in Nederland. Waarom zouden zij zich niet vestigen in de immense toendra's en poolwoestijn op de droge bodem van de Noordzee? Mammoetvlees in overvloed.

Je kon lopen van Amsterdam naar Londen. En niet alleen de

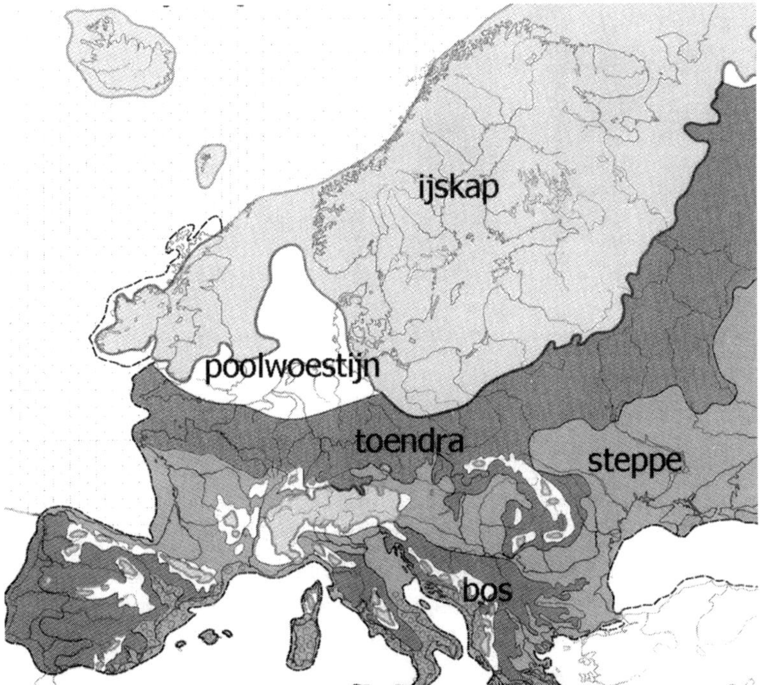

IJskappen, kustlijnen en vegetatie. Contouren van Europa in de laatste ijstijd. Naar Zagwijn et al., 1985.

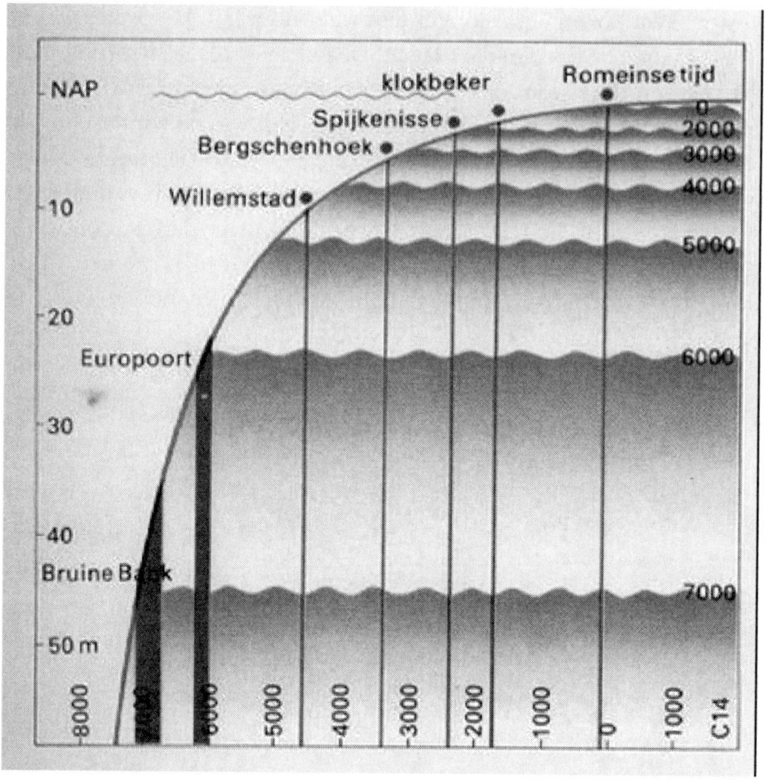

De zeespiegelstijging van de laatste tienduizend jaar. Bloemers et al., 1984.

Noordzee lag droog, ook de Adriatische Zee, en Venetië lag diep landinwaarts. De Perzische Golf lag droog, Sri Lanka en India zaten aan elkaar vast, Nieuw-Guinea en Australië zaten aan elkaar vast, je kon lopen van Jakarta naar Hanoi want het hele ondiepe Soendaplatform lag boven water, de Falklandeilanden zaten aan Argentinië vast, en over de landbrug van de Beringstraat trokken de Siberische volkeren het ongerepte Amerikaanse continent in van Alaska tot Vuurland. Tienduizend jaar geleden.

Aan het einde van de ijstijd is de zeespiegel snel gestegen. Een van de manieren waarop we dat te weten zijn gekomen, werkt als volgt. Zeespiegelstijging leidt tot verhoging van de grondwaterspiegel op het land. Daardoor gaat overal veen groeien. Hoe hoger de zee stijgt,

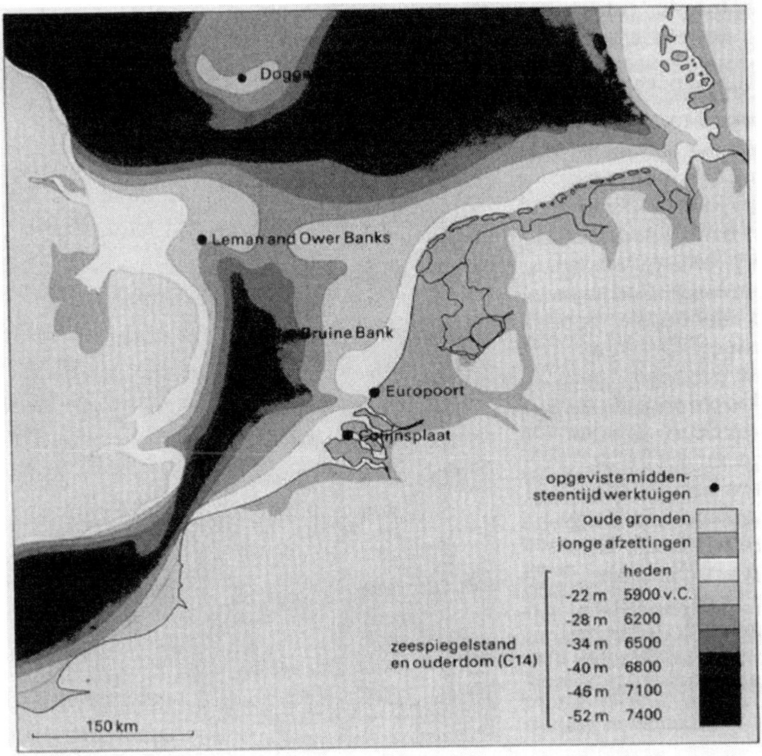

Het vollopen van de Noordzee en de verdrinking van de Doggersbank en de Bruine Bank. Bloemers et al., 1984.

des te verder landinwaarts het veen ontstaat. Die veenlaag, het basisveen, is in de hele ondergrond van West-Nederland terug te vinden. Dicht bij de kust ligt de veenlaag meer dan twintig meter diep en is hij ruim zevenduizend jaar oud, verder landinwaarts komt hij dichter bij het oppervlak en wordt hij steeds jonger, tot ongeveer vijfduizend jaar oud. Daaruit kun je dus afleiden dat de zeespiegel zevenduizend jaar geleden twintig meter lager lag dan nu. De eerste met koolstof-14 gedateerde curve van de zeespiegelstijging in Nederland van Saskia Jelgersma in 1961 kreeg wereldwijde bekendheid.

De mensen van de Bruine Bank zagen 9000 jaar geleden het water steeds hoger komen. Zij konden hoger op de kust verhuizen. De mensen van de Doggersbank hadden minder geluk. Die ontdekten tot hun schrik dat ze ineens op een eiland woonden, dat elk jaar kleiner werd. Wat is er met hen gebeurd? Hadden ze boten? Vlotten? Niet veel hout in de toendra om iets van te maken. Het is niet moeilijk je voor te stellen hoe de laatste bewoners het water in hun hutjes zagen stijgen. Hoe de langste bewoners tot hun nek in het water stonden. Hoe het laatste dat er bleef van de Doggersbank een wuivend handje boven de golven was, zoals het wuivende handje van Papillons kameraad boven het drijfzand voor de kust van Suriname, als laatste groet.

Zij zijn niet de enigen geweest die hebben moeten verhuizen of zijn verdronken. De steentijdmensen in de Cosquergrot bij Marseille die 22 000 jaar geleden nog prachtige paarden, steenbokken, bizons, oerossen en gemzen schilderden op de wanden van hun grot moesten negenduizend jaar geleden hun woonplaats verlaten door de zeespiegelstijging. De ingang ligt nu 37 meter onder zeeniveau. Er moeten mensen gewoond hebben op de bodem van de Adriatische Zee, de Perzische Golf, de Chinese Zee, het Soendaplat. Waar zijn zij allemaal gebleven? Het moet een van de grootste milieurampen zijn geweest die de mensheid heeft getroffen. Een verdrinkingscatastrofe van wereldwijde omvang.

11

Driemaal de zondvloed

It rained for forty days and forty nights? Well, naturally it didn't – that would have been no more than a routine English summer. No, it rained for about a year and a half, by my reckoning. And the waters were upon the earth for a hundred and fifty days? Bump that up to about four years. And so on. Your species has always been hopeless about dates.

Julian Barnes,
A history of the world in 10½ chapters

Heeft niemand díe catastrofe doorverteld? Waar was ons collectief geheugen? Of is dit nu een voorbeeld van een ramp die wél van generatie tot generatie is doorverteld? Is dit de ware betekenis van het zondvloedverhaal? Dat duikt al op in de oudst bekende geschreven tekst, het Gilgamesh-epos, op de kleitabletten uit de bibliotheek van Niniveh. Het leeft voort in de bijbel, maar ook in de koran, het verhaal van Deucalion en Pyrrha bij de Grieken, bij Ovidius, in de Scandinavische Edda, in Keltische legenden van de druïden in Wales, bij de Litouwers wiens taal het dichtst bij het Sanskriet gebleven is, in de Perzische Bundahish-legende, in de Bhagavad Gita uit India, in China, Australië, Polynesië en bij meer dan honderd indianenstammen van Alaska tot Vuurland. De Britse autodidact Hugh Miller, begonnen als steenhouwer, vermeldt in zijn *The testimony of the rocks* (1857) zondvloedverhalen bij de Mexicaanse Azteken, de Inca's van Perú, indianen van Brazilië en Cuba. Alexander von Humboldt vindt zondvloedverhalen bij de Tamanac en de Maipures-indianen in Venezuela op zijn reizen tussen 1799 en 1804. De Zweed Svante Arrhenius, ontdekker van het broeikaseffect, vermeldt in *Die Vorstellung vom Weltgebaüde im Wandel der Zeiten* achtenzestig zondvloedverhalen bij verschillende volken in Europa, Afrika, Azië, Australië, Polynesië, en Noord- en Zuid-Amerika. Hij zegt wel: 'Die Neger, Kaffern und Araber kennen ähnliche Sagen nicht.' John Franklin, een Britse poolvorser die in 1819 poogde de legendarische Noord-West-Passage te vinden tekende bij de Dog Rib-indianen in Noord-Canada op:

> *They say that Tschäpiwih, their great ancestor, lived on* a track between two seas. *[mijn cursief, SK] He built a weir, and caught fish in such abundance that they choked the watercourse, and the water overflowed the earth. Tschäpiwih with his family entered his canoe, and took with him all kinds of beasts and birds. The land was covered for many days; at last Tschäpiwih could bear it no longer, so he sent out the beaver to look for the earth. But the beaver was drowned. Then he sent out the muskrat, which had some difficulty in returning, but it had mud on its paws. Tschäpiwih was glad to see the earth, and molded it between his fingers till it became an island on the surface of the waters, on which he could land.*

Was dat de Beringstraat die droog lag en overspoelde, die *track between two seas?*

Leonardo, wat vind jij ervan? Jij hebt ook nagedacht over het zondvloedverhaal. Je zei niet dat het niet waar was. Je geloofde wel in de toekomstige zondvloed in de Apocalyps, je tekende woeste massa's kolkend water. Maar je zei ook dat je twijfelde aan de zondvloed van Noach, omdat het water niet kan stromen als de hele aardbol met water is bedekt en het niveau overal hetzelfde is. En je zei ook dat de bewijzen die er vroeger voor werden aangehaald niet deugden. Fossiele schelpen in de bergen werden bijvoorbeeld door Ristoro d'Arezzo in 1282 in zijn *La composizione del mondo* nog als onomstotelijk bewijs van de juistheid van het bijbelse zondvloedverhaal gezien. Maar met je verbijsterende opmerkingsgave ontzenuwde je dat idee.

Als je zegt dat de schelpen die je in Italië ver van de zee vindt, daar door de zondvloed zo hoog werden gebracht waar we ze nu zien, dan antwoord ik dat zolang je gelooft dat de hoogste berg zeven el onder water stond, de schelpen, die immers steeds dicht bij de kust blijven, overal op dezelfde hoogte zouden moeten voorkomen.
Als je zegt dat de schelpen dicht bij de kust blijven en zij bij rijzende zeespiegel het zeeniveau volgden tot aan het maximum, dan kan men antwoorden, dat het schelpdier zich niet sneller beweegt dan een landslak, en zelfs langzamer, maar het laat een spoor achter (...) en beweegt drie tot vier meter per dag. Het kan dus niet de afstand van 250 mijl afleggen tussen de Adriatische Zee en Monferrato in Lombardije in veertig dagen, zoals wordt verteld door degenen die [de tijd van de zondvloed] hebben gemeten. Als je zegt, de golven hebben ze daar gebracht [dan antwoord ik] dat ze niet kunnen drijven door hun gewicht en op de bodem blijven.
Als je zegt, het zeeniveau steeg door het regenwater en bracht de schelp tot die hoogte, dan antwoord ik weer dat dingen zwaarder dan water niet kunnen drijven, maar ze blijven op de bodem liggen, vanwaar ze alleen verwijderd kunnen worden door de werking van de golven.
Als de zondvloed de schelpen drie- tot vierhonderd mijl van de zee vandaan gebracht zou hebben, dan zou die een mengsel van verschillende soorten hebben afgezet; maar [in plaats daarvan] zien we [apart] alle oesters bij elkaar, en de horentjes en de inktvissen, en alle schelpen in verschillende groepen, allemaal tegelijk doodgegaan, en de solitaire schelpen worden gescheiden van elkaar gevonden zoals we elke dag aan de zeekusten zien.
In een opeenvolging van lagen vindt men tussen de ene laag en de andere nog de sporen van de aardwormen die daartussen wandelden toen de lagen nog niet waren opgedroogd. Alle zeeklei bevat nog steeds schelpen en de schelp wordt versteend tegelijk met de modder. Diegenen die willen dat die dieren door de zondvloed zijn gebracht op plaatsen zo ver van de zee zijn dwaas en naïef. Een andere sekte onwetenden houdt vol dat de natuur of de hemel ze op dergelijke plaatsen heeft geschapen

door hemelse invloed. (...) Nu ik hun levensduur uit deze kenmerken heb aangetoond, moet men toch aannemen dat dergelijke dieren niet leven zonder te bewegen, op zoek naar voedsel, en dat ze geen gereedschappen hebben die de gesteenten kunnen doorboren waar ze in opgesloten zitten. (...)
Waarom zouden er zoveel fragmenten en complete schelpen gevonden worden tussen de steenlagen, als de schelpen niet werden begraven onder slib van de zee dat later versteende?
Men zou het aantal jaren moeten vaststellen dat de zee de zand- en kleilagen aangevoerd door de naburige rivieren vermenigvuldigde en ze op de kusten afzette; en als je zou zeggen dat vele zondvloeden deze lagen en de schelpen daarin hadden doen ontstaan, dan zou je moeten stellen dat zo'n zondvloed elk jaar optrad.
(Leonardo da Vinci, *Codex Leicester*, 8v, 9v, 10r, 10v; oorspronkelijke tekst in Vai, 2003.)

Het is bijna niet voor te stellen dat na Leonardo's vlijmscherpe redeneringen er nog iemand was die geloofde aan het zondvloedverhaal. Maar deze teksten vonden hun weg naar de wetenschappelijke wereld niet. Ze bleven verborgen in Leonardo's aantekeningen en werden nooit in boekvorm gepubliceerd. Pas Charles Lyell haalde ze in 1830 in zijn *Principles of geology* boven water. Louis Agassiz had in 1837 nog de grootste moeite om zijn tijdgenoten ervan te overtuigen dat de grote ordeloze massa's zwerfkeien in Noord-Europa door het landijs waren getransporteerd, en niet door de zondvloed.

En toch blijft het zondvloedverhaal zijn fascinatie houden. Niet omdat het in de bijbel staat, maar juist omdat het op zoveel andere plaatsen in de wereld ook wordt verteld. En omdat er een mechanisme is dat juist die universaliteit zou kunnen verklaren. Maar dat mechanisme werd pas in 1842 bedacht door de Schotse autodidact Charles MacLaren, zonder overigens een verband met de zondvloed te leggen. Na het aanhoren van een lezing van Agassiz in Edinburgh veronderstelde hij in een krantenartikel als eerste dat een grote ijskap op het noordelijk halfrond zou kunnen leiden tot een aanzienlijke verlaging van de zeespiegel. Niet de schelpen in de bergen, niet de zwerfkeien in de Highlands, maar de smeltende ijskappen zijn een aannemelijke verklaring voor de universaliteit van het zondvloedverhaal.

De Amerikaanse oceanografen William Ryan en Walter Pitman geven in hun boek *Noah's flood* (1998) hun eigen variant van het zondvloedverhaal. Zij zeggen dat de Zwarte Zee bij de stijging van de zeespiegel na de laatste ijstijd aanvankelijk nog niet in verbinding stond met de Middellandse Zee. Pas 7600 jaar geleden is de Zwarte Zee plotseling volgelopen, toen de Middellandse Zee over een drempel in de Bosporus heen stroomde. Een gigantische waterval was het gevolg: een zeespiegelstijging van honderdvijftig meter in één jaar. De volkeren die aan de oever van de Zwarte Zee woonden en kans zagen te vluchten hebben hun verhaal zo vaak doorverteld dat het in de legendes van alle volken rondom voortleeft als het zondvloedverhaal. Het is een schitterend boek, met vertakkingen naar de hele cultuurgeschiedenis van het Midden-Oosten en Europa. Een prachtig verhaal, dat net als Steven Ambroses *volcanic winter* in een BBC-documentaire de wereld in is gestuurd, zelfs vóórdat de bewijzen waren gepubliceerd in de wetenschappelijke tijdschriften. Die bewijzen waren vooral gebaseerd op het feit dat zoetwaterschelpen in het afgesloten Zwarte-Zeebekken in één klap werden vervangen door zoutwatersoorten. Maar nader onderzoek, met name in de Bosporus heeft hun verhaal grotendeels onderuitgehaald, en zij erkennen zelf nu ook dat het niet zo dramatisch kan zijn gegaan als zij in hun boek hebben voorgesteld. En het verklaart niet waarom ook indianen in Zuid-Amerika het zondvloedverhaal vertellen. Jammer. *Se non è vero è ben trovato.*

Zo zijn er meer doodlopende straten. Het is bijvoorbeeld vreemd dat er ook in de Edda, een tiende-eeuwse sage uit Noorwegen en IJsland, een zondvloedverhaal staat. In de ijstijd lagen die landen onder de ijskap, en woonde er niemand. En toen het ijs smolt, is de zeespiegel daar helemaal niet gestegen maar juist gedaald. Het gewicht van de vier kilometer dikke Scandinavische ijskap was namelijk zo groot dat die de aardkorst meer dan een kilometer naar beneden had gedrukt. Toen het klimaat verbeterde en de ijskap smolt, veerde het land weer omhoog, een beweging die nog steeds doorgaat, zoals Linnaeus al opmerkte. De laatste tienduizend jaar is Scandinavië meer dan driehonderd meter gestegen, en Finland krijgt er nog elk jaar tien vierkante kilometer grondgebied bij. Zo lang duurt het voordat de korst zich herstelt van die enorme neerdrukkende kracht van de ijskap. Die stijging van het land is veel sterker geweest dan de stijging van de zeespiegel. Het netto-effect is dus een relatieve daling van de zeespiegel. Op kleinere schaal gold hetzelfde voor IJsland. Het zondvloedverhaal in de Edda kan dus nauwelijks uit het collectief geheugen van de IJslanders en Noren komen.

Oogsten de wetenschappers dan alleen maar het kaf van het bijbelse zaaigoed van de missionarissen? We zullen het antwoord wel nooit weten. De grootste gemene deler van al die verhalen is immers, dat niet te bewijzen valt naar welke natuurrampen zij verwijzen. Als ze al ergens naar verwijzen.

De afsmeltende ijskappen hadden nog meer effecten die het vaststellen van de werkelijke zeespiegelstijging bemoeilijken. Toen de ijskappen de aardkorst naar beneden drukten, stroomde het onderliggende plastische mantelmateriaal onder de ijskap vandaan. Daardoor werd het land om de ijskap heen juist omhooggedrukt. Het is hetzelfde effect als wanneer je op een luchtbed ligt. Het bed wordt ingedrukt onder je lichaam, en de lucht onder je wordt daarom naar de randen van je luchtbed verplaatst, zoals de Amerikaanse klimatoloog William Ruddiman het uitdrukt. Nederland lag juist op zo'n rand. Tijdens de ijstijd ging Nederland dus omhoog, maar toen het ijs afsmolt stroomde het onder de ijskap weggedrukte mantelmateriaal weer terug onder Scandinavië (je bent opgestaan van het luchtbed). Nederland zakte daarom nog harder dan het vanzelf al deed. Uit al deze voorbeelden blijkt dat het heel moeilijk is om de 'absolute' zeespiegelstijging vast te stellen. De peilschalen langs de kust meten alleen de 'relatieve' zeespiegelbewegingen, want de peilschalen bewegen mee met het stijgen en het dalen van het land.

Nog een ander effect is dat de stijging van de zeespiegel een waterlaag van meer dan honderd meter dik aan alle oceanen toevoegde. Dat gewicht drukt zozeer op de oceaanbodem, dat die daardoor weer een beetje verder wegzakt. Daarmee wordt de stijging van de zeespiegel dus weer enigszins tenietgedaan. Verder zet het oceaanwater ook uit als het warmer wordt. Bij de zeespiegelstijging van nu is dat zelfs een belangrijker effect dan het afsmelten van de ijskappen.

Als het gewicht van die ijskappen op het land zo'n belangrijke invloed heeft op de zeespiegel, kan je beter gaan kijken naar gebieden die daar ver vandaan liggen. Naar de tropen bijvoorbeeld. Daar liggen bovendien koraalriffen, gevoelige indicatoren voor het zeeniveau. Koraal heeft licht nodig voor de fotosynthese, en het hele jaar door warm helder zeewater met veel zuurstof, zonder slib. Beneden een diepte van twintig meter is niet voldoende licht, daaronder groeit geen koraal meer. Charles Darwin had dat al vastgesteld. Op Keelingeiland in de Indische Oceaan liet hij met kapiteit FitzRoy een echolood ingesmeerd met talg langs de buitenkant van het koraalrif zakken. Tot tien vadem (18 meter) diep vonden zij steeds afdrukken van levende koralen, daaronder werden de afdrukken zeldzamer, tot er ten slotte niets dan zand aankleefde. Koralen leven kennelijk alleen in ondiep water, concludeert Darwin in zijn mooiste geologische boek *The structure and distribution of coral reefs* (1842).

Maar er zijn dode koralen gevonden op meer dan honderd meter diepte in de zee! Die kunnen alleen maar geleefd hebben toen de zeespiegel lager was. Robert Fairbanks dateerde in 1989 bij het eiland Barbados een hele serie dode koraalkolonies op verschillende dieptes onder water met behulp van de koolstof-14-methode. Daarmee kon hij een stuk verder terug in de tijd kijken dan met de dateringen van het Nederlandse basisveen mogelijk was: tot twintigduizend jaar terug, het moment dat de laatste ijstijd op zijn grimmigst was en de zeespiegel 120 meter lager lag dan nu. De dateringen zijn naderhand bijgesteld met andere methoden, maar het principe blijft hetzelfde. Naarmate het koraal ondieper ligt, is het ook jonger. Uit Fairbanks' curve blijkt dat de zeespiegel in het begin wel twee en een halve meter per eeuw steeg, bijna twintig keer zo snel als nu.

De zeespiegelstijging van na de laatste ijstijd staat natuurlijk niet op zichzelf: elke Milanković-cyclus schommelt de zeespiegel mee, zoals de zuurstofisotopen van de diepzee ons vertellen: laag in de glacialen, hoog in de interglacialen. Zelfs in het laatste interglaciaal stond het water al zes tot acht meter hoger dan nu. Daarna is het langzaam

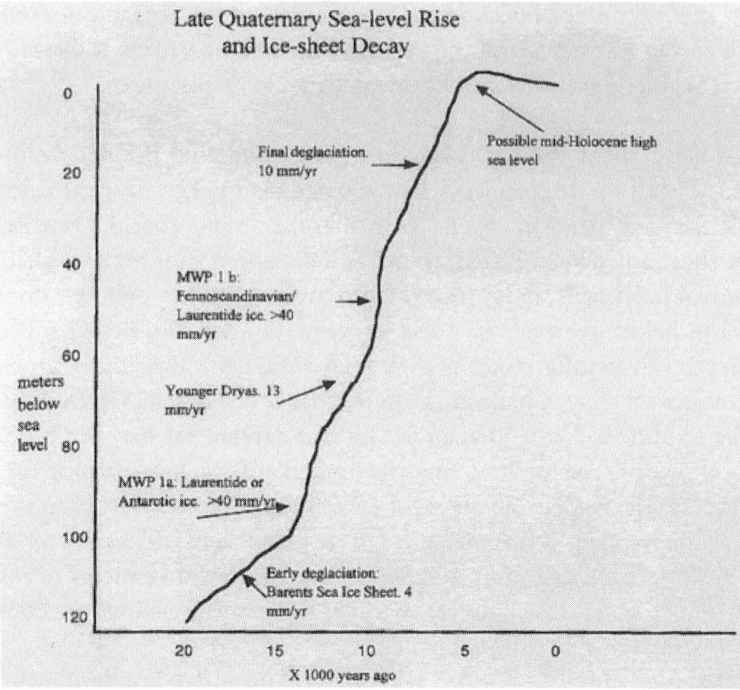

Zeespiegelstijging in de laatste 20 000 jaar op grond van dateringen van verdronken koralen. Snelheid tussen 15 000 en 5000 jaar gemiddeld 1 meter per eeuw, en soms nog sneller. Naar Fairbanks, 1989.

gezakt, tot twintigduizend jaar geleden, en daarna snel gestegen tot het niveau van nu. Precies de asymmetrische zaagtandbeweging die we al zagen uit de zuurstofisotopen in de diepzee en de ijskappen.

Het is niet moeilijk te zien dat het elke ijstijd zo gegaan is. Ook daarbij helpen de koralen. Dat zie je bijvoorbeeld op Curaçao. Als je dat eiland met de passaatwind in de rug vanuit zee nadert, lijkt het net op de getrapte piramide van Ziggurat, alleen veel platter. Een heuvelachtige top, omzoomd door brede witte koraalterrassen, drie, vier boven elkaar, als de witte gesteven kragen van de vroegere kolonisators. Koraalterrassen? Ja, koraal. Maar koraal groeit toch op zeeniveau? Is de zeespiegel dan gedaald bij Curaçao? Want die terrassen liggen tientallen meters bóven het huidige zeeniveau. Dat kan toch

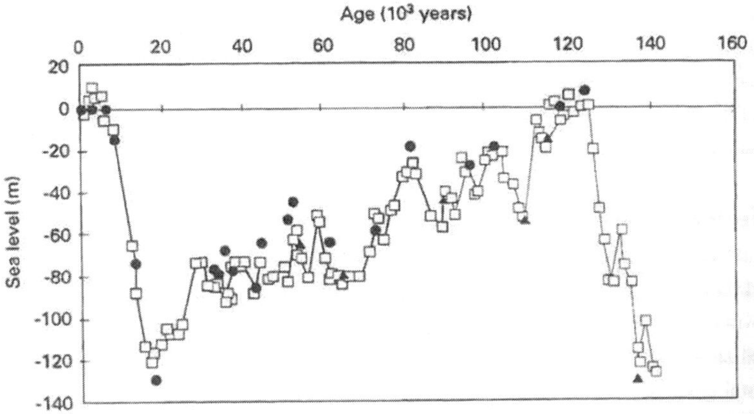

Zaagtandbeweging van de zeespiegel vanaf de voorlaatste ijstijd tot nu.
Chappell et al., 1996.

niet als de zeespiegel elders in het wereld niet is gedaald? Nee, dat hoeft niet: het is alleen een relatieve zeespiegeldaling. Het land stijgt hier, net als in Scandinavië, alleen niet omdat er een ijskap op heeft gelegen, maar tengevolge van de plaattektoniek. Ook hier ligt het land niet stil. Terwijl Nederland wegzakt in zee stijgen de overzeese gebiedsdelen hoger en hoger. Maar het mooie is, dat die stijging al miljoenen jaren doorgaat, met een min of meer constante snelheid.

Als de zeespiegel hoog is tijdens warme perioden zoals nu, groeit het koraal op de hoogst bereikte stand. Als de zeespiegel daarna zakt in de ijstijd, komt het koraal droog te liggen en sterft af: het wordt een vlak en droog koraalterras. Maar als de zeespiegel in de volgende warme tijd weer stijgt, is het land inmiddels zo sterk opgeheven dat het vorige hoge niveau niet meer bereikt kan worden, en een nieuw koraalrif vormt zich lager op de helling. Zo gaat dat elke ijstijdcyclus door, en zo krijg je een hele serie terrassen van afgestorven koraal boven elkaar. Een platte getrapte piramide. En je kunt alle oude terrassen boven elkaar dateren met de uranium-thoriummethode: elk hoger terras is weer honderdduizend jaar ouder, precies volgens de excentriciteit in de Milanković-cyclus. Je hoeft helemaal niet in de diepzee of in een ijskap te boren, je kunt Milanković gewoon vanaf het strand zien liggen tijdens een zonvakantie.

Koraalterrassen aan de noordzijde van Curaçao. Links op de voorgrond het Middenterras, beneden rechts het Laagterras. Op de achtergrond is nog net zichtbaar dat de branding ook het Laagterras erodeert. Voor de kust, net onder water, groeien nieuwe koraalkolonies. Na de volgende ijstijd zal dat een nieuw koraalterras geworden zijn.

Tenslotte zijn de zeespiegelbewegingen op de schaal van de Milanković-cycliciteiten ook maar weer kleine rimpelingen vergeleken met die op nog grotere tijdschalen. Ook daarin heeft Darwin met zijn koraalstudies, zonder het op dat moment te beseffen, een rol gespeeld. Wat hij zich afvroeg is het volgende. Hoe is het mogelijk dat er midden in de peilloos diepe oceanen eilanden voorkomen die alleen maar uit koraal bestaan? Koralen hebben immers een harde ondergrond nodig? Maar in een atol, een min of meer ringvormig koraaleiland met een centrale lagune, is er van een harde ondergrond niets te zien. Later, in 1952, ging een boring in het koraaleiland Eniwetok door 1411 meter koraal voordat de vulkanische ondergrond werd bereikt. Hoe kan dat als koralen niet dieper dan twintig meter kunnen leven? Is de zeespiegel in de oceanen dan soms anderhalve kilometer gedaald? Dat is nauwelijks aan te nemen.

Volgens Darwin komt dat doordat de oceaanbodem daalt. Alle rif-

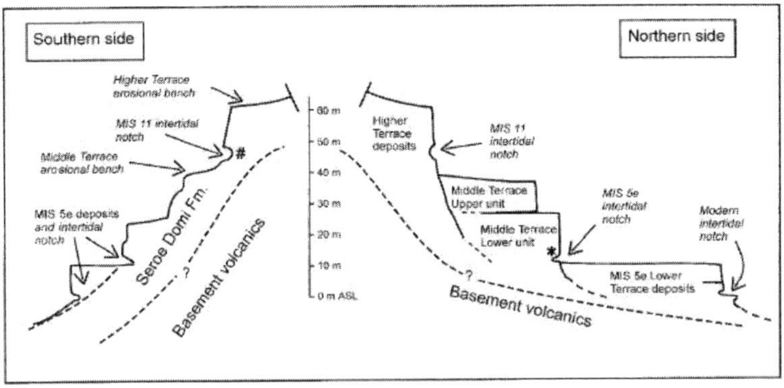

Noord-Zuiddwarsdoorsnede door Curaçao met koraalterrassen, MIS *5 (Marine Isotopic Stage 5) is de voorlaatste warme tijd, 125 000 jaar geleden.* MIS *11 is 400 000 jaar geleden. McFarlane en Lundberg, 2002.*

fen beginnen als franjeriffen, die direct tegen de kust van vulkanen en andere eilanden van vast gesteente aangroeien. Dan daalt de zeebodem, het eiland zinkt weg, maar de riffen blijven verticaal omhooggroeien: het wordt een barrièrerif. Er ontstaat een lagune tussen het rif en het eiland, die steeds breder wordt naarmate het eiland dieper in zee zakt. Als het eiland helemaal is verdwenen is het rif een atol geworden, een ring van koraal die blijft bestaan zolang de koraalgroei de daling van de ondergrond kan bijhouden.

Nu weten we dat die daling van de oceaanbodem nauw samenhangt met de plaattektoniek. Alle drie grote oceanen zijn dieper naarmate de onderliggende oceaankorst ouder is. Bij de jonge spreidingszones in het midden van de oceanen is de diepte maar twee kilometer, maar verder daarvandaan, naar de kust toe, neemt zij toe tot vijf kilometer. Als jonge oceaankorst afkoelt krimpt hij, en komt daardoor dieper te liggen. Het is dát proces dat Darwin registreerde.

Het krimpen van de oceaanbodem met de ouderdom heeft ook invloed op de wereldwijde zeespiegel, want als de bodem dieper komt te liggen kan er meer water in de oceaan. In het Krijt ging de spreiding van de oceaanbodem vijf keer sneller dan nu, zoals we zagen, zo snel dat er relatief veel jonge oceaankorst was en relatief weinig oude. De gemiddelde diepte van de oceanen was daarom geringer dan nu.

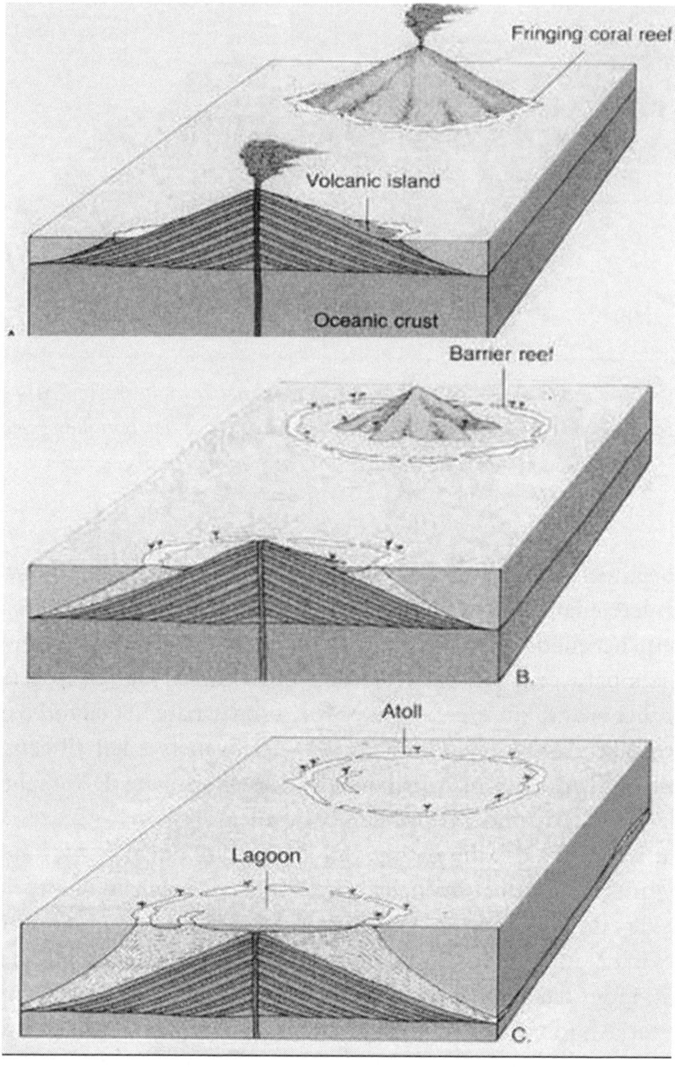

Franjeriffen, barrièreriffen en atollen ontstaan rond een vulkanisch eiland in de oceaan als de zeebodem daalt of de zeespiegel stijgt. De koralen in atollen zoals de Malediven hebben ook de snelle zeespiegelstijging na de laatste ijstijd bijgehouden, dus van de veel geringere zeespiegelstijging voorspeld voor de eenentwintigste eeuw zullen ze niet veel last hebben. http://nte-serveur.univ-lyon1.fr/nte/geosciences/geodyn_int/tectonique1/plancher/plancher.html.

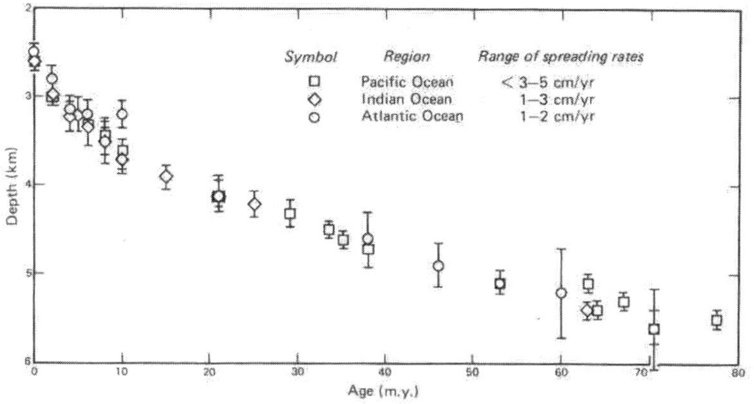

De diepte van de oceanen neemt toe met de ouderdom van de oceaankorst. Bloom, 1978.

En er waren geen ijskappen, dus al het water moest in de oceanen. Daarom liepen ze over tot de zeespiegel tweehonderd meter hoger dan nu stond. Sinds het Krijt is de snelheid van de spreiding sterk afgenomen, er is dus weinig jonge korst bijgekomen, de reeds bestaande korst is sterk gekrompen, daardoor zijn de oceanen dieper geworden, en is de zeespiegel dus gezakt. Bovendien is sindsdien de ijskap op Antarctica ontwikkeld, die de zeespiegel met nog eens ongeveer zestig meter heeft verlaagd. Zelfs als die weer geheel zou afsmelten zouden we nog bij lange na niet het zeeniveau van het Krijt kunnen bereiken.

De situatie vóór het Krijt, met name in het Carboon in de aanloop naar het ontstaan van het supercontinent Pangea, leek erg op de huidige: ook toen had je weinig jonge oceaankorst, was er een ijskap op de zuidelijke continenten, en was de zeespiegel dus laag. Nog weer eerder, in het vroeg-Paleozoïcum, was de zeespiegel juist wel weer hoog. Dat is natuurlijk de grote, door de plaattektoniek gestuurde zeespiegelcyclus van zo'n 200 miljoen jaar die we eerder zagen.

Zeespiegelveranderingen spelen ook een voorname rol bij het zoeken naar olie en gas op de zeebodem. Geologen van de Amerikaanse oliemaatschappij ExxonMobil hebben, onder aanvoering van Peter Vail, in de jaren zeventig een revolutie ontketend in de exploratiewe-

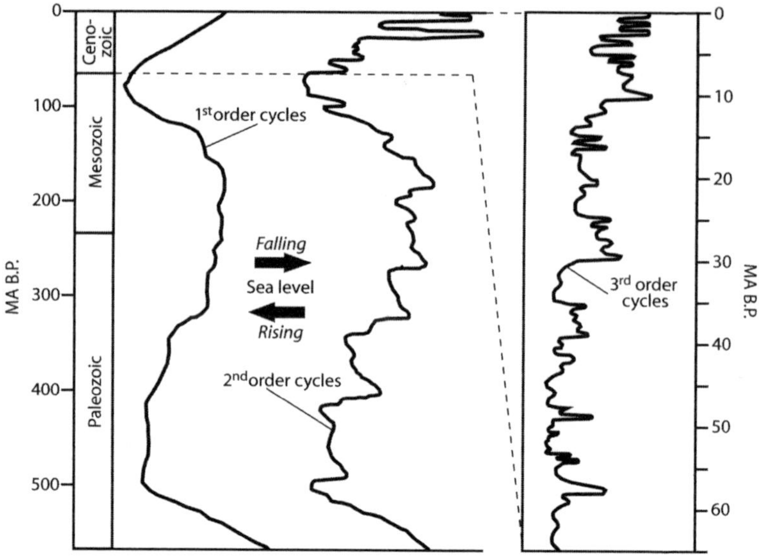

Global Sea Level Curve van de laatste 500 miljoen jaar, met eerste-, tweede- en derde-ordecycli. Gewijzigd naar G. Nichols, 1999 en Haq et al., 1987, 1988.

reld. Zij ontwikkelden een concept, de *sequentiestratigrafie*, dat het mogelijk maakt om de opbouw van offshore sedimentpakketten te verklaren aan de hand van grootschalige zeespiegelveranderingen. Zij beweerden dat zij door nauwkeurige vergelijking van sedimentaire sequenties overal ter wereld de sporen van zeespiegelveranderingen in drie orden van grootte konden herkennen.

De eerste orde van grootte is de cycliciteit van 200 miljoen jaar die we zojuist zagen. Daarop gesuperponeerd zijn zeespiegelveranderingen van de tweede orde, met cycli van enkele tientallen miljoenen jaren, en van de derde orde, van enkele miljoenen jaren. De samengestelde curve is bekend geworden als de *Global Sea Level Curve* van Haq, Hardenbol en Vail. De Milanković-cycliciteiten zijn daar weer op gesuperponeerd en worden als vierde- en vijfde-ordecycli aangeduid. Maar hun tweede- en derde-orde-zeespiegelfluctuaties zijn zeer omstreden. Veel onderzoekers geloven niet dat dit werkelijk wereldwijde cycli zijn geweest, alleen regionale, door lokale dalingen en stijgingen van het land en de zeebodem. Maar voor ExxonMobil is het een geloofsartikel geworden, en de discussies daarover laaien bij elk oliecongres weer op. Ze zullen het wel merken als ze steeds weer droge putten boren.

Ik schrijf dit boek in Bologna. Een stad met een universiteit die duizend jaar oud is, de oudste van de wereld. De stad van Ulisses Aldrovandi, die in 1603 als eerste het woord geologie gebruikte, de stad waar voetstappen liggen van Copernicus, Leonardo da Vinci, Galilei, Lomonosov, Cuvier, en vele andere groten uit de wetenschap. En voor mij ook het symbool van de grootste zeespiegeldaling in de geschiedenis van de aarde.

De tweelingtorens in het centrum van de stad, vierkante bakstenen kokers, de een bijna honderd meter hoog, de Torre degli Asinelli, de andere, die van Garisenda, nog geen vijftig meter, staan beide uit het lood, die kleine nog erger dan de grote. Maar ze staan er nog, al duizend jaar.

Alleen hun fundamenten zijn niet van baksteen. Toen ik voor het eerst om de torens heen liep werd ik getroffen door de schittering van decimetergrote langwerpige kristallen in de grote steenblokken aan de basis. Hoe ik mijn oog ook draaide, de zon reflecteerde altijd wel op een glinsterend kristalvlak. Wat zijn dat voor kristallen? Ik haalde mijn sleutelbos uit mijn zak, en kraste stiekem met mijn huissleutel over een kristalvlak. Het liet een diepe kras achter. Daarna met mijn vingernagel. Zelfs mijn vingernagel kraste de kristallen nog. Dan kan het alleen gips zijn. Gips! Natuurlijk, die mooie zwaluwstaarttweelingen. Het hele gesteente bestaat uit grofkristallijne gips! Hier noemen ze het seleniet. Maar wie gebruikte er nu gips voor de fundamenten van een hoge toren die duizend jaar oud moet worden? Zo ongeveer het zachtste materiaal dat de aardkorst biedt, op talk na? Ze moeten echt niets anders gehad hebben.

En dat klopt. Het is het enige bruikbare gesteente in de mergelige uitlopers van de Apennijnen aan de zuidkant van de stad. Een scherpe rug slingert zich kilometers lang als een Chinese muur door de glooiende heuvels, een tientallen meters dikke, door de plaattektoniek scheefgestelde laag met grote rozetten van glinsterende gipskristallen. Zo'n gesteente kan alleen ontstaan door sterke indamping van grote hoeveelheden zeewater. Die gipsbank is de meest sprekende ge-

Seleniet, het gesteente van grote gipskristallen in de voet van de Torri Gemelle, Bologna, getuigt van de grootste zeespiegeldaling uit de geologische geschiedenis, de Messiniaanse Crisis. Zo zijn zij verre verwanten van de Maagdentoren van Bakoe.

tuigenis van de Messiniaanse Crisis 6 miljoen jaar geleden. De plaattektoniek sloot de Straat van Gibraltar af, en de hele Middellandse Zee droogde uit tot een diepte van 1500 meter. Al het zeewater verdampte, en kalk, gips en steenzout sloegen neer, soms tot een kilometer dik. De Nijl, de Rhône, de Po maakten honderden meters diepe canyons bij hun monding om maar bij de zee te kunnen komen. *The Mediterranean was a desert*, noemde Kenneth Hsü zijn prachtige boek hierover, een zeespiegelthriller die Ryan en Pitman met hun *Noah's flood* vergeefs hebben geprobeerd te evenaren.

Maar een half miljoen jaar later was het afgelopen. De Straat van Gibraltar ging weer open, het water van de Atlantische Oceaan golfde naar binnen, volgens sommigen met een gigantische waterval, en de zeespiegel steeg in korte tijd weer 1500 meter tot oceanisch niveau. Anderhalve kilometer zeespiegelstijging in een paar duizend jaar! Het kan dus wel, Darwin! De grootste zondvloed aller tijden! Maar voor het collectief geheugen was het nog een beetje vroeg.

En nu? Zijn we weer op weg naar een zondvloed? Staat ons hetzelfde te wachten als de bewoners van de Doggersbank en de Cosquergrot? Worden we nu gestraft voor onze milieuzonden? Of oogsten we wéér kaf, van het groene zaaigoed van een nieuwe generatie missionarissen? Het zondebesef valt niet uit te zwavelen.

De Zeeuwse Leeuw dreigt door de zeespiegelstijging uit te sterven volgens de sombere toekomstvoorspelling van Rijkswaterstaat (1986).

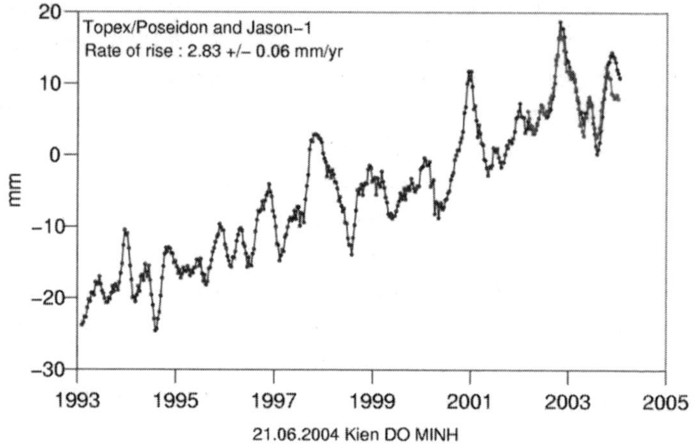

Wereldwijde zeespiegelstijging gemeten met de Topex/Poseidon- en Jason-satellieten (Cazenave, 2005; http://www.omp.obs-mip.fr/omp/gos/resultats/vari_nivmer.htm)

In elk geval kunnen we sinds 1993 de zeespiegelstijging rechtstreeks meten met behulp van de Topex-Poseidon-radarsatelliet en zijn opvolger, de Jason. Elke tien dagen, met een precisie van vier centimeter. Prachtig. Want veel van de angsten komen voort uit het feit dat we niet weten hoe we er nú voorstaan. We kunnen nu méten dat de zeespiegel de laatste twaalf jaar jaarlijks met drie millimeter stijgt. Drie millimeter. Is dat veel? Is dat erg?

Zoals zo vaak: het hangt ervan af wat voor perspectief je kiest. Het is iets meer dan het gemiddelde van de twintigste eeuw, dat rond de anderhalve millimeter per jaar (vijftien centimeter per eeuw) bedroeg. Het IPCC voorspelt tot het einde van de eenentwintigste eeuw een zeespiegelstijging tussen 0,9 tot 8,8 millimeter per jaar. Ze zijn in dit geval zelfs over hun eigen kortetermijnschaduw heen gesprongen en hebben hun modellen drieduizend jaar vooruitgerekend. In hun brutaalste scenario komen ze dan op een zeespiegelstijging van vier meter: een snelheid van ruim één millimeter per jaar. Klaus Hasselmann (zie vorig hoofdstuk) is nog brutaler en komt tot maximaal acht meter in het jaar 3000, bijna drie millimeter per jaar. Maar het is nog altijd minder dan de snelheid waarmee de mensen van de Dog-

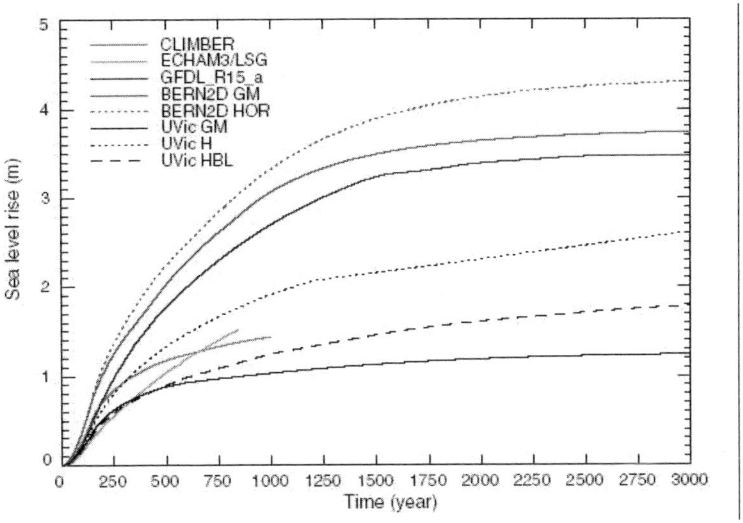

IPCC-scenario's voor de zeespiegelstijging in het derde millennium bij een jaarlijkse stijging van de CO_2-emissies van 1 procent tot een concentratie van viermaal de huidige. Church en Gregory, 2001.

gersbank verdronken aan het einde van de laatste ijstijd: tien tot vijfentwintig millimeter per jaar. En voor de Kaspische kustbewoners, die tussen 1977 en 1995 elk jaar de zeespiegel met vijftien tot dertig *centimeter* zagen stijgen, is zelfs dat natuurlijk kruimelwerk. Om van de Messiniaanse Crisis maar te zwijgen.

De grootste onzekerheid zit in de Groenlandse ijskap. Als die afsmelt stijgt de zeespiegel met zes of zeven meter. Dan worden de oceanen net zo hoog als in het laatste interglaciaal, ruim honderdduizend jaar geleden. Nu houdt de Groenlandse ijskap zichzelf nog in stand, omdat hij boven de sneeuwgrens uitsteekt. Boven de sneeuwgrens komt er meer ijs bij door sneeuwval dan eraf gaat door afsmelting en sublimatie. Maar als het klimaat zo warm wordt dat de hele ijskap onder de sneeuwgrens komt te liggen, smelt hij helemaal weg en komt niet meer vanzelf terug. En als de Antarctische ijskap zou smelten, zou het zeeniveau zelfs zestig meter stijgen. Of dat gebeurt is overigens zeer de vraag: als het warmer wordt kan de lucht meer waterdamp bevatten en kan de neerslag op de ijskap juist toenemen.

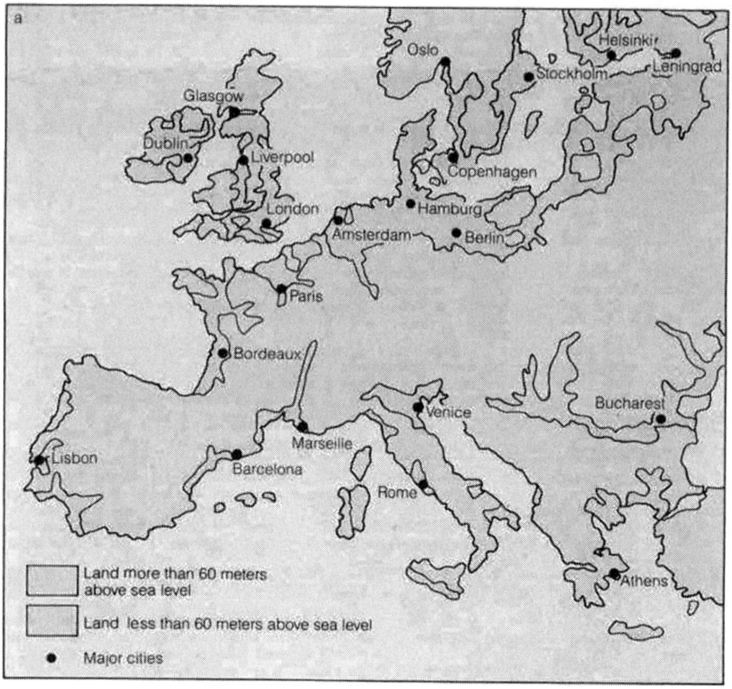

Grote delen van Europa zouden onder water komen te staan als de zeespiegel zestig meter zou stijgen door het afsmelten van de Antarctische ijskap. Skinner en Porter, 1987.

Op Antarctica leidt dit juist tot groei van de ijskap. Ook bij Groenland lijkt dat zo te werken. Voorlopig geen reden tot alarm.

Maar drieduizend jaar is nog niet genoeg voor ons. Wij willen tienduizend jaar vooruitkijken. En dan moet je niet alleen naar de emissies van broeikasgassen kijken, maar ook naar de grootschalige cycliciteiten. Om de zeespiegel van de komende tienduizend jaar te voorspellen hoeven we alleen maar de Milanković-curve naar de toekomst door te trekken. De meeste klimaatwetenschappers zijn het erover eens dat die zeespiegel inderdaad weer gaat dalen. Over tienduizend jaar moet dat zichtbaar zijn. Maar het IPCC en Klaus Hasselmann hebben daar geen rekening mee gehouden. Het is ook moeilijk vast te stellen wanneer die daling begint. Want net als de vorige ijstijd begint de volgende ijstijd langzaam en eindigt hij snel: de zaagtandbeweging die we al zagen. Misschien is die zeespiegeldaling zelfs al ingezet, en houden wij haar alleen maar tijdelijk tegen door de emissie van extra koolzuurgas. Misschien is onze warme tijd een terminale patiënt die alleen in leven gehouden kan worden met CO_2-beademing.

12

De tijd stroomop

Wait a minute. Why I am walking backwards *into the house? Is it dusk coming, or is it dawn? What is the – what is the sequence of the journey I'm on? What are its rules? Why are the birds singing so strangely? Where I am heading?*

Martin Amis,
Time's arrow, 1991

Ik woon aan de Rijn, de Neder-Rijn om precies te zijn. Dat is niet meer de majestueuze stroom die zijn weg uit de Alpen dwars door Duitsland baant, maar slechts een van de drie takken waarin de rivier zich splitst zodra hij Nederland binnenstroomt. Zo verdeelt hij zijn gunsten en luimen over een zo groot mogelijk oppervlak, in overeenstemming met de egalitaire traditie van dit land.

Ik zit op de zomerdijk te kijken naar het stromende water. Het is een beetje troebel, het vervoert wat slib naar zee. Het is nog honderd kilometer naar de monding, nog elf meter hoogteverschil moet het overbruggen. De rivier wordt in een keurslijf geperst door kribben, lage strekdammetjes van grote losse steenbrokken die van ver komen: kwartsiet uit de Ardennen, basalt uit Duitsland, vreemde elementen in het lage land. In de inhammetjes tussen de kribben liggen kleine zandstrandjes. Maar zand zie ik niet bewegen in het water. De stroming is daarvoor niet sterk genoeg. Misschien dichter bij de bodem wel, maar die kan ik niet zien in het troebele water. Eigenlijk gebeurt er niet veel in de rivier. Toch moet de stroming soms sterk genoeg zijn om ook het zand tussen de kribben stroomafwaarts te verplaatsen.

De smalle stroken land tussen de zomerdijk en de winterdijk zijn de uiterwaarden. Het zijn ruige graslanden vol kleine plasjes en verlaten geulen, hier en daar omzoomd door knotwilgen. Zo eens per jaar, als de sneeuw smelt in de Alpen, vervoert de rivier zoveel water dat de bedding te klein wordt. Dan stromen de uiterwaarden vol, en wordt het een onafzienbare watervlakte. Dan gebeurt er tenminste iets in de rivier. Het water stroomt over de kribben en de zomerdijk heen, en in de luwte achter de kribben wordt nieuw zand afgezet. Als het daarna weer gaat vriezen, ontstaat er een eindeloze ijsbaan. Vanaf de winterdijk zie ik mijn gezin tot achter de horizon wegschaatsen. Als het water weer is gezakt, ligt er slib op het land en dode vissen. Die hebben de weg terug niet meer gevonden na het zakken van het water. Het slib heeft ook de weg terug niet meer gevonden. Het ligt gevangen tussen de winterdijk en de zomerdijk. Bij elke overstroming komt er weer een laagje slib bij. Zo raakt de slibbak langzaam vol, en is er steeds minder ruimte om al het water te bergen.

Op de zomerdijk aan de overkant van de rivier zie ik de schoorsteen van een steenbakkerij. Verder stroomop en stroomaf zie ik nog veel meer schoorstenen. Dat is niet toevallig. De steenbakkerijen maken baksteen van het slib dat jaar na jaar in de uiterwaarden is afgezet. Zo hebben zij een dubbele functie: ze zorgen voor bouwmateriaal voor de huizen in de dorpen, maar ze zijn ook verantwoordelijk voor de waterberging van de uiterwaarden. Als je goed kijkt, zie je in het gras de patronen van de oude afgravingen waar het slib uit werd gehaald. Nu zijn veel steenbakkerijen gesloten. Niet meer rendabel.

Het eigenlijke land begint pas achter de winterdijk. Als de uiterwaarden overstroomd zijn, ligt het land lager dan de rivier. Daar staat ook ons huis. Het is gebouwd op rivierklei. Hoe komt die rivierklei daar, onder mijn huis? Het huis wordt toch beschermd door de winterdijk? Dan kan er toch geen klei komen? Maar half Nederland bestaat uit rivierklei. De hele Betuwe, de Over-Betuwe, het Land van Maas en Waal, de Bommelerwaard worden allemaal beschermd door winterdijken, en toch bestaan ze helemaal uit rivierklei. Hoe kan dat? Kennelijk komt de rivier ook weleens over de winterdijken heen. Dan gebeurt er opeens een heleboel. Tientallen dorpen overstromen, want de gebieden binnen de winterdijken zijn ook kilometers grote slibbakken, die water en sediment opvangen, dat er niet uit kan zolang

Steenbakkerijen zoals deze (Plasserwaard, Aan den Rijn, Wageningen) zorgden voor grotere komberging bij overstromingen.

het water hoger is dan het land. Net zulke badkuipen als de polders in Zeeland. Het is niet moeilijk te zien waar de dijk vroeger eens is doorgebroken. Daar ligt nu vaak een rond meertje, een wiel. Dat was het diepe gat waardoor het water het land binnenstroomde. De nieuwe dijk werd om het gat heen gelegd, soms aan de landkant, soms aan de rivierkant, dat was makkelijker dan het diepe gat op te vullen. Zo heb je binnendijkse en buitendijkse wielen.

Maar zo'n dijkdoorbraak gebeurt maar zelden. De laatste keer dat ónze dijk doorbrak was in 1855. Ons huis stond er toen nog niet, dat is pas van 1879. Maar in 1993 en 1995 had het niet veel gescheeld of het was ook onder water komen te staan. Het water stond een meter onder de kruin van de winterdijk. Eén kleine zwakke plek, en de dijk was ingezakt en het water had tot halverwege onze huiskamer gestaan. We hadden de kelders al ontruimd, en op mijn instituut aan de universiteit, dat ook in de bedreigde zone lag, werd uit voorzorg alle apparatuur naar de bovenste verdiepingen verhuisd. Sommige badkuipen in de Betuwe, die tussen bijzonder zwakke winterdijken lagen, werden op last van de commissaris van de koningin, Jan Terlouw, geëvacueerd. Meer dan honderdduizend mensen werden elders ondergebracht. Met infraroodcamera's werden zwakke plekken in de dijken opgespoord en versterkt met zandzakken. De *Dutch flood* was even wereldnieuws. Maar uiteindelijk hebben de dijken het gehouden. Terlouw kreeg een schouderklopje. Beter honderdduizend mensen voor niets geëvacueerd dan 1836 mensen verdronken zoals in de

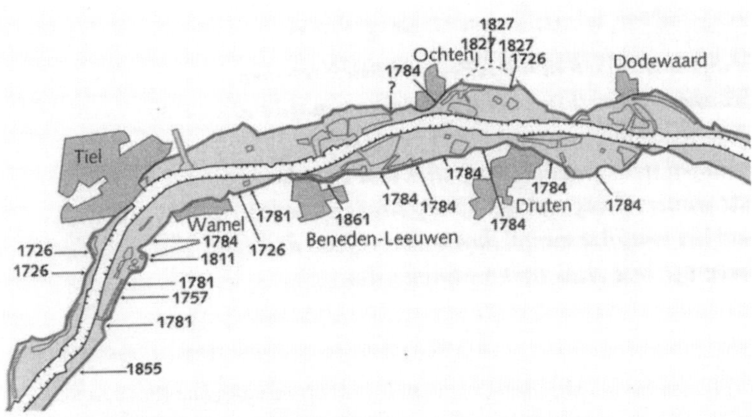

Dijkdoorbraken langs de Waal van de laatste paar eeuwen. http://www.natuurdichtbij.nl/kennismaken/hoogwater/dijkdoorbraakkaartje.htm.

stormrampnacht van 1953 in Zeeland, of 25 000 onder de modder verdwenen, zoals in Armero. Zolang je maar niet elke week wilt evacueren. Maar volgens de statistiek komt zo'n waterhoogte maar eens in de tweehonderd jaar voor.

Het hele jaar gebeurt er niets, eens per jaar stromen de uiterwaarden over, en eens in de tweehonderd jaar wil de rivier over de winterdijk heen. Ook rivieren hebben hun frequentie-magnituderelatie: de relatie tussen de afvoer, de hoeveelheid water die door de Rijn stroomt, en de frequentie, of beter de herhalingstijd: eens in de hoeveel tijd dat een bepaalde afvoer wordt overschreden.

Even wat getallen. De gemiddelde afvoer van de Rijn bedraagt 2200 m^3/s (kubieke meter per seconde). Maar dat zegt niet zoveel. De laagste afvoer ooit gemeten bij Lobith, waar de Rijn nog ongesplitst het land binnenkomt, is 620 m^3/s, op 12 november 1947 (mijn geboortejaar was een jaar van extremen zoals we al zagen), de hoogste daar

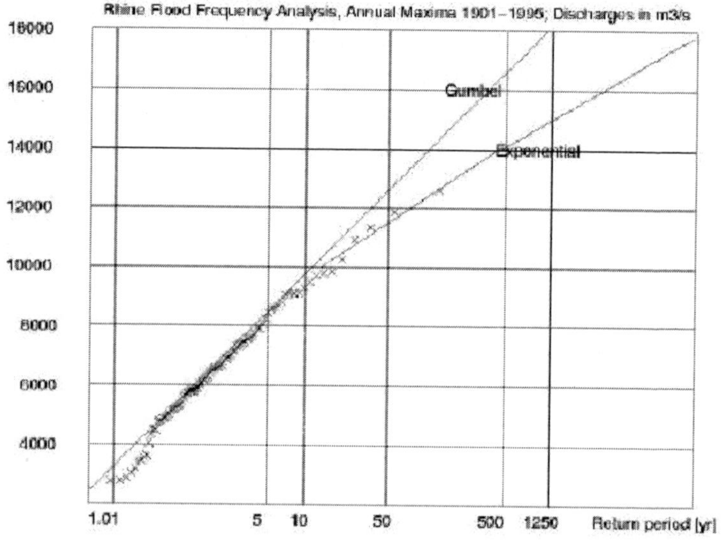

Frequentie-magnitudegrafiek van de overstromingsfrequenties van de Rijn volgens verschillende statistische extrapolatiemethoden, gebaseerd op vijfennegentig jaar waarnemingen. De Gumbel-curve is nagenoeg fractaal, de exponentiële curve geeft langere herhalingstijden voor de extreme afvoeren. Van Gelder, 1999.

gemeten afvoer was 12 600 m^3/s op 3 januari 1926. Twintig keer zo veel dus! Bij het hoogwater van 1993 was de afvoer 11 000 m^3/s, en in 1995 12 000 m^3/s, de op één na hoogste ooit gemeten. De Rijn stond toen 6,5 meter hoger dan gemiddeld bij Lobith. Andere perioden van hoogwater in de Rijn waren 1824/1825, 1844/1845, 1918 tot 1920, 1925/1926 en 1982/1983. Je kunt al die punten uitzetten in een grafiek: Gemiddeld eens per jaar wordt een afvoer van 5800 m^3/s overschreden, eens in de tien jaar 9670 m^3/s, en eens in de honderd jaar 12 320 m^3/s. Je kunt die curve ook verder extrapoleren, en dan zie je dat eens in de 1250 jaar een afvoer van 16 000 m^3/s wordt overschreden. Dat is de norm die gebruikt wordt voor het vaststellen van de minimale dijkhoogte, zoals we al in het vorige hoofdstuk zagen.

Maar wat betekent 1250 jaar? De curve is net als die van de zeedijken gebaseerd op één eeuw waarnemingen. Maar het maakt natuurlijk wel uit wélke eeuw je dat doet. In 1389, in de Warme Middeleeuwse Periode stond de Rijn bij Keulen voor de derde keer in tien jaar zo laag dat de paarden midden in de rivier liepen, volgens de bijbel van het Nederlandse klimaat van Jan Buisman *Duizend jaar weer, wind en water in de Lage Landen.* In het jaar 1540 stond de Rijn vrijwel droog na zeven maanden zonnig en heet weer. Daarna kwam de koele natte Kleine IJstijd, met hogere waterstanden. Dat blijkt ook uit Duitse gegevens over de waterstanden in de Rijn bij Keulen. Een frequentie-magnitudecurve gebaseerd op een eeuw waarnemingen in de Warme Middeleeuwse Periode ziet er natuurlijk heel anders uit dan een gebaseerd op een Kleine IJstijd-eeuw. Van zulke oude gegevens kun je geen frequentie-magnitudegrafiek maken, maar ook hier blijkt weer: een puur statistische benadering is onvoldoende.

Vele andere Europese rivieren hebben voor overstromingen gezorgd de laatste jaren: de Arno in Florence in 1966 is recent weer in de herinnering geroepen door de film *La meglio gioventù.* De Ouvèze bij Vaison la Romaine overstroomde op 22 september 1992, waarbij bleek dat het voornaamste riviersediment bestaat uit drijvende caravans. Maar net zo'n overstroming vond plaats op 21 augustus 1616. De Oder zette in 1997 Frankfurt aan de Oder onder water, maar de waterstand in 1931 was hoger dan die van 1997, en er waren eerdere overstromingen in 1845, 1890 en 1903. De Moldau zette in 2001 en 2002 Praag onder water en de Elbe verder stroomafwaarts de stad

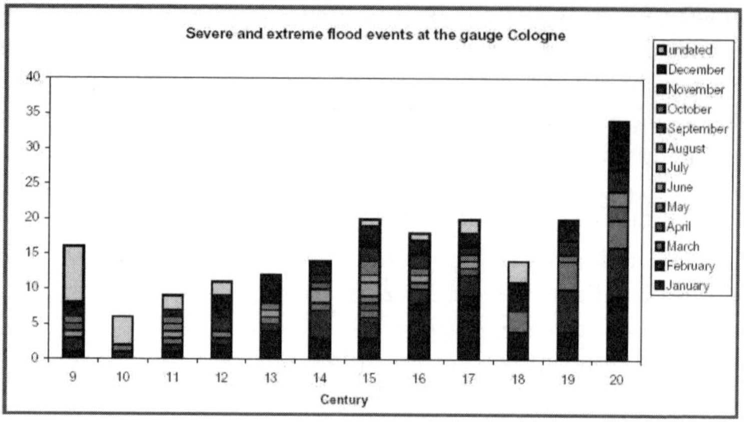

Historische overstromingen van de Rijn in Keulen sinds de negende eeuw: minder in de Warme Middeleeuwse Periode, meer in de Kleine IJstijd. De grijstinten binnen de staven geven de maand van de overstroming aan. http://www.gfz-potsdam.de/pb5/pb54/Html/en/LargeScaleDamage.pdf.

Dresden. Het was de hoogste afvoer in de periode sinds 1827 toen de metingen begonnen, maar ook in 1845, 1862, 1872, 1890 en 1940 waren er hoogwaters. De geschatte herhalingstijd van al deze Europese overstromingen ligt tussen de honderd en vijfhonderd jaar.

Uit alle tot nu toe beschikbare gegevens blijkt dus dat er sinds de registraties zijn begonnen nog niet éénmaal een overstroming heeft plaatsgevonden met een herhalingstijd van duizend jaar of meer, al werd die van de Oder in 1997 met onnodig drama aangemerkt als 'Millenniumflut'.

En dat terwijl onze dijken nog maar duizend jaar bestaan. Niettemin heeft men voor vele rivieren prognoses gemaakt voor de te verwachten afvoeren die eens in de tienduizend jaar optreden, zoals hieronder voor de Moldau. Soms moet dat ook, vanwege de eisen die aan stuwdammen worden gesteld.

Wat kan er in tienduizend jaar niet in een rivier gebeuren! De geschiedenis van ons eigen rivierengebied is daar een mooi voorbeeld van. Want voordat de dijken werden gebouwd, gedroegen de rivieren zich heel anders.

Onze rivieren zijn in hoofdzaak meanderende rivieren, als ze van

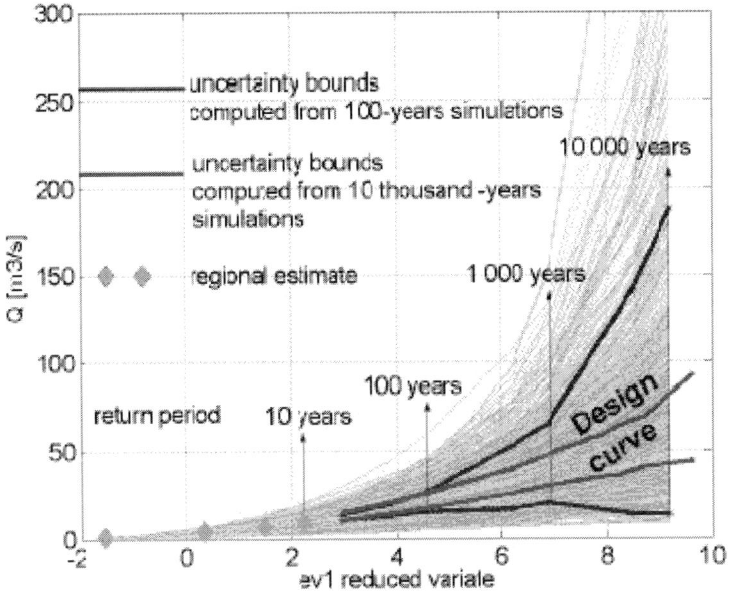

Frequentie-magnitudegrafiek van de Moldau in Praag, de afvoer geëxtrapoleerd naar tienduizend jaar op de verticale as, frequentie (logaritmisch) op de horizontale as. http://www.nwl.ac.uk/ih/www/research/bfproject4.html.

ons tenminste de kans krijgen. Ze eroderen hun buitenbocht, en zetten zand af in de binnenbocht. Bij piekafvoeren treden ze buiten hun bedding en zetten fijn zand af op de oevers: de oeverwallen. In het overstroomde land achter de oeverwallen, de kom, bezinkt het fijnste materiaal: de komkleien. Soms, vaak bij hoogwater, snijden ze een bocht af, en laten ze een hoefijzervormig meer achter, dat zich langzaam vult met slib en veen. Het is een oeroud model, van een didactische eenvoud die maakt dat je het in alle leerboeken terugvindt. Leonardo da Vinci maakte er vijfhonderd jaar geleden al een prachtige tekening van. Schitterende golven, maar nu in het horizontale vlak.

Toch is het een raadsel waarom rivieren meanderen. Er bestaan wel dertig verklaringen voor, zei de Russische hydroloog Nikolaj Aleksejevski mij eens. In veel leerboeken staat: als een rivier een ob-

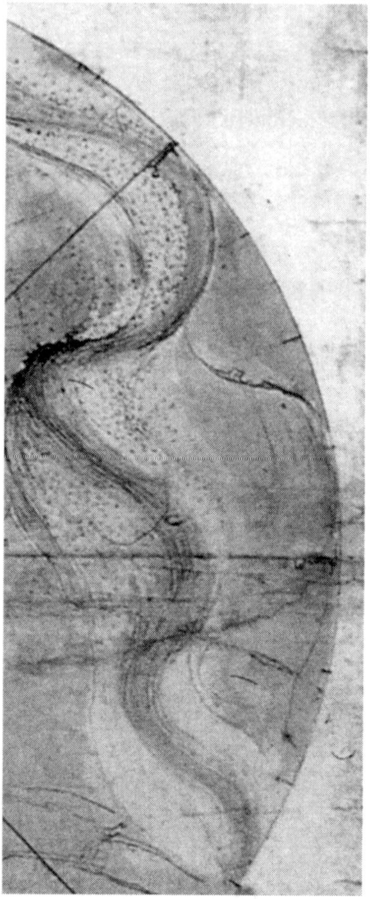

De meanderende Santerno bij Imola in 1502 (detail). Leonardo da Vinci, Windsor codex.

stakeltje tegenkomt gaat hij eromheen stromen en van de weeromstuit buigt hij dan weer terug en zo ontstaat een meander. De beruchte infinitesimale verstoring. Maar dat verhaal klopt niet. Want een smeltwaterstroompje op een ijsvlakte meandert ook, en als je de rivier in een kanaal dwingt zet hij beurtelings links en rechts zijn zandhoopjes neer om zijn geheime wens te kronkelen zichtbaar te maken. Ook de Golfstroom meandert in de Atlantische Oceaan, en zelfs de

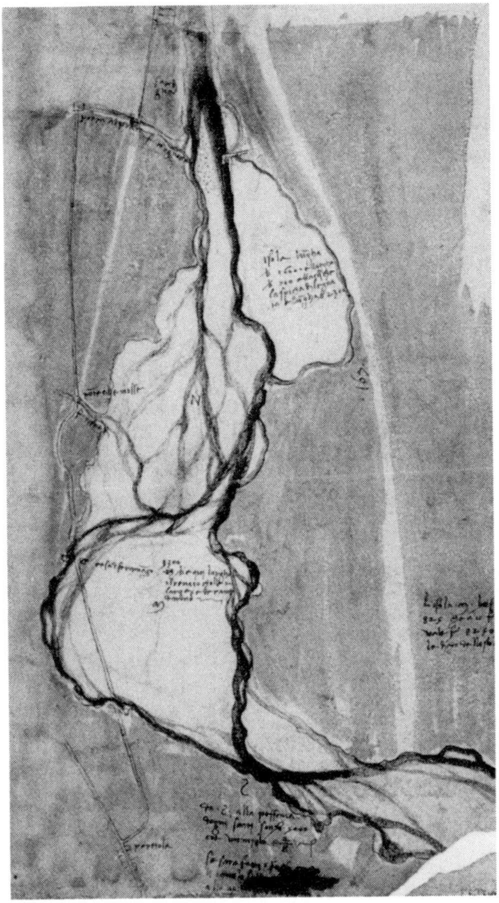

De vlechtende Arno en Mugnone bij Florence in 1513. Leonardo da Vinci, Windsor codex.

jetstream meandert in de atmosfeer. Daar zijn toch niet veel obstakels te vinden.

Wat het nog geheimzinniger maakt, is dat er tot 1998 niemand ooit in was geslaagd om een meander in het laboratorium na te maken. In geen van de honderden waterloopkundige laboratoria van de wereld waar rivieren in schaalmodellen met zand, klei en andere materialen worden nagebootst, was er ooit een overtuigende meander te voorschijn gekomen. En toch was dat hoog nodig om het gedrag van een rivier te kunnen voorspellen bij de aanleg van bruggen, kades, scheepvaartkanalen en de kribben in de Rijn. De Amerikaanse softwarespecialist en amateurgeoloog Charles E. Smith had er een hobby van gemaakt. In de zandbak in zijn garage gebeurde het wonder voor het eerst. Echte, kleine meanders, maar vier centimeter breed, maar toch. Het geheim lag hem in de aard van het materiaal dat hij ervoor gebruikte: een mengsel van diatomeeënaarde en kaolien, dat juist de goede cohesie had om de eroderende buitenbochten steil te houden. Maar wáárom de stroompjes dan meanders vormen?

Het zijn vragen die de meeste fysici links laten liggen. En ik begrijp wel waarom. Toen Hans Einstein tegen zijn vader Albert zei dat hij zich met waterstroming zou gaan bezighouden zei deze: 'Jongen, niet doen, veel te moeilijk!' We weten het nog steeds niet.

Goed, we moeten dus maar leven met het feit dat onze rivieren meanderen, althans totdat wij ze in het dwangbuis van kribben en kanalen persten. Daarvóór waren ze vrij. Aan wat zij deden met die vrij-

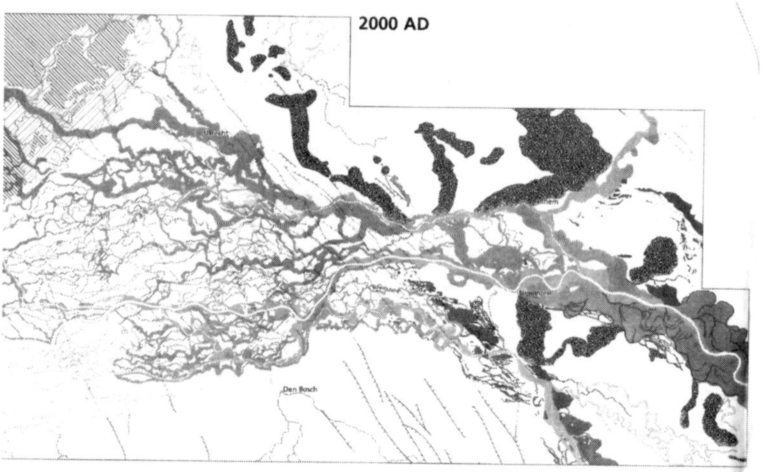

Stroomverleggingen in de Rijn-Maasdelta in de laatste achtduizend jaar. Het splitsen en uitwaaieren van veel gelijktijdige stroomgeulen links in de figuur (anastomoseren) komt deels door de opstuwende werking van de zeespiegelstijging. Berendsen en Stouthamer, 2001.

De laat-glaciale vlechtende Rijn en holocene meanders van de Oude Vecht bij Doesburg. De vlechtende geulen worden geaccentueerd door de vorst. IJssel op voorgrond. KLM-Aerocarto 1948. Westhoff et al., 1971.

heid heeft Henk Berendsen, aardwetenschapper van de Universiteit Utrecht, zijn leven gewijd. Een student die bij hem begon te studeren, moest in zijn eerste jaar een boorpracticum doen in de Betuwe of de Alblasserwaard. Oude rivierlopen karteren. Handboringen tot een meter of zes, zo ver je kon komen. Klei, zand, veen. Veen, zand, klei. Klei, klei, klei. Een eentonige bezigheid. Aan het eind van je practicum kon je een doorsnede maken van zo'n oude riviergeul. Dertig generaties studenten zijn zo voorbijgekomen. Veertienhonderd eerstejaars. Allemaal hun loopbaan begonnen met dat saaie zware werk. Je zou zeggen, heeft hij nu nog niet genoeg gegevens? Waar is de technologie, waar is de innovatie? Er is ook niemand die ooit nog eens opnieuw aan zoiets zou beginnen.

Maar nu heeft Henk alles in een database gezet. Meer dan 200 000 studentenboringen staan erin. Met koolstof-14 zijn alle belangrijke veenlagen gedateerd, en er ontstaat een fantastisch beeld van de stroomverleggingen van onze rivieren in de laatste achtduizend jaar.

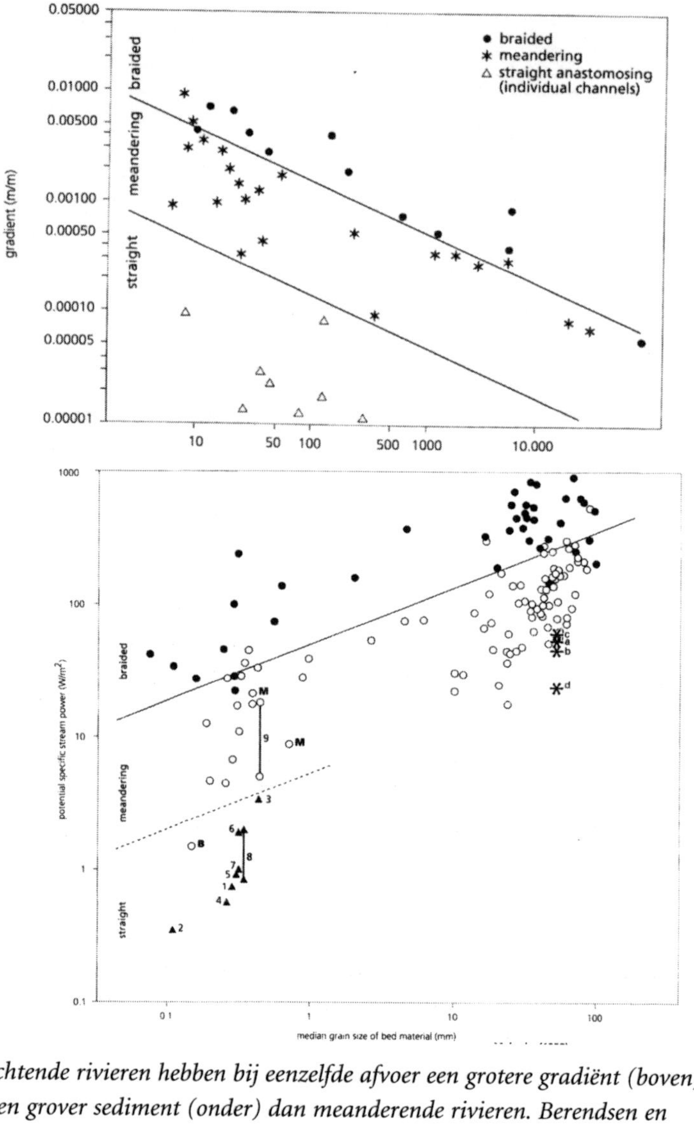

Vlechtende rivieren hebben bij eenzelfde afvoer een grotere gradiënt (boven) en grover sediment (onder) dan meanderende rivieren. Berendsen en Stouthamer, 2001, naar diverse bronnen.

Want een meanderende rivier snijdt niet alleen zijn eigen bochten af, soms breekt hij bij hoogwater door zijn oeverwal en zoekt een nieuwe weg naar zee: dat heet een avulsie. Berendsens promovendus Esther Stouthamer heeft uitgezocht hoe vaak dat gebeurt: zo'n tweemaal per eeuw treedt er een avulsie op in een van de vele rivierarmen van de Rijn en de Maas. Een riviersegment blijft gemiddeld zo'n 1280 jaar bestaan, daarna zoekt hij weer een andere route.

Dat getal! 1280! De rivierdijken zijn berekend op een overstromingsfrequentie van eens in de 1250 jaar, en een riviersegment blijft 1280 jaar bestaan! En nog nooit is er bij een Europese rivier een overstroming voorgekomen met een herhalingstijd van duizend jaar! Hoe kunnen we in 's hemelsnaam kansberekening bedrijven in tijdschalen die de belangrijkste gebeurtenissen in riviersystemen buiten beschouwing laten! Zelfs al zijn ze duizend jaar bedijkt! Ook rivieren zijn groter dan de menselijke maat.

We gaan een eindje stroomopwaarts, niet de Rijn maar de Maas omhoog, eigenlijk een zijrivier waarmee hij bij zijn monding onontwarbaar is vervlecht. Boven Nijmegen verandert de bedding van de rivier. Geen uiterwaarden meer, geen dijken, want de rivier ligt nu ineens dieper dan het land. Kleine steilrandjes van een meter of twee. Daarboven, van de rivier af, loopt het trapsgewijs omhoog: een vlak stuk akkerland, een steilrandje van een meter, een nieuw vlak stuk erboven, weer een steilrandje. Het zijn de laagterrassen van de Maas.

Hier en daar in de laagterrassen liggen geulen, met veen en klei opgevuld. Vreemd, dat de Maas vroeger vele geulen naast elkaar heeft gehad en nu maar één geul heeft, die zich insnijdt in de ondergrond. Bovendien bestaat het huidige Maassediment vooral uit klei en fijn zand, maar het sediment van de terrassen is veel grover. Kennelijk heeft de Maas een gedaanteverwisseling ondergaan: van vlechtend vroeger naar meanderend nu. Vlechtende riviersystemen bestaan ook nu nog: ze treden vooral op waar rivieren plotselinge afvoerpieken te verwerken kijgen, en veel grof puin moeten transporteren. Dat gebeurt bijvoorbeeld in woestijnen, aan de voet van gebergten en aan de tong van gletsjers. Vlechtende rivieren zijn ook typisch voor de ijstijden. De ondergrond is dan bevroren, en er staat weinig vegetatie om het sediment op de hellingen in het brongebied vast te houden. In de zomer ontstaan daardoor pieken in de sedimentaanvoer, die de rivier slecht kan verwerken, want de totale afvoer is juist lager in de ijstijd.

Leo Tebbens van de Wageningse Universiteit heeft zijn proefschrift

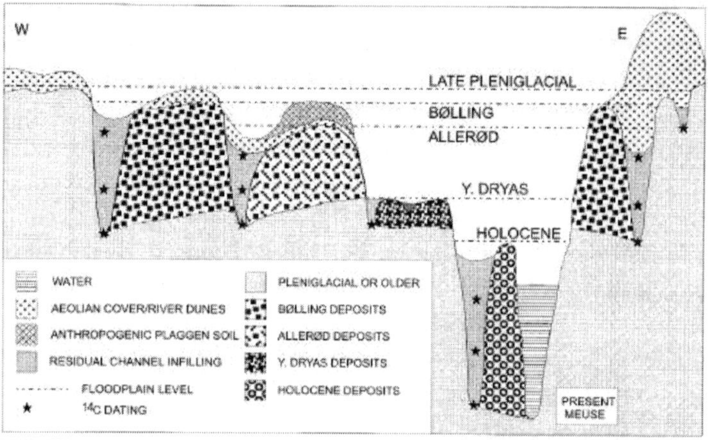

Schematische doorsnede door de laagterrassen van de Maas. Late Pleniglacial en Y. Dryas zijn koude perioden waarbij afzetting optrad (gestippelde patronen), Bølling-Allerød en Holocene zijn warme perioden waarin de rivier zich insneed (geulen). Ook nu nog ligt de rivier lager dan het land. Tebbens et al., 1999.

aan de gedaanteverwisselingen van de Maas in Noord-Limburg gewijd. Wat blijkt? De Maas heeft precies de klimaatveranderingen op millenniumschaal aan het einde van de laatste ijstijd gevolgd! Zo'n twintigduizend jaar geleden, in de laatste ijstijd, kreeg hij veel sediment te verwerken en weinig water. Daarom had hij een vlechtende loop en zette zand af in verschillende geulen. Bij de eerste warmtepuls (Bølling-Allerødtijd) kreeg hij ineens meer water maar minder sediment te verwerken, en dus sneed hij zich in, en begon te meanderen. Bij de laatste koude stuiptrekking van de ijstijd, de Jonge Dryastijd, elfduizend jaar geleden, die zoals we eerder zagen veroorzaakt werd door een smeltwaterpuls in de noordelijke Atlantische Oceaan, werd hij weer vlechtend, om daarna bij de uiteindelijke opwarming weer in te snijden en te meanderen.

Dat is een grote verrassing! Tot nu toe zagen we alleen maar *pulsen* in de rivieren, grote afvoerpieken, veroorzaakt door extreme regenval of sneeuwsmelt in de bovenloop van de rivieren, met hooguit wat variaties in de Warme Middeleeuwen en de Kleine IJstijd. Maar

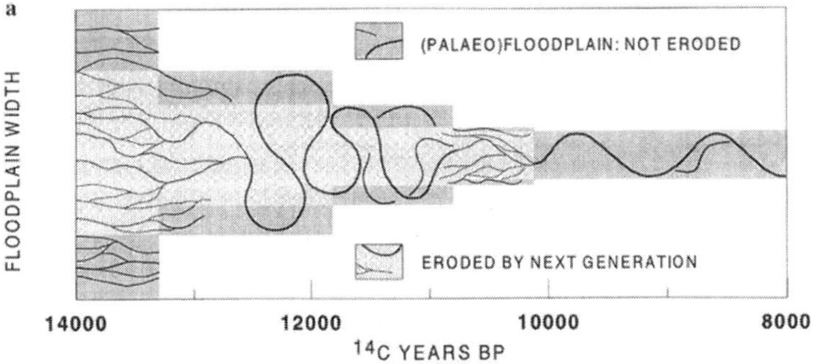

Afwisselend vlechtend en meanderend karakter van de Maas op de overgang van de laatste ijstijd naar het Holoceen. Tebbens et al., 1999.

kennelijk hebben de rivieren ook een cyclisch gedrag! De golven van de klimaatcycli worden vertaald in een afwisseling van twee stabiele rivierpatronen, meanderend of vlechtend. Als de verhouding tussen de waterafvoer en de sedimentlast een bepaalde kritieke drempelwaarde overschrijdt, slaat de balans ineens de andere kant op. Dat gebeurt alleen niet direct: uit Leo's dateringen blijkt dat de rivier een responstijd van ongeveer vijfhonderd jaar heeft, en anderen, zoals de groep van Jef Vandenberghe van de Vrije Universiteit, nemen daarvoor zelfs nog een hogere waarde aan.

De laatste keer dat de Maas zo'n omslag heeft gehad is tienduizend jaar geleden. Stuwdammen moeten berekend zijn op afvoerpieken die eens in de tienduizend jaar voor kunnen komen. De extrapolatiecurves naar tienduizend jaar zoals die van de Moldau hierboven gaan ervan uit dat verder alle condities gelijk blijven. Maar hoe gaat het met de Maas over tienduizend jaar? Als we alweer op weg zijn naar de volgende ijstijd? Is de Maas dan al weer terug naar zijn vlechtende patroon?

We gaan nog een stapje stroomopwaarts de Maas omhoog. Bij Sittard begint het landschap sterk te veranderen. Het wordt heuvelachtiger, de Maas lijkt zich veel dieper te hebben ingesneden, en het landschap loopt vanaf het Maasdal, dat op ongeveer veertig meter boven zeeniveau ligt, omhoog tot meer dan tweehonderd meter. Maar als je goed kijkt zijn we de Maas op die hoogte nog niet kwijt. Want het getrapte landschap dat we op kleine schaal in Noord-Limburg zagen, lijkt zich hier op grotere schaal te herhalen. Bijna heel Zuid-Limburg is een groot bordes van grote platte terrasniveaus, die zeer zorgvuldig zijn uitgekarteerd door de geoloog Meindert van den Berg van NITG-TNO in zijn proefschrift. De steilranden tussen de terrasniveaus zijn nu niet een meter, maar eerder tien meter hoog, en zijn alleen soms moeilijk te zien omdat ze grotendeels bedekt zijn door een deken van löss, die de scherpe kantjes eraf heeft gehaald en het landschap zijn glooiend karakter geeft. Meindert heeft heel gedetailleerd al die niveaus geteld, en er tweeëndertig boven elkaar gevonden, tot 250 meter boven het Maasniveau. In sommige steengroeven kun je in die steilranden kijken, en dan zie je die terrassen allemaal bestaan uit grof grind dat door een rivier moet zijn afgezet. Aan de steensoorten in het grind te zien moet dat de Maas wel zijn geweest. Maar het lijkt helemaal niet meer op het sediment dat de Maas nu vervoert, vooral fijn zand en klei, en soms matrassen en drijvende caravans. Het grind is zeer grof, en soms zitten er keien in van meer dan een meter groot. Hoe kan de Maas die transporteren? Hoe kan de Maas 250 meter boven zijn huidige bedding hebben gestroomd, en hoe is die grootschalige cyclische afwisseling van grindafzetting en versnijding ontstaan?

Om die vragen op te lossen heeft Meindert geprobeerd die terrasafzettingen te dateren. Met de koolstof-14-methoden lukt dat niet, daarvoor zijn ze te oud. Het meeste succes heeft hij gehad met het toepassen van dateringen met behulp van het paleomagnetisme. Het aardmagnetisch veld is in de loop van de geschiedenis meermalen omgekeerd. Nu wijst een kompasnaald naar het noorden, maar dat is nog maar 700 000 jaar het geval. Daarvóór zou hij naar het zuiden gewezen hebben. Magnetische deeltjes in het sediment richten zich bij hun afzetting naar het aardmagnetisch veld van dat moment, en je kunt dus bepalen of het bij een normale magnetisatie of een omgekeerde magnetisatie is afgezet. Als je dat netjes uitvoert van terrasniveau naar terrasniveau, dan zie je verschillende omslagen optreden. En omdat bekend is wanneer die omslagen plaatsvonden, kun je dus ook die terrasniveaus dateren. Zo wordt duidelijk dat de hele sequentie meer dan 2 miljoen jaar beslaat.

Uit de paleomagnetische datering van de terrasniveaus blijkt dat

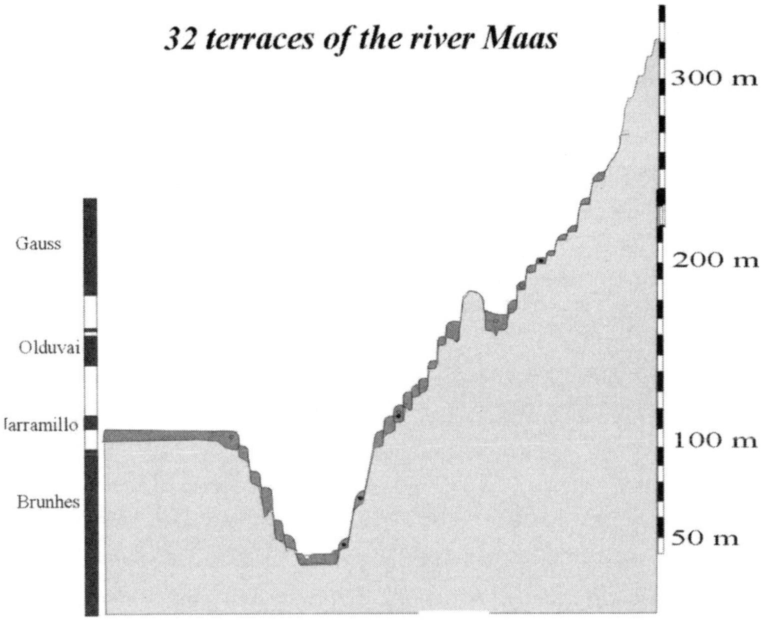

Schematische oost-westdoorsnede van het Maasdal in Zuid-Limburg, met tweeëndertig terrasniveaus en (links) paleomagnetische tijdschaal: zwart is normaal gemagnetiseerd, wit omgekeerd. Van den Berg, 1996.

elke cyclus van afzetting en insnijding ongeveer honderdduizend jaar duurt. Elke honderdduizend jaar wordt er weer een nieuw terras gevormd, tien meter lager dan het vorige. Elke traptrede van tien meter die je stijgt in het Zuid-Limburgse terrassenlandschap ga je dus honderdduizend jaar in de tijd terug. Honderdduizend jaar! Maar die cycliciteit kennen we al! Dat is de Milanković-cycliciteit die we al eerder tegenkwamen! Vonden we in Noord-Limburg de millenniumcycli terug, hier hebben we de ijstijdcycli te pakken! Ook op die grote tijdschalen reageert de rivier dus!

De afzetting van het grind vindt plaats in de ijstijden, de versnijding in de warme interglacialen, precies zoals we op kleinere schaal in de laagterrassen zagen. Dat het niet andersom is, kun je bijvoorbeeld zien aan het voorkomen van stuifmeelkorrels van arctische planten in het grind, en van mammoetslagtanden. De metersgrote

Mammoetslagtand in terrasgrind. Cabergniveau, groeve Belvédère, Maastricht.

keien worden door de rivier ingeklemd in ijsschotsen verplaatst.

Maar wacht even. Al zitten die honderdduizendjarige cycli erin, waarom liggen de terrassen dan bóven elkaar? Waarom liggen de sporen van de oudste ijstijden van 2 miljoen jaar geleden tweehonderd meter boven de huidige Maasbedding? Om dat in te zien moeten we bedenken dat er bij onze reis stroomopwaarts bij Sittard iets is gebeurd. We zijn van een betrekkelijk vlak landschap gegaan naar een heuvelachtig landschap. Die overgang is een heel belangrijk punt. Het is namelijk het scharnier van Nederland. Ten noorden van die lijn daalt ons land, ten zuiden daarvan stijgt het juist. In een dalingsgebied wordt elke volgende laag boven op de vorige afgezet: de superpositiewet van Steno die we al eerder zijn tegengekomen. Maar in een stijgingsgebied is er een complicatie.

Als het gebergte omhooggaat, en dat gebeurt nog steeds met een snelheid van vier tot veertien millimeter per eeuw, wil de rivier die opheffing bijhouden, en probeert hij zijn dal dieper in te snijden. Onder de huidige omstandigheden lukt dat ook wel. Maar in de ijstijden lukt dat niet. Dan staat er geen bos op de stenige hellingen van de Ardennen, waar de Maas doorheen stroomt, want daar is het dan te koud voor. Daarom kan het losse puin van de hellingen veel gemakkelijker de rivier bereiken. Bovendien is de ondergrond bevroren, en ook daardoor glijdt het puin makkelijk de Maas in. De rivier krijgt in de ijstijd zóveel puin te verwerken dat hij als het ware al zijn energie nodig heeft om dat puin te vervoeren en niets over heeft om in te snijden. Bovendien is het klimaat dan een stuk droger en vervoert hij minder water. Het zijn typisch de condities waarin rivieren gaan vlechten en grof materiaal afzetten. Pas als het weer warmer wordt, komt het bos terug, de hellingen stabiliseren, de permafrost verdwijnt, en er valt meer neerslag. Dan gaat de Maas door het kritieke punt heen en gaat weer insnijden. En dat gaat eerst snel, want hij moet de achterstand inhalen die hij heeft opgelopen doordat hij in de ijstijd niet insnijden kon. Als dan de volgende ijstijd optreedt, is het land al weer zo ver opgeheven en de Maas al weer zo ingesneden, dat het oude terrasniveau buiten zijn bereik blijft en boven de nieuwe vlechtende bedding blijft bestaan. Hier geldt dus: hoe hoger het terras, hoe ouder. Net als bij de koraalterrassen van Curaçao, alleen zijn het daar juist de warme perioden die de terrasvlakken maken.

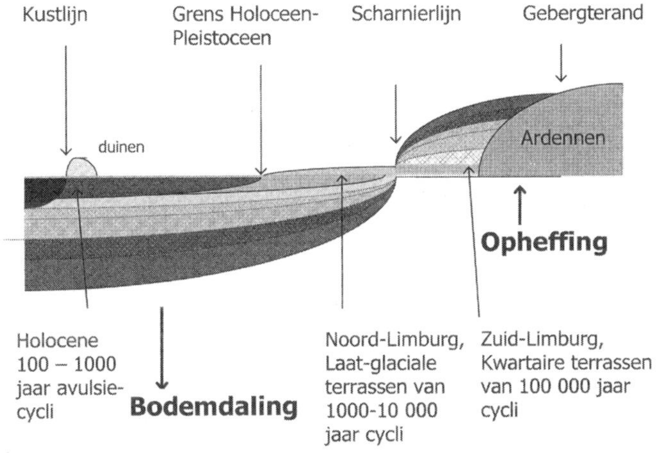

De drie regimes van de Maas vanaf de monding tot de bron. Grens Holoceen-Pleistoceen is grens bedijkt-onbedijkt in de figuur van p. 204.

De terrassen vormen dus een prachtige illustratie van de respons van rivieren op de klimaatcycli. En dat geldt niet alleen voor de Maas. Vrijwel alle rivieren op de wereld laten zo'n terrassequentie zien. Parijs ligt op rivierterrassen van de Seine, Londen op die van de Theems, Keulen op die van de Rijn, Moskou op die van de Moskva, Praag op die van de Moldau, en: Maastricht op die van de Maas. En in al die steden geldt ruwweg hetzelfde: een traptrede van tien meter omhoog is honderdduizend jaar terug in de tijd. Van de Eiffeltoren omhoog naar Montparnasse? Honderdduizend jaar. Van het Kremlin langs de Tverskaja omhoog naar het Poesjkinplein? Honderdduizend jaar.

Het is niet toevallig dat die steden daar liggen, want rivierterrassen hebben allerlei prettige eigenschappen voor de mens. Ze bestaan gewoonlijk uit ijstijdgrind, dat heel poreus is en daardoor een goede bron voor de winning van grondwater. Grind is bovendien populair als bouwstof, en het meeste grind dat in Nederland wordt gewonnen is dan ook ijstijdgrind uit de terrassen en de begraven beddingen van de Maas en de Rijn. Het is ook prettig dat je een beetje hoger woont dan de rivierbedding, want je staat niet zo gauw onder water. Die enkele keer dat die steden tóch overstromen, zoals we hierboven zagen, keert de rivier dus eigenlijk terug naar een bedding die hij vroeger ook al eens heeft gehad. Net als bij mijn huis aan de Rijn. Alleen wat langer geleden.

En nog een tijdschaal hoger? Miljoenen jaren? We zouden de rivieren niet meer terugkennen. Zo lang leven rivieren niet. De Rijn ontspringt niet meer in de Alpen, maar veel dichterbij. Hij maakt geen kloof meer door de Eifel, maar stroomt daar breed meanderend door het laagland. Lorelei moet nog geboren worden. Rivieren volgen het reliëf dat door de plaattektoniek wordt opgeworpen, en dat kan in miljoenen jaren ingrijpend veranderen. En bij de monding blijkt de Rijn slechts een onbetekenend zijstroompje van de Eridanos, een reusachtige rivier bijna zo groot als de Amazone. De Eridanos ontspringt in Lapland, stroomt dan zuidwaarts op de plaats waar nu de Oostzee ligt, en bouwt bij zijn monding een ontzagwekkende delta die de hele Noordzee opvult tot aan de Britse kust. Veertien miljoen jaar heeft die rivier bestaan, totdat de Scandinavische ijskappen het stroomgebied zo grondig uitschuurden dat het zijn samenhang ver-

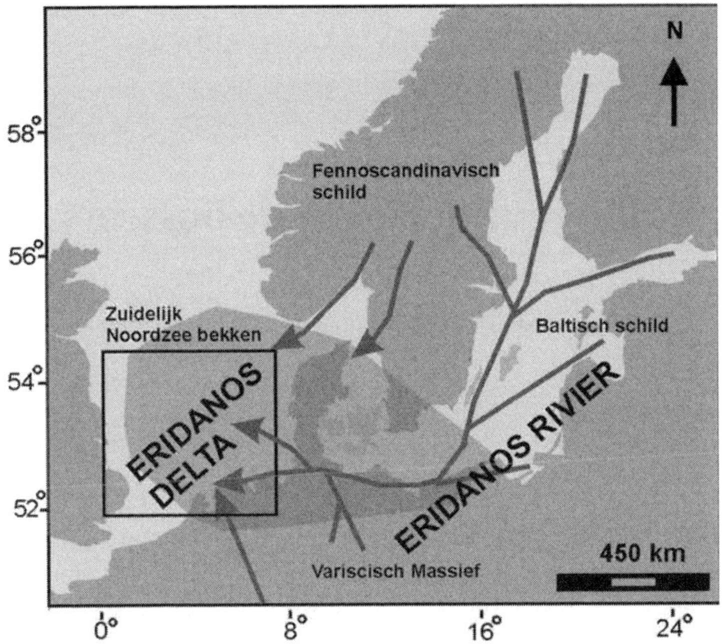

Het Eridanos-stroomgebied. Overeem en Kroonenberg, 2002.

loor. Alleen de gevorkte vorm van de Oostzee herinnert er nog aan.

En de Amazone zelf? Die stroomt nog niet naar het oosten, naar de Atlantische Oceaan zoals nu, maar precies de andere kant op, naar het westen, naar de Stille Oceaan. De Braziliaanse geoloog Luis Fernando Galvão de Almeida noemt hem dan Sanozama, dat is Amazonas achterstevoren gespeld. De tijd stroomop.

13

Hoe eeuwig zingen de bossen?

Het woud vergaat en wordt geboren in eenzelfde oogenblik.

Albert Helman,
De stille plantage, 1951

Ik lig in mijn hangmat. Het is vroeg in de ochtend, nog nauwelijks licht. Het oerwoud ontwaakt. Een ongelooflijk concert van talloze vogels. De Roever is al op, denk ik. Hij zit waarschijnlijk in de kampeerstoel, met het boek *Birds of Surinam* van François Haverschmidt op schoot en de verrekijker in de aanslag. Professor Willem Paul de Roever is mijn promotor. Hij inspecteert mijn promotieonderzoek naar de vroegste geschiedenis van het Guiana Schild, het twee miljard jaar oude kristallijne grondgebergte dat een groot deel van noordelijk Zuid-Amerika beslaat. Hij is een petroloog, kenner van kristallijne gesteenten uit de diepe aarde. Hij heeft als eerste gesuggereerd dat serpentijngesteenten uit de aardmantel komen. Maar hij is ook een verwoed vogelaar. Zijn boek staat al vol met streepjes en data. Er zijn wel zeshonderd vogelsoorten in Suriname. Zeshonderd! Zoveel! Als je die allemaal gezien wilt hebben moet je vroeg uit bed. Het is mij nooit gelukt eerder op te staan dan hij.

Ik kan De Roever niet zien zitten. De klamboe om mijn hangmat is van grof graslinnen, daar kan ik niet doorheen kijken. Van buitenaf lijkt het een dikke grauwwitte cocon, hangend aan de dwarsbalkjes van mijn kampje van versgekapte lange dunne boomstammetjes, met zijn dak van de sierlijke bladeren van de tasipalm. Ik vind het niet erg dat ik de vogels niet zie. Ik hoor ze. En ik verbaas me. Dat ze allemaal precies tegelijk beginnen. En dat er zoveel soorten zijn. En

Mijn exemplaar van Birds of Surinam. *Het stond nogal onder in de kast, de poes heeft er haar nagels in gezet.*

dat elke soort de eigen zang herkent in de baaierd van geluid. 'Wákagó, wákagó, wákagó,' klinkt het ineens keihard uit talloze vogelkelen vanaf de oever van de Corantijn. Ik ken ze al. *Ortalis motmot* heten ze in De Roevers boek. Elke morgen roepen ze: wákagó. In het Surinaams betekent dat: loop (waka), ga (go). Het signaal om op te staan.

Maar ik blijf nog even liggen, want ik weet dat er nóg een wekker komt. Daar is het al. Het is een onbeschrijfelijk geluid. Alsof een zware eiken deur opengaat die eeuwen gesloten is geweest. Het gekraak van de schreeuwende scharnieren schalt door het bos, duizendmaal versterkt door reusachtige luidsprekers. Het kraken gaat over in loeien, met lange, gierende uithalen, een hartstochtelijke cirkelzaag. Het lijkt in niets op een dierengeluid. Dan begint een tweede deur, een derde, en al gauw is het bos vol oorverdovend fabrieksgeluid dat alle vogelzang overstemt. Om dan even plotseling stil te vallen als het is begonnen. Ook die ken ik wel, die hangende luidsprekers. Ze hebben een prachtige roodbruine vacht en slingeren van boom tot boom. Het zijn *baboen*, brulapen, of *alawata*, zoals de indianen uit mijn ploeg zeggen. Ze versterken hun eigen stemgeluid in een benen keelzak van wel vijfentwintig centimeter doorsnee. Hun concert volgt altijd hetzelfde patroon: eerst begint de leider, dan valt de rest in, en ze stoppen allemaal tegelijk. Kilometers ver kun je ze horen, soms ook op andere uren van de dag. Maar hier aan de Boven-Corantijn beginnen ze om halfzes 's morgens. Afgesproken tijd. Ik sta op.

We lopen door het bos, de *lontu* (rondweg) rond de Frederik Willem IV-vallen, want het water valt te onstuimig over mijn promotiestenen om er te kunnen varen. Elke boom is anders. Grove bast, fijne bast, soms roodachtig, soms melkig, vezelig, sommige met zulke grote plankwortels dat ze wel kathedralen lijken. Voor de bosnegers en indianen van mijn veldploeg heeft elke boomsoort ook zijn eigen nut: *kopi*, *walaba*, *loksi* voor boten, *pariudu* voor pagaaien, cederhout voor houtsnijwerk, bruinhart en purperhart voor bogen, het bittere hout van de *kwasibita* tegen de malaria, de *bolletrie* voor *balata*, natuurrubber, dat ook voor golfballen wordt gebruikt, en de bast van *sabanaudu* voor draagriemen voor de manden van *kamina*-liaan waarin wij onze lading dragen. Op de grond liggen de vruchten en zaden van weer andere bomen: de *manbarklak*, de *kwattapatu*, de *ingipipa* (indianenpijp). Welke vruchten bij welke bomen horen kun je niet zien, want de laagste takken zitten minstens twintig meter hoog, daar waar de kroon begint: lager zouden de bladeren immers toch geen licht vangen. Er zijn wel tachtigduizend plantensoorten in het Amazonisch regenwoud. Soms meer dan driehonderd boomsoorten op één hectare. Waarom?

Tussen de hoge witte stammen staat lage palmbegroeiing, de *bugrumaka* met zijn stekels en de *maripa* met zijn slordige blaren op de droge plaatsen, de slanke *pina* en de *ingipina* met rafelblaren en op kleine steltworteltjes bij het water. Allemaal ontworpen om de bladeren die van de hoge bomen vallen op te vangen voor ze de grond kunnen bereiken. Ingenieus, zoals alles in het regenwoud ingenieus en wonderbaarlijk is. Waarom zou je ook voedingsstoffen op de grond laten rotten en in de bodem laten wegspoelen als je ze zo uit de lucht kunt vangen? Bomen zijn slimme strategen.

Lodewijk Agran vindt een schildpad. Er zijn er met gele schubjes op de poten, en met rode. Dit is een rode. Snel kapt hij twee takjes van een zaailing en steekt ze in het schild, een lang stokje in de uitsparing voor de kop en de voorpoten, een kort stokje aan de achterkant. Met liaan bindt hij de stokjes links en rechts van het schild stevig aan elkaar, en de schildpad zit machteloos opgesloten. Hij kan zijn kop en poten niet meer uit zijn schild steken. Agran pakt hem aan het lange stokje en draagt hem als een ratel mee naar het kamp. Veertien dagen lang zit de schildpad beweginloos in zijn schild, tot de volgende mailvlucht komt en hij met lotgenoten in een jute zak naar Paramaribo wordt gevlogen. Een van de vier vrouwen van Agran mag hem aan de zijkant openkappen en er soep van maken.

Voor op het schild van de schildpad zitten een paar platte knopjes van een halve centimeter doorsnee. Het lijkt wel een bedieningspaneel. 'Wat zijn dat?' vraag ik Agran. 'Kupari,' zegt hij, teken, schildpadteken. Als de schildpad zijn kop uit het schild steekt, springt de teek erop en zoekt een huidplooi om zich vol te zuigen. Dat worden schrale weken voor de teken. Ik wist niet dat schildpadden teken hadden. Er zijn meer dan vierhonderd soorten reptielen en amfibieën in Suriname. Hebben die allemaal hun eigen soort teek? En waarom?

In een bospapaja hangt een drietenige luiaard, een grappig plat kopje met twee witte stipjes boven zijn ogen zodat hij wel vier ogen lijkt te hebben: *fo-ai loiri* noemen de bosnegers hem. Luiaards brengen het grootste deel van hun leven door in de boomkruinen. Hun haar heeft een speciale structuur met overlangse groeven. In de groeven groeien drie soorten groenwieren, waardoor de pels een groen uiterlijk krijgt. In de pels leven ook zes soorten mijten, drie soorten kevers (in totaal op één luiaard 978 kevers) en drie soorten motten, waarvan er een zijn hele leven daar doorbrengt. De larven van deze mot voeden zich met de algen. Regelmatig daalt de luiaard af naar de voet van de boom om daar op een vaste plaats te poepen. Op dat moment vliegen de volwassen vrouwelijke motten van een van de andere soorten uit de pels naar de hoop mest om daar hun eitjes te leggen. De larven leven in de mest en als ze verpopt zijn vliegen ze naar de pels van een luiaard zodra die in de buurt komt.

Het aantal niches is verbijsterend. En de luiaard is maar één van de meer dan tweehonderd zoogdiersoorten in het bos. Hebben die allemaal hun eigen mijten? Zijn er zoveel specialismen in het bos? Het is maar een enkel voorbeeld van de soortenrijkdom en de ongelooflijk fijne vertakkingen van het levensweb in het bos, dat de bioloog Rinus Hoogmoed geeft in het boek *Tropisch regenwoud, schatkamer van biodiversiteit.* Hij ging vaak met mijn geologische expedities mee om kikkers te zoeken voor de kikkerkaart van Suriname. Waar komt die diversiteit vandaan? Hoeveel tijd heeft het de natuur gekost om zoiets verfijnds te maken?

De Roever en ik hebben heel wat stenen verzameld, gneizen en amfibolieten, vooral in de stroomversnellingen in de rivier, want daar is het gesteente goed te zien. Ondertussen hebben Agran en zijn mensen met pijl en boog roodogige *paku*-vissen uit het water geschoten, en sonderend met lange stokken in een zandbank een leguanennest gevonden met honderdvijftig eieren erin. We hebben weer te eten vanavond. We varen terug naar de landing. Het is halfzes. Tijd voor de toekan. En ja hoor, daar zit hij, helemaal in het topje in een boom aan de overkant van de rivier. Twi toe-toe, twi toe-toe. Volgt ook zijn dagritme. Drie rode raven (ara's) vliegen hoog over, van hun foerageerplaats naar hun nest. Kennen we ook al. Komen elke dag. Ook hun dagtaak zit erop.

De vogels, de brulapen, de bomen, de schildpadden en hun teken, de luiaard en zijn mijten en motten, de leguanen, de paku, de toekans, de raven, De Roever, Agran en ik: we gehoorzamen allemaal aan de astronomische klok van dag en nacht. Het bos lijkt als één geheel te ademen, het dag- en nachtritme van het bos is te meten tot in de haarvaten van het ecosysteem, van brulaap tot bacterie, zoals de ademtocht de fijnste vertakkingen van het longsysteem bereikt, het ademende *laco de sangue* van Leonardo da Vinci.

Is dat alleen maar van buitenaf opgelegd? Wachten de vogels passief tot ze de warmte van de eerste zonnestralen voelen? Zou ik zijn blijven slapen als de vogels en de brulapen me niet hadden gewekt? Nee, want ook als je de vogels in het duister houdt gaat de klok door. Nathaniel Kleitman en Bruce Richardson brachten in 1938 meer dan een maand door in Mammoth Cave, Kentucky, vierhonderd meter onder de grond zonder afwisseling van licht en donker, en toch was aan hun lichaamstemperatuur te zien dat er een dag- en nachtritme bleef bestaan, al was dat wat langer dan vierentwintig uur. Talloze experimenten laten zien dat ieder levend wezen een inwendige klok heeft, die zich zeer moeilijk uit laat schakelen. Dat moet ook wel, anders loopt de organisatie van het lichaam in de war. De interne biologische klok zorgt ervoor dat we niet in bed plassen als we slapen, dat we overdag willen eten en 's nachts willen slapen, dat de meeste bevallingen en hartaanvallen 's morgens vroeg plaatsvinden en dat tien uur 's avonds de beste tijd is om de liefde te bedrijven. En trekvogels weten precies op welke datum ze moeten uitvliegen om op de plaats van bestemming voedsel te vinden voor hun jongen. Knap. Russell Foster en Leon Kreitzman schreven er een intrigerend boek over: *Rhythms of life*. Daarin laten zij zien dat die biologische klok genetisch ingebouwd zit: er zijn specifieke genen aan te wijzen die zorgen voor de tijdregulering in het lichaam, overigens niet voor elk organisme hetzelfde gen.

Daartoe zijn veel ongewone experimenten uitgevoerd. Een klas studenten gedurende een aantal etmalen elk uur rectaal de eigen lichaamstemperatuur te laten opnemen is nog wel het minst problematisch. Kakkerlakken in volstrekte duisternis in een tredmolen laten lopen om hun cyclus te bestuderen gaat ook nog wel. Transplanteren van hersencellen van hamsterfoetussen met een 22-uurscyclus in plaats van een 24-uurs is al wat minder gewoon, maar het resultaat geeft wel ondubbelzinnig aan dat de klok in de hersenen moet zitten. En dat de klok genetisch zit ingebakken kun je aantonen aan de hand van de cyclische variatie in het gehalte van een specifiek boodschapper-RNA in hersencellen van fruitvliegjes. Om dat te bewijzen moet je de fruitvliegjes wel eerst invriezen in vloeibare stikstof en dan zeven: de kopjes gaan door de zeef heen en de rompjes blijven achter.

Bij mensen mag dat niet, en ook willen we niet vierentwintig uur in een tredmolen lopen, of onze ogen uit laten steken om te kijken of we dan toch nog lichtsignalen opvangen zoals bij de mus werd gedaan. Dus of het bij ons ook zo werkt, weten we niet precies. Maar ik weet wel dat bij vroege vogels zoals De Roever dat boodschapper-RNA beter werkt dan bij mij.

Waar komt die inwendige klok dan vandaan? Al weet je hoe hij werkt, daarmee weet je nog niet hoe wij eraan zijn gekomen. Alleen al het feit dat de inwendige klok voorkomt bij de meest primitieve bacteriën tot in de meest complexe levensvormen doet veronderstellen dat het een van de oudste zaken is die we met de evolutie hebben meegekregen. De allervroegste bacteriën waarmee het leven 3,5 miljard jaar geleden begon, de prokaryoten, hadden nog geen celkern, maar wel een inwendige klok. Dat weten we omdat zulke cyanobacteriën nog steeds leven, als vliesjes op het water in meren, en als stromatolieten, grote knollige kalkige matten in ondiep water aan de kust. Het is een vreemd idee dat bacteriën een inwendige klok met een 24-uursritme hebben, want ze delen zich binnen één dag al twee- of driemaal. Maar een moedercel gaat niet dood om dochtercellen te produceren, zij ís de dochtercellen, zeggen Foster en Kreitzman. De genen zelf blijven bestaan. Zo vonden Taiwanese onderzoekers in de rijstvelden cyanobacteriën die overdag fotosynthetiseren en 's nachts stikstof vastleggen.

Het hebben van een interne klok stelt ons in staat beter te foerageren en nageslacht te produceren, en onze eigen tijdsniche te vinden waarin wij in het voordeel zijn ten opzichte van onze ecologische concurrenten. Zesennegentig procent van de vogels in het regenwoud is overdag actief, 70 procent van de zoogdieren 's nachts. Vlinders zijn overdag actief, motten 's nachts. Overdag zie je de blauwe, geel geaderde pijlgifkikker *Dendrobates tinctorius* schijnbaar achteloos door het bos hippen, 's nachts klinkt de zware bas van de reuzenboomkikker, *Hyla boans*, vanuit de zandkommetjes die hij in de bedding van de kreek heeft gemaakt om zijn dril in te leggen. De manbarklak bloeit 's nachts met grote witte, sterkgeurende bloemen om de vleermuizen te lokken die hun stuifmeel moeten overbrengen naar de dichtstbijzijnde soortgenoot tien kilometer verderop. Zo zijn de ecologische niches niet alleen in de ruimte verdeeld, maar ook in de

Alleen in de droge tijd komen de zandbanken boven water. Bufeo, Río Caquetá, Amazonas, Colombia.

tijd. Paringstijd! klinkt het vierentwintig uur lang in het bos: elke minuut geblaat, gekwaak, gerasp, gezucht en gekweel van weer een andere soort.

Ook in elk seizoen zie en hoor je weer andere soorten. Want er mag in het bos dan wel geen verschil in daglengte en temperatuur zijn tussen zomer en winter, er is wel degelijk een seizoenscyclus in de meeste organismen. De leguanen leggen hun eieren alleen in de droge tijd, als de waterstand in de rivieren laag is en de zandbanken boven water komen. De reuzenboomkikker wil weinig water in de kreken, anders kan hij zijn kommetjes niet maken. De groenhartboom laat in de droge tijd zijn bladeren vallen zodat kolibries en bijen gemakkelijk bij zijn uitbundige gele trompetvormige bloemen kunnen komen. Vanuit het vliegtuig zie je hun felgele kronen afsteken tegen het groen van het bos. Hoe weten leguanen, kikkers en groenhartbomen dat het tijd is? Wachten ze passief af tot het droog wordt en produceren ze dan ineens hun eitjes, hun bloemen? Dat kan natuurlijk niet want ze moeten allemaal precies op tijd bevrucht worden, de draagtijd ligt vast, en dus worden ook de seizoenen gereguleerd door de interne klok.

In de gematigde streken is daglengte de cruciale factor. Schapen wachten met het krijgen van lammetjes tot de dagen beginnen te lengen. Hun jaarlijkse vruchtbaarheidscyclus is daarop afgestemd, en hun interne biologische klok geeft daartoe de signalen. Een Brits ontwikkelingsproject heeft ooit geprobeerd schapen in te voeren in de *páramo*, de hooggebergtetoendra van de Colombiaanse Andes. Maar het experiment mislukte, want de schapen kregen geen lammetjes: de dagen werden niet langer want dicht bij de evenaar zijn alle dagen even lang. Trekvogels zijn flexibeler: die kunnen hun tijdklokken hard en zacht zetten al naar gelang ze in de tropen zijn zonder seizoenen, of in de arctische streken zonder dag en nacht. Tropische organismen lijken vooral aangewezen op hun interne klok. Ook dat is niet ongewoon. Sommige bomen bloeien maar eens in de vier of vijf jaar, en sommige cicades produceren maar eens in de dertien of zeventien jaar nageslacht.

Hoe lang bestaat dat ongelooflijk complexe ecosysteem al? Hoe eeuwig zingen de bossen? Laten we voordat we naar het bos als geheel kijken onze aandacht eerst richten op de individuen. Want niet

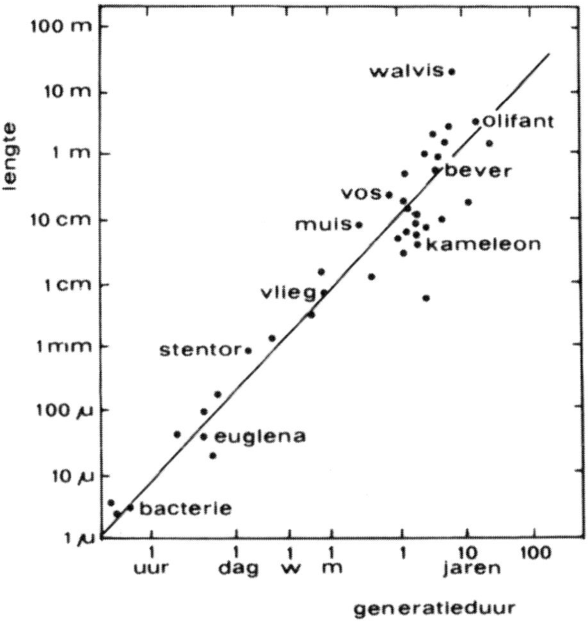

Generatieduur tegen lengte. Euglena *en* Stentor *zijn eencellige organismen. Schoonhoven, 1984.*

alle soorten leven even lang. Een mens leeft langer dan een mug. Max Kleiber vond in de jaren dertig al een verband tussen de lengte van een soort en de levensduur: nu zouden we zeggen, de biomassa en de levensduur. Dat komt omdat een groter lichaam per kilo lichaamsgewicht minder energie verbruikt dan een kleiner.

Er is nog een frappanter verband, met name bij de zoogdieren: naarmate de soort groter is, neemt het aantal hartslagen per minuut af. Een muis maakt zeshonderd hartslagen per minuut en leeft maar twee jaar. Een kat maakt honderdvijfentwintig hartslagen per minuut en leeft gemiddeld tien jaar. Een koeienhart slaat zeventig keer per minuut in een koeienleven dat normaliter twintig jaar duurt, een olifant heeft een hartslagfrequentie van dertig en leeft vijftig jaar, en een walvishart slaat maar vijftien keer per minuut. Alles bij elkaar maakt elk zoogdier in zijn leven gemiddeld een even groot aantal hartslagen, zo'n 150 miljoen, of hij nu groot of klein is.

Kennelijk zijn wij allemaal variaties op hetzelfde thema zoogdier, waarvan de totale energieconsumptie al heel vroeg door de evolutie is vastgelegd. De maat van het zoogdier. Net zo'n basisgegeven als het feit dat onze mond aan de voorkant zit omdat wij ons graag naar ons voedsel toe bewegen, en onze anus aan de achterkant omdat wij ons liever verwijderen van onze uitwerpselen, zoals Stephan Jay Gould het plastisch zegt. Geen wonder dat ons genetisch materiaal maar zo weinig verschilt van dat van andere zoogdieren.

Hoe is dat bij de planten van het bos? Hoe oud zijn die ontzagwekkende woudreuzen? Tot voor kort was er heel weinig bekend over de ouderdom van de bomen in het Amazonisch regenwoud waartoe ook Suriname behoort. Het probleem is dat er door het ontbreken van seizoenen vaak ook geen of nauwelijks waarneembare jaarringen in het hout zitten. En áls er ringen in zitten zijn het niet vanzelfsprekend jaarringen, want sommige bomen hebben langere of korte cycli, of staan het hele jaar door tegelijkertijd vol knoppen, bloemen en vruchten.

Pas zeer onlangs is de tropisch ecoloog Jeffrey Chambers van de Universiteit van Californië in Santa Barbara begonnen met de directe koolstof-14-datering van grote bomen in het Braziliaanse Amazonebos. De uitkomsten zijn verrassend. Veel hoge bomen zijn honderden jaren oud, de oudste zelfs veertienhonderd jaar, veel ouder dan men op grond van gemeten groeisnelheden had geschat. De gedateerde groenhartbomen met hun mooie gele bloemen zijn driehonderd tot zevenhonderd jaar oud. Op een oppervlak van veertig hectare bos vind je gemiddeld één boom van meer dan duizend jaar oud, berekende Chambers. De maat van de bomen is minstens een orde van grootte groter dan die van de zoogdieren, dan de menselijke maat. Boompje groot, plantertje dood. Elke groenhart heeft tientallen generaties brulapen aan zijn takken zien hangen, en honderden generaties muizen aan zijn wortels voelen knagen. Er is overigens geen strak lineair verband tussen de ouderdom en de diameter van een boom bij de afzonderlijke soorten: sommige bomen hebben heel lang op de bosgrond als zaailing moeten wachten voordat zij een lichtplek kregen om snel naar de kroonetage door te groeien. Zulke lichtplekken ontstaan vooral door het omvallen van oude bomen, en door stormen.

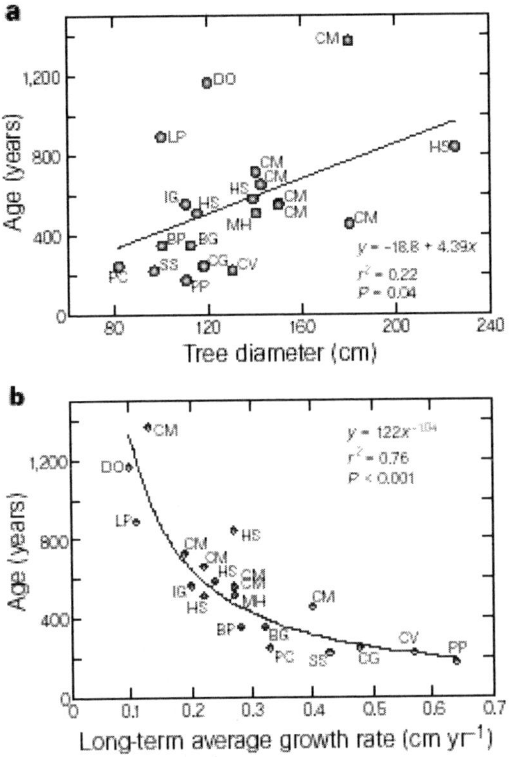

A. Absolute ouderdom van bomen van verschillende diameter en soort. De letters slaan op de verschillende soorten. B. De groeisnelheid neemt af bij hogere ouderdom. Chambers et al., 1998.

Het bos speelt een belangrijke rol in de mondiale koolstofcyclus. Uit de gemiddelde bovengrondse biomassa van 330 ton per hectare en de vier ton per hectare die er jaarlijks bij komt kun je berekenen dat de gemiddelde omlooptijd van de koolstof in het hout van het bos rond tachtig jaar is. Misschien neemt het zelfs toe. Dat zou betekenen dat het bos koolzuurgas opslaat. Veel landen zijn daar blij mee, want het brengt Kyotogeld in het laadje. Maar die tachtig jaar zijn alleen maar een kil chemisch gegeven. Als je ook de functie van die oudste bomen van veertienhonderd jaar in het complexe netwerk van bos beschouwt, dan moet je wel concluderen dat het minstens veertienhonderd jaar duurt voor álle biomassa in het bos gerecycled is, en dus ook dat er veertienhonderd jaar voor nodig is om een volgroeid tropisch regenwoud te krijgen.

Er zijn ook andere methoden om dat te bepalen. De Colombiaanse ecoloog Juan Saldarriaga, later directeur van het Tropenbosprogramma in Colombia, onderzocht aan de Río Negro in Venezuela hoe snel stukjes bos die door de lokale bevolking waren opengekapt voor de zwerflandbouw (*chagras*, kostgrondjes), weer regenereerden tot een biomassa, vergelijkbaar met die van het primaire bos. De oudste van die kostgrondjes was tachtig jaar geleden opengekapt, en nog steeds niet helemaal volgroeid. Volgens Saldarriaga zou er minimaal tweehonderd jaar voor nodig zijn. Maar aan de ouderdom van de bomen in Brazilië te zien moeten daar nog wel een paar eeuwen bij.

De ouderdom van de individuen en de omloopsnelheid van de biomassa zeggen ons nog niets over de ouderdom van het ecosysteem als geheel. De oudste boom is veertienhonderd jaar. Veertienhonderd jaar? Wat kan er al niet gebeuren in zo'n tijd! Kleine IJstijden, Warme Middeleeuwse Perioden? Volgens de tachtigjarige Amerikaanse archeologe Betty Meggers van het Smithsonian Institute, de eerste die samen met haar man Clifford Evans de Amazonische archeologie op de kaart heeft gezet in de jaren vijftig, zijn er in het Amazonegebied 450, zevenhonderd, duizend en vijftienhonderd jaar geleden langdurige droogteperioden en enorme bosbranden geweest, die samenhingen met wat zij noemt 'mega-El Niño events'. Maar tot nu toe is het bewijs daarvoor zeer mager. Je zou moeten kijken of er systematische veranderingen in de boomringen van die duizend jaar oude woudreuzen zitten. Maar dat heeft nog niemand gedaan. Voorlopig lijkt het Amazonisch regenwoud op de tijdschaal van eeuwen, en zelfs millennia redelijk stabiel te zijn gebleven.

Maar nog een schaalstap verder in de tijd? De ijstijden? De overmoedige conclusie van Louis Agassiz dat het Amazonegebied vergletsjerd is geweest is al lang ontzenuwd. Maar de vraag wat de invloed van de ijstijden dan wel is geweest is nog hoogst actueel.

Die discussie begon in 1969 toen de Duitse geoloog Jürgen Haffer in *Science* het artikel 'Speciation in Amazonian forest birds' publiceerde. Daarin liet hij zien dat er in het Amazonisch regenwoud gebieden waren met veel meer vogelsoorten dan in andere. Hij gaf daarvoor de volgende verklaring. In de ijstijd was het klimaat veel droger. Het Amazonebos was op de meeste plaatsen verdwenen en vervangen door savannes. Alleen op de plaatsen met de hoogste neerslag had het bos zich kunnen handhaven: de *refugia*. De planten en dieren in die refugia waren zó lang geïsoleerd, dat zich daar nieuwe soorten begonnen te ontwikkelen die aangepast waren aan de specifieke omstandigheden daar. Daardoor groeide de soortenrijkdom. Na de ijstijd werd het weer natter, de refugia groeiden aaneen tot het Amazonebos weer was hersteld. Maar de oude refugia bleven zichtbaar doordat ze soortenrijker waren dan de latere groeizones eromheen. Bomen met zware zaden, zoals de paranoot, *Bertholletia excelsa*, konden hun territorium maar langzaam uitbreiden, en hebben nog steeds een grillig distributiepatroon in het bos. In navolging van Haffer kwamen botanici, vlinderspecialisten en herpetologen (reptielen- en amfibieëndeskundigen) tot soortgelijke conclusies.

Een intrigerende theorie. Maar niet eenvoudig om hard te maken. Met planten lukt dat nog wel. Onlangs heeft de enthousiaste Finse groep van Hanna Tuomisto en Jukka Salo van de Universiteit van Turku het beeld van de ongelijke distributie bevestigd, en dat komt niet alleen door verschillen in bodemkenmerken, maar ook door absolute verschillen in diversiteit. Maar voor dieren is er een enorm bemonsteringsprobleem. Probeer maar eens de soortenrijkdom van 8 miljoen vierkante kilometer bos vast te stellen.

Met Rinus Hoogmoed van Naturalis heb ik ooit kikkers geteld in Suriname. Aan de Corantijn, aan de Coeroeni, de Kabalebo, daar waar ik voor de geologie toevallig moest zijn. Maar hoe moet je kikkers tellen? Je kunt niet op je plaats blijven zitten en wachten tot de kikkers naar je toe komen. Het heeft zelfs geen zin om een proefvierkant uit te zetten in het bos. Daarvoor zijn er te weinig kikkers. Je moet lopen. Houwer in de hand, kompas om de nek en plastic zak onder de riem voor de kikkers. Kikkers hebben nog het voordeel dat ze kwaken: een onbekend kwaakje veroorzaakt meteen opwinding, en een afwijking van de geplande route. Twee of drie soorten van de tachtig bekende vind je op een dag, meestal gewone, een enkele zeldzame, geen enkele echt nieuwe soort, hooguit onzekere soorten van

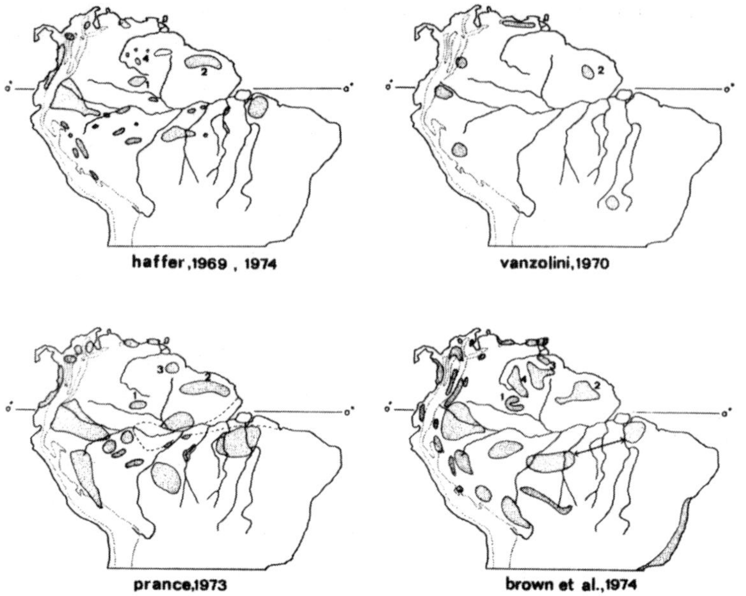

Refugia van vogels, hagedissen, boomsoorten en vlinders. Hoogmoed, 1979.

genera die slecht beschreven zijn. Zo leg je misschien tien, twaalf kilometer af op een dag. 's Nachts hoor je weer heel andere geluiden. Daar moet je ook op af, met de koplamp op het hoofd. En net als je er een gelokaliseerd hebt onder een dichte struik en een voorzichtige stap doet in zijn richting, houdt hij geschrokken zijn bek. Een hele tijd zit je stil op je hurken te wachten. Krok! Nog een stap. Meteen weer stilte. Voorgoed. Hij vertrouwt het niet en is stil weggehipt. Ik zal nooit weten welke soort het was. Fluitkikkers zitten in een holletje net onder de grond. Zelfs al ben je vlakbij dan nog zie je ze niet. Ineens hoor ik een kikker als een scheepstoeter. Dat moet een grote zijn. Maar hij zit dertig meter hoog in de boomkruin. Dat is het meest gevarieerde deel van het bos. Daar zitten de meeste bladeren, bloemen, lianen, bromelia's, orchideeën en andere epifyten. Maar de kikkers die daar zitten, krijg je niet. Gefrustreerd staar ik omhoog naar het duistere bladerdak. De lichtstraal van mijn koplamp treft alleen een slapend vogeltje. Hoe krijg je in vredesnaam een representatief beeld? Laat je dataset maar aan een statisticus zien. Die begint meteen hard te lachen. Hoe wil jij aantonen dat hier meer kikkersoorten zitten dan daar? Over 8 miljoen vierkante kilometer? Te vóét? Ook van vógels? Hij komt niet meer bij.

Maar er zijn nog andere manieren om de refugiatheorie te testen. Stuifmeelkorrels van planten, pollen, zijn zeer resistent, ze kunnen miljoenen jaren bewaard blijven in klei, veen en meerafzettingen, zolang ze maar niet aan zuurstof worden blootgesteld. Veen heeft het voordeel dat je het ook nog kunt dateren met koolstof-14. Uit een boorkern op de bodem van een meer waar tienduizenden jaren lang stuifmeelkorrels zijn in gewaaid, kun je nagaan of de vegetatie in al die jaren is veranderd. Net als met foraminiferen in de diepzee. Als het klimaat droger was in de ijstijd zou je meer savannepollen moeten vinden in de laagjes uit die tijd. Thomas van der Hammen, een van de eerste Nederlandse Amazonepioniers, is er in het Colombiaanse Amazonegebied al in de jaren vijftig mee begonnen. Helaas zijn zulke meren uiterst zeldzaam. De meeste gaven maar gegevens over een paar duizend jaar, niet genoeg om tot de ijstijd te komen, die immers tienduizend jaar geleden eindigde. Maar Van der Hammen en zijn Braziliaanse collega Maria Lucia Absy hebben er na jaren zoeken een gevonden, in de Serra dos Carajás in Brazilië, een uitzonderlijke plek, met veel rotspartijen die horen bij een van de grootste ijzermijnen van de wereld. Dat meer geeft inderdaad meer savannepollen dan regenwoudpollen in de laatste ijstijd. Eén meer, één datapunt op 8 miljoen vierkante kilometer. Voor hen is het een aanwijzing van de *ice age aridity* van het Amazonebekken.

Maar er is een concurrent. Paul Colinvaux uit de Verenigde Staten. Hij heeft ook een meer gevonden. Net zo ver van Van der Hammens meer vandaan als Parijs van Moskou. Een karstmeer op een carbonatiet, een merkwaardige kalksteen die uit magma is ontstaan, een uiterst zeldzaam gesteente. De Braziliaanse regering wil er niobium gaan winnen, een zeldzaam metaal. Ook niet bepaald een representatieve plaats. In de lagen uit de ijstijd in het meer van Colinvaux zitten geen savannepollen. Het regenwoud blijft gewoon bestaan, het koelt hooguit een beetje af. Hij is een virulent verketteraar van iedereen die het woord 'ice age aridity' en 'refuge theory' in zijn mond durft te nemen. Je zou niet meer durven als je zijn artikelen leest. Geen toonbeeld van *sapienza*. Maar Van der Hammen en collega's zeggen: geen wonder dat hij niets vindt want hij zit midden in een refugium.

Toch zijn er aanwijzingen die Colinvaux gelijk geven. Want voor de monding van de Amazone ligt de zogenaamde *Amazon cone*. De Amazone heeft geen delta. Hij stroomt zó hard bij de monding dat hij al een heel eind de zee in gestroomd is voor hij in de gaten krijgt dat hij het land verlaten heeft. Pas dan laat hij zijn sediment vallen, dat ver uit de kust in een kegelvorm wordt afgezet. Pollen uit die kernen laten zien dat er in de ijstijd nauwelijks meer savannepollen door de Amazone werden aangevoerd dan nu.

Ook van een andere zijde staat de refugiatheorie onder druk, althans als mechanisme voor speciatie. Genetici gaan ervan uit dat de snelheid waarmee mutaties in genen optreden ongeveer constant is. Soorten die nog maar kort geleden uit elkaar zijn gegaan, hebben nog veel genen gemeen. Hoe langer geleden de splitsing is opgetreden, hoe meer ze genetisch verschillen. Dat kun je gebruiken als een soort moleculaire klok. Hoewel er veel kritiek is op de methode geeft zij vaak consistente resultaten. De moleculaire klok van de wakago en zijn soortgenoten laat zien dat de speciatie, de soortvorming, daar 1,6 tot 9,5 miljoen jaar geleden is opgetreden. De hagedissensoorten op bovenstaand kaartje hebben al 15 miljoen jaar geleden afscheid van elkaar genomen. En onze luiaard? Die is zelfs 50 miljoen jaar. Als Haffer gelijk had gehad, zou de speciatie één, of hooguit enkele ijstijden, dus niet meer dan een paar honderdduizend jaar geleden hebben plaatsgehad.

Het tropisch regenwoud, die enorme soortenrijkdom, die fijnmazige vertakkingen van het voedselweb lijken dus al heel oud te zijn. Minstens enige miljoenen jaren. Miljoenen jaren klinkt het elke morgen 'wákagó, wákagó' aan de oever van de Corantijn. Er lijkt helemaal geen sprake te zijn van recente speciatie. Dat blijkt ook uit het feit dat Thomas van der Hammen en zijn collega Henry Hooghiemstra de hele vegetatieontwikkeling van de Colombiaanse Andes en het Amazonegebied van de laatste 2 miljoen jaar uit fossiele stuifmeelkorrels hebben kunnen reconstrueren zonder ook maar éénmaal het woord 'evolutie' in de mond te hoeven nemen. Alle oude stuifmeelsoorten zijn te herleiden tot nu nog levende plantengenera.

En dat geldt niet alleen voor het tropisch regenwoud. De opgeheven koraalterrassen van Curaçao van 125 000 jaar geleden hebben precies dezelfde soortensamenstelling als de huidige riffen. Ook bij de mollusken en vissen in de tropische zeeën zijn er de laatste miljoen jaar geen nieuwe soorten bij gekomen. Zelfs niet bij de insecten, die per tijdseenheid toch tien of honderd keer zoveel generaties produceren als bijvoorbeeld vogels. Komt het omdat de temperatuurdaling tijdens de ijstijd in de tropen minder sterk lijkt te zijn geweest dan in de gematigde streken?

Maar ook dat klopt niet. Vroeger, voor de komst van de grote glaciaties waren de huidige gematigde streken juist veel rijker aan soorten. In de broeikasaarde waren er nog krokodillen in Siberië en broodvruchtbomen op Groenland. Maar de ijskappen hebben elke ijstijd de planten en dieren weer opnieuw over de Alpen heen gejaagd, tot vervelens toe. Sommige soorten, zoals de bomen *Liquidambar* en *Zelkova*, zijn er zo moe van geworden dat ze niet meer terugkwamen toen het warmer werd, zo blijkt uit fossiele stuifmeelkorrels. Ze komen nu alleen nog maar in China en Amerika voor. Zo bezien is een ijstijd een grotere bedreiging voor de biodiversiteit dan opwarming van het klimaat.

Als er één periode is geweest waarin je evolutie door natuurlijke selectie zou verwachten in Europa is het wel de laatste 2 miljoen jaar. Dramatische klimaatverandering, ijskappen, zeespiegelveranderingen, habitatstress, geografische isolatie: aanleiding genoeg voor speciatie. Als het echt zo werkt zouden de gematigde streken juist méér biodiversiteit moeten hebben dan de tropen. Maar nee, de planten en dieren vluchten alleen maar alle kanten op als het koud wordt, en komen snel weer terug zodra het kan. Daarmee begon dit boek. Maar geen nieuwe soorten. Wij hebben alleen maar biodiversiteit verlóren in de laatste 2 miljoen jaar (op een enkele uitzondering na). De Europese flora en fauna is nog armer dan de Noord-Amerikaanse: bij hen liggen de bergen tenminste noord-zuid gericht en vormen dus geen drempel als de vegetatie het koud krijgt. Maar ook bij hen is er niets bij gekomen de laatste 2 miljoen jaar. Onze biodiversiteit is nog maar een fractie van die van het tropisch regenwoud. Wij hebben te veel meegemaakt.

Darwin, waar ben je?

14

Het geheim van Stephen Jay Gould

The history of any one part of the earth, like the life of a soldier, consists of long periods of boredom and short periods of terror.

Derek Ager,
The nature of the stratigraphic record

Waar is Darwin? Waarom zien wij in de laatste 2 miljoen jaar helemaal geen nieuwe soorten ontstaan in de meest uitbundige ecosystemen die de aarde kent, het tropisch regenwoud en de koraalriffen? Zelfs zijn eigen Galápagosvinkjes zijn volgens de Canadese genetici Freeland en Boag tussen een half en een miljoen jaar geleden uit elkaar gegaan, terwijl de eilanden zelf niet ouder zijn dan 4 miljoen jaar. Of vindt de evolutie alleen maar plaats in de fijnste haarvaten van het ecosysteem, in de overlangse groeven van de haren van de luiaard? Daar waar de genetici nog niet gekeken hebben, en waar organismen wonen die geen dateerbare sporen achterlaten in meerafzettingen, venen, de diepzee of het ijs?

Wij zagen Darwin eerder in de knoop liggen met Lyell, omdat deze laatste niet wilde geloven dat nieuwe soorten kunnen ontstaan door natuurlijke selectie. We zagen ook dat Darwin niettemin een echte lyelliaan bleef, omdat hij vond dat je voor de evolutie alleen maar veel tijd nodig had, en geen catastrofes, zoals Cuvier beweerde. Actualisme, geen catastrofisme. Het is goed om nu de balans op te maken in die discussie. Want beide kampen strijden nog steeds met elkaar, alleen in nieuwe uniformpjes. Nu gaat het tussen de genetici en de paleontologen, in de terminologie van Niles Eldredges mooie inside story *Reinventing Darwin.* Het gaat nog steeds over de tijd als stroom, de tijd als golf, en de tijd als puls. Alleen hebben we nu een veel beter beeld van de tijdschalen waarover het gaat. En we begrijpen beter dat een golf zonder context op een puls kan lijken, en een heel klein stukje van een grote golf op een stroom. Wat is tenslotte 2 miljoen jaar op de 3,5 miljard jaar dat het leven al bestaat? Darwin heeft de tijd.

Drie en een half miljard jaar geleden begint de lente. In zee. De *prokaryoten*, ééncellige organismen zonder celkern zijn er het eerst. Bacteriën, *archaea*. Ze moeten al DNA gehad hebben, de basis van het leven. En ze moeten ook al een inwendige tijdklok gehad hebben, net als hun tegenwoordige soortgenoten. Ze proberen allerlei soorten voedingsbronnen uit: koolstof, stikstof, zwavel, zuurstof. Wat ze maar vinden. Er is maar een klein gedeelte dat door mag naar de volgende klas. Die vinden twee miljard jaar later de celkern uit: het worden *eukaryoten*. En van die eukaryoten ontdekt er een enkeling een miljard jaar later dat je met meer cellen in een individu elke cel verschillende taken kunt geven: het begin van de *Metazoa*, de meercellige organismen, de dieren en de planten. Mond en ogen voor, anus achter. Iets voor de ademhaling en de spijsvertering tussenin, en een pompje om de zaak draaiend te houden. En liefst ook iets om je mee voort te bewegen, vinnen, poten, vleugels, wat je maar wilt. Experi-

The Cambrian News: *Festival of fun looks here to stay.*

Opabinia *en* Marrella, *twee kortstondige levensvormen uit de Cambrische Burgess Shale. www.biota.org/ org/vision-old.html.*

menteer maar. Je krijgt 150 miljoen hartslagen mee om het waar te maken. En weer een klein gedeelte van die meercellige organismen bedenkt een half miljard jaar later een oplossing voor die voortdurende hinderlijke kalkneerslag op je huid uit de oververzadigde oceanen: je maakt er een schelp van, een skeletje. Zo ben je nog beter beschermd ook. Nu zijn we bij het begin van het Cambrium, 542 miljoen jaar geleden (zie bijlage).

Het Cambrium is ook weer een soort lente. Het leven is opgetogen over de nieuwe ontdekkingen. De wonderlijkste vormen ontstaan met het nieuwe bouwmateriaal. Alles wordt uitgeprobeerd, vaak met maar kortstondig succes. Vijf ogen? Geen probleem. De *Cambrian explosion*. Lees Stephen Jay Goulds schitterende boek *Wonderful life* over de vondsten in de Burgess Shale in Canada.

Kort daarop volgt nóg een uitvinding: leven op het land. Planten en dieren kruipen uit het water en bouwen een nieuwe levensstijl op. Uiteindelijk: de onze.

Vijf ontwikkelingen lopen parallel in deze geschiedenis. Vijf pijlen van de tijd. Ten eerste krijgen de levensvormen een steeds grotere complexiteit. Ten tweede: het totale aantal soorten groeit bij elke stap. Ten derde: de totale hoeveelheid biomassa groeit bij elke stap. Ten vierde: steeds meer ecologische niches op aarde worden opgevuld die vroeger ontoegankelijk waren, omdat de benodigde fysiologie nog niet was uitgevonden. Ten vijfde: het tijdsinterval naar de volgende stap wordt elke keer korter. Nog nooit was het aantal soorten zo groot als nu, ondanks het feit dat 95 procent van alle ooit ontstane levensvormen inmiddels alweer is uitgestorven. Nog nooit was de biomassa op aarde zo groot als nu. Nog nooit waren alle hoekjes en gaatjes zo opgevuld met leven als nu, vanaf de nauwste rotsspleten een kilometer onder het aardoppervlak, tot de meren onder drie kilometer Antarctisch ijs.

Is dat progressie? Stephen Jay Gould (*Full house*) vindt van niet. Hij noemt het: toename van variabiliteit. Hij wijst erop dat bij elke stap vooruit er een heleboel zittenblijvers in de oude klas achterblijven, die niet mee mogen doen. Degenen die wél een evolutionaire stap maakten, vormen maar een fractie van het aantal individuen in het totaal. De geslaagden zijn allemaal toevalstreffers, die het tij mee hadden. Het hadden net zo goed anderen kunnen zijn. Ze hadden net zo goed iets anders kunnen worden. Dat is juist, maar daarmee ontkracht je niet de vijf pijlen die ik hierboven noemde.

Goulds stellingname komt voort uit zijn overtuiging dat de mens niet de kroon op de schepping is, maar ook een toevalstreffer, een schitterend ongeluk, in de woorden van Wim Kayzers onvergetelijke televisiedocumentaire. Daar ben ik het helemaal mee eens, maar

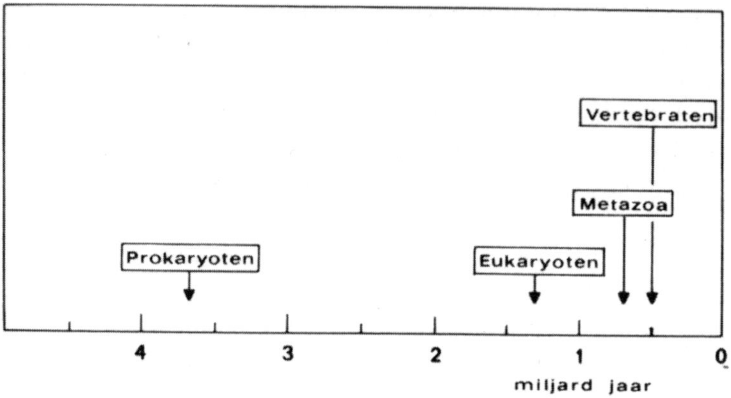

Versnelling in het verschijnen van verschillende levensvormen op aarde. Schoonhoven, 1984.

dat is nog geen reden om de toenemende complexiteit van de biosfeer te ontkennen. Misschien moeten we bij die vijf pijlen het woord 'progressie' niet gebruiken: dat woord zou uitgelegd kunnen worden als een waardeoordeel, en dat is niet de bedoeling. De Amerikaanse biologen Andrew Knoll en Richard Bambach gebruiken in navolging van de oude Whewell liever het woord 'directionalism'. Een vreselijk woord, maar zij slaan de spijker op de kop als zij zeggen:

> *The principal issue that confronts paleontologists who wish to evaluate such sweeping evolutionary worldviews is that history of life is unique. How do we estimate the likelihood of events that have occurred only once?*

Overigens zitten er in die vijf pijlen ook vijf belangrijke haperingen: de diepste op de grens van het Perm en de Trias, en de bekendste op de grens van Krijt en Tertiair. De laatste was, zoals nu wel algemeen wordt aangenomen, het gevolg van een grote meteorietinslag bij Chicxulub op Yucatán in Mexico, en zorgde voor het uitsterven van dinosauriërs en een groot aantal andere organismen. Veel niches kwamen daardoor leeg te staan, en groepen die eerder geen kans kregen, konden zich snel ontwikkelen, waaronder de zoogdieren. Als de catastrofisten één punt hebben gemaakt, dan is het wel dit. De oor-

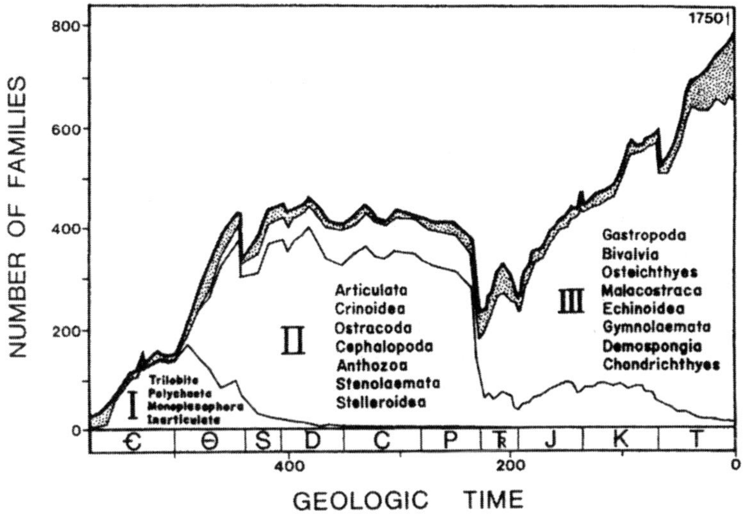

Diversiteit van mariene fauna's sinds het Cambrium. I cambrische fauna's; II paleozoïsche fauna na het Cambrium; III moderne fauna. Miller, 2000, naar Sepkoski, 1981.

zaken van de veel ernstiger permische crisis zijn nog onduidelijk, maar ook die zullen wel gevonden worden. Maar de grote vraag is, en daar gaat de discussie tussen genetici en paleontologen over: gaat evolutie vanzelf, door constante mutaties die binnen het genenmateriaal plaatsvinden, zoals de genetici vinden, (de tijd als stroom, als pijl), of gaat het met sprongen (de tijd als puls), en moet je naar oorzaken buiten de organismen zelf zoeken, zoals de paleontologen beweren.

Laten we nog even terugkeren naar Georges Cuvier, Lyell en Darwin. Ze mogen alle drie iets zeggen, daarna kom ik weer. Cuvier heeft heel precies alle schelpen, alle zoogdierbotten en andere fauna beschreven die hij vond bij zijn doorsnede door het bekken van Parijs, en komt als eerste tot de conclusie dat vele soorten zijn uitgestorven, en er nieuwe soorten zijn bij gekomen, als waren er meerdere scheppingen geweest. Hij vindt alleen geen tussenvormen tussen de ene soort en de andere. Hij is overtuigd van de onveranderlijkheid van de soort, en wordt daarin gesterkt als zijn collega Saint-Hilaire uit Egypte thuiskomt met vijfduizend jaar oude dierenmummies die zich in niets onderscheiden van hun moderne nakomelingen. Cuvier zegt dan:

> Als de soorten geleidelijk veranderd zijn, zou je sporen moeten vinden van die langzame wijzigingen. Men zou tussenvormen moeten vinden tussen de paleotherium en de soorten van vandaag, en dat is tot nu toe niet gebeurd. Waarom heeft het inwendige der aarde geen aandenken bewaard aan die merkwaardige stamboom? Zou het niet zijn omdat de catastrofe die ze heeft vernietigd ze geen tijd heeft gegeven om te veranderen?

Lyell antwoordt daarop dat er grote gaten zitten in het geologische geschiedenisboek van de aarde, en dat, al vind je geen overgangsvormen, dat nog niet wil zeggen dat ze niet bestaan. Hij gebruikt een elegante vergelijking met Herculaneum: alsof hij Armero voorvoelde.

> *Suppose we had discovered two buried cities at the foot of Vesuvius, immediately superimposed upon each other, with a great mass of tuff and lava intervening, just as Portici and Resina, if now covered with ashes, would overlie Herculaneum. An antiquary might possibly be entitled to infer, from the inscriptions on public edifices, that the inhabitants of the inferior and older town were Greeks, and those of the modern, Italians. But he would reason very hastily, if he also concluded from these data, that there had been a sudden change from the Greek to the Italian languages. Suppose he afterwards found three buried cities, one above the other, the intermediate one being Roman, while, as in his former example, the lowest was Greek and the uppermost Italian, he would then perceive the fallacy of his former opinion, and would begin to suspect that the catastrophes, whereby the cities were inhumed, might have no relation whatever to the fluctuations of the language of the inhabitants; and that, as the Roman tongue had evidently intervened between the Greek and the Italian, so many other dialects may have been spoken in succession, and the passage from the Greek to the Italian may have been very gradual,*

some terms growing obsolete, while others were introduced from time to time.

Darwin, verstokt lyelliaan, geeft in het tiende hoofdstuk van *The origin of species* nog reeksen andere ingenieuze argumenten waarom zelfs de afwezigheid van overgangsvormen binnen één gesteenteformatie geen argument tegen langzame continue evolutie is. De leukste vind ik deze:

We shall, perhaps, best perceive the improbability of our being enabled to connect species by numerous, fine, intermediate fossil links by asking ourselves whether, for instance, geologists at some future period will be able to prove that our different breeds of cattle, sheep, horses and dogs are descended from a single stock or from several aboriginal stocks. (...) This could be effected by the future geologist only by his discovering in a fossil state numerous intermediate gradations; and such success is improbable in the highest degree.

Inmiddels zijn we honderdvijftig jaar verder. Duizenden geologische secties van kilometers dikke sedimentpakketten zijn centimeter voor centimeter door honderden paleontologen doorzocht op fossielen. Het is nog steeds een geschiedenisboek met grote gaten, maar we weten inmiddels wel waar we moeten zoeken om een min of meer continue registratie te krijgen. In afzettingen uit de diepzee bijvoorbeeld, zoals we al zagen. Ook op het land zijn laagpakketten te vinden die ooit in de diepzee zijn afgezet en later door de plaattektoniek omhoog zijn gekomen. We kennen ook de absolute ouderdom van de lagen in miljoenen jaren veel preciezer, door dateringen van ingewaaide laagjes vulkanische as, van radioactieve mineralen die in het sediment ontstaan zoals glauconiet, met behulp van omkeringen van het aardmagnetisch veld, door correlatie met de Milanković-cycliciteit en andere methoden. Áls er hiaten in het geschiedenisboek zitten, komen we er wel achter.

Het beroepsgeheim van de paleontologen, zoals Stephen Jay Gould dat noemt, is, dat ondanks die enorme hoeveelheid nieuwe gegevens, het beeld dat Cuvier schetste nog steeds niet is veranderd. De meeste soorten verschijnen nog steeds plotseling, blijven een tijdje bestaan, om dan weer even plotseling te verdwijnen. Overgangsvormen zijn uiterst zeldzaam. Waarom dat een geheim was? Omdat elke paleontoloog die zegt dat evolutie níét geleidelijk gaat zoals Darwin beweerde, het risico loopt uitgescholden te worden voor saltationist, catastrofist, of, het ergste van al, creationist. Het einde van je carrière. Niles Eldredge en Stephen Jay Gould gooiden in 1977 de knuppel in het hoenderhok.

> *[We] wondered why evolutionary paleontologists have continued to seek, for over a century and almost always in vain, the 'insensibly graded series' that Darwin told us to find. Biostratigraphers have known for years that morphological stability, particularly in characters that allow us to recognize species-taxa level, is the rule, not the exception. It is time for evolutionary theory to catch up with empirical paleontology, to confront the phenomenon of evolutionary non-change, and to incorporate it into our theory, rather than simply explain it away.* (Eldredge en Gould, 1977.)

Zij stelden dat evolutie niet geleidelijk gaat, maar als *punctuated equilibrium*: evenwicht met pulsen. Korte perioden van snelle evolutie worden afgewisseld door lange perioden van rust, *stasis*, waarin de nieuw gevormde soorten hooguit fluctueren rond een gemiddelde maar niet echt veranderen in een bepaalde richting. Net als Cuvier dacht, net als het Surinaamse regenwoud doet vermoeden. Zij schatten op grond van absolute dateringen de gemiddelde levensduur van een mariene soort op 5 tot 10 miljoen jaar, de duur van een evolutiepuls op vijf- tot vijftigduizend jaar.

Echt een geheim was dat nu ook weer niet. De hele indeling van de geologische tijd is erop gebaseerd, al sinds de tijd dat John Phillips in 1841 de termen Paleozoïcum, Mesozoïcum, Kenozoïcum invoerde. Deze geologische hoofdtijdperken (*eras*) eindigen steeds met een grote uitsterfcatastrofe, aan het einde van het Perm en aan het einde van het Krijt zoals we zagen. Over díé catastrofes en hun diepgaande invloed op de evolutie van het leven bestaat weinig meningsverschil.

Golden spike: *Grens Siluur-Devoon, 416,0 ± 2,8 miljoen jaar. De koperen plaquettes in verschillende talen zijn in de bovenste laag van het Siluur geschroefd. In de daarop liggende laag (rechts) begint het Devoon, gekenmerkt door het eerste optreden van de graptoliet* Monograptus uniformis. *Suchomasty bij Praag, Tsjechië.*

De era's worden verder onderverdeeld in *perioden*: het Paleozoïcum in Cambrium, Ordovicium, Siluur, Devoon, Carboon en Perm, het Mesozoïcum in Trias, Jura en Krijt, het Kenozoïcum in Paleogeen, Neogeen en Kwartair (zie bijlage). Die perioden duren elk tussen de 20 en 80 miljoen jaar. In de Internationale Commissie voor Stratigrafie spreken geologen af waar precies de grenzen tussen die perioden liggen. Daarvoor zoeken zij een sectie, liefst van ongestoorde zeeafzettingen, waarin het plotseling verschijnen of verdwijnen van een kenmerkende soort goed te zien is. Die soort moet een 'gidsfossiel' zijn: een soort die overal in de wereld voorkomt, een snelle evolutie doormaakt, en goed fossiliseerbaar is. De eerste eis is omdat men ook elders in de wereld diezelfde grens wil kunnen herkennen; de tweede eis is omdat soorten die een langzame evolutie doormaken niet voldoende tijdsprecisie kunnen leveren, en de derde eis omdat we anders te veel moeite hebben om de fossielen terug te vinden. De beroemde coelacanth, de 'levende fossiele' vis uit de diepzee, is een slecht gidsfossiel: hij is te zeldzaam en evolueert te langzaam. De mens is ook geen goed gidsfossiel: wij fossiliseren te slecht.

Goede gidsfossielen voor het Paleozoïcum zijn de trilobieten en de brachiopoden, en voor het Mesozoïcum de ammonieten. Wie niet weet hoe die eruitzien, moet maar gaan kijken bij het alternatieve stenenvrouwtje op de hoek. Daar liggen naast de tijgerogen tegen de reuma, de rookkwarts tegen de kanker en het bergkristal tegen de hartaanval vast wel een paar overlangs doorgezaagde ammonieten uit Madagaskar en trilobieten uit Bolivia. Kleintjes als hanger en grote voor de schoorsteenmantel. Bovendien hebben beide families nog levende verwanten: de *Limulus* (degenkrab) en de *Nautilus*-schelp. Die zien eruit als een trilobiet en een ammoniet ontworpen door een designbureau.

De overgang tussen twee perioden in de gekozen sectie noemt de stratigrafiecommissie de *golden spike*. Ze staan aangegeven in de bijlage.

Maar wat betekenen die plotselinge overgangen tussen de perioden? Zijn dat ook meteorietinslagen, maar dan kleinere? Het probleem wordt nog dwingender als we zien dat de perioden zelf óók weer worden onderverdeeld in tijdvakken (*epochs*), en die worden weer onderverdeeld in tijden (*ages*). De tijden duren vaak niet lan-

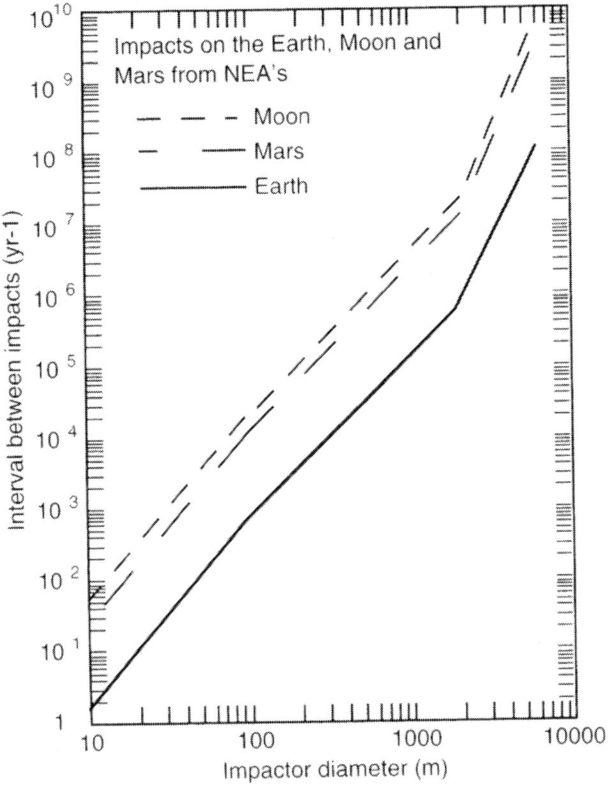

Frequentie-magnitudediagram van meteorietinslagen (NEA's, Near Earth Asteroids) op de aarde, de maan en Mars): hoe groter de omvang hoe zeldzamer. Smit, 1997.

ger dan 1 tot 5 miljoen jaar. En voor al die tijden worden golden spikes afgesproken, gekenmerkt door plotselinge veranderingen in mariene fossielen. En zelfs daarmee is het niet afgelopen. Ammonieten in het Mesozoïcum maken zó'n snelle evolutie door, dat daar de geologische tijd nóg fijner mee kan worden ingedeeld: elke ammonietzone duurt maar een half tot een miljoen jaar. Elk half miljoen jaar vinden ze weer een nieuw aërodynamisch trucje uit voor hun schaal waardoor ze nóg sneller kunnen drijven dan voorheen.

Wat betekent dit? Waarom evolueren die ammonieten zo snel? En het gaat niet geleidelijk, het is schoksgewijs evenwicht, lange stasis en korte pulsen van evolutie. Zijn het allemaal piepkleine catastrofes die kleine nieuwe niches openmaken? Wat voor catastrofes dan? Ook meteorietinslagen?

Met meteorieten is het net als met aardbevingen, vulkanische erupties, overstromingen: hoe groter hoe zeldzamer, een fractale verdeling waarbij Per Bak zich in zijn handen wrijft. Maar het zijn alleen de hele grote inslagen die wereldwijde consequenties hebben. De kleinere, zoals die van Meteor Crater in Arizona 25 000 jaar geleden, en de Tunguska in 1908, en de piepkleintjes die elk jaar voorkomen, hebben alleen lokaal effect, ze maken een gat in de grond, of in het bos, of alleen maar in het dak van een huis. De Amerikanen houden met satellieten de meteorieten in de gaten die de aarde naderen voordat ze de dampkring bereiken, en het blijkt dat verreweg de meeste meteorieten verbranden in de atmosfeer voordat ze het aardoppervlak bereiken. Bovendien is het ook moeilijk de regelmaat van de speciatie in de ammonieten op die manier te verklaren.

Een andere optie is omkering van het aardmagnetisch veld. De aardkern bestaat uit ijzer en nikkel, en de buitenste schil daarvan is vloeibaar en functioneert als een dynamo die het magnetisch karakter van de aarde bepaalt. Nú wijst een kompasnaald naar het noorden, maar in bepaalde perioden van de aardgeschiedenis zijn omkeringen van het aardmagnetisch veld opgetreden, zoals we al zagen. 700 000 jaar geleden vond de laatste omkering plaats, daarvóór wees een kompasnaald dus naar het zuiden. Het aardmagnetisme beschermt de aarde tegen de zonnewind, een stroom geladen deeltjes die continu door de zon wordt uitgezonden. Tijdens een omkering valt die bescherming kortstondig weg, wat misschien van invloed is op het leven.

Zeeschildpadden, palingen, trekvogels, postduiven en ook wijzelf oriënteren ons deels met behulp van het aardmagnetisch veld. Wij hebben piepkleine deeltjes magnetiet, een magnetisch ijzeroxide, in onze hersenen die daarvoor gevoelig zijn. Als het aardmagnetisch veld omdraait, raken al die trekvogels in de war, de zeeschildpadden vinden hun legstranden niet meer terug, en wij gaan misschien net als de Britten links op de weg rijden. Ammonieten zijn cephalopoden,

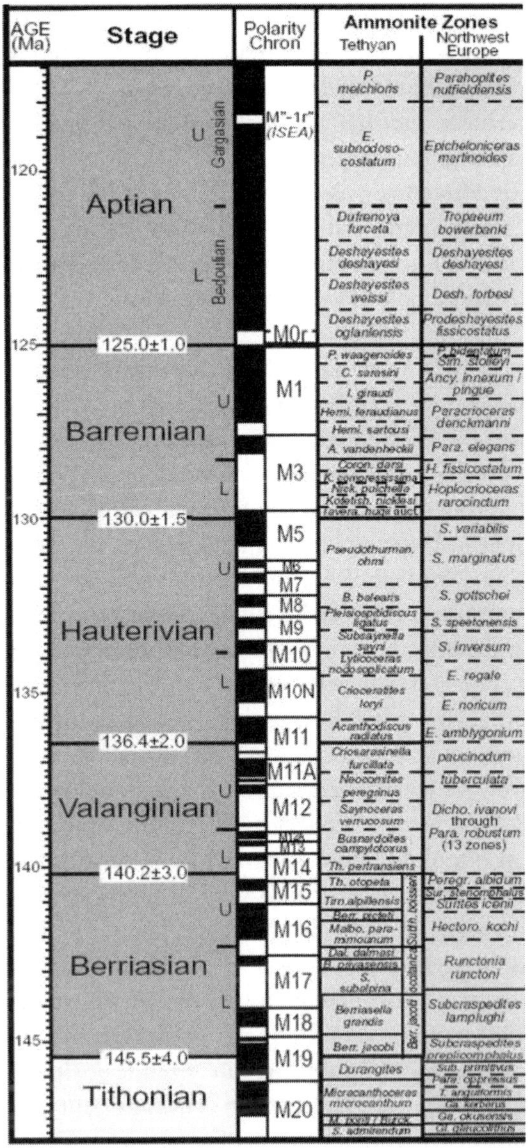

*Indeling van het Onder-Krijt, met absolute leeftijden in Ma (*Mega-annum, *miljoen jaar), omkeringen van het aardmagnetisch veld (streepjescode) en ammonietzonering (rechts). De ammonieten evolueren door, ook als er geen omkering plaatsvindt. http://norges.uio.no/timescale/Fig18.1_Cret_colC.pdf*

koppotigen, die met hun grote spiraalsgewijze gedraaide kalkschaal met luchtkamertjes overal ter wereld over de oceanen dreven. Misschien werden zij duizelig van die omkeringen.

De omkeringen van het aardmagnetisch veld van de laatste 200 miljoen jaar zijn langzamerhand goed bekend. Onder andere de groep van de Utrechtse paleomagneticus Frits Hilgen is zeer bedreven in het aflezen van de streepjescode van de aarde. Maar ook dit mechanisme biedt geen oplossing. In grote delen van het Krijt zijn geen omkeringen, maar is wel een snelle evolutie van ammonieten te zien.

Klimaatveranderingen dan? Zeespiegelveranderingen? Het Mesozoïcum is juist een periode van grote klimatologische stabiliteit. De Milanković-cycli werkten wel, maar hadden veel subtielere effecten dan tegenwoordig. Er waren geen ijskappen op de polen die konden groeien en afsmelten, en de derde-orde-zeespiegelveranderingen, in de orde van grootte van enkele miljoenen jaren, die de ExxonMobil-geologen Haq, Hardenbol en Vail veronderstelden, zijn nog steeds buitengewoon omstreden, en in elk geval van een veel kleinere amplitude dan die van de ijstijden in het Kwartair waarbij nauwelijks speciatie optrad. Het lijkt wel of er snelle speciatie optreedt als er weinig in de omgeving verandert, zoals in het Mesozoïcum, en weinig speciatie optreedt in turbulente perioden als het Kwartair.

Er zit trouwens toch al een merkwaardige paradox in de eisen die aan een gidsfossiel worden gesteld. Als evolutie vooral optreedt door splitsing van populaties door geografische isolatie, hoe kan het dan dat juist snel evoluerende organismen als ammonieten (en zij zijn lang niet de enige) zo wereldwijd verspreid zijn? Of zit er in de mutaties net zo'n fractaal verband verborgen als in aardbevingen? Vele kleintjes die weinig doen, en af en toe, eens in de paar miljoen jaar, een grote die essentiële veranderingen teweegbrengt?

Kortom, Eldredge en Gould zitten in dezelfde positie als ooit Agassiz met zijn ijstijd en Wegener met zijn drijvende continenten: ze hebben een plausibele theorie ontwikkeld maar kunnen geen mechanisme bedenken dat verklaart hoe het werkt. *Punctuated equilibrium* lijkt een geldig concept, maar wáárom die plotselinge evolutiepulsen optreden blijft duister. Ze besteden er ook geen aandacht aan in hun publicaties. En toch is die schijnbare *generatio spontanea* van soorten óók de verklaring voor de steeds toenemende biodiversiteit en biomassa op aarde.

Eén van de redenen waarom de paleontologen hun belangrijke geheim zo goed bewaarden, totdat Eldredge en Gould het verklapten, was dat Darwins model van langzame, geleidelijke evolutie inmiddels belangrijke nieuwe medestanders had gekregen: de genetici. Die ontdekten in de jaren zestig dat hoe langer geleden twee soorten van elkaar waren afgesplitst, des te groter het verschil was in de aminozuren in de eiwitten van die soorten. Zij verklaarden dat door aan te nemen dat er in de genen die voor die eiwitten coderen mutaties plaatsvinden met een constante snelheid. Veel van die mutaties hebben geen merkbare invloed op de eigenschappen van de organismen, en zouden niet opgemerkt zijn zonder genetisch onderzoek. Als een mutatie nadelig is voor de soort, worden de dragers daarvan vanzelf geëlimineerd door het proces van natuurlijke selectie. Omgekeerd, als die mutaties positief uitpakken, worden de dragers bevoordeeld door de natuurlijke selectie en kan na geografische isolatie een nieuwe soort ontstaan. Je hebt dus helemaal geen catastrofes of andere *punctuated events* van buitenaf nodig, volgens de genetici. Als je de snelheid van die mutaties kent, kun je terugrekenen hoe lang het is geleden dat twee soorten met dezelfde eiwitten uit elkaar zijn gegaan. Het lijkt wel een beetje op de radiometrische koolstof-14-klok waarmee de ouderdom van organisch materiaal kan worden bepaald. Alleen heeft de moleculaire klok het voordeel dat er wel tienduizenden eiwitten in elk organisme zitten die allemaal als klok kunnen dienen, al lijken ze niet altijd precies gelijk te lopen. Je kunt zodoende een stamboom maken van de verwantschappen tussen de verschillende soorten.

De lieveling van de genetici is *Drosophila melanogaster*, het fruitvliegje. Die produceert om de tien tot twaalf dagen een nieuwe generatie, dat gaat lekker snel in het laboratorium. 'Time flies like an arrow, fruit flies like a banana,' zei Groucho Marx al. De stamboom van het fruitvliegje laat zien dat de familie al 55 miljoen jaar geleden is afgesplitst van haar naaste verwanten.

Op dezelfde manier kun je laten zien dat de verschillende ordes van de zoogdieren 70 miljoen jaar geleden van elkaar zijn afgesplitst,

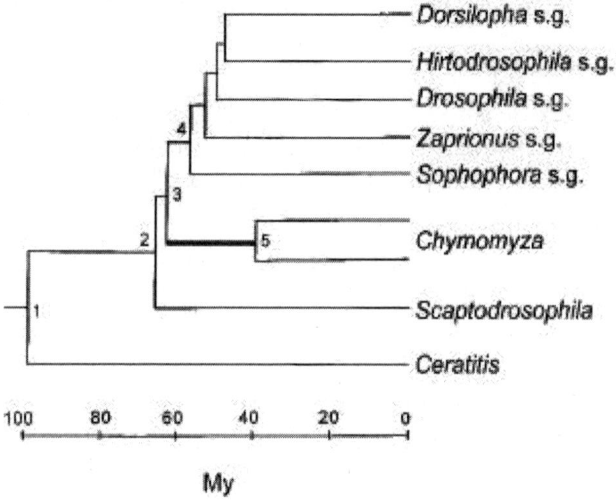

Stamboom van de Drosophila. *Tijdschaal in miljoenen jaren (My). Ayala, 1997.*

de monocotyle planten van de dicotyle 125 miljoen jaar, de bedektzadigen (bloeiende planten) van de naaktzadigen (naaldbomen) 220 miljoen jaar, de zoogdieren van de amfibieën 350 miljoen jaar, de viervoeters van de vissen 400 miljoen jaar, en de gewervelden van de ongewervelden 600 miljoen jaar geleden, de *Cambrian explosion*. Explosion? Of een mutatie die een toevalstreffer was?

Prachtige getallen voor de paleontologen, er is alleen een klein probleem: al deze getallen zijn gebaseerd op genetisch onderzoek aan nú levende organismen. Zij hebben geen enkele mogelijkheid om aan de hand van hun fossielen te kijken of die getallen ook kloppen. DNA en eiwitten verteren heel snel zodra een organisme sterft, en het is nog niet gelukt om onverteerd DNA van meer dan een paar duizend jaar oud te vinden. Veel paleontologen vinden de cijfers van de genetici veel te hoog. En zij hebben tot nu toe ook geen methode gevonden om aan die fossielen te zien of het ontstaan van die nieuwe soorten toevallige mutaties zijn in de genen van de organismen zelf, of dat ze een respons zijn op externe pulsen. Stroom of puls? Het antwoord ligt nog open.

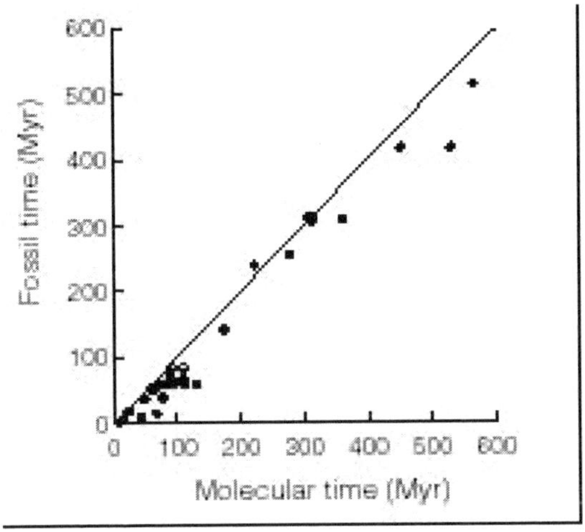

Correlatie van de moleculaire leeftijd van belangrijke splitsingen en de conventionele geologische leeftijd op grond van fossielen en absolute dateringen. Kumar en Hedges, 1998.

Bovendien is er meningsverschil over de betekenis van de soort. De vermaarde Amerikaanse bioloog Edward O. Wilson definieert de soort als volgt: 'a species is a population whose members are able to interbreed freely under natural conditions'. Maar een paleontoloog die naar fossielen kijkt, kan niet testen of zijn variant zich kon voortplanten of niet. Die heeft alleen de uiterlijke vorm, en soms chemische kenmerken, om zijn soorten te karakteriseren. En voor de geneticus is niet de soort de basiseenheid van het leven, maar het gen. Richard Dawkins' *selfish gene* is de dwingeland. De geneticus kan bovendien uitspraken doen over de evolutie van organismen die vrijwel nooit fossiliseren, zoals kwallen en bacteriën. Dat is zijn voorsprong op de paleontoloog. Maar hij heeft weer een ander probleem. Vijfennegentig procent van de organismen die ooit geleefd hebben in de geologische geschiedenis is al uitgestorven. Daar zal hij nooit genetisch materiaal van in handen krijgen, daar heeft hij de paleontoloog weer voor nodig. Biologen, paleontologen en genetici zullen er samen uit moeten komen.

Gaat evolutie dan zó langzaam? Had Darwin daarom zoveel geo-

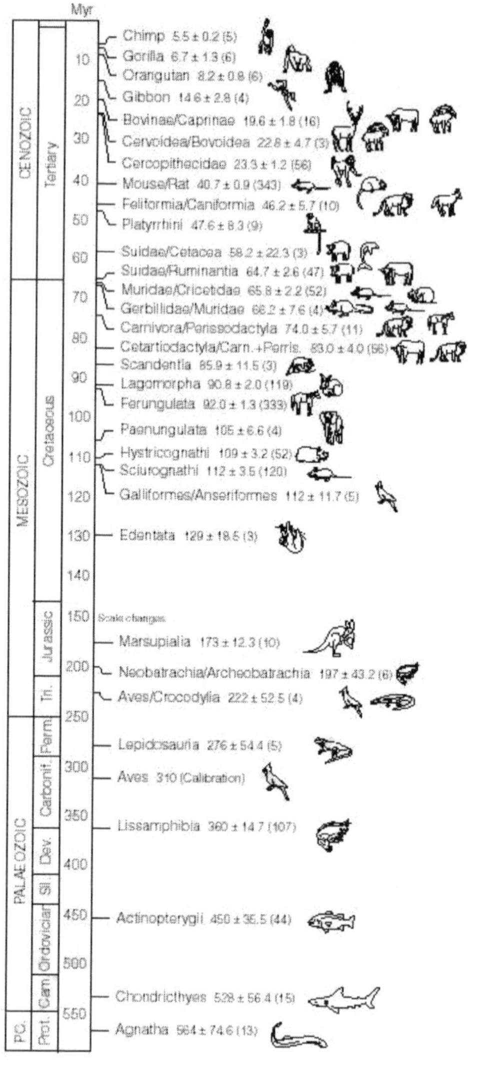

De tijdschaal van de genetici. Afsplitsingen van belangrijke diersoorten in de geologische tijd in miljoenen jaren sinds de afsplitsing aap/mens. Tussen haakjes het aantal genen waarop de leeftijd is gebaseerd. Kumar en Hedges, 1998. Merk op dat hier alleen nu nog levende organismen staan afgebeeld, en hiernaast alleen fossielen.

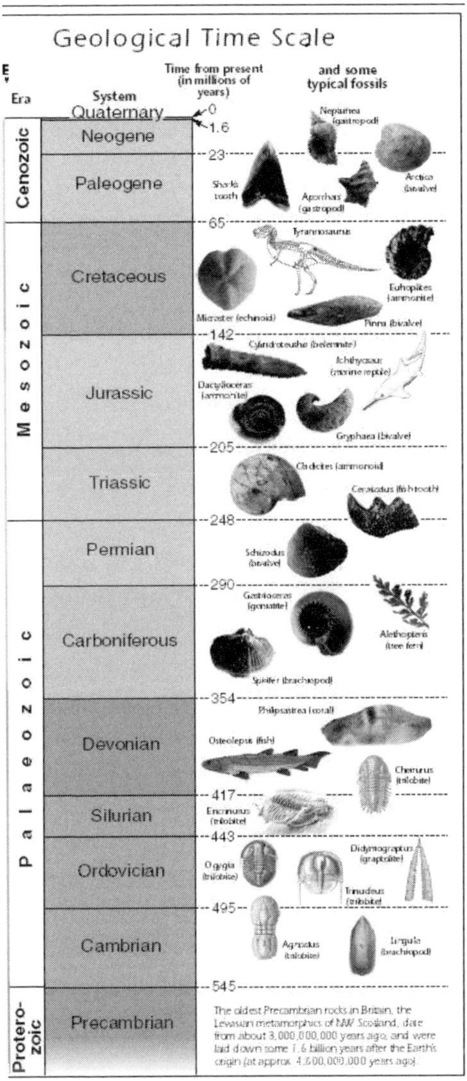

De geologische tijdschaal volgens de paleontologen.
www.esci.keele.ac.uk/kudis/.

logische tijd nodig? Minstens miljoenen of tientallen miljoenen jaren, zoals we zien bij de ammonieten van het Krijt, de vogels van het Amazonewoud, de Surinaamse luiaard, de koralen van Curaçao, de vliegjes van de genetici? Niet altijd. Virussen worden heel snel resistent tegen de vaccins die tegen ze worden gemaakt. Dat is ook evolutie. En in bijzondere gevallen gaat het wél snel, zoals de beroemde vijfhonderd *cichliden*-soorten, de visjes in het Victoriameer die zo prachtig zijn beschreven door Tijs Goldschmidt in *Darwins hofvijver*. Maar ook daar is men het er nog niet over eens hóe snel: de eerste lichting geologen zei 750 000 jaar, de tweede lichting geologen zei 14 000 jaar, pas sinds de laatste ijstijd, en de moleculair biologen zeggen nu weer 100 000 jaar.

Maar het meest verbazingwekkende voorbeeld van snelle evolutie zijn wijzelf. Fruitvliegjes die dertig generaties in één jaar kunnen maken, zijn als familie meer dan 50 miljoen jaar oud, maar onze eigen soort, *Homo sapiens*, die één generatie produceert in zesduizend fruitvlieggeneraties, bestaat nog maar tweehonderdduizend jaar.

15

Het jaar 10 000

Man is but an insignificant incident in an indifferent nature.

Simon Bydeley

Nobelprijswinnaar Paul Crutzen stelt dat wij in het Anthropoceen* leven, de periode sinds het einde van de achttiende eeuw waarin de menselijke invloed op het aardse gebeuren zichtbaar wordt. Maar wij leven ook in het Holoceen, het geologisch tijdvak dat tienduizend jaar geleden begon, aan het einde van de laatste ijstijd: het begin van de lente waarmee we dit boek begonnen. En wij leven in het Kwartair, dat 2 miljoen jaar geleden begon, en dat zich van eerdere tijdvakken onderscheidt door koudere klimaten en het optreden van ijstijden. En wij leven in het Kenozoïcum, het tijdvak waarin de zoogdieren opbloeiden nadat 65 miljoen jaar geleden de dinosauriërs uitstierven. En wij leven in het Fanerozoïcum, de laatste 540 miljoen jaar, de laatste 20 procent van de aardgeschiedenis, dat begon toen organismen in de wereldzeeën het kalkskelet uitvonden. Wij leven op de aarde, die 4,5 miljard jaar geleden ontstond, tien miljard jaar na de Big Bang. Over dertien miljard jaar is het weer afgelopen. Het is allemaal ónze tijd.

We can handle a span of about 250 years, from the birth of your grandparents to the future death of your grandchildren. Ten mil-

---

* Russische geologen gebruiken sinds meer dan een eeuw de term Anthropogeen (met een g) voor het hele Kwartair.

lion years is 40 000 times as long, way beyond our comprehension. As for billions of years, it is a conceptual impossibility.
Foster and Kreitzman, *Rhythms of life*, 2004.

Hoe komt het toch, dat twee topmensen op het gebied van de interne biologische klok, en zij lang niet alleen, zo hulpeloos zijn als het gaat om de tijd op langere termijn?

Eén oorzaak is: geen kijk op de eigen situatie. Dat is van alle tijden. Cuvier, Hutton, Lyell, Agassiz, Leopardi, Darwin waren zich er niet van bewust dat zij juist leefden in het diepste dal van de Kleine IJstijd. Voor hen was het normaal dat gletsjers in de bergen zich dalwaarts uitbreidden, dat de winters steeds kouder werden. Ze schonken er geen bijzondere aandacht aan. Zarathoestra zou misschien niet zo succesvol zijn geweest met zijn sekte van vuuraanbidders in Bakoe als hij niet juist in de vóórlaatste Kleine IJstijd had geleefd, in de zesde eeuw voor onze jaartelling. Zijn tijdgenoot Herodotus besefte dat evenmin.

Hebben we nu dan wel inzicht in onze eigen situatie? Het lijkt er niet erg op. In het Krijt was er twintig keer zoveel koolzuurgas in de atmosfeer als nu. Door de opwarming van het klimaat aan het einde van de laatste ijstijd, tienduizend jaar geleden, steeg de zeespiegel twintig keer zo snel als nu en verschoven de vegetatiegrenzen drie keer zo snel naar het noorden als nu. We leven in een tijdperk van relatieve klimatologische stabiliteit. En toch heerst alom paniek alsof de huidige opwarming van het klimaat het einde der tijden betekent.

Dat komt door de tweede oorzaak van ons gebrekkige vermogen in langere termijnen te denken: geen inzicht in ons collectief geheugen. Vroeger was dat nog te vergeven: tenslotte wist niemand in hoeverre hij geloof moest hechten aan de kronieken van Fray Pedro Simón of de verhalen van het oude opperhoofd van de Klamath-indianen en de opa van Giacomo Leopardi. Maar langzamerhand gaat dat excuus niet meer op, want wij hebben inmiddels ons eigen collectief geheugen van klimaat, erupties, aardbevingen, stormvloeden en hoge rivierwaterstanden aangelegd. Wereldwijd toegankelijk via internet, al is het nog niet via één website (maar www.usgs.gov komt dicht in de buurt). De gegevens zijn nog wel gebrekkig, en met als grote handicap dat de meeste échte metingen met weerstations, peilschalen, debietmeters, pas begonnen zijn: ja, precies op het dieptepunt van de Kleine IJstijd, sinds 1830 ongeveer. Geen wonder dat alle trends omhoog lijken te gaan, we hebben eenvoudigweg nog geen absolute metingen van zelfs maar een hele kleinschalige klimaatcyclus. Alle gegevens van daarvóór zijn *proxy*-gegevens: indirecte metingen uit ijskappen, diepzeeboringen, boomringen, aslagen, verschoven breuklijnen, graanprijzen, historische gegevens, oude kaarten van ontdekkingsreizigers. Met alle interpretatieproblemen die daarbij horen. Maar het is het collectief geheugen van ons allemaal, en iedereen kan het op ieder moment inzien. Ook Foster en Kreitzman.

Bovendien breidt het aantal metingen zich nog sterk uit, sinds we de aarde als geheel vanuit de ruimte kunnen bestuderen. Pas nu kunnen we met behulp van laseraltimetrie de verplaatsing van de continenten méten, één tot tien centimeter per jaar, even snel als je nagels groeien. Pas nú kunnen we met behulp van de Topex-Poseidon- en Jason-satellieten elke tien dagen de zeespiegelveranderingen overal in de oceanen tot op de centimeter nauwkeurig volgen. Pas nu kunnen we met radarinterferometrie vulkanen zien opzwellen voordat ze uitbarsten, en met spectrometrische technieken de veranderingen in de uitgestoten gassen bepalen die een aanstaande eruptie aankondigen. Pas nu kunnen we met een ingenieus stel boeien op de Stille Oceaan een nieuwe El Niño zien aankomen voordat hij er is. Pas nu kunnen we onze grootschalige modellen van de wereldwijde atmosferische circulatie fijnregelen met de dagelijkse beelden van de wolkenformaties die we vanuit de ruimte krijgen. Pas nu kunnen we magnetische anomalieën opsporen die vooraf lijken te gaan aan een aardbeving.

Al die nieuwe technieken staan nog in de kinderschoenen, de tijdreeksen beslaan nog maar enkele jaren, en we branden van verlangen om daar definitieve trends uit te halen en voorspellingen te doen over wáár in Peking die volgende vlinder vliegt die wanneér in Nebraska de volgende *hurricane* zal veroorzaken. Ook daar geldt: een collectief geheugen dat maar tien jaar gegevens bevat is nog onvoldoende om langjarige trends uit te destilleren. Maar het groeit, en iedereen kan erbij. Dankzij dat elektronische geheugen kunnen we nu ook beter vooruitkijken.

Wat we zien over tienduizend jaar, hangt af van de aard van het verschijnsel dat we bestuderen: stroom, puls of golf. Processen die met een constante snelheid gaan, de tijd als stroom, zijn het makkelijkst te voorspellen. De radioactieve elementen in de aarde vervallen met een constante snelheid tot niet-radioactieve, en de aarde verliest dus heel langzaam zijn interne warmtebron. Plaattektoniek, vulkanisme, uitstoot van gassen naar de atmosfeer zullen dan langzamer gaan en ten slotte tot stilstand komen. Maar pas over vijf miljard jaar is de helft van het nu nog aanwezige uranium-238 in de aardkorst vervallen, dus op de tijdschaal van tienduizend jaar zullen we daar niets van merken. Maar we kunnen er ook niets aan doen.

Een tweede tijdstroom is de langzame vertraging in de omwenteling van de aarde om zijn as. Door de getijden, zowel die van het water als die van de vaste aarde, ondervindt de aarde wrijving. Daardoor worden de dagen steeds langer. In het Devoon duurde een dag nog tweeëntwintig uur, en waren er vierhonderd dagen in een jaar. Maar op onze peildatum over tienduizend jaar merken we ook daar niets van. En ook hieraan kunnen we niets doen.

De moleculaire klok, het aantal mutaties per tijdseenheid in genen van organismen lijkt ook constant te zijn. Dat is interessant, want aangezien het aantal soorten organismen door de geologische tijd ondanks alle uitsterfcatastrofes steeds is toegenomen, zou het aantal mutaties in alle soorten tezamen ook moeten toenemen. Op de tijdschaal van de hele geologische geschiedenis lijkt dat ook zo te zijn. Het zou ook moeten betekenen, dat *statistisch* gezien de kans op de vorming van een nieuwe soort steeds toeneemt. De stadsmuizen van Chicago zijn al zo snel aan het veranderen dat zij genetisch weinig meer lijken op hun voorgangers van een eeuw geleden. Maar zolang we zelfs niet bij benadering weten in welke orde van grootte het aantal soorten op aarde is, 10 miljoen volgens sommigen, honderd miljoen volgens anderen, zullen nieuw geëvolueerde soorten nauwelijks opvallen tussen alle nieuw ontdekte maar reeds lang bestaande soorten. En zolang we het aantal soorten niet kennen, kunnen we ook niet zeggen of het aantal zich nieuw vormende soorten het aantal uitstervende soorten nog steeds overtreft, zoals het geval was gedurende het grootste deel van de geologische geschiedenis, of dat de balans nu negatief uitvalt. *The origin of species* over tienduizend jaar? We weten het niet.

Plotselinge pulsen lijken allemaal te gehoorzamen aan een fractale verdeling in de frequentie-magnitudegrafiek. Hoe heftiger, hoe zeldzamer. Dat geldt voor aardbevingen, vulkanische erupties, stormvloeden, overstromingen, aardverschuivingen, meteorietinslagen, zandhooplawines en nog vele andere natuurverschijnselen. Wat al deze processen gemeen hebben, is dat zij niet-lineair zijn. Een spanning wordt opgebouwd, overschrijdt een bepaalde drempelwaarde, en komt dan plotseling tot ontlading. Waar en wanneer die ontlading optreedt, is in hoge mate afhankelijk van minieme verschillen in de initiële condities. Het zijn kenmerken van chaotische systemen. Hoewel de onderliggende processen wel degelijk lineair kunnen zijn, zoals de plaattektoniek, zoals de dagelijkse en jaarlijkse variaties in de hoeveelheid zonlicht die het aardoppervlak ontvangt, is het uiteindelijke effect onvoorspelbaar. Dit is het soort rampen waar we de tekortkomingen van ons collectief geheugen, zelfs die van het elektronische, het pijnlijkste voelen. De grootst mogelijke rampen zijn zo zeldzaam dat we ze in de vijfduizend jaar dat de mens zijn geschiedenis registreert nog niet hebben meegemaakt.

Kunnen we die fractale frequentie-magnituderelatie ook gebruiken voor de toekomst? Voor sommige processen wel. We wéten dat binnen tienduizend jaar een vulkanische eruptie kan optreden die groter is dan enige eruptie in historische tijd. We weten alleen niet wannéér en waar. We wéten dat de aardkorst in vijfduizend jaar menselijke geschiedenis niet het achterste van zijn tong heeft laten zien in magnitudes van aardbevingen. We wéten dat alles wat er bij ons bewustzijn aan meteorieten op aarde is gevallen in het niet zinkt vergeleken bij wat in het verleden is gebeurd. De fractale frequentie-magnituderelatie die voor al die pulsen opgaat, laat ons geen andere conclusie. Het verleden heeft ons geleerd de toekomst te zien. *The past is the key to the future.*

Alleen is de plaattektoniek niet altijd even snel gegaan: in het Krijt ging de spreiding van de oceaanbodem vijf keer sneller dan nu. Er was daardoor veel meer vulkanisme, en je mag aannemen dat dat ook voor aardbevingen opging. De hellingshoek van de lijn in de frequentie-magnitudegrafieken zal dan ook anders gelegen hebben in het Krijt. Maar op een tijdschaal van tienduizend jaar zijn dat soort verschillen niet merkbaar.

Anders is het met de stormvloeden en de overstromende rivieren. Die pulsen zijn afhankelijk van de golfbeweging van het klimaat, en hun frequentie-magnitudelijn kan niet zonder meer naar de toekomst worden doorgetrokken. In de ijstijd zijn er geen stormvloeden in Nederland want dan is de Noordzee droog. Vlechtende ijstijdrivieren hebben een heel ander overstromingsregime dan de meanderende rivieren van nu. Extrapolaties over tienduizend jaar, zoals nu gebeurt voor de sterkte van de dijken, hebben dus weinig zin buiten de context van de grootschalige klimaatveranderingen.

Hoe moeten we omgaan met de plotselinge pulsen van de natuur? Bewaking en symptoombestrijding. Satellietwaarnemingen en computermodellen vertellen ons waar spanningen groeien in de aardkorst, hoe diepe depressies over de Noordzee zullen trekken. Thermische sensoren in vulkanische dalen vertellen ons als er een warme modderstroom aankomt. Tsunami-waarschuwingssystemen kunnen mensenlevens redden.

Minstens zo belangrijk is kennis en alertheid bij de mensen. Inzicht hebben in de eigen situatie, en in ons collectief geheugen. De Costa Ricaanse krant *La Nación* schreef na de aardbeving van 22 april 1991 in Limón: 'Er heerst een epidemie van angst en onzekerheid in het land. De mensen zijn geprikkeld, worden boos om niets en barsten plotseling in huilen uit. De aardbeving heeft hun van hun zekerheden beroofd. Er bestaat een vaccin tegen deze epidemie: het begrijpen van de oorzaken van de aardbeving, en gewend raken aan termen als epicentrum, breuk of tektonische plaat.'

De Italiaan Manlio Galimi schreef in de krant *La Repubblica* dat hij en zevenhonderd anderen de tsunami van 26 december 2004 hadden overleefd omdat de Oostenrijkse manager van zijn Thaise hotel in het verleden meteorologie had gestudeerd, de signalen van een aanstaande vloedgolf herkende en zijn gasten op tijd evacueerde. Het tienjarige meisje Tilly Smith wist een honderdtal mensen te redden van diezelfde tsunami omdat haar onderwijzer in Surrey op school een video had laten zien van de grote schade die de tsunami van 1960 op Hawaii aanrichtte. Ze herkende de verschijnselen en haalde de mensen van het strand. Het tonen van de film van de eruptie van de Nevado del Ruiz in 1985 vergemakkelijkte de evacuatie van de bevolking bij de eruptie van de Pinatubo in 1991. De burgemeesters van Willemstad en Ooltgensplaat hadden in het verzet in de Tweede Wereldoorlog eerder rampsituaties meegemaakt, en wisten hoe te handelen bij de stormvloed van 1 februari 1953. Kennis van de historie en de werking van de aarde maakt slapers en dromers tot wakers. Een beetje onderwijs doet wonderen. Maar we blijven aangewezen op symptoombestrijding. Aan de oorzaken van de rampen kunnen we niets veranderen. 'Stop continental drift' blijft een grap.

De cyclische processen op aarde die astronomisch worden gestuurd, de tijd als golf, zijn robuust, zagen we al. Eb en vloed, dag en nacht, de seizoenen: alle levende wezens hebben dat tot in het diepst van hun genen verankerd zitten. Maar ook de signalen van de grootschaliger variaties zijn robuust: de zonnevlekkencycli, de Kleine IJstijd, de Warme Middeleeuwse Periode, de door de Milanković-cycli gestuurde grote ijstijden en interglacialen: overal vinden we hun sporen terug in de archieven van de aarde: in de diepzee, in de ijskappen, in meerafzettingen, in boomringen, in koralen. Ondanks de niet-lineaire effecten die ze kunnen oproepen, ondanks de individuele pulsen die daaruit voortkomen zoals de stormvloeden en de overstromende rivieren. *Punctuated cyclicity*, golven met pulsen, zou je het kunnen noemen, met een knipoog naar Eldredge en Gould. Die robuustheid stelt gerust. Het betekent dat we een heleboel tijdgolven ook naar de toekomst kunnen extrapoleren.

Maar op een heel andere manier dan bij de pulsen van de tijd. Niet: een grote aardbeving of eruptie eenmaal in de tienduizend jaar, maar: een *trendbreuk* eenmaal in de tienduizend jaar. Het is niet hetzelfde verschijnsel dat steeds weer toeslaat, elk verschijnsel verkeert juist in zijn tegendeel: opwarming slaat om in afkoeling, de stijgende zee gaat plotseling dalen, de smeltende gletsjer breidt zich ineens weer uit, de meanderende rivier gaat plotseling vlechten, het aardmagnetisch veld keert plotseling om. Het verband is *niet* fractaal, want elke tijdgolf heeft zijn eigen oorzaak en zijn eigen cycliciteit. Een samengestelde curve die voortkomt uit de integratie van al die afzonderlijke cycli, zoals de klimaatcurve, kan pas goed worden geëxtrapoleerd als je al die afzonderlijke componenten kent. Zolang dat nog niet het geval is, is niet precies vast te stellen wanneer de volgende trendbreuk op zal treden. Dat is veel moeilijker om mee om te gaan. Een trendbreuk vereist een omslag in het denken die veel lijkt op een omkering van het aardmagnetisch veld. Hoe moeilijk dat is, zien we in de discussie over de huidige opwarming van het klimaat.

Zitten we op de punt van de hockeystick van Mann, klaar om pijlsnel weggeschoten te worden naar een apocalyptisch kookpunt, of zitten we alleen maar in de opvolger van de Warme Middeleeuwse Periode in de cycli van McIntyre en McKitrick en gaan we zo weer naar beneden? Puls of golf? Dat houdt niet alleen de klimatologen bezig, maar ook wijde kringen daaromheen. Twee punten daarover.

In de eerste plaats is het verbazingwekkend dat niemand de vraag stelt: hoe lang kan die puls, die golf maximaal duren? Wanneer gaat hij weer naar beneden? Wanneer zien we de trendbreuk? Het lijkt wel of vrijwel niemand om een hoekje wil kijken, of iedereen zwelgt in het zelf aangedane leed dat 'global warming' wordt genoemd – en wat voor velen helemaal geen leed ís. De studie van Klaus Hasselmann is de eerste die zich afvraagt hoe het klimaat er in het jaar 3000 uit zal zien als alle fossiele brandstoffen op zijn. Maar zonder rekening te houden met de natuurlijke cycli. Grote kans dat iedereen wéér wordt verrast door de volgende trendbreuk, net als in de Kaspische Zee. Ik moet steeds denken aan dat liedje dat mijn vader altijd zong:

The bear went over the mountain
The bear went over the mountain
The bear went over the mountain
To see what he could see.
And all that he could see
And all that he could see
Was the other side of the mountain
Was the other side of the mountain
The other side of the mountain
Was all that he could see.

De tweede vraag is: maakt het eigenlijk uit of het een puls is of een golf, voor de manier waarop we reageren op de opwarming van het klimaat? Ja, vinden velen, als het een puls is, hebben wij het gedaan, maar als het een golf is, heeft het misschien een natuurlijke oorzaak. Maar als het onze schuld is, moeten we het ook weer ongedaan maken.

Ik vind dat laatste niet vanzelfsprekend. Akkoord, als je gemorst hebt op tafel moet je het opvegen, en na het eten was je je bordjes af. De vervuiler betaalt. Tot Rachel Carsons *Silent spring* vervuilden we lucht, water en grond zonder er al te veel bij na te denken. Nu ruimen we het op, al zijn er – lees Bjørn Lomborg's *The skeptical environmentalist* – goedkopere manieren om mensenlevens te sparen. We hebben ook zonder er veel bij na te denken turf, steenkool, olie en gas uit de grond gehaald en opgestookt. Dat dát de oorzaak is van de verhoogde concentraties koolzuurgas in de atmosfeer staat vast, onder meer uit isotopenonderzoek. Ook ik vind dat je zuinig met eindige grondstoffen moet omspringen en zo min mogelijk afval moet produceren. Maar het ingrijpen in de koolstofhuishouding van de atmosfeer is iets anders dan oliezand weghalen van onder een pompstation. De tovenaarsleerling heeft de kurk uit de koolzuurfles gehaald, maar je moet het niet wéér aan de tovenaarsleerling overlaten om het gas weer terug in de fles te krijgen. Zijn tovermiddel is waarschijnlijk erger dan de kwaal. En in elk geval duurder. Laat het liever aan de natuur over. Die heeft het eerder gedaan. Wij kunnen ons beter beperken tot het compenseren van de nadelige gevolgen daar waar dat nodig is: symptoombestrijding, net als bij de pulsen.

Ik heb daarover een testvraag die ik graag aan anderen voorleg. Stel nu, alleen maar bij wijze van gedachte-experiment, dat het IPCC, het Intergovernmental Panel on Climate Change, had geconcludeerd dat de huidige stijging van het koolzuurgas in de atmosfeer een natuurlijke oorzaak had gehad. Dat vulkanen de laatste vijftig jaar zóveel actiever zijn geweest dat daardoor het broeikaseffect sterk is toegenomen. Wat zou u dan doen? Zou u ingrijpen? Ik zie twee mogelijke antwoorden, dat van de natuurliefhebber en dat van de tuinman.

De natuurliefhebber zegt: nee, ik zou niet ingrijpen, het is een natuurverschijnsel, de natuur moet haar loop hebben. Wij willen dat onze rivieren weer de ruimte krijgen, wij willen overal wilde flora, natuurlijke habitats, een ecologische hoofdstructuur met snelwegen voor de eekhoorns om van de Veluwe naar de Achterhoek te gaan en

'Leg jij het maar eens uit – ik weet alleen dat zij er geen tijd aan kwijt zijn!'

© *Punch Ltd.*

weer terug. Wij steken dijken door waar het kan om de zoutwater-ecosystemen weer terug te krijgen. Waarom zou het klimaat dan ook niet vrijelijk mogen variëren? De natuurliefhebber ziet de mens als ondergeschikt aan de natuur en is bereid zich aan haar aan te passen, wat zij ook doet.

De tuinman zegt: ja, ik zou ingrijpen, klimaatverandering is een bedreiging voor de mens, of het nu natuurlijk is of onze eigen schuld. Wij zijn heer en meester over de natuur, de natuur is dienstbaar aan de mens. Wij willen dat het klimaat zo blijft als het is. De zee moet blijven waar zij is, flora en fauna en de landbouwgebieden moeten blijven waar ze zijn. Dit is mijn tuin, en ik wil zelf vaststellen waar mijn rotspartijen moeten liggen, waar mijn vijvers moeten zijn met mijn kikkers en mijn waterplanten en waar ik mijn kruiwagen parkeer. Mijn tuin is de aarde, ik tuinier op planetaire schaal. Niks geen klimaatverandering. Kost alleen maar geld.

Maar omdat het IPCC gezegd heeft dat de mens schuldig is, en niet de natuur, wordt alles ineens anders. Hun werkelijke motieven spelen ineens geen rol meer. De tuinman kan zich nu verschuilen achter het feit dat hij zijn zelfgemaakte rommel moet opruimen. Hij is schuldig, dus hij moet boeten. Het past bij zijn calvinistische instelling, en heimelijk is hij blij dat hij zijn tuintje mag houden zoals hij het wil. Knap als iemand daar een speld tussen krijgt. De natuurliefhebber krijgt het verwijt dat hij een vervuiler is die niet wil betalen, en begrijpt niet waarom het klimaat wel mag veranderen als het een natuurverschijnsel is, maar niet als de mens het heeft gedaan.

U, die dit boek gelezen heeft, weet dat de tuinman geen kans heeft. Hij denkt alleen maar in de menselijke maat. U weet dat dat kleine klimaatpiekje van nu waar iedereen zich druk over maakt, maar een rimpeling is in de grote cycli van Milanković en de zonnevlekken. *Punctuated cyclicity*, of misschien zelfs niet eens punctuated. De tuinman zal zich aan móéten passen. Want als de zeespiegel daalt, en de rododendrons bevriezen in zijn tuin heeft hij geen keus meer.

Er is één menselijke activiteit waarbij men ineens wél rekening houdt met de volgende ijstijden. Dat is bij het ondergronds opbergen van kernafval. Dat moet ook wel, want het kan tot vijftigduizend jaar duren voor het afval afgekoeld is tot omgevingstemperatuur. Zo onderzochten de Wageningse geologen Jan Jaap van Dijke en Tom Veldkamp of een toekomstige ijskap en ijstijdrivieren een depot van kernafval in een zoutkoepel zouden kunnen schaden (antwoord: het hangt ervan af). Ook voor het opbergen van radioactief afval in Yucca Mountain in de Amerikaanse staat Nevada is het effect van een ijstijd onderzocht. Yucca Mountain is een 12 miljoen jaar oude rhyolitische vulkaan van het formaat van het Tobameer en de Yellowstone-caldera, omringd met jongere basaltische vulkaantjes. Het afval moet daar tienduizend jaar ongestoord en geïsoleerd opgeslagen kunnen blijven. Er is een kans van één op zevenduizend dat er een vulkanische eruptie optreedt in die tienduizend jaar. De káns op een ijstijd is natuurlijk 100 procent, maar de invloed daarvan op de grondwaterstromen in dit woestijngebied werd niet groot geacht. Joshua Abbey van de non-profitorganisatie Desert Space Foundation organiseerde in 2002 een prijsvraag in Eureka County Court House voor het beste Universele Waarschuwingsteken op Yucca Mountain, dat over tienduizend jaar nog begrepen moest worden. Eén optie: *Don't dig here.*

Zie je wel, we kúnnen het dus wel, lang vooruitkijken, als de politieke wil er maar is om verder te kijken dan de volgende verkiezingen, of de volgende generatie. Als je zó naar duurzaamheid kijkt, met inbegrip van de tijdschalen waarop natuurlijke processen werken, doe ik mee. Dan is duurzaamheid meer dan het duurzaam ontwrichte huwelijk tussen mens en natuur.

Van een nog grotere afstand bezien meet ik de tijd als stroom, golf, of puls in dit boek ook alleen maar met de menselijke maat. Voor het fruitvliegje, dat elke twaalf dagen een nieuwe generatie produceert, is de lente een stroom. Tijdens zijn leven ziet hij de temperatuur alleen maar stijgen, en pas zijn verre nakomelingen zullen ontdekken dat er ook een herfst bestaat. Dat is hetzelfde perspectief als het onze ten aanzien van de ijstijden. En in de vier miljard jaar lange geschiedenis van de aarde is de hele mensheid maar een onbetekenende puls.

Maar de mens brengt de aarde toch onherstelbare schade toe? Stel je eens voor dat de mens plotseling, als door een neutronenbom, van de ene dag op de andere zou uitsterven. Niemand wast meer de bordjes, niemand schoffelt meer de tuintjes, niemand haalt meer het gras tussen de straatstenen weg, niemand ploegt meer de akkers, niemand harkt meer het bos aan, niemand schraapt meer de schollen van de zeebodem. Hoelang zou het duren voor alle sporen van menselijke aanwezigheid zijn uitgewist? Veertig jaar was genoeg om een rijk natuurgebied te maken van het niemandsland langs het ijzeren gordijn, tachtig jaar duurt de koolstofkringloop in het regenwoud, een paar eeuwen lijkt mij genoeg voor de rest. En uit elke uitsterframp in de geschiedenis is de aarde rijker en diverser te voorschijn gekomen dan hij ooit tevoren was. We leven nog te kort om de ware veerkracht van de aarde te zien. *Chassez la nature, elle revient au galop.*

Wij zijn als een vlieg in een vliegtuig. Wij vliegen onze hoekige rondjes om de lampjes, snuffelen aan de opgewarmde prakjes van de passagiers, en rusten even op een kaal voorhoofd, een behaarde arm of een babyneusje. Dat is onze hele wereld. Maar wat wij niet zien, is dat het vliegtuig zelf, onze wereld, zich met een duizelingwekkende snelheid beweegt naar bestemmingen die het voorstellingsvermogen van zelfs de knapste vliegen onder ons te boven gaat. Het vliegtuig landt en de deur gaat open. De vliegtuigtrap wordt vastgemaakt. De vlieg vliegt naar buiten...

Je bent ergens aan de voet van een berg in de hoge woestijn van het zuidwesten van de Verenigde Staten. Misschien wel Yucca Mountain. Je kijkt omhoog. Je ziet een vlakke trap uitgehouwen in de rots. Elke trede is een laag die tienduizend jaar geologische tijd vertegenwoordigt. Als je honderd treden bent geklommen, een miljoen jaar omhooggegaan bent in de toekomst, krijg je ontzag voor de grootsheid van de geologische tijd.

Je komt op een vlakke top, en voor je zie je een grot. Door de opening van de grot zie je iets groots traag bewegen. Je komt naderbij, en langzaam ontwaar je, diep binnen in de grot, een reusachtige slinger die heen en weer zwaait.

Het is de *Clock of the Long Now*, de Klok van het Lange Nu, het droombeeld van Stewart Brand, Brian Eno, Daniel Hillis en andere visionairen. De Klok van het Lange Nu tikt één keer per jaar, slaat één keer per eeuw, en de koekoek verschijnt eens per millennium, tot aan het jaar 10 000. Je bent precies op tijd.

Bologna, 11 februari 2005

Nawoord

Ik heb altijd al iets gehad met tijd. Als tienjarig jongetje was ik kind aan huis bij Boekhandel Van Klaveren in Goes. Ik snuffelde in de boeken, hielp bij de uitlening van de leesbibliotheek en stempelde prospectussen. Eens zag ik een boek staan met de titel *Gisteren was vandaag morgen* op de rug. Ik begrijp achteraf niet waarom ik het boek niet uit de kast gehaald heb. Althans, ik herinner me niet het gelezen te hebben, noch wie de auteur was. Ik heb er later hartstochtelijk naar gezocht, maar heb het nooit meer gevonden, ook niet op internet. Ik heb die titel toen maar zelf gebruikt voor een openbare les aan de Landbouwhogeschool Wageningen in 1983, alsof ik destijds op een borgesiaanse manier mijn eigen boek in de kast had zien staan.

In de twintig jaar daarna is het thema gegroeid, in mijn hoofd, in de stukjes, columns, essays die ik her en der schreef, gevoed door vele ervaringen en gesprekken met anderen. Dit boek is daar de weerslag van. Belangrijke pulsen in de groeicurve waren de samenwerking met Louise Fresco die leidde tot een gezamenlijk artikel over tijdschalen en duurzaamheid in 1992, en de organisatie van het congres *Prediction in Geology*, met Wolfgang Schlager in 1996. De columns die ik vier jaar lang om de week in *Intermediair* schreef, hebben me geholpen mijn gedachten en mijn stijl aan te scherpen, en ik dank mijn redacteuren daar, Mans Kuipers en Astrid Smit, voor hun steun en hun stimulans om dit boek te maken. Veel mensen hebben mij, bewust of onbewust, gevoed met ideeën of materiaal, waarbij ik speciaal wil noemen Elmira Aliyeva, Guido Chiesura, Carlos Costa, Aleksandr Gennadiev, Nikolay Kasimov, Jan de Leeuw, Charles van der Leeuw en Leo Waaijers. Tenzij anders aangegeven zijn de foto's in het boek van mij, en de lijnfiguren van anderen, die in de literatuurlijst verantwoord zijn. Bob Hoogendoorn verleende grafische assistentie.

Een halfjaar sabbatical aan het Istituto di Geologia Marina (ISMAR) van het Consiglio Nazionale di Ricerca in Bologna, Italië maakte het mogelijk er tijd vrij voor te maken. Ik dank Fabio Trincardi, Antonio Cattaneo, Anna Correggiari, Stefano Miserocchi, Marco Taviani, Barbara Gualandi en de directeur, Enrico Bonatti, voor hun gastvrijheid en voor het gebruik van de elektronische bibliotheek en de internetfaciliteiten van hun instituut. Tegelijk zorgden Carina Hoorn, Gert-Jan Weltje en Stefan Luthi dat de zaken op de TU Delft doorliepen, ook daarvoor mijn dank. Louis de Quelerij, decaan van de Faculteit Civiele Techniek en Geowetenschappen maakte mijn sabbatical mogelijk.

Frank Westerman was de eerste die het boek in zijn geheel las. Ik heb bewondering voor de manier waarop hij feilloos de zwakke plekken in het boek blootlegde en mij behoedde voor valkuilen in redenering en stijl. Het boek is er essentieel door verbeterd. Bedankt, Frank! Ook de suggesties van Carina Hoorn, geoloog én professioneel *science writer*, waren uiterst waardevol. Verder lazen ook Bob Hoogendoorn, Gert-Jan Weltje en Sal Kroonenberg het boek met een scherp oog. Ik ben Jessica Nash en Emile Brugman van Uitgeverij Atlas dankbaar voor hun onvoorwaardelijke steun. Corrie, dank voor je niet-aflatende steun en je kritische opmerkingen bij de tekst. Ik draag dit boek op aan jou en onze kinderen, jullie hebben heel wat van mij te verduren gehad.

Literatuur

In de literatuurlijst zijn niet alleen de in de tekst genoemde werken opgenomen, maar ook de geraadpleegde literatuur waarnaar ten behoeve van de leesbaarheid niet in de tekst wordt verwezen. Russische eigennamen en titels zijn in de hoofdtekst in het Nederlands getranscribeerd, maar in de literatuurlijst is de officiële internationale transcriptie gevolgd om bibiografisch traceerbaar te zijn.

Hoofdstuk 1

Fresco, L.O., S.B. Kroonenberg, 1992, 'Time and spatial scales in ecological sustainability'. *Land Use Policy*, 9, 155-168.

Gould, S.J., 1987, *Time's arrow, time's cycle. Myth and metaphor in the discovery of geological time.* Harvard University Press.

Imbrie, J., K.P. Imbrie, 1979, *Ice ages, solving the mystery.* Enslow, Short Hills, New Jersey.

Kroonenberg, S.B., 2001, 'Hoe lang duurt duurzaamheid?' *Geografie*, 10, 1, 12-14.

Meadows, D. 1972, *Rapport van de Club van Rome. De grenzen aan de groei.* Uitgeverij het Spectrum, Aula 500.

Prigozhin, I., I. Stengers, 2003, *Vremya, khaos, kvant. K resheniyu paradoksa vremeni (Tijd, chaos, quant: naar een oplossing van de paradox van de tijd).* URSS, Moskou.

Skinner, B.J., S.C. Porter, J. Park, 2004, *Dynamic earth, an introduction to Physical Geology* (vijfde druk en eerdere drukken). John Wiley, New York.

Watson, T.A. et al., 2001, *Climate change 2001 IPCC Synthesis report. Summary for policy makers. An assessment of the Intergovernmental Panel on Climate Change.* Cambridge University Press. http://www.ipcc.ch/pub/spm22-01.pdf

Wells, H.G., 1895, 1991, *The time machine.* Bantam Classic.

World Commission on Environment and Development, 1987, *Our common future. (Brundtland report).* Oxford University Press.

Akhundov D.A., 1986, *Arkhitektura drevnego i ranne-srednevekovogo Azerbaidzjana. (Architectuur van het oude en vroeg-middeleeuwse Azerbeidzjan)*. Azerbaijanskoe Gosudarstvennoe Izdatel'stvo, Bakoe.

Aladin N.V., I.S. Plotnikov, A.O. Smurov, 2004, 'Influence of the Caspian Sea level change on the biodiversity'. Abstract 2nd meeting IGCP Project Dating Caspian Sea Level Change, Bakoe.

Arpe, K., L. Bengtsson, G.S. Golitsyn, I.I. Mokhov, V.A. Semenov, P.V. Sporyshev, 2000, 'Connection between Caspian Sea level variability and ENSO.' *Geophysical Research Letters*, 27, 17, 2693-2696.

Berg, L.S., 1934, 'Uroven' Kaspiyskogo Morya za istoricheskoe vremya. (De Kaspische zeespiegel in historische tijd). *Problemy fizicheskoy geografii. No. 1; Izbrannye Trudy* III, 281-326. Izdatel'stvo Akademia Nauk SSSR, Moskou.

Berg, L.S., 1946, *Ocherki po istorii russkikh geograficheskikh otkrytiy. (Essays over de geschiedenis van Russische geografische ontdekkingen)*. Izdatel'stvo Akademii Nauk SSSR, Moskou.

Cazenave, A., P. Bonnefond, K. Dominh, P. Schaeffer, 1997, 'Caspian sea level from Topex-Poseidon altimetry: Level now falling'. *Geophysical Research Letters*, 24, 881-884.

Eygenson, M.S., 1957, *Caspian sea level change and solar activity. Very long term forecast of Caspian Sea level.* USSR Academy of Sciences, Moskou.

Grossvald, M.G., 1980, Late Weichselian ice sheet of northern Eurasia. *Quaternary Research* 13, 1-32.

Gumilyov, L.N., 2004, *Otkrytie Khazarii (De ontdekking van Chazarië)*. Ayris Press, Moskou.

Kislov, A., G.V. Surkova, 1998, 'Simulation of the Caspian Sea level changes during last 20 000 years'. In: G. Benito, V.R. Baker, K.J. Gregory (red.), *Palaeohydrology and Environmental Change.* John Wiley & Sons, Chichester, 235-246.

Klige, R.K., M.S. Myagkov, 1992, 'Changes in the water regime of the Caspian Sea'. *Geo Journal*, 27, 3, 299-307.

Kroonenberg, S.B., G.V. Rusakov, A.A.Svitoch, 1997, 'The wandering of the Volga delta: a response to rapid Caspian Sea-level changes'. *Sedimentary Geology*, 107, 189-209.

Kroonenberg, S.B., E.N. Badyukova, J.E.A. Storms, E.I. Ignatov, N.S. Kasimov, 2000, 'A full sea-level cycle in sixty-five years: barrier dynamics along Caspian shores'. *Sedimentary Geology*, 134, 257-274.

Mangerud, J., V. Astakhov, M. Jakobsson, J.I. Svendsen, 2001, 'Huge ice-age lakes in Russia'. *Journal of Quaternary Science*, 16, 773-777.

Meshcherskaya, A., 2001, *Analiz global'nykh klimaticheskikh kharakteristik v svyazi s urovnem Kaspiyskogo Morya. (Analyse van mondiale klimaatka-*

rakteristieken in verband met het niveau van de Kaspische Zee) TACIS/Caspian Environmental Programme, report WLF, Centre for Water Level Change, Almaty.
Naydyonov, V.I., I.A. Kozhevnikova, 1994, 'Can we predict sea level?' *Priroda*, 1994, 4-12.
Plinio Secondo, Gaio, 1982, *Storia naturale Vol. 1 Cosmologia e Geografia, Libri 1-5.* Einaudi, Turijn.
Rodionov, S.N., 1994, *Global and regional climate interaction. The Caspian Sea Experience.* Kluwer, Dordrecht.
Roskomvod, 1992, *Osnovnye polozheniya tekhniko-ekonomicheskogo doklada (Belangrijkste conclusies van het technisch-economisch rapport* [over de stijging van de Kaspische Zee]). Moskou.
Rychagov, G.I., 1977, 1997, *Plejstotsenovaya istoriya Kaspiyskogo morya.* Autoreferate D.Sc. thesis Moscow State University.
Rychagov, G.I., 1997, 'Holocene oscillations of the Caspian Sea, and forecasts based on palaeogeographical reconstructions'. *Quaternary International,* 41/42, 167-172.
Struys, J.J., 1681, Les Voyages en Moscovie, en Tartarie, en Perse, aux Indes, & en plusieurs autres païs étrangers. Veuve de Jacob van Meurs, Amsterdam.
Varushchenko, S.I., A.N. Varushchenko, R.K. Klige, 1987, *Izmenenie rezhima Kaspiyskogo morya i besstochnykh vodoyomov v paleovremeni (Veranderingen in het regime van de Kaspische Zee en afvoerloze zeeën in de paleotijd).* Nauka, Moskou.
Westerman, F., 2002, *Ingenieurs van de ziel.* Atlas, Amsterdam.

Hoofdstuk 3

Baxter, S., 2003, *Revolutions in the Earth. James Hutton and the true age of the world.* Phoenix, Londen.
Bijbel, het oude testament naar de Leidse vertaling. Met verkorte inleidingen en toelichtingen, bewerkt door I. Hooykaas. 1906. E.J. Brill, Leiden.
Burnet, T., 1681, 1753, *The Sacred Theory of the Earth... in Four Books. I. Concerning the Deluge. II. Concerning Paradise. III. The Burning of the World. IV. The New Heavens and New Earth.* Glasgow.
Chiesura, G., 2002, *Charles Darwin geologo.* Hevelius Edizioni, Benevento.
Cuvier, G., 1850, *Discours sur les révolutions de la surface du globe et sur les changements qu'elles ont produits dans le règne animal (avec des notes et un appendice d'apres les travaux récents de MM. Humboldt, Flourens, Lyell, Lindley etc., rédigés par le Dr Hoefer.* Firmin Didot Frères, Parijs.
Gould, S.J., 1987, *Time's arrow, time's cycle. Myth and metaphor in the discovery of geological time.* Harvard University Press.

Gould, S.J., 1996, *Full house. The spread of excellence from Plato to Darwin.* Three Rivers Press, New York.
Gould, S.J., 2002, *The structure of evolutionary theory.* Belknap Press, Mass.
Hallam, A., 1989, *Great geological controversies* (tweede druk). Oxford.
Khain, V.E., A.G. Ryabukhin, 1997, *Istoriya i metodologiya geologicheskikh nauk (Geschiedenis en methodiek van de geologische wetenschappen).* Izdatel'stvo Moskovskogo Universiteta, Moskou.
Lomonosov, M.V., 1763, 1949, *O sloyakh zemnykh (Over aardlagen)*, Gosgeoizdat, Moskou.
Lyell, C., 1830-1833, 1997, *Principles of geology.* Penguin Books.
Playfair, J., 1802, 1956, *Illustrations of the Huttonian Theory of the Earth.* Dover Publications, New York.
Playfair, J., B. Hall, 1815, 'Account of the structure of Table Mountain, and other parts of the Peninsula of the Cape. Drawn up by Professor Playfair, from observations made by Captain Basil Hall (then Lieutenant), R.N., F.R.S., Edin (read 31st may 1813)' *Transactions Royal Society Edinburgh*, 7, 269-278.
Rudwick, M.J., 1967, 'A critique of uniformitarian Geology, a letter from W.D. Conybeare to Charles Lyell, 1841'. *Proceedings American Philosophical Society Philadelphia*, 1967, 272-287.
Smith, R., B. Turner, 1997, *Reading the rocks around Cape Town: a geological guide to selected roadside stops on the Cape Peninsula.* Mid-Conference Field excursion, 6th International Conference on Fluvial Sedimentology. University of Cape Town, Zuid-Afrika.
Vaccari, E., 1995, 'Giovanni Arduino e lo sviluppo della moderna geologia stratigrafica.' C. Lazzari, F. Bizzarini, *Atti del Seminario Giovanni Arduino e i geologi veneti del Settecento*, 37-54. Museo Civico di Storia Naturale Venezia.
Vai, G.B., 2003, 'A liberal diluvianism'. Vai, G.B., W. Cavazza, *Four centuries of the word Geology: Ulisse Aldrovandi 1603 in Bologna.* 221-249, Minerva Edizioni, Bologna.
Viereck, G.S., P. Eldridge, 1929, *My first two thousand years. The autobiography of the Wandering Jew.* The Citadel Press, Londen.
York, D., R.M. Farquhar, 1975, *The earth's age and geochronology.* Pergamon, Oxford.

Hoofdstuk 4

Ahorner, L., 1994, 'Fault-plane solutions and source parameters of the 1992 Roermond, the Netherlands, mainshock and its stronger aftershocks from regional seismic data.' *Geologie en Mijnbouw*, 73, 199-214.
Atakan, K., A. Ojeda, T. Camelbeeck, M. Mehraoui, 2001, 'Seismic hazard

analysis results for the Lower Rhine Graben and the importance of paleoseismic data'. *Netherlands Journal of Geosciences/ Geologie en Mijnbouw*, 80, 305-314.

Bak, P., 1996, *How nature works. The science of self-organised criticality.* Copernicus, New York.

Camelbeeck, T., M. Meghraoui, 1996, 'Large earthquakes in Northern Europe more like than thought'. *EOS*, 77, 44, 205-209.

Denyer, P., S. Personius, O. Arias, 1994, 'Generalidades sobre el efecto geológico del terremoto'. *Revista Geológica de América Central, Volumen Especial, Terremoto de Limón*, 29-38.

Gleick, J., 1987, *Chaos. Making a new science.* Abacus, Londen.

López, A., 2000, *Análisis del estado de esfuerzos tectónicos en Costa Rica y su aplicación práctica en los proyectos energéticos del ICE.* Tecnología ICE, San José.

Mandelbrot, B.B., 1983, *The Fractal geometry of nature. Updated and augmented* (tweede druk). W.H. Freeman & Company, New York.

Mandelbrot, B.B., 1967, 'How long is the coast of Britain? Statistical self-similarity and fractional dimension'. *Science*, 155, 636-638.

Mandelbrot, B.B., 2004, *Fractals and chaos. The Mandelbrot set and beyond.* Springer, New York.

Seyfried, H., A. Astorga, C. Calvo, 1987, 'Sequence stratigraphy of deep and shallow water deposits from an evolving island arc: the Upper Cretaceous and Tertiary of southern Central America'. *Facies*, 17, 203-214, Erlangen.

Sieh, K., D.H. Natawidjaja, M. Chlieh, J. Galetzka, J.-P. Avouac, 2004, 'The giant subduction earthquakes of 1797 and 1833, West Sumatra: Characteristic couplets, uncharacteristic slip'. *Trans. Am. Geophys. Un. Fall Meet. Suppl. Abstr.* T12B-04.

Snieder, R., T. van Eck, 1997, 'Earth quake prediction: a political problem?' In: W. Schlager, S. Kroonenberg, *Prediction in geology. Geologische Rundschau* 86, 446-462.

Turcotte, D.L., 1997, *Fractals and Chaos in geology and geophysics* (tweede druk). Cambridge University Press.

Vanneste, K., K. Verbeeck, 2001 'Paleoseismological analysis of the Rurrand fault near Jülich, Roer Valley Graben, Germany. Coseismic or aseismic faulting history?' *Netherlands Journal of Geosciences/Geologie en Mijnbouw* 80, 155-169.

Weedon, G., 2003, *Time-series analysis and cyclostratigraphy.* Cambridge University Press.

Acosta, J., 1846, 'Relation de l'éruption boueuse sortie du volcan de Ruiz et de la catastrophe de Lagunilla dans la république de la Nouvelle Grenade'. *Comptes rendues hebdomadaires des Séances de l'Académie des Sciences* 22, 709-712.

Ambrose, S.H., 1998, 'Late Pleistocene human population bottlenecks, volcanic winter, and differentiation of modern humans'. *Journal of Human Evolution*, 34, 623-651.

Bacon, C.R., 1983, 'Eruptive history of Mount Mazama and Crater Lake Caldera, Cascade Range, U.S.A.'. *Journal of volcanology and geothermal research*, 18, 57-116.

Camus, G., G. Michard, P. Olive, P. Boivin, P. Desgranges, D. Jezequel, M. Meybeck, J.C. Peyrus, J.-M. Vinson, E. Viollier, J. Kornprobst, 1993, 'Risque d'éruption gazeuse carbonique en Auvergne'. *Bulletin de la Société Géologique de France, 8ième Série*, 164, 767-781.

Chesner, C.A., W.I. Rose, A. Deino, R. Drake, J.W. Westgate, 1993, 'Eruptive history of the worlds largest Quaternary caldera (Toba, Indonesia) clarified'. *Geology*, 19, 2000-2003.

Collectif, 1980, *Géologie des pays européens. France, Belgique, Luxembourg.* Dunod, Parijs.

Crommelin, R.D., 1963, 'Een vulkanisch sediment in de ondergrond van de Betuwe'. *Geologie en Mijnbouw*, 42, 4, 112-113.

Hammer, C.U., H.B. Clausen, W.L. Friedrich, H. Tauber, 1987, 'The Minoan eruption of Santorini in Greece dated to 1645 BC?' *Nature*, 328, 517-519.

Herd, D.G. en Comité de Estudios Volcanológicos, 1986. 'The 1985 Ruíz Volcano disaster'. EOS, 67, 19, 457-460.

Holmes, A., 1965, *Principles of physical geology*. Nelson, Londen.

Juvigné, E., A. Stach-Cherniak, 1998, 'Étude sédimentologique et palynologique des dépots lacustres tardiglaciaires et holocènes du Gour de Tazenat (Massif Central, France)'. *Quaternaire*, 9, 15-23.

Juvigné, E., B. Bastin, G. Delibrias, J. Evin, M. Gewelt, E. Gilot, M. Streel, 1996, 'A comprehensive pollen and tephra based chronostratigraphic model for the Late Glacial and Holocene Period in the French Massif Central'. *Quaternary International*, 34-36, 113-120.

Kousbroek, R., 1995, *Terug naar Negri Pan Erkoms*. Meulenhoff, Amsterdam.

Labohm, H., S. Rozendaal, D. Thoenes, 2004, *Man-made global warming. Unravelling of a dogma*. MultiScience Publishing, Brentood, Essex.

Lowe, D.R., S.N. Williams, H. Leigh, C.B. Connor, J.B. Gemmell, R.E. Stoiber, 1986, 'Lahars initiated by the 13 November 1985 eruption of Nevado del Ruiz, Colombia'. *Nature*, 324, 51-53.

Luhr, J., T. Simkin, 1993, *Parícutin, the volcano born in a Mexican cornfield.* Smithsonian Institute.
Lund, J.W., 1995, 'Historical impacts of geothermal resources on the people of North America'. *Geo-Heat Centre Quarterly Bulletin*, 16, 4.
Mack, R.N., R. Okazaki, S. Valastro, 1979, 'Bracketing dates for two ash falls from Mount Mazama'. *Nature*, 279, 228-229.
Meijs, E.P.M., 1980, 'A short note on the presence of the Eltville-tuff layer in the surroundings of Maastricht'. *Geologie en Mijnbouw*, 59, 409-410.
Michel, R., 1971, 'Les premières recherches sur les volcans du Massif Central (18e-19e siècles) et leur influence sur l'essor de la géologie'. *Symposium J. Jung: Géologie, Géomorphologie et structure profonde du Massif Central français*, 331-334, Plein Air service Éd., Clermont-Ferrand.
Naranjo, J.L., H. Sigurdsson, S.N. Carey, W. Fritz, 1986, 'Eruption of the Nevado del Ruíz volcano, Colombia'. *Science*, 233, 961-963.
Oppenheimer C., 2002, 'Limited global change due to the largest known Quaternary eruption, Toba 74 kyr BP?' *Quaternary Science Reviews*, 21, 1593-1609.
Ramírez, J.E., 1975, *Historia de los terremotos en Colombia.* Instituto Geográfico Agustín Codazzi, Bogotá.
Rampino, M.R., S. Self, 1993, 'Climate-volcanism feedback and the Toba eruption of ~74,000 years ago'. *Quaternary Research*, 40, 269-280.
Rampino, M.R., S.A. Ambrose, 2000, 'Volcanic winter in the Garden of Eden; the Toba supereruption and the late Pleistocene human population crash'. *Special Paper – Geological Society of America*, 345, 71-82.
Restrepo, J.D., 1986, *Avalancha sobre Armero.* El Áncora editores, Bogotá.
Rojas, R., C.A. Borrero, J.L. Naranjo, 1985, 'Comparación de mapas de contornos isopacos de las erupciones del volcan del Ruiz: R-7, -R-4, R-2 y R-0 (2150 BP, >1080 BP, <1595 AD)'.
Santamaría, G., 1992, *No morirás.* Editorial Oveja Negra, Bogotá.
Scarth, A., J.-C. Tanguy, 2001, *Volcanoes of Europe.* Terra, Harpenden.
Schiano, P., R. Clocchiatti, L. Ottolini, T. Busa, 2001, 'Transition of Mount Etna lavas from a mantle-plume to an island-arc magmatic source'. *Nature*, 412, 901-904.
Schmincke, H.-U., 2000, *Vulkanismus.* Wissenschaftliche Buchgesellschaft Darmstadt.
Siebert L., T. Simkin, 2002, http://volcano.si.edu/gvp/world/
Simkin, T., L. Siebert, L. McClelland, D. Bridge, C. Newhall, J.H. Latter, 1981, *Volcanoes of the world.* Hutchinson Ross.
Simón, Fray Pedro, 1637, *Noticias historiales de las conquistas de tierra firme en las Indias Occidentales* T.IV.
Stuiver, M., P.M. Grootes, T.F. Braziunas, 1995, 'The GISP2 $\delta^{18}O$ climate record of the past 16,500 years and the role of sun, ocean and climate'. *Quaternary Research* 44, 341-354.

Tex, E. den, 1998, *Een voorspel van de moderne vulkaankunde in West-Europa, met nadruk op de Republiek der Verenigde Nederlanden.* Kon. Ned. Akad. van Wetenschappen, Amsterdam.

Thouret, J.-C., J.M. Cantagrel, R. Salinas, A. Murcia, 1990, 'Quaternary eruptive history of Nevado del Ruíz (Colombia)'. *Journal of volcanology and geothermal research*, 41, 225-251.

Williams, S.N., 1987, 'Nevado del Ruíz Volcano, Colombia: the November 1985 eruption and related events'. *Journal of volcanology and geothermal research*, 33, 355-360.

Zhang, Y., 1996, 'Dynamics of CO_2-driven lake eruptions'. *Nature* 379, 57-59.

Zielinski, G.A., P.A. Mayewski, L.D. Meeker, S. Whitlow, M.S. Twickler, M. Morrison, D. Meese, R.B. Alley, A.J. Gow, 1994, 'Records of volcanism since 7000 B.C. from the GISP Greenland ice core; its implications for the volcano-climate system'. *Science*, 264, 948-952.

Zielinski, G.A., P.A. Mayewski, L.D. Meeker, S. Whitlo, M.S. Twickler, 1996, 'Potential atmospheric impact of the Toba mega-eruption ~71,000 years ago'. *Geophysical Research Letters*, 23, 8, 837-840.

Hoofdstuk 7, 8 en 9

Adhémar, J., 1842, *Révolutions de la Mer, déluges périodiques.* Parijs.

Agassiz, L., 1840, *Études sur les Glaciers.* Neuchâtel.

Bains, S., R.D. Norris, R.M. Coreld, K.L. Faul, 2000, 'Termination of global warmth at the Palaeocene/Eocene boundary through productivity feedback'. *Nature*, 407, 171-173.

Bond, G.W. Showers, M. Cheseby, R. Lotti, P. Almasi, P. de Menocal, P. Priore, H. Cullen, I. Hajdas, G. Bonani, 1997, 'A pervasive millennial-scale cycle in North Atlantic Holocene and Glacial climates'. *Science*, 278, 1257-1266.

Bowen, G.J., D.J. Beerling, P.L. Koch, J.C. Zachos, T. Quattlebaum, 2004, 'A humid climate state during the Palaeocene/Eocene thermal maximum'. *Nature*, 432, 495-499.

Bradley, R., 2000, '1000 Years of climate change'. *Science*, 288, 1353-1355.

Broecker, W.S., 2001, 'Was the Medieval Warm Period global?' *Science*, 291, 1497-1499.

Crowley T.J., 2000, 'Causes of climate change over the past 1000 years'. *Science*, 289, 270-277.

Crowley, T.J., R.A. Berner, 2001, 'Enhanced: CO_2 and climate change.' *Science*, 292, 870-872.

Crutzen, P.J., 2002, 'Geology of mankind'. *Nature*, 415, 23.

Cubasch, U., G.A. Meehl, 2001, 'Projections of future climate change'. In:

J. Houghton, Yihui Ding (red.), *Climate change 2001: The scientific base*, 9, 525-582. IPCC, Cambridge University Press.
Dansgaard, W., S.J. Johnsen, H.B. Clausen, D. Dahl-Jensen, N., S. Gundestrup, C.U. Hammer, C.S. Hvidberg, J.P. Steffensen, A.E. Sveinbjörnsdottir, J. Jouzel, G. Bond, 1993, 'Evidence for general instability of past climate from a 250-kyr ice-core record'. *Nature*, 364, 218-220.
DeConto, R.M., D. Pollard, 2003, 'Rapid Cenozoic glaciation of Antarctica induced by declining atmospheric CO_2'. *Nature*, 421, 245-249.
Dickens, G.R., 2004, 'Hydrocarbon-driven warming'. *Nature*, 429, 513-515.
EPICA community members, 2004, 'Eight glacial cycles from an Antarctic ice core'. *Nature*, 429, 623-628.
Friis-Christensen, E., K. Lassen, 1991, 'Length of the solar cycle: an indicator of solar activity closely associated with climate'. *Science*, 254, 698-700.
Galilei, G., 1890-1909, *Le opere di Galileo Galilei* [Document électronique]: edizione *Le Nuove Scienze Discorsi e Dimostrazioni matematiche intorno a due Nuove Scienze opere di Galileo Galilei : edizione nazionale sotto gli auspicii di sua maesta il re d'Italia.* Vol. VIII http://visualiseur.bnf.fr/Visualiseur?Destination=Gallica&O=NUMM-94907.
Geel, B. van, O.M. Raspopov, H. Renssen, J. van der Plicht, V.A. Dergachev, H.A.J. Meijer, 1999, 'The role of solar forcing upon climate change'. *Quaternary Science Reviews*, 18, 331-338.
Geel, B. van, N.A. Bokovenko, N.D. Burova, K.V. Chugunov, V.A. Dergachev, V.G. Dirksen, M. Kulkova, A. Nagler, H. Parzinger, J. van der Plicht, S.S. Vasiliev, G.I. Zaitseva, 2004, 'The Sun, climate change andf the expansion of the Scythian culture after 850 BC'. In: E.M. Scott, A. Yu Alekseev, G. Zaitseva (red.), *Impact of the environment on human migration in Eurasia.* NATO Science series 42, 151-158. Kluwer, Dordrecht.
Hasselmann, K., M. Latif, G. Hooss, C. Azar, O. Edenhofer, C.C. Jaeger, O.M. Johannessen, C. Kemfert, M. Welp, A. Wokaun, 2003, 'The challenge of long-term climate change'. *Science*, 302, 1923-1925.
Hays, J.D., J. Imbrie, N.J. Shackleton, 1976, 'Variations in the earth's orbit: pacemaker of the ice ages'. *Science*, 194, 1121-1132.
Imbrie, J., K.P. Imbrie, 1979, *Ice ages, solving the mystery.* Short Hills, N.J. Enslow.
Indermühle, A.B. Stauffer, T.F. Stocker, 1999, 'Early Holocene atmospheric CO_2 concentrations'. *Science*, 286, 1815a.
Kolfschoten, T. van, W. Roebroeks, 1985, *Maastricht-Belvédère: Stratigraphy, palaeo-environment and archaeology of the Middle and late Pleistocene deposits.* Med. Rijks Geol. Dienst, 39.
Kroonenberg, S.B., 1996, *Stop de Continenten.* Lingua Terrae Books, Amsterdam.
Labohm, H., S. Rozendaal, D. Thoenes, 2004, *Man-made global warming: unravelling a dogma.* Multi-Science Publishing Co., Brentwood, Essex.

Lamb, H.H., 1995, *Climate, history and the modern world.* Methuen, Londen.
Leopardi, G., 1845, 1999 *Pensieri.* Introduzione e note di Saverio Orlando. Biblioteca Universale Rizzoli, Milaan.
Lomborg, B., 2001, *The skeptical environmentalist.* Cambridge University Press.
Luterbacher, J.D. Dietrich, E. Xoplaki, M. Grosjean, H. Wanner, 2004, 'European seasonal and annual temperature variability, trends and extremes since 1500'. *Science,* 303, 1499-1503.
Mann, M.E., R.S. Bradley, M.K. Hughes, 1999, 'Northern Hemisphere temperatures during the past millennium: inferences, uncertainties and limitations'. *Geophysical Research Letters,* 26, 759-762.
Mann, M.E., 2002, 'The value of multiple proxies'. *Science,* 297, 1481-1482.
Mann, M.E., 2003, 'On past temperatures and anomalous late-20th century warmth'. EOS, 84, 27, 256.
Mauquoy, D., T. Engelkes, M.H.M. Groot, F. Markesteijn, M.G. Oudejans, J. van der Plicht, B. van Geel, 2002, 'High-resolution records of late-Holocene climate change and carbon accumulation in two north-west European ombrotrophic peat bogs'. *Palaeogeography, Palaeoclimatology, Palaeoecology,* 186, 275-310.
McIntyre, S., R. McKitrick, 2003, 'Corrections to the Mann et al. (1998) proxy data base and Northern Hemispheric average temperature series'. *Energy & Environment,* 14, 751-771.
McIntyre, S., R. McKitrick, 2005, 'Hockey sticks, principal components, and spurious significance'. *Geophysical Research Letters,* 32, L03710, doi: 10.1029/2004GL021750.
McManus, J.F., 2004, 'A great grand-daddy of ice cores'. *Nature,* 429, 611-612.
Milanković, M., 1920, *Théorie mathématique des phénomènes thermiques produits par la radiation solaire.* Gauthier-Villars et Cie, Parijs, Zagreb.
Milanković, M. 1941, 1969, *Canon of Insolation of the Earth and Its Application to the Problem of the Ice Ages.* Israel Program for Scientific Translations, Jeruzalem.
North Greenland Ice Core Project members, 2004, 'High-resolution record of Northern Hemisphere climate extending into the last interglacial period'. *Nature,* 431, 147-151.
O'Brien, S.R., P.A. Mayewski, L.D. Meeker, D.A. Meese, M.S. Twickler, S.I. Whitlow, 1995, 'Complexity of Holocene climate as reconstructed from a Greenland ice core'. *Science,* 270, 1962-1964.
Ohmoto, H., Y. Watanabe, K. Kumazawa, 2004, 'Archaean atmosphere and climate'. *Nature,* 429, 395-399.
Osborn, T.J., K.R. Briffa, 2004, ' The real color of climate change?' *Science,* 306, 621-622.

Pannekoek, A., L.M.J.U. van Straaten, 1982, *Algemene geologie.* Wolters Noordhoff.

Pearson, P.N., M.R. Palmer, 2000, 'Atmospheric carbon dioxide concentrations over the past 60 million years'. *Nature,* 406, 695-699.

Penck, A., E. Brückner, 1909, *Die Alpen im Eiszeitalter.* Tauchnitz, Leipzig.

Peterson, M.A., 2002, 'Galileo's discovery of scaling laws'. *arXiv:physics/0110031,* 2, 7 jan. 2002, 1-16.

Petit, J.R., J. Jouzel, D. Raynaud, N.I. Barkov, J.-M. Barnola, I. Basile, M. Bender, J. Chappellaz, M. Davisk, G. Delaygue, M. Delmotte, V.M. Kotlyakov, M. Legrand, V.Y. Lipenkov, C. Lorius, L. Pepin, C. Ritz, E. Saltzmank, M. Stievenard, 1999, 'Climate and atmospheric history of the past 420,000 years from the Vostok ice core, Antarctica'. *Nature,* 399, 429-436.

Ponte, L., 1976, *The cooling: Has the next ice age begun? Can we survive it?* Prentice Hall. N.J.

Rind, D., 2002, 'The sun's role in climate variations'. *Science,* 296, 673-677.

Ruddiman, W.F., 2001, *Earth's climate, past and future.* Freeman & Co, New York.

Schiermeier, Q., 2003, 'Gas leak!' *Nature,* 423, 681-682.

Schmidt, G.A., D.T. Shindell, 2003, 'Atmospheric composition, radiative forcing, and climate change as a consequence of a massive methane release from gas hydrates'. *Paleoceanography,* 18, 1004-1013.

Schneider, S.H., 2004, 'Abrupt non-linear climate change, irreversibility and surprise'. *Global environmental change,* 14, 245-258.

Shindell, D.T., G.A. Schmidt, M.E. Mann, D. Rind, A. Waple, 2001, 'Solar forcing of regional climate change during the Maunder minimum'. *Science,* 294, 2149-2152.

Solanki, S.K., I.G. Usoskin, B. Kromer, M. Schüssler, J. Beer, 2004, 'Unusual activity of the Sun during recent decades compared to the previous 11,000 years'. *Nature,* 431, 1084-1087.

Storch, H.E. von, Zorita, J.M. Jones, Y. Dimitriev, F. González-Rouco, S.F.B. Tett, 2004, 'Reconstructing past climate from noisy data'. *Science,* 306, 679-68.

Stuiver, M., T.F. Braziunas, P.M. Grootes, 1997, 'Is there evidence for solar forcing of climate in the GISP2 oxygen isotope record?' *Quaternary Research* 48, 259-266.

Stuiver, M., P.M. Grootes, T.F. Braziunas, G.A. Zielinski, 1995, 'The GISP $\delta^{18}O$ climate record of the past 16,500 years and the role of the sun, oceans and volcanoes'. *Quaternary Research,* 44, 341-354.

Svensen, H., S. Planke, A. Malthe-Sørenssen, B. Jamtveit, R. Myklebust, T. Rasmussen Eidem, S.S. Rey, 2004, 'Release of methane from a volcanic basin as a mechanism for initial Eocene global warming'. *Nature,* 429, 542-545.

Weedon, G., 2003, *Time-series analysis and cyclostratigraphy.* Cambridge University Press.
Weissert, H., S.M. Bernasconi, 2004, 'An earth on fire.' *Nature*, 428, 130-132.

Hoofdstuk 10 en 11

Arrhenius, S., 1908, *Die Vorstellung vom Weltgebäude im Wandel der Zeiten. Neue Folge.* Leipzig, Akademische Verlangsgesellschaft m.b.H.
Bloemers J.H.F., L.P. Louwe Kooijmans, H. Sarfatij, 1981, *Verleden land, archeologische opgravingen in Nederland.* Meulenhoff, Amsterdam.
Bloom, A.L., 1978, *Geomorphology. A systematic analysis of Late Cenozoic landforms.* Prentice Hall, Inc. Englewood Cliffs, New Jersey.
Brink, H.W. van den, G.P. Können, J.D. Opsteegh, G.J. van Oldenborgh, G. Burgers, 2004, 'Improving 10^4-year surge level estimates using data of the ECMWF seasonal prediction system'. *Geophys. Res. Lett.*, 31, L17210, doi: 10.1029/2004GL020610.
Buisman, J., 1996, *Duizend jaar weer, wind en water in de Lage Landen*, I-IV. Uitgeverij van Wijnen, Franeker.
Cazenave, A., 2005, 'Variations du niveau de la mer: Mesure par altimétrie spatiale'. http://www.omp.obs-mip.fr/omp/gos/resultats/vari_niv mer.htm.
Chappell, J., A. Omura, T. Esat, M. McCulloch, J. Pandolfi, Y. Ota, B. Pillans, 1996, 'Reconciliation of late Quaternary sea levels derived from coral terraces at Huon Peninsula with deep sea oxygen isotope records'. *Earth and Planetary Science Letters*, 141, 227-236.
Church, J.A., J.M. Gregory (coordinating lead authors), 2001, *Changes in sea level.* IPCC, Ch 11, 641-693.
Coles, S., 2001, *An introduction to statistical modelling of extreme values.* Springer-Verlag, Londen.
Dantzig, D. van, 1956, 'Economic decision problems for flood prevention'. *Econometrica*, 24, 276-287.
Darwin, C., 1842, 1984, *The structure and distribution of coral reefs.* Facsimile-uitgave, The University of Arizona Press.
Fairbanks, R.G., 1989, 'A 17,000-year glacio-eustatic sea level record; influence of glacial melting rates on the Younger Dryas event and deep-ocean circulation'. *Nature*, 342, 637-642.
Franklin, J., 1824, *Narrative of a journey to the shores of the Polar Sea.* William Clowes & Sons, Londen.
Gregory, J.M., Ph. Huybrechts, S.C.B. Raper, 2004, 'Threatened loss of the Greenland ice-sheet'. *Nature*, 428, 615-616.
Haq, B.U., J. Hardenbol, P.R. Vail, 1987, 'Chronology of fluctuating sea levels since the Triassic'. *Science*, 235, 1156-1167.

Haq, B.U., J. Hardenbol, P.R. Vail, 1988, 'Mesozoic and Cenozoic chronostratigraphy and cycles of sea-level change'. In: Wilgus, C.K. et al (red.), *Sea Level changes: an integrated approach*, SEPM *Spec. Pub.*, 42, 71-108.

Hsü, K.J., 1983, *The Mediterranean was a desert. A voyage of the Glomar Challenger.* Princeton University Press.

Jelgersma, S., 1961, 'Holocene sea-level changes in the Netherlands'. *Mededelingen Geologische Stichting*, Serie C-VI, 7, 1-100.

Katz, R.W., M.B. Parlange, P. Naveau, 2002, 'Statistics of extremes in hydrology'. *Advances in Water Resources*, 25, 1287-1304.

Lambeck, K., E. Bard, 2000, 'Sea-level change along the French Mediterranean coast for the past 30 000 years'. *Earth and Planetary Science Letters*, 175, 203-222

Louters, T., F. Gerritsen, 1994, *Het mysterie van de Wadden. Hoe een getijdensysteem inspeelt op zeespiegelstijging.* Ministerie V&W, D.G. RWS, RIKZ, ISBN 90-369-0074-3 Rapport RIKZ-94.040, Den Haag.

McFarlane, D., J. Lundberg, 2002, 'A Middle Pleistocene age and biogeography for the extinct rodent *Megalomys curazensis* from Curaçao, Netherlands Antilles'. *Caribbean Journal of Science*, 38, 3-4, 278-281.

Miller, H., 1858, *Het getuigenis der gesteenten (The testimony of the rocks). De geologie in betrekking tot den bijbel en het geopenbaarde scheppingsverhaal.* Haarlem, A.C. Kruseman.

Mitchum, R.M., J.C. van Wagoner, 1991, 'High-frequency sequences and their stacking patterns: sequence stratigraphic evidence of high-frequency eustatic cycles'. *Sedimentary geology*, 70, 131-160.

Morello, N., 2003, 'The question on the Nature of Fossils in the 16th and 17th centuries'. In: Vai, G.B., W. Cavazza (red.), *Four centuries of the word Geology: Ulisse Aldrovandi 1603 in Bologna*, 127-151. Minerva Edizioni, Bologna.

Nichols, G., 1999, *Sedimentology and Stratigraphy.* Blackwell.

Overeem, I., S.B. Kroonenberg, 2002, 'De Amazone in de Noordzee'. *Natuur en Techniek*, 70, 1, 66-71.

Palutikof, J.P., B.B. Brabson, D.H. Lister, S.T. Adcock, 1999, 'A review of methods to calculate extreme wind speeds'. *Meteorological Applications*, 6, 119-132.

Pandolfi, J.M., B. Jeremy, C. Jackson, 2001, 'Community structure of Pleistocene coral reefs of Curaçao, Netherlands Antilles.' *Ecological Monographs*, 71(1), 49-67.

Plassche, O. van de, K. van der Borg, A.F.M. de Jong, 1998, 'Sea level-climate correlation during the past 1400 yr'. *Geology*, 26, 4, 319-322.

Rijkswaterstaat, 1986, *Zeespiegelrijzing. Worstelen met wassend water.* Dienst Getijdewateren, Nota 1 mei 1986.

Ruddiman, W.F., 2001, *Earth's climate, past and future.* Freeman & Co, New York.

Ryan, W., W. Pitman, 1998, *Noah's Flood. The new scientific discoveries about the event that changed history.* Simon & Schuster, New York.

Schiermeyer, Q., 2004, 'A rising tide'. *Nature* 428, 113-115.

Seneca, 2002, *Ricerche sulla natura, a cura di Piergiorgio Parroni.* Mondadori.

Slager, K., 2003, *De ramp. Een reconstructie van de watersnood van 1953.* Tweede, herziene uitgave. Atlas, Amsterdam.

Solanki, S.K., I.G. Usoskin, B. Kromer, M. Schüssler, J. Beer, 2004, 'Unusual activity of the Sun during recent decades compared to the previous 11.000 years'. *Nature,* 431, 1084-1087.

Starnazzi, C., 2000, *Leonardo, acque e terre.* Gran'Tour, Florence.

Technische Adviescommissie voor de Waterkeringen (TAW), 2000, *Van overschrijdingskans naar overstromingskans.* Dienst Weg- en Waterbouwkunde, Rijkswaterstaat, Delft.

Vai, G.B., 2003, 'A liberal diluvianism'. In: Vai, G.B., W. Cavazza (red.), *Four centuries of the word Geology: Ulisse Aldrovandi 1603 in Bologna,* 221-249. Minerva Edizioni, Bologna.

Vandenberghe, J., 1995, 'Time scales, climate and river development'. *Quaternary Science Reviews,* 14, 631-638.

Vellinga, P., 2003, *Klimaatverandering en de veiligheid van Nederland.* Erasmusliga, Zeist.

Zagwijn, W., D.J. Beets, M. van den Berg, H.M. van Montfrans, P. van Rooijen, 1985, *Atlas van Nederland Deel 13, Geologie.* Staatsuitgeverij, Den Haag.

Zwart, H.J., 1951, 'Postglaciale land- en zeeniveauveranderingen'. KNAW. Proc. B. 162-173.

Hoofdstuk 12

Almeida, L.F.G. de, 1975, 'Implicações tectônicas do Craton Guianês na Bacia do Alto Amazonas'. *Anais Décima Conf. Geol. Interguianas,* 1, 777-791, Belém, Brazilië.

Berendsen, H.J.A., E. Stouthamer, 2000, 'Late Weichselian and Holocene paleogeography of the Rhine-Meuse delta, the Netherlands'. *Palaeogeography, Palaeoclimatology, Palaeoecology,* 161, 311-335.

Berendsen, H.J.A., E. Stouthamer, 2001, *Palaeogeographical development of the Rhine-Meuse delta, the Netherlands.* Van Gorcum, Assen.

Berg, M.W. van den, 1996, *Fluvial sequences of the Maas. A 10 Ma record of tectonics and climate change.* Proefschrift LU Wageningen.

Eberle, M., H. Buiteveld, J. Beersma, P. Krahe, K. Wilke, 2002, 'Estimation of extreme floods in the river Rhine basin by combining precipitation-runoff modelling and a rainfall generator'. Proc. Int. Conf. In: M. Spreafico et al. (red.), *Flood estimation,* 459-467, Bern.

Gelder, P.H.A.J.M. van, 1999, 'Risks and safety of flood protection structures in the Netherlands'. Proceedings of the Forum Engelberg 1999 on Risk and Safety of Technical Systems – in View of Profound Changes, 55-60.

Helms, M., S. Belz, J. Ihringer, 1999, 'Analyse und Simulation von Abflußzeitreihen der Elbe'. *Fachtagung Elbe 'Morphodynamik der Elbe'*, 24-39, Wittenberge.

Langenheem, W. van de, J.R.A. Onvlee, G.P. Können, J. Schellekens, 2002, 'Projectie van de Elbe-zomerneerslag op de Rijn en Maas naar aanleiding van de recente overstromingen in Midden-Europa'. Onderzoek RIZA-rapport 2002.042, KNMI-publicatie nr. 198, WL rapport nr. Q3352.

Parker, G., 1998, 'Meanders in a tray'. *Nature*, 395, 110-111.

Shabalova, M.V., W.P.A. van Deursen, T.A. Buishand, 2003, 'Assessing future discharge of the river Rhine using regional climate model integrations and a hydrological model'. *Climate Research*, 23, 3.

Stouthamer, E., H.J.A. Berendsen, 2001, 'Avulsion frequency, avulsion duration, and interavulsion period of Holocene channel belts in the Rhine-Meuse delta, the Netherlands'. *Journal of Sedimentary research*, 71, 4, 589-598.

Tebbens, L.A., A. Veldkamp, W. Westerhoff, S.B. Kroonenberg, 1999, 'Fluvial incision and channel downcutting as a response to Late Glacial and Early Holocene climate change: the lower reach of the River Meuse, the Netherlands'. *Journal of Quaternary Science*, 14, 59-75.

Westhoff, V., P.A. Bakker, C.G. van Leeuwen, E.E. van der Voo, 1971, *Wilde planten. Flora en vegetatie in onze natuurgebieden*, deel 2. Vereniging tot behoud van natuurmonumenten in Nederland.

Hoofdstuk 13 en 14

Ager, D.V., 1993, *The nature of the stratigraphic record* (derde druk). John Wiley & Sons, Chichester.

Ayala, F., 1997, 'Vagaries of the molecular clock'. *Proceedings of the National Academy of Science*, 94, 7776-7783.

Cavalli-Sforza, L.L., P.Menozzi, A. Piazza, 1997, *Storia e geografia dei geni humani.* Gli Adelphi.

Chambers, J.Q., N. Huguchi, J.P. Schimel, 1998, 'Ancient trees in Amazonia'. *Nature*, 391, 135-136.

Chambers, J.Q., T. van Eldik, J. Southon, N. Higuchi, 2001, 'Tree Age Structure in Tropical Forests of Central Amazonia'. R.O. Bierregaard, Jr., C. Gascon, T.E. Lovejoy, and R. Mesquita (red.), *Lessons from Amazonia: The Ecology and Conservation of a Fragmented Forest*, 69-78. Yale University Press.

Colinvaux, P.A., P.E. de Oliveira, J.E. Moreno, M.C. Miller, M.B. Bush, 1996,

'A long pollen record from lowland Amazonia: forest and cooling in glacial times'. *Science*, 274, 85-88.
Colinvaux, P.A., P.E. De Oliveira, 2001, 'Amazon plant diversity and climate through the Cenozoic'. *Palaeogeography, Palaeoclimatology, Palaeoecology*, 166, 51-63.
Courtillot, V., 1999, *Evolutionary catastrophes The science of mass extinctions.* Cambridge University Press.
Cuvier, G., 1850, *Discours sur les révolutions de la surface du globe et sur les changements qu'elles ont produits dans le règne animal (avec des notes et un appendice d'apres les travaux récents de MM. Humboldt, Flourens, Lyell, Lindley etc., rédigés par le Dr Hoefer.* Firmin Didot Frères, Parijs.
Darwin, C., 1859, 1929, *The origin of species by means of natural selection* (zesde druk). Thinkers Library, Watts & Co. Londen.
Delsuc, F., M. Scally, O. Madsen, M.J. Stanhop, W.W. de Jong, F.M. Catzeflis, M.S. Springer, E.J.P. Douzery, 2002, 'Molecular phylogeny of living xenarthrans and the impact of character and taxon sampling on the placental tree rooting'. *Molecular Biology and Evolution* 19, 1656-1671.
Eldredge, N., 1995, *Reinventing Darwin. The great debate at the high table of evolutionary theory.* Wiley, New York.
Eldredge, N., S.J. Gould, 1972, 'Punctuated equilibria: an alternative to phyletic gradualism'. In: T.J.M. Schopf (red.), *Models in Paleobiology*, 82-115. Freeman, San Francisco.
Foster, R., L. Kreitzman, 2004, *Rhythms of life. The biological clocks that control the daily lives of every living thing.* Profile Books, Londen.
Freeland, J.R., P.T. Boag, 1999, 'Phylogenetics of Darwin's finches: paraphyly in the tree-finches, and two divergent lineages in the Warbler Finch'. *The Auk*, 116, 3, 577-588.
Gould, S.J., 1989, *Wonderful life.* Penguin Books.
Gould, S.J., 1996, *Full House. The spread of excellence from Plato to Darwin.* Three Rivers Press, New York.
Haffer, J., 1969, 'Speciation in Amazonian forest birds'. *Science*, 165, 131-137.
Hammen, T. van der, M.L. Absy, 1994, 'Amazonia during the Last Glacial'. *Palaeogeography, Paleoclimatology, Palaeoecology*, 109, 247-261.
Hooghiemstra, H., T. van der Hammen, 1998, 'Neogene and Quaternary development of the Neotropical rain forest: The forest refugia hypothesis, and a literature overview'. *Earth-Science Reviews*, 44, 147-183.
Hoogmoed, M.S., 1979, 'The Herpetofauna of the Guianan region'. In: W.E. Duellman (red.), *The South American herpetofauna: its origin, evolution and dispersal.* Univ. Kansas Museum Nat. Hist Monogr.
Hoogmoed, M. S., 1992, 'Wat is tropisch regenwoud?' In: M.S. Hoogmoed, R. de Jong (red.), *Tropisch regenwoud, schatkamer van biodiversiteit*, 15-51. Nationaal Natuurhistorisch Museum, Leiden.
Hoorn, C., 1997, 'Palynology of the Pleistocene Glacial/Interglacial cycles of

the Amazon Fan (Holes 940A, 944A, and 946A)'. In: R.D. Flood, D.J.W. Piper, A. Klaus, L.C. Peterson (red.), *Proceedings of the Ocean Drilling Program, Scientific Results, College Station*, TX, 155, 397-418.
Jackson, J.B.C., K.G. Johnson, 2000, 'Life in the last few million years'. In: D.H. Erwin, S.L. Wing (red.), *Deep Time, Paleobiology's perspective. Paleobiology*, Suppl. to 26, 4, 221-235, The Paleontological Society, Washington.
Johnson, T.C. et al., 1996, 'Late Pleistocene dessication of Lake Victoria and rapid evolution of cichlid fishes'. *Science*, 273, 1091-1093.
Kirschvink, J.L., 1997, 'Magnetoreception: Homing in on vertebrates'. *Nature*, 390, 339-340.
Knoll, A.H., R.K. Bambach, 2000, 'Directionality in the history of life: diffusion from the left wall or repeated scaling of the right?' In: D.H. Erwin, S.L. Wing (red.), *Deep time. Paleobiology's perspective. Paleobiology*, 29, 4 (suppl), 1-14. The Paleontological Society, Washington.
Kroonenberg, S.B., 1992, 'Hoe eeuwig zingen de bossen: tropisch regenwoud, klimaatsveranderingen en biodiversiteit'. In: M.S. Hoogmoed, R. de Jong (red.), *Tropisch regenwoud, schatkamer van biodiversiteit*, 53-60. Nationaal Natuurhistorisch Museum, Leiden.
Kumar, S., S.B. Hedges, 1998, 'A molecular time scale for vertebrate evolution'. *Nature*, 392, 917-920.
Marin, F., M. Smith, Y. Isa, G., P. Westbroek, 1996, 'Skeletal matrices, muci, and the origin of invertebrate calcification'. *Proceedings of the National Academy of Sciences*, 93, 1554-1559.
McDougall, I., F. H. Brown, J.G. Fleagle, 2005, 'Stratigraphic placement and age of modern humans from Kibish, Ethiopia'. *Nature*, 433, 733-735.
Meggers, B., 1994, 'Archeological evidence for the impact of mega-Niño events on Amazonia during the past two millennia'. *Climatic Change*, 28, 1-18.
Miller, A.I., 2000, 'Conversations about Phanerozoic global diversity'. In: D.H. Erwin and S.L. Wing (red.), *Deep Time, Paleobiology's perspective Paleobiology*, Suppl. to 26, 4, 52-73. The Paleontological Society, Washington.
Phillips, O.L., A.H. Gentry, 1994, 'Increasing turnover through time in tropical forests'. *Science*, 263: 954-957.
Raup, D.M., 1991, *Extinction: Bad genes or bad luck?* Norton, New York.
Saldarriaga J.G., D.C. West, M.L. Tharp, C. Uhl, 1988. 'Long-term chronosequence of forest succession in the upper Rio Negro of Colombia and Venezuela'. *Journal of Ecology*, 76, 938-958.
Schoonhoven, L.M., 1984, *Leven en tijd.* Rede uitgesproken ter gelegenheid van de 66e Dies Natalis van de Landbouwhogeschool, 9 maart 1984. Wageningen.
Smil, V., 2000, 'Laying down the law'. *Nature*, 403, 597.

Smit, J., 1997, 'Predictive elements of large-body impacts in geologic history'. In: W. Schlager and S. Kroonenberg (red.), *Prediction in geology. Geologische Rundschau* 86, 464-470.
Tuomisto, H., K. Ruokolainen, M. Yli-Halla, 2003, 'Dispersal, environment and floristic variation in Western Amazonian forests'. *Science*, 299, 241-244.
Verheyen, E., W. Salzburger, J. Snoeks, A. Meyer, 2003, 'Origin of the superflock of cichlid fishes from Lake Victoria, East Africa'. *Science*, 300, 325-329.
Walker, M.M., T.E. Dennis, J.L. Kirschvink, 2003, The magnetic sense and its use in long-distance navigation by animals'. *Current Opinion in Neurobiology*, 12, 735-744.
Whitten, R.G., 1979, 'Comments on the theory of Holocene refugia in the culture history of Amazonia'. *American Antiquity*, 44, 238-251.
Wilson, E.O., 1992, *The diversity of life*. Penguin Books.
Wilson, E.O., 2002, *The future of life*. Knopf, New York.

Hoofdstuk 15

Brand, S., 1999, *The clock of the long now. Time and responsability*. Phoenix, Londen.
Crutzen, P.J., 2002, 'Geology of Mankind'. *Nature*, 415, 23.
Crutzen, P.J., 2005, *Benvenuti nell'Antropocene!* Mondadori, Milaan.
Dijke, J.J. van, A. Veldkamp, 1996. 'Climate-controlled glacial erosion in the unconsolidated sediments of North-western Europe, based on a genetic model for tunnel valley formation'. *Earth surface processes and landforms* 21, 327-340.
http://www.desertspace.org/warning_sign/uwsGallery.html
http://www.longnow.org
Lomborg, B., 2001, *The skeptical environmentalist*. Cambridge University Press.
Perry, F.V., B.M. Crowe, G.A. Valentine, 2000, 'Analyzing Volcanic Hazards at Yucca Mountain'. *Los Alamos Science*, 26, 492-493.
Veldkamp, A., J.J. van Dijke, 1994, 'Modelling of potential effects of long term fluvial dynamics on possible storage facilities of nuclear waste in the Netherlands.' *Geologie en Mijnbouw*, 72, 237-249.

Geologische tijdschaal

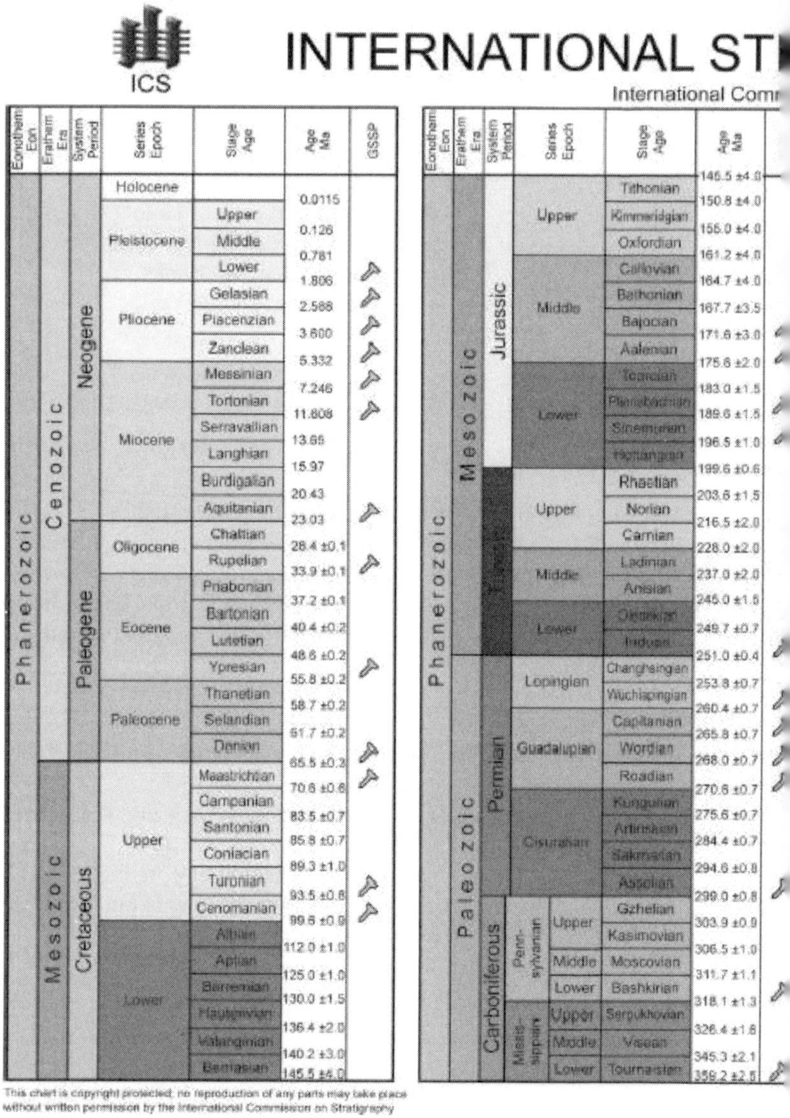

Eonothem Eon	Erathem Era	System Period	Series Epoch	Stage Age	Age Ma
Phanerozoic	Cenozoic	Neogene	Holocene		0.0115
			Pleistocene	Upper	0.126
				Middle	0.781
				Lower	1.806
			Pliocene	Gelasian	2.588
				Piacenzian	3.600
				Zanclean	5.332
			Miocene	Messinian	7.246
				Tortonian	11.608
				Serravallian	13.65
				Langhian	15.97
				Burdigalian	20.43
				Aquitanian	23.03
		Paleogene	Oligocene	Chattian	28.4 ±0.1
				Rupelian	33.9 ±0.1
			Eocene	Priabonian	37.2 ±0.1
				Bartonian	40.4 ±0.2
				Lutetian	48.6 ±0.2
				Ypresian	55.8 ±0.2
			Paleocene	Thanetian	58.7 ±0.2
				Selandian	61.7 ±0.2
				Danian	65.5 ±0.3
	Mesozoic	Cretaceous	Upper	Maastrichtian	70.6 ±0.6
				Campanian	83.5 ±0.7
				Santonian	85.8 ±0.7
				Coniacian	89.3 ±1.0
				Turonian	93.5 ±0.8
				Cenomanian	99.6 ±0.9
			Lower	Albian	112.0 ±1.0
				Aptian	125.0 ±1.0
				Barremian	130.0 ±1.5
				Hauterivian	136.4 ±2.0
				Valanginian	140.2 ±3.0
				Berriasian	145.5 ±4.0

This chart is copyright protected; no reproduction of any parts may take place without written permission by the International Commission on Stratigraphy

Eonothem Eon	Erathem Era	System Period	Series Epoch	Stage Age	Age Ma
					145.5 ±4.0
Phanerozoic	Mesozoic	Jurassic	Upper	Tithonian	150.8 ±4.0
				Kimmeridgian	155.0 ±4.0
				Oxfordian	161.2 ±4.0
			Middle	Callovian	164.7 ±4.0
				Bathonian	167.7 ±3.5
				Bajocian	171.6 ±3.0
				Aalenian	175.6 ±2.0
			Lower	Toarcian	183.0 ±1.5
				Pliensbachian	189.6 ±1.5
				Sinemurian	196.5 ±1.0
				Hettangian	199.6 ±0.6
		Triassic	Upper	Rhaetian	203.6 ±1.5
				Norian	216.5 ±2.0
				Carnian	228.0 ±2.0
			Middle	Ladinian	237.0 ±2.0
				Anisian	245.0 ±1.5
			Lower	Olenekian	249.7 ±0.7
				Induan	251.0 ±0.4
	Paleozoic	Permian	Lopingian	Changhsingian	253.8 ±0.7
				Wuchiapingian	260.4 ±0.7
			Guadalupian	Capitanian	265.8 ±0.7
				Wordian	268.0 ±0.7
				Roadian	270.6 ±0.7
			Cisuralian	Kungurian	275.6 ±0.7
				Artinskian	284.4 ±0.7
				Sakmarian	294.6 ±0.8
				Asselian	299.0 ±0.8
		Carboniferous	Pennsylvanian Upper	Gzhelian	303.9 ±0.9
				Kasimovian	306.5 ±1.0
			Pennsylvanian Middle	Moscovian	311.7 ±1.1
			Pennsylvanian Lower	Bashkirian	318.1 ±1.3
			Mississippian Upper	Serpukhovian	326.4 ±1.6
			Mississippian Middle	Visean	345.3 ±2.1
			Mississippian Lower	Tournaisian	359.2 ±2.5

International Stratigraphic Chart. De spijkertjes geven de Golden Spikes aan, de grenzen waarover internationaal overeenstemming is bereikt. International Commission on Stratigraphy, 2004.

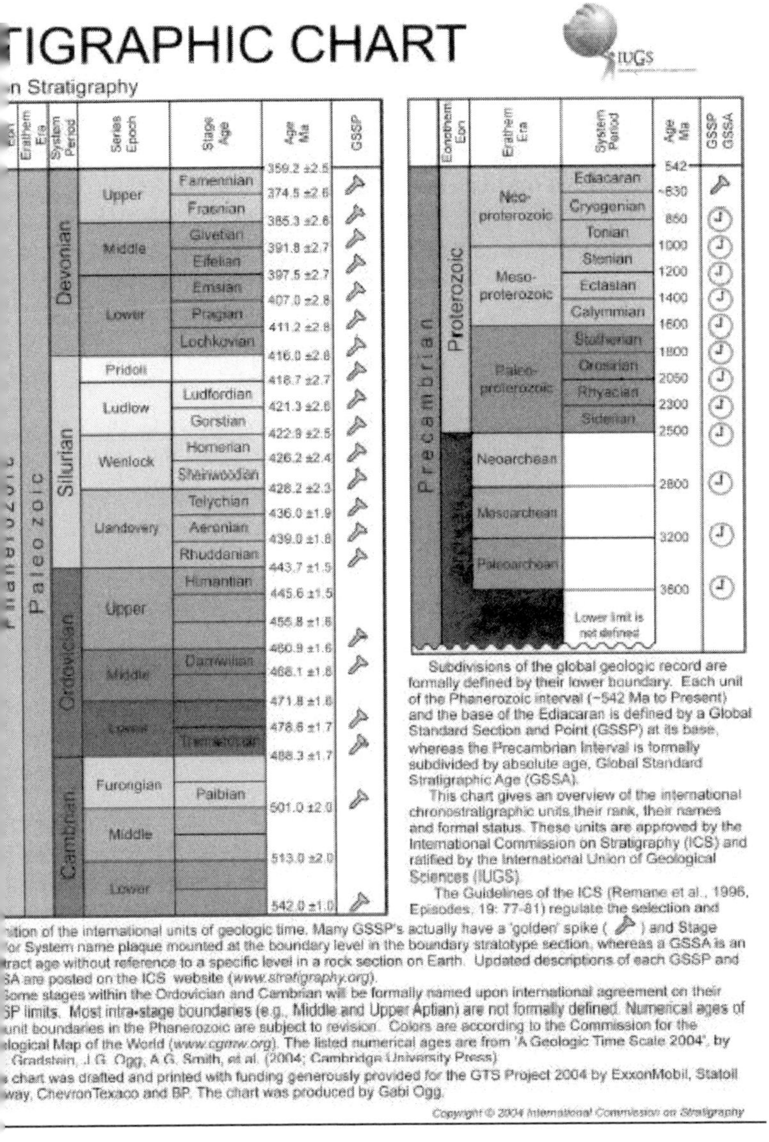

Zakenregister